Kolleg Politik und Wirtschaft

# Die Europäische Union

Errungenschaften und Herausforderungen

Unterrichtswerk für die Oberstufe

bearbeitet von:
Gunnar Meyer, Kersten Ringe, Peter Stolz, Jan Weber

C.C. Buchner Verlag · Bamberg

**NEU**

# Kolleg Politik und Wirtschaft

## Die Europäische Union – neu
### Errungenschaften und Herausforderungen

Bearbeitet von Gunnar Meyer, Kersten Ringe, Peter Stolz und Jan Weber

Zu diesem Werk sind erhältlich:
- Lehrermaterial (BN 73018)

Dieser Titel ist auch als digitale Ausgabe unter www.ccbuchner.de (Bestellnr. 730171) erhältlich.

1. Auflage, 1. Druck 2016
Alle Drucke dieser Auflage sind, weil untereinander unverändert, nebeneinander benutzbar.
Dieses Werk folgt der reformierten Rechtschreibung und Zeichensetzung. Ausnahmen bilden Texte, bei denen künstlerische philologische oder lizenzrechtliche Gründe einer Änderung entgegenstehen.

© 2016 C.C.Buchner Verlag, Bamberg

Das Werk und seine Teile sind urheberrechtlich geschützt. Jede Nutzung in anderen als den gesetzlich zugelassenen Fällen bedarf der vorherigen schriftlichen Einwilligung des Verlages. Dies gilt insbesondere auch für Vervielfältigungen, Übersetzungen und Mikroverfilmungen. Hinweis zu § 52 a UrhG: Weder das Werk noch seine Teile dürfen ohne eine solche Einwilligung eingescannt und in ein Netzwerk eingestellt werden. Dies gilt auch für Intranets von Schulen und sonstigen Bildungseinrichtungen.

Redaktion: Meike Rademacher
Layout und Satz: HOCHVIER GmbH & Co. KG, Bamberg
Druck und Bindung: creo Druck & Medienservice GmbH, Bamberg

www.ccbuchner.de

ISBN 978-3-661-73017-2

## ZUR BENUTZUNG DER LEHR- UND ARBEITSBÜCHER

Unsere Oberstufenreihe **Kolleg Politik und Wirtschaft** geht in die nächste Generation. In den neu bearbeiteten Titeln tragen wir verstärkt der **Kompetenzorientierung** und den Anforderungen der **Binnendifferenzierung** Rechnung. Ziel der Bände bleibt es, den Schülerinnen und Schülern Anregungen zur selbständigen Arbeit zu geben und den Unterrichtenden Hilfen für einen methoden- und handlungsorientierten Unterricht anzubieten.

### Zum Aufbau der Kapitel
Der Kapitelaufbau folgt dem Doppelseiten- bzw. Vier-Seiten-Prinzip. Dieser Aufbau erleichtert die Strukturierung der Unterrichtsstunden.

| | |
|---|---|
| **Einführung** | Jedes Kapitel beginnt mit einem Problemaufriss, einer Lernstandserhebung und der Formulierung der im Kapitelverlauf zu erwerbenden Kompetenzen. |
| **Materialien** | Die Materialienseiten sind multiperspektivisch angelegt und vertiefen zentrale Themenaspekte. Sie ermöglichen einen vielseitigen und kompetenzorientierten Unterricht. In Infokästen und in der Randspalte werden zentrale Begriffe und wichtige Zusatzinformationen knapp erklärt, um eine genaue fachwissenschaftliche Verwendung zu erleichtern. Die Darstellung aktueller Kontroversen fördert die Urteilskompetenz der Schüler. |
| **Aufgaben** | Jede Themeneinheit schließt mit Aufgaben ab, die nicht nur die Inhalte der vorangegangenen Texte abfragen, sondern gezielt auf die Probleme und Zusammenhänge vorangegangener Lernsequenzen eingehen. Angebote in der Randspalte zum Helfen ❶ und Fordern ❷ unterstützen die Binnendifferenzierung des Unterrichts, methodische Hinweise ❸ fördern die Handlungsorientierung. |
| **Methoden** | Methodenseiten nehmen für das jeweilige Thema zentrale Fachmethoden und Arbeitsweisen auf. Die politische Urteilsbildung wird progressiv eingeführt und angewandt. |
| **Zusammenfassungen** | Orientierungswissen am Ende der Unterkapitel sichert das erworbene Grundwissen und ermöglicht eine Wiederholung zentraler Inhalte. |
| **Kompetenzen anwenden** | Kompetenzseiten runden die Kapitel ab und wenden die am Kapitelbeginn formulierten Kompetenzen mit komplexen Aufgabenstellungen an. |

Das **Register** dient dem Auffinden zentraler **Begriffe** und ermöglicht **Querverbindungen** innerhalb der einzelnen Themengebiete.

Über QR-Codes können in verschiedenen Kapiteln digitale Inhalte direkt angesteuert werden. Diese können außerdem über die Eingabe von Mediencodes im Suchfeld auf www.ccbuchner.de aufgerufen werden.   Beispiel: 73017-01

# INHALT

**1 „Einheit in Vielfalt"? Wir in Europa** .................................................. **6**
1.1 Alles selbstverständlich? Europa von unten .................................................. 8
1.2 Zwischen nationalstaatlicher Souveränität und Supranationalität: Was darf,
      was muss die EU regeln? .................................................. 11
1.3 Politisches Projekt ohne Basis? Die EU und ihre Bürger .................................................. 14

**2 Die europäische Integration – eine Erfolgsgeschichte?** .................................................. **18**
2.1 Aspekte europäischer Identität .................................................. 20
2.1.1 Gründungsinteressen .................................................. 20
2.1.2 Gibt es eine europäische Identität? .................................................. 23
2.2 Etappen und Herausforderungen der europäischen Integration .................................................. 26
2.2.1 Stationen des Einigungsprozesses .................................................. 26
   Methode: Politische Urteilsbildung I: Mehrperspektivische Sach- und Werturteile bilden .... 30
2.2.2 Herausforderungen durch die EU-Osterweiterung .................................................. 32

**3 Gesetzgebung in der EU – am Beispiel der $CO_2$-Neuwagenverordnung** ............. **36**
3.1 Konflikt um $CO_2$-Verordnung für Neuwagen .................................................. 38
3.1.1 Was ist der supranationale Regelungsbedarf? .................................................. 38
   Methode: Mit dem Politikzyklus politische Prozesse analysieren .................................................. 39
3.1.2 Vorschlag = Ergebnis? Die Initiative der Kommission und das Politikresultat .................................................. 40
3.1.3 Welche Nationalinteressen prallen aufeinander?
      Die Positionen von EU-Staaten im Ministerrat .................................................. 42
3.1.4 Machen Verbände und Konzerne die EU-Politik?
      Der Einfluss der Lobby auf europäische Entscheidungen .................................................. 44
3.2 Auf der Suche nach demokratischen und effizienten Regierungsformen –
    das Institutionengefüge der Europäischen Union .................................................. 50
3.2.1 Die Europäische Kommission – supranationales Gemeinschaftsorgan
      oder Marionette der Mitgliedstaaten? .................................................. 51
3.2.2 Das Europäische Parlament – ein (un)vollständiges Parlament? .................................................. 54
3.2.3 Zwischen Supranationalität und Intergouvernementalität:
      der Machteinfluss nationaler Regierungen in der europäischen Politik .................................................. 57
3.2.4 Unbeschränkte Macht der Judikative? Die Rolle des Europäischen Gerichtshofes .................................................. 59
3.2.5 (Erhöhte) Legitimität durch Bürgerbeteiligung? Die Europäische Bürgerinitiative
      auf dem Prüfstand .................................................. 62

**4. Europäische Wirtschafts- und Sozialpolitik –
    mehr als nur ein gemeinsamer Markt** .................................................. **68**
4.1 Binnenmarkt – gleiche Regeln für alle? .................................................. 70
4.1.1 Die Vier Freiheiten .................................................. 70
4.1.2 Das deutsche Reinheitsgebot für Bier – Behinderung des freien Warenverkehrs? .................................................. 72
4.2 Ungleichheiten überwinden, solidarisch handeln? Konturen einer EU-Sozialpolitik .................................................. 78
4.2.1 Jugendarbeitslosigkeit in Europa – eine sozialpolitische Herausforderung der EU? .................................................. 78
4.2.2 Auf der Suche nach dem „sozialen Europa": Die Struktur- und Regionalpolitik der EU .................................................. 81
4.2.3 Brauchen wir einen europäischen Sozialstaat? .................................................. 84

# INHALT

**5 Der Euro – Chancen und Grenzen der Gemeinschaftswährung** .................... **90**
- **5.1 Der Euro und die Bewältigung der ersten Krise** ...................................... 92
  - 5.1.1 Aus der Staatsschuldenkrise wird eine Eurokrise? Ursachen, Verlauf und mögliche Folgen .... 92
  - 5.1.2 Sind die Maßnahmen zur Euro-Stabilisierung wirksam und legitim? ........ 96
    - Methode: Politische Urteilsbildung II:
      Mithilfe von Kriterien und Betrachtungsebenen urteilen ........................ 100
  - 5.1.3 Der Euro – eine Erfolgsgeschichte? ..................................................... 102
- **5.2 Akteure und Entwicklungstendenzen des Euro-Raums** ........................ 108
  - 5.2.1 Ist die Europäische Zentralbank der Stabilitätsanker für den Euro? ..... 108
  - 5.2.2 Sollte die EU zu einer Fiskalunion werden? ......................................... 112

**6 Europäische Flüchtlingspolitik – das Ende von Humanität und Solidarität?** ...... **116**
- 6.1 Ende der Solidarität? Umgang der EU-Nationen mit den Flüchtenden ........... 118
- 6.2 Warum und wie flüchten so viele in die EU? ............................................... 120
- 6.3 Was kostet und wer verantwortet die re-nationalisierte Flüchtlingspolitik? .... 122
- 6.4 (Wie) Kann und sollte die EU Migration begegnen? ..................................... 125
  - Methode: Die Szenario-Technik .................................................................. 128

**7. Die Europäische Union als globaler Akteur** ...................................... **132**
- **7.1 Die EU als Akteur der internationalen Sicherheitspolitik
  – Garant für Frieden und Sicherheit?** .................................................... **134**
  - 7.1.1 Brauchen wir eine gemeinsame EU-Sicherheitspolitik? ...................... 134
  - 7.1.2 Der Ukraine-Konflikt – Gefahr für die Sicherheit Europas ................... 136
  - 7.1.3 Die EU im Ukraine-Konflikt – eine Zwischenbilanz ............................. 140
  - 7.1.4 Die GASP nach dem Vertrag von Lissabon – eine effiziente EU-Außen- und Sicherheitspolitik? 142
    - Politische Probleme, Strukturen und Argumentationen visualisieren ..... 144
  - 7.1.5 Die Sicherung der europäischen Energieversorgung –
    Können Abhängigkeiten verringert werden? ........................................ 146
- **7.2 Wirtschaftliche Stärke vs. Grundwerte? Die Außenhandelspolitik der EU am Beispiel des
  TTIP-Abkommens** .................................................................................. **152**
  - 7.2.1 Freihandel vs. Protektionismus: Die transatlantischen Handelsbeziehungen ...... 152
  - 7.2.2 Wachstum, Wohlstand und Gerechtigkeit? Mögliche Wirkungen eines TTIP-Abkommens ...... 156
  - 7.2.3 Ausverkauf europäischer Interessen und Werte?
    Das transatlantische Freihandelsabkommen in der Diskussion ............ 161

**8. Quo vadis, Europa?
Herausforderungen und Perspektiven des europäischen Projekts** ............ **166**
- **8.1 Gehört die Türkei in die EU?** .................................................................. **168**
  - 8.1.1 Beitrittsbedingungen – faire Chancen für die Türkei? ......................... 168
  - 8.1.2 Die Türkei – kompatibel mit den Kopenhagener Kriterien? ................ 170
  - 8.1.3 Kontrovers diskutiert: Gehört die Türkei in die EU? ........................... 174
- **8.2 Zwischen Superstaat und Desintegration** ............................................. **176**
  - 8.2.1 Welche EU wollen wir? ....................................................................... 177
  - 8.2.2 Brexit – eine EU ohne Großbritannien? ............................................. 180

Register .................................................................................................... 188
Bildnachweis ............................................................................................. 191

Karl der Große

Deutschland hat zeitweise wieder Grenzkontrollen eingeführt, hier an der Grenze zu Österreich in der Nähe von Bad Reichenhall, 14.9.2015.

Verlassener Grenzposten zwischen Deutschland und Tschechien bei Petrovice, 28.12.2007

Istanbul war 2010 Kulturhauptstadt Europas

# 1 „Einheit in Vielfalt"? Wir in Europa

Anders als die Gründerväter und -mütter der europäischen Integration gehören Sie einer Generation an, für die ein friedliches Zusammenleben in Europa selbstverständlich ist. Sie bezahlen mit dem Euro, haben möglicherweise einen EU-Führerschein, freuen sich über eine Fahrt über die Grenze, ohne kontrolliert zu werden, planen womöglich ein Auslandsstudium. Macht Sie das aber schon zu einer überzeugten Europäerin, einem überzeugten Europäer?

In diesem Kapitel reflektieren Sie, auf welche Weise Sie Errungenschaften der europäischen Integration nutzen. Darüber hinaus erfahren Sie, inwieweit die Europäische Union mit ihren harmonisierten Rechtsvorschriften bereits in unseren Alltag regulierend eingreift. Die Einführung solcher Rechtsvorschriften verursacht häufig Konflikte zwischen Nationalstaaten, die ihre Souveränitätsrechte erhalten wollen, und EU-Organen, die auf gesamteuropäische Regelungen drängen. Dieser Strukturkonflikt verweist auf die Eigentümlichkeiten der EU als „Mehrebenensystem" mit einem spezifischen Zusammenspiel von kommunaler bzw. regionaler, nationaler und supranationaler Entscheidungsebene.

Und die Bürger – sind diese nicht mehr als pragmatische Nutzer der europäischen Errungenschaften, ohne aber ein europäisches Bewusstsein ausgebildet zu haben? Oder lässt sich doch der/die EU-Bürger/in entdecken?

## KOMPETENZEN

Am Ende dieses Kapitels sollten Sie Folgendes wissen und können:

... Ihre Rechte als EU-Bürger kennen, die sich aus der Unionsbürgerschaft ergeben.

... (geplante) gesamteuropäische Regelungen im Spannungsverhältnis zwischen Subsidiarität und Supranationalität verorten und Zuständigkeiten im europäischen Mehrebenensystem begründen.

... Aspekte der europäischen Integration im Spannungsfeld von „bottom-up"- (Europa der Bürger) und „top-down"– Prozessen (Europa als Elitenprozess) kritisch bewerten.

... die Einflüsse der EU-Politik in Ihrem Alltag beobachten und Ihre Haltung gegenüber der europäischen Integration reflektieren.

### Was wissen Sie schon?

1. a) Wählen Sie jeweils das Bild aus, das für Sie am stärksten bzw. am wenigsten Europa bzw. die EU symbolisiert.
   b) Diskutieren Sie Ihre Auswahl im Kurs und einigen Sie sich auf Ihr gemeinsames „Ranking" der (drei) wichtigsten Europa-Bilder.
2. Positionieren Sie sich im Klassenraum (Vier-Ecken-Spiel) als „pragmatischer", „überzeugter", „ablehnender" oder „gleichgültiger" EU-Bürger und diskutieren Sie Ihre mit der Positionierung verbundenen (Vor-)Einstellungen.

# 1.1 Alles selbstverständlich? Europa von unten

### M 1 ● Pragmatisch oder überzeugt? Europa-Erfahrungen im Schüleraustausch

*Der 16-jährige Jonas berichtet in einem Interview über seine Erfahrungen als Austauschschüler in den Niederlanden:*

**Als Austauschschüler bist du für einen längeren Zeitraum von Deutschland in die Niederlande umgezogen. Welche Vorteile hatte es dabei für dich, dass du innerhalb der Europäischen Union umgezogen bist?**
Es war sehr praktisch, dass ich in der EU geblieben bin, so musste ich mir vorher kein Visum ausstellen lassen, denn ein einfacher Reisepass oder sogar ein Personalausweis reichen aus. So war die Anmeldung in der Gemeinde kein Problem. Außerdem gibt es innerhalb der EU weniger Probleme mit dem Bezahlen, da die meisten Länder den Euro haben, so auch die Niederlande.

**Gab es auch Hindernisse, mit denen du im vereinten Europa nicht gerechnet hättest?**
Am Anfang ist die Sprache natürlich ein kleines Problem, aber damit hatte ich gerechnet und war deshalb auch darauf vorbereitet. Außerdem können die meisten, gerade jüngeren Menschen in Europa gut Englisch sprechen.
Größere Schwierigkeiten gab es aber trotz Euro mit dem Geld. Da ich noch nicht volljährig bin, durfte ich kein eigenes Konto eröffnen und muss immer meine deutsche EC-Karte einsetzen, was aber nicht in allen Geschäften geht.

**Mit deiner Gastfamilie lebst du in der deutsch-niederländischen „Euregio Rhein-Waal", deren Aufgabe es ist, die grenzübergreifende Zusammenarbeit in allen Lebensbereichen zu fördern. Auf welche Weise wird bei euch die Nähe zu Deutschland bzw. Belgien genutzt?**
In meiner Gastfamilie wird vor allem die Chance genutzt, deutsches Fernsehen zu gucken. Gerade mein Gastbruder, aber auch mein Gastvater können sehr gut Deutsch sprechen und viele Schüler meiner Schule lernen Deutsch. In diesem Fach wurde auch gerade ein „E-Mail-Kontaktaustausch" mit einer Schule aus Kleve [ebenfalls Euregio Rhein-Waal] organsiert, da dort Niederländisch gelernt wird. Für den weiteren Verlauf dieses Schuljahres ist geplant, dass sich die Schulen gegenseitig besuchen und sehen, wie die Schule in den unterschiedlichen Ländern aufgebaut ist und geführt wird.
Natürlich nutzen auch viele die Nähe zu großen deutschen Städten wie zum Beispiel Köln und Düsseldorf, aber auch die kleineren Städte wie Goch und Kleve für Tagesausflüge oder selbst nur für ein Abendessen im Restaurant. Diese Nähe wird aber auch genutzt, um deutsche „Kultur" zu erleben, wie zum Beispiel den Weihnachtsmarkt, welchen die Niederländer nicht haben, oder auch den Karneval in Köln.

**Vor Ort hast du viele Kontakte in der Gastfamilie, der Schule und dem Sportverein. Fühlst du dich dabei als Deutscher, Niederländer „auf Zeit" oder als Europäer? Wie sehen dich dabei deine Gastgeber?**
Eigentlich fühle ich mich ein bisschen als alles. Für mich selbst bin ich ein Niederländer auf Zeit, da ich hier lebe, fast nur Niederländisch spreche und mich echt gut in die niederländische Kultur eingelebt habe. In den Momenten, in denen ich durch Facebook oder Skype Kontakt nach Deutschland habe, fühle ich mich auch deutsch.
In der Schule ist es fast genauso. Da ich dem gleichen Unterricht folge wie die Niederländer und auch keine Vorteile bei Arbeiten habe, fühle ich mich da auch sehr niederländisch. Allerdings werde ich oft mit

Jonas (rechts) gemeinsam mit seinem Gastbruder Jeroen.

deutschen Vorurteilen konfrontiert, aber auch mit der deutschen Geschichte. In diesen Situationen fühle ich mich schon sehr deutsch, aber gerade wenn es um die deutsche Geschichte geht, auch nicht sehr wohl!

**Und wie siehst du dich, wenn du von den Niederlanden aus Belgien oder Deutschland besuchst?**

Als ich einen Tag mit meinem Gastbruder und seinen Cousins und Cousinen in Belgien war, habe ich mich sehr europäisch gefühlt. Ein Deutscher, der einen Austausch in die Niederlande macht und dann nach Belgien fährt, das ist doch sehr europäisch. Als ich einen Abend mit meiner Gastfamilie in Deutschland essen war, habe ich mich eher deutsch gefühlt. Allerdings wurden wir in dem Restaurant auf Niederländisch bedient und das war ein sehr komisches Gefühl, weil ich persönlich auf Deutsch eingestellt war.

**Was heißt es für dich konkret, wenn du dich „europäisch" fühlst? Was macht für dich „Europa" aus?**

Europäisch sein heißt für mich, dass ich fühle, dass ich überall in Europa willkommen bin und dass man auch sieht, wie Europa zusammenwächst. Das macht Europa für mich auch aus: offene Grenzen, ein bisschen Gastfreundschaft und einfach der Zusammenhalt, der zwischen vielen Ländern herrscht, aber auch noch vergrößert und ausgeweitet werden kann. Europäisch leben heißt, dass man sich nicht nur in seinem eigenen Land zu Hause fühlt, sondern überall in Europa, und dass es nicht nur um das Wohl des eigenen Landes geht, sondern um das Wohl in ganz Europa. Dazu gehört auch, dass man lernt, wie das Leben in anderen europäischen Ländern ist und wie man die Zusammenarbeit zwischen den Ländern verbessern kann.

*Interview des Verfassers*

## M 2 ● Wie die EU meinen Lebensalltag beeinflusst

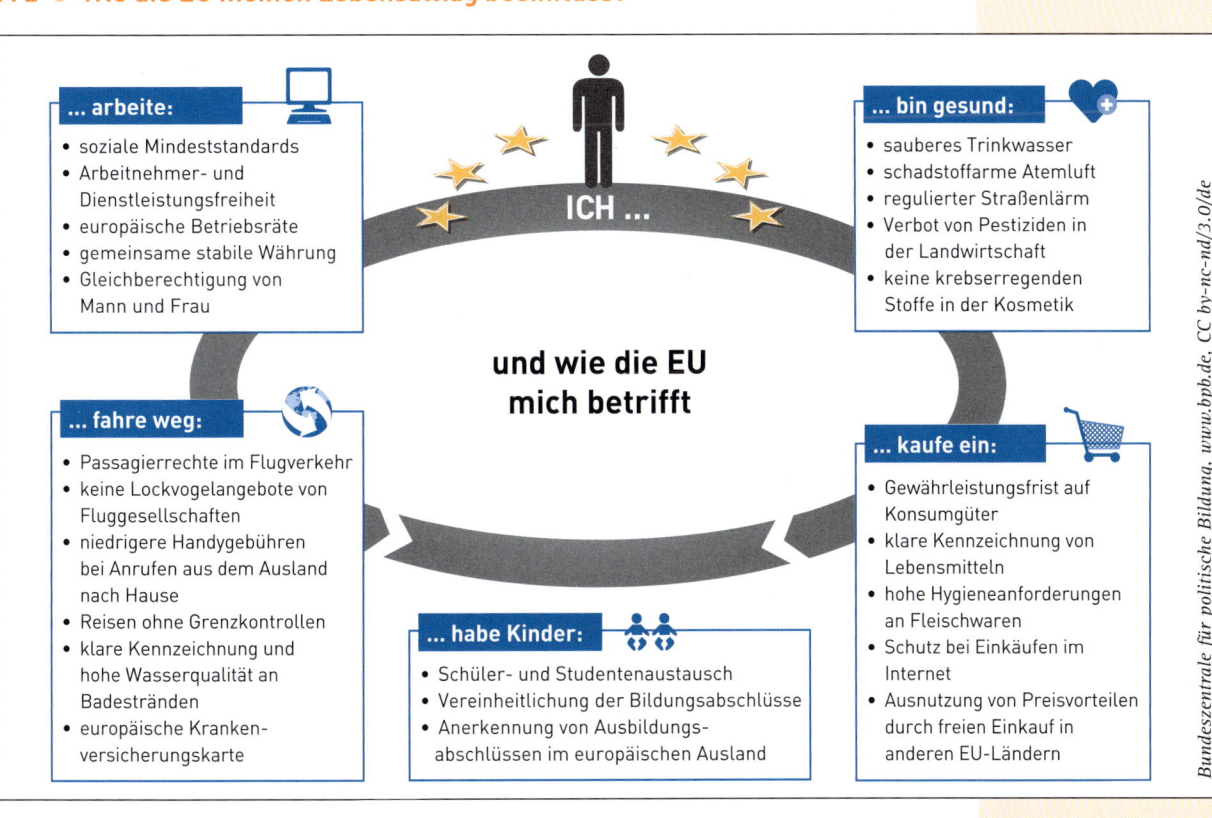

*Bundeszentrale für politische Bildung, www.bpb.de, CC by-nc-nd/3.0/de*

## Vier Freiheiten des Binnenmarktes

Mit dem Vertrag von Maastricht wurde zum 1. Januar 1993 der Europäische Binnenmarkt vollendet, der vor allem durch seine Vier Freiheiten konstituiert wird:
- Freiheit des Warenverkehrs
- Personenfreizügigkeit
- Dienstleistungsfreiheit
- Freier Kapital- und Zahlungsverkehr

(vgl. hierzu auch Kapitel 4.1)

Erklärfilm zur Europäischen Union

Mediencode: 73017-08

## M 3 ● Die Unionsbürgerschaft – eine europäische Staatsbürgerschaft?

Jeder Angehörige eines Mitgliedstaates ist automatisch auch Unionsbürger. Die Unionsbürgerschaft ergänzt die nationale Staatsangehörigkeit, ersetzt sie aber nicht.
5 Damit wurde das schon zuvor vom Europäischen Gerichtshof bestätigte Recht jedes Unionsbürgers festgeschrieben, sich in der EU frei bewegen und aufhalten zu können, ohne sich dabei auf eine Erwerbstätigkeit
10 berufen zu müssen.
Der Maastrichter Vertrag begründete auch das aktive und passive Wahlrecht bei Europa- und Kommunalwahlen. Schließlich wurde mit der Unionsbürgerschaft eben-
15 falls der diplomatische und konsularische Schutz verbessert, indem Unionsbürger das Recht erhielten, alle Mitgliedstaaten, die in einem Drittland vertreten sind, um Hilfe zu bitten, wenn ihr eigener Mitgliedstaat dort nicht vertreten ist. Der Vertrag von Ams- 20 terdam schließlich erweiterte die Rechte der Unionsbürger durch die Aufnahme eines Verbots von Diskriminierung aufgrund des Geschlechts, der Rasse, der ethnischen Herkunft, der Religion oder der Weltan- 25 schauung, einer Behinderung, des Alters oder der sexuellen Ausrichtung. [...]
Trotz der Institution der Unionsbürgerschaft besitzt die EU keinerlei Kompetenzen, welche die nationalen Staatsbürger- 30 schaftsregeln antasten könnten.

*Sandra Lavenex, Unionsbürgerschaft, www.bpb.de, 30.9.2015*

### Info

#### Staatsbürgerschaft

Die Staatsbürgerschaft bezeichnet ein Rechts- und Schutzverhältnis zwischen einer natürlichen Person und einem Staat, aus dem sich für den Inhaber der Staatsbürgerschaft bestimmte Rechte (Partizipationsrechte, z. B. Wahlrecht; Schutzrechte, z. B. soziale Sicherung) sowie bestimmte Pflichten (z. B. Steuerpflicht, Wehrpflicht) ergeben. Der Erwerb der Staatsbürgerschaft wird von Staaten unterschiedlich geregelt. Prinzipiell lassen sich das Abstammungsrecht (ius sanguinis = lat. Recht des Blutes) und das Territorialprinzip (ius soli = lat. Recht des Bodens) unterscheiden.

*Nach: Klaus Schubert, Martina Klein, Das Politiklexikon, Bonn (bpb) 2011, S. 283*

### Aufgaben

1. Nennen Sie die Errungenschaften der EU (M 2/M 3), die der Austauschschüler und seine Gastgeber (M 1) nutzen. Unterscheiden Sie dabei zwischen den Betrachtungsebenen „Bürgerrechte", „Wirtschaft" und „Kultur".

2. a) Arbeiten Sie die Vorstellungen eines „gemeinsamen Europas" heraus, die im Erfahrungsbericht des Austauschschülers (M 1) angesprochen werden.
   b) Setzen Sie diese Vorstellungen zu den alltäglichen Vorteilen (M 2, M 3) der europäischen Integration in Beziehung.

3. „Das vereinte Europa ist heute eine ((zu) wenig gewürdigte) alltägliche Selbstverständlichkeit!" Diskutieren Sie diese These auf der Basis Ihrer bisherigen Ergebnisse.

## 1.2 Zwischen nationalstaatlicher Souveränität und Supranationalität: Was darf, was muss die EU regeln?

### M 1 ● Elektroschrott recyceln – eine Aufgabe der EU?

Schwermetalle im Boden, ätzende Abwässer, giftige Dämpfe. Der technische Fortschritt des Westens bedeutet für viele Länder in Afrika und Asien vor allem:
5 verseuchte Landschaften, kranke Menschen. Denn gerade die Ärmsten streunen über illegale Halden und versuchen, aus alten PCs, Fernsehern und Elektrogeräten zumindest noch ein paar verwertbare Roh-
10 stoffe zu holen. [...]
Denn noch immer wird beispielsweise in der EU nur etwa ein Drittel der ausgemusterten Geräte richtig und vor allem umweltschonend entsorgt, ergab eine Studie
15 der Londoner Umweltorganisation CWIT. Die anderen zwei Drittel, allein aus den 28 Mitgliedstaaten waren das 2012 etwa 6,2 Millionen Tonnen, würden falsch recycelt, einfach weggeworfen – oder eben ins Aus-
20 land geschafft [...]. 1,3 Millionen Tonnen Elektroschrott und großteils noch funktionsfähige Computer hätten so 2012 die EU in nicht angemeldeten Exporten verlassen [...].

Sammelstelle für Elektroschrott in Kent, Großbritannien

Dabei ist der Elektroschrott nicht nur eine 25 Umweltgefahr, sondern – richtig genutzt – auch ein riesiges Rohstofflager. Denn in Kabeln und Platinen, Akkus und Gehäusen stecken große Mengen an teuren Metallen, die sich wiederverwerten lassen. Insgesamt 30 entstehe durch falschen Umgang mit den Altgeräten ein volkswirtschaftlicher Schaden in einer Höhe zwischen 800 Millionen und 1,7 Milliarden Euro, heißt es in der Studie. [...] 35

*Stephan Radomsky, Süddeutsche Zeitung, 31.8.2015*

### Elektroschrott-Richtlinie der EU

Gemäß einer EU-Richtlinie (WEEE I) waren alle EU-Mitgliedstaaten ab 2006 zum Sammeln und Recyceln von 4 kg Elektroschrott je Einwohner verpflichtet. Eine weitere, 2012 beschlossene Richtlinie (WEEE II) griff das Problem erneut auf und verschärfte die Vorgaben für das Recyceln von Elektroschrott.

Zur Entscheidungsfindung bei der erneuten Verschärfung der Richtlinie, siehe S. 48/49.

### M 2 ● Elektroschrott: Sammelmengen und -quoten in EU-Staaten

| Staat | Sammelmenge pro Jahr in kg/Einwohner (2008) | Sammelquote in % (2010) |
|---|---|---|
| Schweden | 14,8 | ca. 65 |
| Dänemark | 13,9 | ca. 65 |
| Österreich | 8,8 | ca. 35 |
| Deutschland | 8,6 (2006) | ca. 40 |
| Mindestsammelmenge pro Einwohner nach EU-Richtlinie (WEEE) von 2006 | 4,0 | |
| ø EU 27 | | ca. 30 |
| Italien | 2,6 | k. A. |
| Polen | 1,0 | k. A. |
| Rumänien | 0,8 | k. A. |

*Sammelmengen nach: Claudia Glechner, Was tun mit dem E-Müll, www.ORF.at, 9.5.2011*

## M 3 ● Salz im Gebäck – europäische Regelungen für alle Lebensbereiche?

Enthält die Brezn zu viel Salz?

Weich oder knusprig, mit viel Salz oder wenig – über die richtige Beschaffenheit der Brezn gehen die Meinungen seit jeher auseinander. Jetzt beschäftigt sich auch die
5 EU mit dem Gebäck.
Matthias Wiemers, Geschäftsführer des Zentralverbands des Deutschen Bäckerhandwerks [erklärt]: „Die Europäische Union will Nährwertprofile für verschiedene
10 Lebensmittelgruppen erstellen. Dazu gehört, dass der Salzgehalt im Gebäck auf zehn Gramm pro Kilo Brot beschränkt werden soll. Wenn mehr drin oder drauf ist, würde das Produkt nicht mehr als gesund
15 eingestuft. Das deutsche Brot und die Brezn wären davon auf jeden Fall betroffen: Sie enthalten im Schnitt etwa 15 Gramm Salz pro Kilo.
Für die Bäcker würde das einen erheblichen Imageverlust bedeuten. Bestimmt 20 würden einige über eine Änderung ihrer traditionellen Rezepturen nachdenken.
Weniger Salz bedeutet aber einen erheblichen Geschmacksverlust, den man nur mit Zusatzstoffen wie Geschmacksver- 25 stärkern ausgleichen könnte – und das wäre bestimmt nicht im Interesse der Konsumenten."

(bre) Süddeutsche Zeitung, 12.2.2009

## M 4 ● Das Subsidiaritätsprinzip – klare Regeln für die Kompetenzverteilung?

a)

b) Für die Kompetenzverteilung zwischen Mitgliedstaaten und Föderation ist das Subsidiaritätsprinzip sicherlich das richtige Leitbild. Nur solche Aufgaben, die wirklich
5 eine Lösung auf der Ebene der Föderation [der EU] erfordern, sollten ihrer Kompetenz [Zuständigkeit] unterstehen. Die Zuweisung von Kompetenzen an die europäische Ebene sollte primär dann erfolgen, wenn die zu lösenden Probleme globalen, europawei- 10 ten oder grenzüberschreitenden Charakter haben, wie häufig in der Handels- und Umweltpolitik, oder dann, wenn eine gemeinsame Politik erhebliche politische Vorteile nach innen und außen bringt, wie etwa bei 15 der Gemeinsamen Außen- und Sicherheits-

politik. Die Herstellung einheitlicher Lebensbedingungen sollte in einem so heterogenen [vielfältigen] Gebilde [wie der EU] dagegen nicht zur Begründung von Politik auf der übergeordneten Ebene dienen.

Die Betonung des Subsidiaritätsprinzips darf jedoch nicht zu Illusionen verleiten: Im Zeitalter globaler Märkte, globaler Transport- und Kommunikationssysteme [...] [und] globaler Umweltprobleme [...] ist damit zu rechnen, dass der größte Teil aller notwendigen politischen und rechtlichen Maßnahmen den genannten Bedingungen genügt und deshalb [vermeintlich] auf der europäischen Ebene angesiedelt werden muss.

*Katharina Holzinger, Christoph Knill, Eine Verfassung für die Europäische Föderation, Frankfurter Allgemeine Zeitung, 29.11.2000*

## M 5 ● Supranationalität

[Das Grundprinzip der Supranationalität] unterscheidet die EU von anderen [zwischenstaatlichen] Zusammenschlüssen. Supranationalität bedeutet, dass die Staaten nationale Souveränität abgeben und auf europäischer Ebene gemeinsam ausüben. Damit limitiert sich für jeden Mitgliedstaat die Möglichkeit, Angelegenheiten alleine zu entscheiden. Aber es erhöht sich die Möglichkeit, auf andere Einfluss zu nehmen und zu gemeinsamen Entscheidungen zu kommen, die dann auch für alle verbindlich sind. Die Europäische Union kann unmittelbar Gesetze (sogenannte Verordnungen) erlassen oder Vorgaben („Richtlinien") machen, die die Staaten dann in nationales Recht umsetzen müssen. Nur so ist es möglich, Europa zu einem gemeinsamen Lebens- und Handlungsraum zu entwickeln. Beispiele für die Supranationalität sind der Binnenmarkt einschließlich Verbraucherschutz, die Währungspolitik (Euro), der Umweltschutz oder auch die Regelungen des Schengener Übereinkommens [Gemeinsame Grenzsicherungspolitik].

*Eckart D. Stratenschulte, Prinzipien des EU-Aufbaus, www.bpb.de, 1.4.2014*

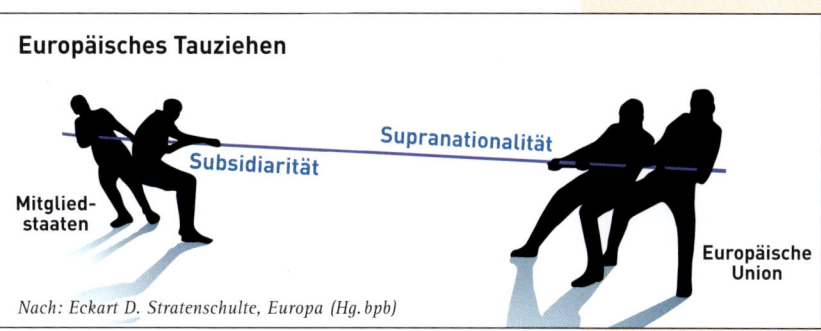

Europäisches Tauziehen
Nach: Eckart D. Stratenschulte, Europa (Hg. bpb)

### Aufgaben

1. Arbeiten Sie (mögliche) Vor- und Nachteile einer EU-weiten Regelung für (a) die Wiederverwertung von Elektroschrott (M 1, M 2) und (b) zulässige Salzmengen in Gebäck (M 3) heraus.

2. a) Erläutern Sie anhand selbst gewählter Beispiele (vgl. M 1 – M 3) das Spannungsverhältnis, das sich aus den Konstruktionsprinzipien der EU – Subsidiarität und Supranationalität (M 4/M 5) – ergibt.

   b) Überprüfen Sie anhand der Fallbeispiele, inwieweit das Subsidiaritätsprinzip gemäß Vertrag von Lissabon (M 4) eine eindeutige Kompetenzverteilung zwischen Mitgliedstaaten und supranationaler Ebene sicherstellt.

3. Nehmen Sie unter Berücksichtigung unterschiedlicher Perspektiven begründet Stellung, ob die in M 1 – M 3 dargestellten Fälle einer gesamteuropäischen Lösung zugeführt werden sollten.

**H** zu Aufgabe 1
Unterscheiden Sie dabei zwischen Konsumenten, Produzenten sowie dem Gemeinwohl von EU-Mitgliedstaaten bzw. anderer Staaten.

**H** zu Aufgabe 2 a
Klären Sie zunächst, welche der folgenden Politikfelder Ihrer Meinung nach (nicht) sinnvoll EU-weit geregelt werden könnten: Drogenbekämpfung, Asyl, Energieversorgung, Verkehr und Mobilität, Verbraucherschutz (z.B. Zulassung gentechnisch veränderter Lebensmittel), Schulpolitik, Verteidigungspolitik.

## 1.3 Politisches Projekt ohne Basis? Die EU und ihre Bürger

### Eurobarometer

Das Eurobarometer ist eine von der Europäischen Kommission in Auftrag gegebene, regelmäßige Meinungsumfrage, in der repräsentativ ausgewählte Bürgerinnen und Bürger in allen Mitgliedstaaten zu Fragen der europäischen Integration befragt werden. Die in jeder Befragung eingesetzten Standardfragen zur Mitgliedschaft und dem damit verbundenen Nutzen (vgl. M 1) erlaubt einen langfristigen Vergleich der politischen Unterstützung der EU seitens ihrer Bürger. Im Internet können Sie frühere und aktuelle Befragungen aufrufen und untersuchen: ec.europa.eu/COMMFrontOffice/PublicOpinion

### M 1 ● Volle Zustimmung der Bürger? Europäische Integration und öffentliche Meinung I

a) EU-Mitgliedschaft – eine gute Sache?

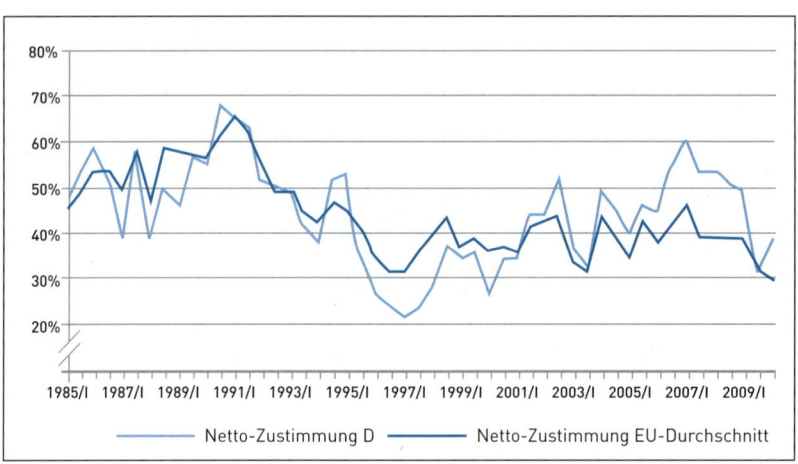

Antworten auf die Frage: „Ist die Mitgliedschaft Ihres Landes in der EU Ihrer Meinung nach eine gute Sache?", ausgewiesen als Netto-Zustimmung (Anteil „gute Sache" minus Anteil „schlechte Sache")

b) EU-Mitgliedschaft – Vorteile oder Nachteile

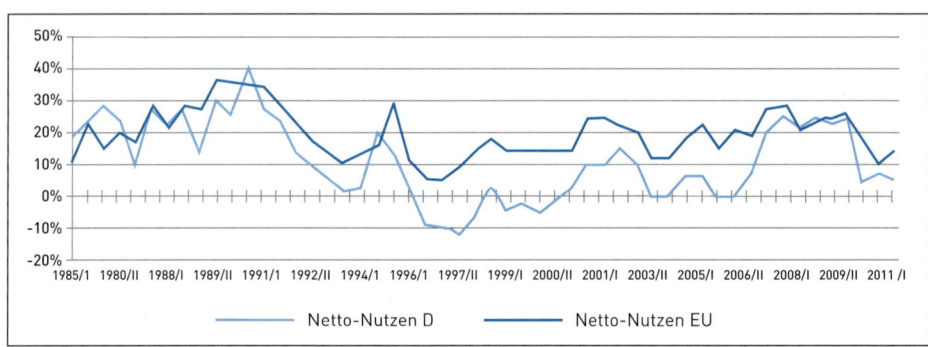

Antworten auf die Frage: „Hat Ihrer Meinung nach Ihr Land insgesamt gesehen durch die Mitgliedschaft Vorteile, oder ist das nicht der Fall?", ausgewiesen als Netto-Nutzen (Anteil „Vorteile" minus Anteil „keine Vorteile")

Während sich [in der jüngsten Umfrage] im EU-Durchschnitt ein Netto-Nutzen von 15 Prozent ergibt, bleibt für Deutschland lediglich ein Nettowert von 6 Prozent. Niedrigere Nettowerte finden sich lediglich in Italien (2), Zypern (2), Lettland (0), Österreich (-2), Griechenland (-3), Ungarn (-9) und Großbritannien (-19). Besondere Nettowerte zum Nutzen der Mitgliedschaft finden sich in Irland (66), Luxemburg (53), Niederlande (51), Polen (55) und der Slowakei (50).

*Zahlen: Eurobarometer Interactive Search System; in: Wilhelm Knelangen, Euroskepsis? Die EU und der Vertrauensverlust der Bürgerinnen und Bürger, in: APuZ 4/2012, S. 35, 37*

## M 2 ● Sind wir Bürger Europas?
### Europäische Integration und öffentliche Meinung II

Eurobarometer-Erhebung: „Bitte sagen Sie mir für jede der folgenden Aussagen, inwieweit diese Ihrer eigenen Meinung entspricht oder nicht entspricht."

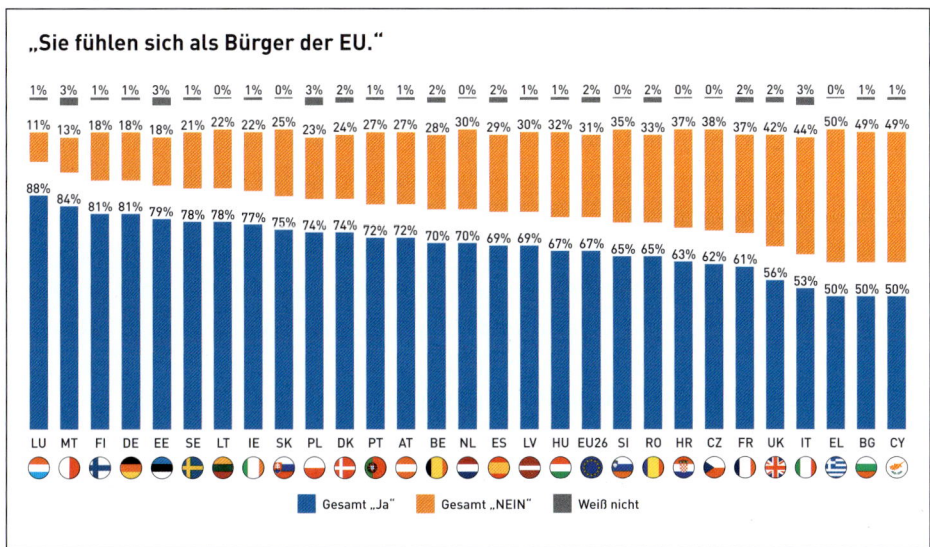

Europäische Kommission, Standard-Eurobarometer 83 – Frühjahr 2015, S. 18, 28

### Permissiver Konsens

Die europäische Integration galt lange als ein beinahe entpolitisiertes Thema. [Nach den Politikwissenschaftlern] Leon N. Lindberg und Stuart A. Scheingold (1970) [...] besteht der permissive [willenlose] Konsens aus zwei Diagnosen: Die Bürger der Mitgliedstaaten sind erstens über die europäische Integration [und] über die Struktur [...] kaum oder gar nicht informiert. Sie dulden zweitens passiv weitere Integrationsschritte, die von technokratischen, bürokratischen und politischen Eliten betrieben [...] werden.

*Guido Tiemann u.a., Die EU und ihre Bürger, Wien 2011, S. 17*

### Aufgaben

1. Analysieren Sie die Statistiken M 1 und M 2 hinsichtlich der Haltung der EU-Bürgerinnen und -Bürger zum europäischen Integrationsprojekt.
2. a) Erschließen Sie unter Berücksichtigung Ihrer persönlichen Europa-Erfahrungen mögliche Gründe der dargestellten politischen Einstellungen.
   b) Problematisieren Sie unter Bezugnahme auf das Konzept des „permissiven Konsenses" (Randspalte) das Verhältnis zwischen der EU und ihren – heutigen und zukünftigen – Bürgern.

F a) Setzen Sie die vorliegenden Daten zu den Motiven des Brexit (vgl. Kapitel 8.2.2) in Beziehung.
b) Diskutieren Sie, inwieweit der Integrationsmodus des „permissiven Konsenses" durch den Brexit zum Erliegen kommen könnte.

## ORIENTIERUNGSWISSEN

**Europa im Alltag**
Kap. 1.1
M 2, M 3

Das Zusammenwachsen Europas ist insbesondere für die jüngere Generation eine **Selbstverständlichkeit** geworden, die sich in vielen Vorteilen im alltäglichen Leben zum Beispiel in innereuropäischen Grenzregionen zeigt.

Die mit der Vollendung des Europäischen Binnenmarktes (vgl. Kap. 4.1) verbundenen **Vier Freiheiten** des Personen-, Waren-, Dienstleistungs- und Kapitalverkehrs ermöglichen unkomplizierte private, aber vor allem auch geschäftliche Beziehungen zwischen Bürgern und Unternehmen aus unterschiedlichen Mitgliedstaaten. Dies wird unterstützt durch die **Unionsbürgerschaft**, die es uns erlaubt, uns an jedem Ort der EU niederzulassen und dort zumindest auf kommunaler sowie auf EU-Ebene politische Beteiligungsrechte wahrzunehmen.

**EU zwischen Subsidiarität und Supranationalität**
Kap. 1.2
M 4, M 5

Immer mehr politische Probleme werden durch EU-weite Regelungen bearbeitet. Diese Tendenz zu supranationalen Regelungen ist die Folge der fortschreitenden Binnenmarktintegration, die vor allem für wirtschaftliche Fragen kaum mehr nationalstaatliche Lösungen sinnvoll erscheinen lässt.

Zugleich sehen viele Menschen diese Entwicklung mit Sorge, befürchten sie doch, dass regionale bzw. nationalstaatliche Besonderheiten (zum Beispiel im Lebensmittelsektor) durch die EU eingeebnet werden. Das **Subsidiaritätsprinzip**, das der EU nur dann politisches Handeln zugesteht, wenn das Problem auf nationalstaatlicher Ebene nicht sinnvoll gelöst werden kann, stellt somit ein Gegengewicht zur **Supranationalität** dar. Politische Konflikte um die Frage der Zuständigkeit sind eine Konstante in der Politik der EU.

**Europäische Integration und öffentliche Meinung**
Kap. 1.3
M 1

Gingen die Meinungsforscher bislang davon aus, dass die EU-Bürger den europäischen Integrationsprozess gleichgültig akzeptieren (permissiver Konsens), so wandelt sich dieses Bild in den letzten Jahren. Insbesondere in Deutschland hat die EU an **Unterstützung in der Bevölkerung verloren**; vor allem der wahrgenommene Nutzen, der mit einer Mitgliedschaft Deutschlands verbunden ist, erreicht – der alltäglichen „Nutzung" der EU zum Trotz – nur noch geringe Werte.

Gleichzeitig zeigen jedoch Befragungen insbesondere von Jugendlichen, dass die eigene Positionierung – bei insgesamt niedrigen Zustimmungsquoten – als „Europäer" eine dem Selbstverständnis als „Deutscher" vergleichbare Rolle spielt. Möglicherweise entwickelt sich eine – auch regionale Bezüge einbeziehende – Verbindung unterschiedlicher Identitäten.

## Die EU – ein Elitenprojekt ohne Bürger?

**Der Freitag:** Herr Anheier, wo liegt Europas Problem?

**Helmut Anheier:** Wir haben es nicht geschafft, ein pan-europäisches Bewusstsein zu schaffen. Europas Eliten sind zusammengekommen, auch die der Zivilgesellschaft. [...] Doch was fehlt, ist eine wirkliche Vernetzung von unten.

**Sollen nicht Programme wie Erasmus für Studierende oder Städtepartnerschaften gerade das schaffen?**

Ja, aber was diese Programme eint, ist ihre Ausrichtung auf die Mittelklasse. Städtepartnerschaften zum Beispiel: Viele davon wurden Anfang der 1970er gegründet. Bis heute treffen sich dort immer wieder dieselben Personen und Zirkel. Man wird gemeinsam alt, vielleicht kennen sich die Kinder noch. Die Frage ist: Wie kann man da neues Leben reinbringen? [...]

**Von der EU finanziert und gesteuert wird das Erasmus-Programm, mit dem Studierende einige Semester im europäischen Ausland verbringen können.**

Ja, da gilt dasselbe. [...] Für Erasmus bewerben sich vor allem Vertreter der oberen Mittelschicht. Da setzt sich die Zugangshürde fort, denn wenn jemand aus einem sozial schwächeren Hintergrund an die Universität kommt, dann braucht der viel mehr Studienberatungsangebote und Begleitung. Erasmus gilt zwar als ein Instrument, die Jugend Europas zusammenzubringen. De facto erreicht es aber nur einen bestimmten Teil dieser Jugend.

**Europas Jugend kommt aber trotzdem zusammen. Zum Beispiel: Die Occupy-Bewegung, da campieren und demonstrieren junge Spanier, Franzosen und Belgier zusammen [...].**

[...] Bisher äußert sich das nicht in einer Botschaft, was die Bewegung will. Trotzdem sehe ich da den Beginn einer neuen Diskussion über Gerechtigkeit, die Grenzen überschreitet. [...]

**[Seit 2012] können die Europäer immerhin staatenübergreifende Bürgerinitiativen starten.**

Sicher erleichtert so etwas zivilgesellschaftlichen Gruppen, sich über Grenzen hinweg zu organisieren, zu finanzieren, aktiv zu werden. Doch wirklich auf Europa ausrichten werden sich die Bürger nur, wenn die europäischen Institutionen, insbesondere das Parlament, wichtiger werden.

**Aber schon jetzt gibt es doch Themen mit klarer europäischer Dimension [...]. Haben Sie einen Vorschlag?**

Den Umgang mit dem demografischen Wandel mit einer richtigen Beschäftigungspolitik zu verbinden, das wäre was: Beides ist inhaltlich eng miteinander verknüpft, und man kann gute Vorschläge machen, wenn man Europa insgesamt ins Blickfeld nimmt. Fachkräftemangel am einen, Überalterung am anderen Ort und gleichzeitig hohe Arbeitslosigkeit wie etwa in Spanien. Oder Umwelt- und Energiepolitik, da können wir den zivilgesellschaftlichen Aktionsgeist auf europäischer Ebene mit den infrastrukturellen Aufgaben verknüpfen, um etwas Positives zu schaffen.

*Interview: Sebastian Puschner, Der Freitag, 8.12.2011*

*Helmut K. Anheier ist Soziologe und Dekan der Hertie School of Governance in Berlin.*

---

### Aufgaben

1. Geben Sie Anheiers Position zum Verhältnis zwischen der EU und ihren Bürgern wieder.
2. Setzen Sie Anheiers Argumentation zum Hineinwirken des europäischen Integrationsprozesses in unseren Lebensalltag in Beziehung.
3. Entwickeln Sie eine begründete Gegenposition zu Anheiers Einschätzung, die Sie in Form eines Leserbriefes an den „Freitag" präsentieren.

„Manches, das uns heute als Bürokratie erscheint, hat früher auf die Schlachtfelder Europas geführt."

*Joschka Fischer, Bündnis 90 / Die Grünen, 1998-2005 Bundesaußenminister*

# Die europäische Integration – eine Erfolgsgeschichte?

## 2

Aus zwei Weltkriegen geht Europa geteilt und zerstört hervor: Die Hauptgegner der Vergangenheit, Deutschland und Frankreich, liegen in Schutt und Asche oder haben ihre globale Bedeutung verloren. Frieden in Sicherheit und Freiheit wird zur neuen Grundidee der beiden ehemaligen Feindstaaten. Ab 1951 entstehen in Westeuropa zunächst ein ökonomischer (EGKS und EWG) und dann ein politischer Zusammenschluss (EG), die beide diese Grundideen maßgeblich fördern sollen. Ein europäisches Parlament, eine europäische Währung, der Euro, und eine europäische Außen- und Sicherheitspolitik kommen dazu.

Ab 1990 wird die Teilung Europas überwunden, ab 2004 treten mittel- und osteuropäische Staaten der EU bei. Dieses Projekt hatte und hat aber immer auch seine Schattenseiten, seine ungeklärten Probleme: Wo liegen seine geografischen Grenzen? Gibt es eine europäische Kultur- und Wertegemeinschaft? Welches sind die Grundzüge und Leitbilder der EU? Wie viele Kompetenzen sind von den Nationalstaaten an die EU übertragen worden? Hatte der europäische Integrationsprozess ein klares Ziel oder handelte es sich organisationstheoretisch eher um ein „Muddling Through" (dt. sich Durchwursteln)? Ist die EU-Geschichte eine Erfolgsgeschichte?
Diesen Fragen gehen Sie in diesem Kapitel nach.

## KOMPETENZEN

Am Ende dieses Kapitels sollten Sie Folgendes wissen und können:

... die Etappen und Probleme der europäischen Integration beschreiben und erläutern.

... bei aktuellen Themen und Kontroversen in der EU die historische Dimension, Interessenlagen und Standortbezogenheiten der Akteure systematisch und sachgerecht begründen und beurteilen.

... politische Sachverhalte – hier die Etappen der Europäischen Integration – multiperspektivisch und bezogen auf verschiedene Betrachtungsebenen kategorien- und kriterienorientiert bewerten.

... reflektiert und kriterienorientiert eine Pro-Kontra-Debatte am Beispiel des europäischen Integrationsprozesses führen.

### Was wissen Sie schon?

1. a) Analysieren Sie die beiden Karikaturen.
   b) Formulieren Sie Problemstellungen und offene Fragen, die sich aus den Karikaturen und dem Zitat ergeben.
2. Die europäische Integration – eine Erfolgsgeschichte? Positionieren Sie sich auf einer Meinungslinie zwischen Pro und Kontra und begründen Sie Ihr Vorausurteil.

## 2.1 Aspekte europäischer Identität

### 2.1.1 Gründungsinteressen

#### M 1 • 1945: Europa nach dem Zweiten Weltkrieg

Berlin in Schutt und Asche: Das Bild wurde unmittelbar nach Beendigung der Kämpfe um den Reichstag am 2. Mai 1945 aufgenommen.

#### M 2 • Visionen für ein neues Europa

Winston Churchill (1874-1965) war 1940-1945 und 1951-1955 Premierminister Großbritanniens.

Spätestens nach der Potsdamer Konferenz (August 1945) war die Anti-Hitler-Koalition der Alliierten beendet. Das Zeitalter der bipolaren Welt entstand, in dem sich die
5 beiden Großmächte USA und UdSSR als Gegner gegenüberstanden und um Einfluss konkurrierten, auch in Europa. Am 19. September 1946 hielt Winston Churchill, zuvor britischer Premierminister, vor der
10 akademischen Jugend in Zürich eine zukunftsweisende Rede.

In ausgedehnten Gebieten Europas starrt eine Menge gequälter, hungriger, sorgenerfüllter und verwirrter Menschen die Ruinen
15 ihrer Städte an [...]. Unter den Siegern herrscht eine babylonische Verwirrung misstönender Stimmen, unter den Besiegten aber das trotzige Schweigen der Ver-
zweiflung. [...] Trotzdem gibt es ein Heilmittel, das allgemein und spontan 20 angewendet, die ganze Szene wie durch ein Wunder verwandeln und innerhalb weniger Jahre ganz Europa, oder doch dessen größten Teil, so frei und glücklich machen könnte, wie es heute die Schweiz ist. Dieses 25 Mittel besteht in der Erneuerung der europäischen Völkerfamilie oder doch einer so großen Zahl ihrer Mitglieder, als es im Rahmen des Möglichen liegt, und ihrem Neuaufbau unter einer Ordnung, unter der 30 sie in Freiheit, Sicherheit und Frieden leben kann. Wir müssen eine Art Vereinigte Staaten von Europa errichten. [...] Ich war glücklich zu erfahren, dass mein Freund, [der US-amerikanische] Präsident Truman, 35 sein Interesse und seine Sympathie für den Plan der Vereinigten Staaten von Europa

ausgedrückt hat. [...] Wir alle müssen dem Schrecken der Vergangenheit den Rücken kehren und uns der Zukunft zuwenden. Wir können es uns einfach nicht leisten, durch all die kommenden Jahre den Hass und die Rache mit uns fortzuschleppen, die den Ungerechtigkeiten der Vergangenheit entsprossen sind. [...]

Der erste Schritt bei der Neubildung der europäischen Familie muss ein Zusammengehen zwischen Frankreich und Deutschland sein. Nur so kann Frankreich die Führung in Europa wiedererlangen. Es gibt kein Wiedererstehen Europas ohne ein geistig großes Frankreich und ein geistig großes Deutschland. Die Struktur der Vereinigten Staaten von Europa wird, wenn sie richtig und dauerhaft errichtet werden soll, so geartet sein müssen, dass die materielle Stärke einzelner Staaten an Bedeutung einbüßt. Kleine Nationen werden so viel wie große gelten und sich durch ihren Beitrag für die gemeinsame Sache Ruhm erringen können. [...] Der erste Schritt hierzu wäre es, einen Europäischen Rat ins Leben zu rufen. Wenn alle Staaten Europas dieser Union fürs erste nicht beitreten wollen oder können, so müssen wir doch alle jene sammeln, die willens und imstande sind, es zu tun. [...] Bei diesem so dringend notwendigen Werk müssen Frankreich und Deutschland zusammen die Führung übernehmen. [...]

*Zitiert nach: Curt Gasteyger, Europa von der Spaltung zur Einigung, Bonn 2001, S. 43 f.*

## M 3 ● Deutschland und Frankreich – Keimzelle eines geeinten Europa

*Jean Monnet war 1946-1950 erster Generalsekretär des französischen Planungsamtes; er entwickelte Modernisierungsprogramme für die französische Wirtschaft – Teile davon flossen in den späteren Schuman-Plan ein, der zur Gründung der EGKS (Montanunion) führte. Rückblickend schildert er seine Einschätzung der Nachkriegslage:*

In Europa hieß die Gefahr noch immer Deutschland, doch diesmal nicht durch sein eigenes Zutun, sondern durch die Schuld der anderen, der Mächte, die es wie ein Spieleinsatz behandelten. Die Amerikaner [...] versuchten, die neue Bundesrepublik in ein westliches [...] System zu integrieren, und die Russen würden sich dem mit allen Mitteln widersetzen. Frankreichs Komplexe würden noch wachsen. [...] Jede Lösung verlangte zuvor, dass man die Bedingungen änderte: etwa für die Deutschen die Demütigung durch unsere Kontrollen, für die kein Ende abzusehen war, und für die Franzosen die Angst vor dem letztlich unkontrollierten Deutschland. Diese beiden Elemente [...] reichten aus, um eine konstruktive Entwicklung in Europa zu blockieren. [...] In Frankreich kehrte das Gefühl der Unterlegenheit wieder [...]. Die Basis für die [deutsche] Überlegenheit [...] war seine Stahlproduktion zu einem Preis, mit dem Frankreich nicht konkurrieren konnte. [...]

Wenn man bei uns die Furcht vor einer deutschen industriellen Vorherrschaft beseitigen könnte, wäre das größte Hindernis für die Einigung Europas weggeräumt. Eine Lösung, die der französischen Industrie die gleiche Ausgangsbasis wie der deutschen einräumte, während man diese von den aus der Niederlage entstandenen Diskriminierungen befreite, würde die ökonomischen und politischen Bedingungen für eine Entente [= Bündnis] schaffen, die für Europa unerlässlich war. Darüber hinaus könnte sie sogar das Ferment [= Nährboden, Keimzelle] zu einer europäischen Einheit werden.

*Jean Monnet, Erinnerungen eines Europäers, übersetzt von Werner Vetter, München 1980, S. 370-373*

Jean Monnet (1888-1979) war von 1952 – 1954 Präsident der Hohen Behörde der Montanunion.

### Der Schuman-Plan

Der Schuman-Plan sah vor, die gesamte Kohle- und Stahlproduktion von Deutschland und Frankreich in einer Gemeinschaft vereint zu verwalten. Er basierte auf den Plänen des französischen Außenministers Robert Schuman und seines Landsmannes Jean Monnet von 1950. Ein Ziel ihrer Bemühungen war die Aussöhnung zwischen Frankreich und Deutschland.

## M 4 ● 1956: Die EWG – ein Projekt im deutschen Interesse?

Konrad Adenauer (1876–1967), CDU, war 1949–1963 der erste deutsche Bundeskanzler.

*Geheime Anweisung von Bundeskanzler Adenauer an alle Bundesminister vom 19.1.1956*

Die gegenwärtige außenpolitische Lage enthält außerordentliche Gefahren. Um sie abzuwenden und eine günstige Entwicklung einzuleiten, bedarf es entschlossener Maßnahmen. Dazu gehört vor allem eine klare, positive deutsche Haltung zur europäischen Integration. In dieser europäischen Integration sehen die entscheidenden Staatsmänner des Westens den Angelpunkt der Entwicklung [...]. Diese Auffassung ist zweifellos richtig. Wenn die Integration gelingt, können wir bei den Verhandlungen sowohl über die Sicherheit wie über die Wiedervereinigung als wesentliches neues Moment das Gewicht eines einigen Europas in die Waagschale werfen. Umgekehrt sind ernsthafte Konzessionen der Sowjetunion nicht zu erwarten, solange die Uneinigkeit Europas ihr Hoffnung gibt, diesen oder jenen Staat zu sich herüberzuziehen, dadurch den Zusammenhalt des Westens zu sprengen und die schrittweise Angliederung Europas an das Satellitensystem einzuleiten. Hinzu kommt, dass die dauerhafte Ordnung unseres Verhältnisses zu Frankreich nur auf dem Wege der europäischen Integration möglich ist. Sollte die Integration durch unser Widerstreben oder unser Zögern scheitern, so wären die Folgen unabsehbar.

Daraus ergibt sich als Richtlinie unserer Politik, dass wir den Beschluss von Messina entschlossen und unverfälscht durchführen müssen. Noch stärker als bisher muss der politische Charakter dieses Beschlusses beachtet werden, der nicht allein eine technische Kooperation aus fachlichen Erwägungen, sondern eine Gemeinschaft herbeiführen soll, die (auch im Interesse der Wiedervereinigung) die gleiche Richtung des politischen Willens und Handelns sichert. [...]

Andererseits lässt sich nach Auffassung der Weltöffentlichkeit die friedliche Nutzung der Atomenergie von der Möglichkeit der Herstellung von Atombomben praktisch nicht trennen. Der deutsche Versuch einer rein nationalen Atomregelung würde daher vom Ausland mit größtem Misstrauen aufgenommen werden.

*Nach: Konrad Adenauer und die Europäische Integration, Ausstellung des Archivs für Christlich-Demokratische Politik der Konrad-Adenauer-Stiftung, Sankt Augustin 2010, S. 15*

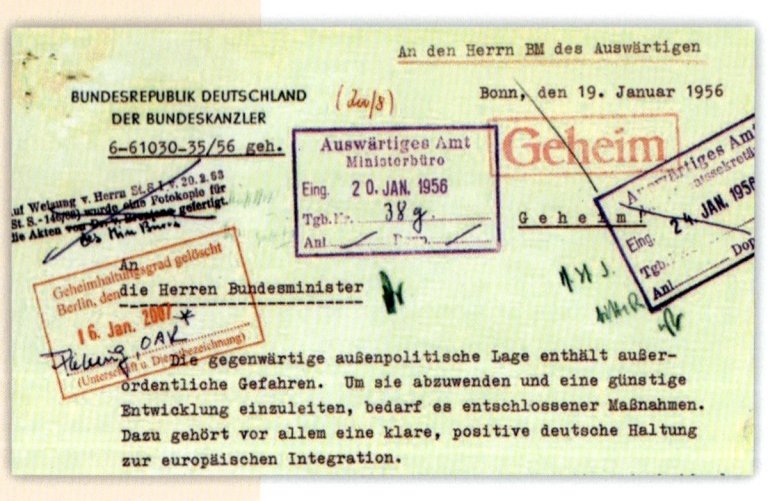

**Beschluss von Messina**
Die Europäische Wirtschaftsgemeinschaft (EWG) wurde am 25. März 1957 von sechs Staaten gegründet. Die Konferenz von Messina im Juni 1955 bereitete diesen Gründungsakt vor.

### Aufgaben

**1** a) Arbeiten Sie die zentralen Ideen aus M 2 – M 4 heraus.
   b) Entwerfen Sie daraus ein Bild Europas. Wählen Sie dazu eine Form der Visualisierung, bspw. Collage oder Karikatur. Erläutern Sie Ihr Produkt.

**2** a) Analysieren Sie die Interessen der drei Politiker im Zeitkontext (M 2 – M 4).
   b) Erstellen Sie für einen Radio- oder Fernsehsender eine Kurzreportage für eine Jugendsendung zu den Gründungsinteressen der EU 1945–1950 (M 1 – M 4).

## 2.1.2 Gibt es eine europäische Identität?

### M 5 ● Was verbindet Europa, was grenzt es ab?

„Das Europa des Mittelalters war ein Europa der Kultur, Ideologie, der Sitten, der Werte. Und das wünsche ich mir: ein Europa der Werte. Deshalb bin ich entschieden dagegen, aus Europa eine bloße Freihandelszone zu machen. Man muss die Wirtschaft in den Dienst der Werte stellen und nicht umgekehrt. Wenn es dem vereinten Europa nicht gelingt, sich durch die verschiedenen europäischen Kulturen zu schaffen, würde ich es als gescheitert ansehen. Europa wird entweder kulturell bestehen oder gar nicht ..."
*Jacques le Goff, Die Welt, 11.8.1997*

„Wie ein Blick auf den Globus zeigt, steht der Name Europa für keine fixe geografische Einheit. [...] Jede Begrenzung eines Raums namens Europa hat mit der Bestimmung eines ‚gesellschaftlichen Zusammenhanges' von Europäerinnen und Europäern zu tun. Europa ist, mit anderen Worten, eine Konstruktion, räumlich und sozial, oder besser gesagt: eine Reihe von Konstruktionen, die ungefähr vor drei Jahrtausenden begonnen hat."
*Gerhard Wagner, Projekt Europa, Berlin 2005, S. 93*

### M 6 ● Europas äußere Grenzen

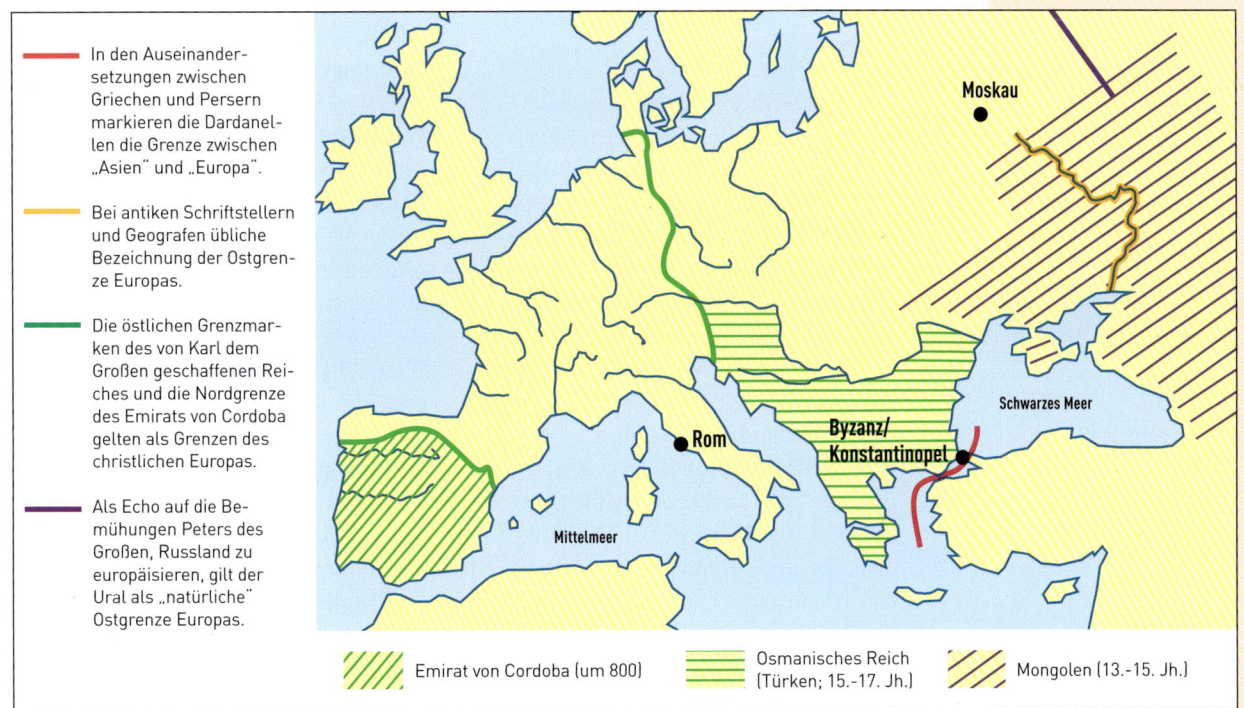

— In den Auseinandersetzungen zwischen Griechen und Persern markieren die Dardanellen die Grenze zwischen „Asien" und „Europa".

— Bei antiken Schriftstellern und Geografen übliche Bezeichnung der Ostgrenze Europas.

— Die östlichen Grenzmarken des von Karl dem Großen geschaffenen Reiches und die Nordgrenze des Emirats von Cordoba gelten als Grenzen des christlichen Europas.

— Als Echo auf die Bemühungen Peters des Großen, Russland zu europäisieren, gilt der Ural als „natürliche" Ostgrenze Europas.

Emirat von Cordoba (um 800) | Osmanisches Reich (Türken; 15.–17. Jh.) | Mongolen (13.–15. Jh.)

## M 7 ● Ideale für das politische Handeln in Europa?

Die Geschichte Europas ist auch die Geschichte von Unterdrückung, Gewissenszwang und blutiger Diktatur; die kalte Effektivität der fürchterlichsten Massen-
⁵vernichtung der Geschichte, des nationalsozialistischen Holocaust, war in ihrer Rationalität spezifisch europäisch. Die Geschichte Europas ist nicht zuletzt die Geschichte des Imperialismus; der Unterwer-
¹⁰fung und Unterdrückung der übrigen Welt, ihrer Ausbeutung und ihres Ausblutens im Dienste des Wohlstands unseres eigenen Erdteils. [...] Die Idee der Demokratie und ihre Wirklichkeit sind nicht dasselbe, und
¹⁵Ähnliches gilt für die Ideen der Freiheit und Menschenwürde [...]. Und die Erfahrungen der Geschichte Europas, von der Jakobinerherrschaft bis zur Revolution der Bolschewiki, lehren überdies, dass alle Ver-
²⁰suche, die Freiheit in ihrer vollkommenen Form zu verwirklichen, in schrankenlosesten Despotismus führen. [...] Gerade deshalb ist es wichtig, in den Ideen der Demokratie, der Freiheit, der Menschenwürde, der Vernunft, der Pluralität, in allen diesen ²⁵Anschauungen, die ganz und gar der Geschichte Europas entspringen, die legitimierenden Leitideen unseres Kontinents zu sehen; denn wenn wir auch wissen, dass sie nie ganz verwirklicht werden können, ³⁰[...] wissen wir doch auch – und sind seit Beginn der osteuropäischen Revolutionen dessen gewisser als zuvor –, dass es ohne sie für Europa keine Zukunft gibt. Sie sind regulative Ideen im Sinne Immanuel Kants: ³⁵unverrückbare Ideale, die dem politischen Handeln Maß und Ziel verleihen.

*Hagen Schulze, Die Wiederkehr Europas, Berlin 1990, S. 52-55*

## M 8 ● Die EU – eine Grundrechtsgemeinschaft?

### Charta der Grundrechte der Europäischen Union

*Präambel*
Die Völker Europas sind entschlossen, auf der Grundlage gemeinsamer Werte eine friedliche Zukunft zu tei-
⁵len, indem sie sich zu einer immer engeren Union verbinden.
In dem Bewusstsein ihres geistig-religiösen und sittlichen Erbes gründet sich die Union auf die unteilbaren
¹⁰und universellen Werte der Würde des Menschen, der Freiheit, der Gleichheit und der Solidarität. Sie beruht auf den Grundsätzen der Demokratie und der Rechtsstaatlichkeit.
¹⁵Sie stellt den Menschen in den Mittelpunkt ihres Handelns, indem sie die Unionsbürgerschaft und einen Raum der Freiheit, der Sicherheit und des Rechts begründet.

Die Union trägt zur Erhaltung und ²⁰zur Entwicklung dieser gemeinsamen Werte unter Achtung der Vielfalt der Kulturen und Traditionen der Völker Europas sowie der nationalen Identität der Mitgliedstaaten und der Orga-²⁵nisation ihrer staatlichen Gewalt auf nationaler, regionaler und lokaler Ebene bei. [...]
Diese Charta bekräftigt unter Achtung der Zuständigkeiten und Auf-³⁰gaben der Union und des Subsidiaritätsprinzips die Rechte, die sich vor allem aus den gemeinsamen Verfassungstraditionen und den gemeinsamen internationalen Verpflichtungen ³⁵der Mitgliedstaaten [...] ergeben. [...]

*Aktion Europa (Hg.), Vertrag von Lissabon, Berlin 2010, S. 192*

---

**Die Charta der Grundrechte**

In der Charta sind die EU-Grundrechte erstmals umfassend schriftlich festgehalten. Ursprünglich sollte der Text Teil des Europäischen Verfassungsvertrags werden. Nach dessen Scheitern erlangte die Charta 2009 mit dem Lissabonner Vertrag bindende Rechtskraft. Einige Länder haben sich von dieser Bindung ausgenommen.

## M 9 • Was macht Europa aus? Definitionsversuche

| Europäische Selbstbeschreibungen | externe Andere | interne Andere |
|---|---|---|
| 1. Kontinent Europa als geografische und kulturelle Einheit<br>europäische Kultur, gemeinsame Geschichte | „der Osten", Asien, Türkei Russland | Balkan, Osteuropa |
| 2. Zivilisation und technischer Fortschritt<br>Ackerbau, Technik, Navigation, Wissenschaft, Handel und Gewerbe | „der Rest" | Osteuropa (Byzanz) |
| 3. Christliches Abendland, römisch-katholische Kirche, Europa Karls des Großen, Protestantismus, Säkularisierung | Islam, USA, Türkei | Judentum, orthodoxe Kirchen (Byzanz), Islam, Osteuropa, Balkan |
| 4. Ästhetische Einheit<br>Kunstgeschichte in parallelen Epochen: Romanik, Gotik, Renaissance, Barock, Moderne, Postmoderne | USA, „der Rest" | Osteuropa |
| 5. Reflexive Wissenschaft<br>Umsetzung von Konflikt in Innovation, Wettbewerb und Kritik, öffentliche Diskursräume, freie Städte, Universitäten | Diktaturen, autoritäre Regime, Despotismus (Asien, Orient) | Osteuropa (Byzanz) |
| 6. Europa der Nationen<br>Gemeinschaft europäischer Völker und Nationen | Nicht-EU-Staaten | Beitrittskandidaten |
| 7. Klassen, Schichten, Milieus, Mittelstand, Bürgertum, Kleinbürgertum, Arbeiterklasse | Zweiklassengesellschaften, USA, sozialistische Staaten | Osteuropa |
| 8. Arbeitsethik und Wohlfahrtsstaat<br>Arbeiterbewegung, Solidarität, Sozialausgaben, soziale Marktwirtschaft | USA | (Osteuropa) |
| 9. Europäische Wertegemeinschaft<br>Menschenrechte, Demokratie, Freiheit, Toleranz, Rationalität, Individualität, Aufklärung, Religionsfreiheit, Säkularisierung | fundamentalistischer Islam, Türkei | Osteuropa |
| 10. Europäische Kommunikationsgemeinschaft<br>Europa als Rechtsgemeinschaft, Entnationalisierung von Kultur und Identität, Überkreuzung individueller Lebensstile, transnationale Netzwerke, Europäisierung und Individualisierung | Nicht-EU-Staaten | bildungsferne Schichten |
| 11. Negative Erinnerungsgemeinschaft<br>Schuldbekenntnisse zu Weltkriegen und Holocaust, „Tätergemeinschaft", Verbot der Todesstrafe | Japan, Türkei, USA, Irak | Balkan |

*Gudrun Quenzel, Konstruktionen von Europa, Bielefeld 2005, S. 14*

### Aufgaben

1. Verständigen Sie sich im Kurs auf drei zentrale Werte, für die die EU Ihrer Meinung nach steht.
2. Vergleichen Sie die von Ihnen formulierten Werte mit denen in der Charta (M 8) formulierten Werten und erklären Sie Gemeinsamkeiten und Unterschiede.
3. Analysieren Sie in Gruppenarbeit die zentralen Ideen der Materialien M 5 - M 9. Gestalten Sie daraus ein Werte-Bild Europas. Wählen Sie dazu eine Form der Visualisierung, bspw. Collage oder Karikatur.
4. Beurteilen und bewerten Sie die zentralen Thesen aus M 5.
5. Erörtern Sie in einer Pro-Kontra-Debatte die Frage: „Die EU – eine Kultur- und Wertegemeinschaft?" (M 5 - M 9).

## 2.2 Etappen und Herausforderungen der europäischen Integration

### 2.2.1 Stationen des Einigungsprozesses

**1951:** Sechs westeuropäische Staaten (Belgien, Deutschland, Frankreich, Italien, Luxemburg und die Niederlande) gründen in Paris die EGKS (Europäische Gemeinschaft für Kohle und Stahl). Ziel ist es, eine vertiefte Gemeinschaft zwischen lange durch blutige Auseinandersetzungen entzweite Völker aufzubauen.

**1954:** Die EVG (Europäische Verteidigungsgemeinschaft), ein Versuch zur militärischen Integration, scheitert an der Ablehnung durch die französische Nationalversammlung.

**1957:** Die sechs EGKS-Staaten gründen in Rom die EWG (Europäische Wirtschaftsgemeinschaft) mit gemeinsamer Zollunion und Agrarpolitik und die EURATOM (Europäische Atomgemeinschaft). Ziel ist ein gemeinsamer Binnenmarkt.

**1965:** Fusion der drei Gemeinschaften (EGKS, EWG und EURATOM) zur EG (Europäische Gemeinschaft).

**1966:** Der Luxemburger Kompromiss stellt das Ende einer langen Krisenzeit dar. Neben der Einstimmigkeit wird nun auch das Mehrheitsprinzip bei Abstimmungen möglich.

### 1. Gründungs- und Aufbauphase

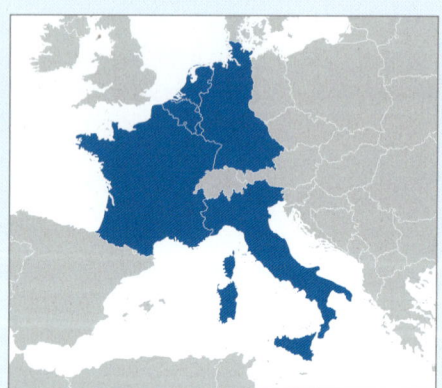

**M 1** ● Besser als Sicherheitsnadeln?

Karikatur: Klaus Pielert, 1989

**M 2** ● Die Politik des leeren Stuhls

Der vom Kommissionspräsidenten Walter Hallstein im Jahr 1965 erarbeitete Vorschlag zur Finanzierung der Gemeinsamen Agrarpolitik ist der Auslöser der Krise um die sogenannte „Politik des leeren Stuhls". Der Vorschlag der Kommission zielt auf die Erhöhung der Eigenmittel der Gemeinschaften – unabhängig von den nationalen Beiträgen – ab und sieht zusätzliche Haushaltsbefugnisse für das Europäische Parlament und eine stärkere Rolle der Kommission vor. Zudem soll [...] zum 1. Januar 1966 die Regel des Mehrheitsbeschlusses im Ministerrat zur Anwendung kommen. Frankreich kann einer solchen Entwicklung nicht zustimmen, die es als einen inakzeptablen Souveränitätsverzicht betrachtet. Darüber hinaus wirft Charles de Gaulle Walter Hallstein vor, seinen Vorschlag ohne Konsultation der Regierungen der Mitgliedstaaten vorbereitet zu haben. [...] Am 1. Juli beruft die französische Regierung ihren ständigen Vertreter in Brüssel ab und verkündet die Absicht Frankreichs, nicht mehr an den Sitzungen des Ministerrates teilzunehmen, bis sie Recht bekommt. Dies ist der Beginn der „Politik des leeren Stuhls" und einer schweren Krise. Zum ersten Mal seit Inkrafttreten der Römischen Verträge im Jahr 1958 blockiert ein Mitgliedstaat die Funktionsweise der EWG. [...] Sechs Monate lang bleibt Frankreich Brüssel fern und boykottiert die Gemeinschaft. [...] Im Januar 1966 schlägt der luxemburgische Ministerpräsident eine Kompromisslösung vor, die besagt, dass wenn ein Land der Ansicht ist, es stehen wesentliche Interessen auf dem Spiel, die Verhandlungen so lange fortgesetzt werden müssen, bis ein für alle Partner annehmbarer Kompromiss gefunden wird.

Nach: Centre Virtuel de la Connaissance sur l'Europe (CVCE), 11.8.2011

## 2 Die europäische Integration – eine Erfolgsgeschichte?

**1971:** Beschluss des Ministerrats zur Errichtung einer Wirtschafts- und Währungsunion.

**1973:** Norderweiterung (Großbritannien, Irland und Dänemark treten bei, Norwegen lehnt den Beitritt per Volksabstimmung ab).

**1979:** Europäisches Währungssystem (EWS) als Wechselkursverbund tritt in Kraft; erste Direktwahl des Europäischen Parlaments (EP).

**1981/1986:** Zwei Süderweiterungen; Griechenland (1981) sowie Portugal und Spanien (1986) treten der EG bei.

### 2. Nord- und Süderweiterung

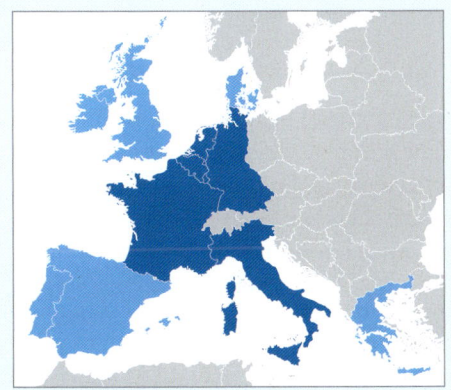

### M 4 ● Süderweiterung – Abwägungen und Motive

Der Beitrittswunsch der südeuropäischen Staaten Griechenland, Spanien und Portugal stellte die EG vor neue Herausforderungen: Die autoritär-totalitären Regime in den drei Staaten waren gerade erst durch demokratische abgelöst worden. Die lange unterdrückten Bevölkerungen hatten politisch-moralische Erwartungen an die Einbeziehung in das europäische Projekt.
Griechenland hatte seine Mitgliedschaft bereits 1975 beantragt, die Beitrittsverhandlungen mit Spanien und Portugal zogen sich wegen wirtschaftlicher und finanzieller Bedenken der EG-Altmitglieder sowie Forderungen nach Sonderregelungen und Vergünstigungen deutlich länger hin.
Die rückständige industrielle Produktion der Neuen konnte sich dem Wettbewerb der Gemeinschaft kaum stellen, dem volkswirtschaftlich bedeutsamen Agrarsektor dieser Kandidaten drohte – etwa bei Wein und Südfrüchten – eine starke Konkurrenz. Die Altmitglieder hatten Sorge vor möglichen Preisgarantien oder Stützungskäufen, die den EG-Gemeinschaftshaushalt erheblich belasten würden.
Letztlich spielte die Unterstützung der noch jungen Demokratien eine große Rolle zugunsten der Aufnahme der drei Kandidaten in die EG, um sie nachhaltig zu stützen.

*Autorentext*

### M 3 ● „Ab in den Süden"

*Karikatur: Horst Haitzinger, 1979*

**1986:** Die Gründungsverträge werden zur Einheitlichen Europäischen Akte (EEA) fusioniert, 1992 soll der Binnenmarkt vollendet sein.

**1989/1990:** Der Ostblock zerfällt, viele mittel-osteuropäischen Staaten wollen der Gemeinschaft beitreten.

**1992:** Gründung der Europäischen Union durch den Vertrag von Maastricht, Beginn der Gemeinsamen Außen- und Sicherheitspolitik (GASP) und der polizeilichen und justiziellen Zusammenarbeit.

**1995:** Abkommen von Schengen (gemeinsame Binnengrenzen); Finnland, Schweden und Österreich treten der EU bei.

**1997:** In Amsterdam wird der Stabilitäts- und Wachstumspakt verabschiedet.

**1999:** Ab 1.1. Euro als einheitliche Währung.

## 3. Politische und ökonomische Vertiefung

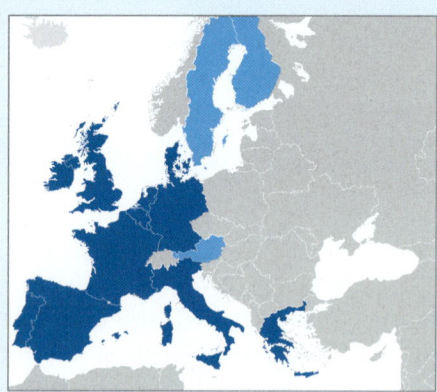

### M 5 ● Maastricht 1992: die Säulen der EU

### M 6 ● Supranationalität und Intergouvernementalität

Die handelnden Politikerinnen und Politiker nahmen beim Aufbau Europas – aufgrund ihrer jeweiligen nationalstaatlichen und kulturellen Hintergründe – immer wieder auf zwei europapolitische Leitbilder Bezug: auf das „föderalistische" Leitbild mit der Finalität Bundesstaat und auf das „intergouvernementalistische" Leitbild mit dem Konkurrenzmodell Staatenbund.

**SUPRANATIONALITÄT ⟵⟶ INTERGOUVERNEMENTALITÄT**

Daraus folgt u. a. für den Vertrag von Maastricht und bis heute noch, dass die EU-Institutionen entweder als supranational oder als intergouvernemental definiert wurden: Der Begriff Supranationalität kennzeichnet die politische Ebene, die über die nationalstaatliche Souveränität hinausgeht, und definiert als Völkerrechtsbegriff u. a. die internationalen Beziehungen von Staaten: D.h., rechtliche Zuständigkeiten werden von der nationalstaatlichen auf eine überstaatliche Organisation, bspw. die EU, transferiert. Auch wenn nicht alle Mitglieder zustimmen, können auf dieser Ebene verbindliche Beschlüsse durch Mehrheitsbeschluss gefasst werden. Die Alternative zur supranationalen Organisationsform ist das intergouvernementale Zusammenwirken: Die Regierungen kooperieren nur zwischenstaatlich, ohne eine inhaltliche, räumliche und institutionelle Vertiefungsperspektive.

*Autorentext*

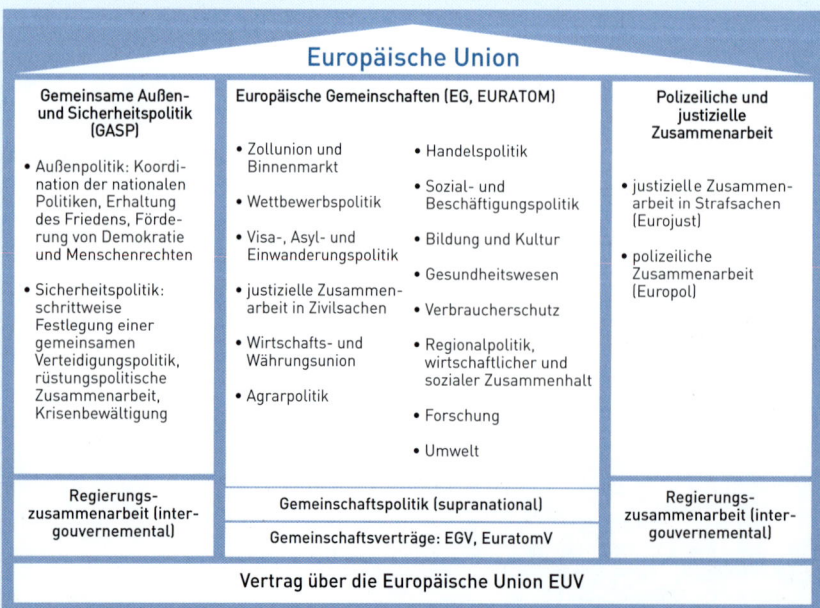

*Nach: Dietmar Herz, Die Europäische Union, München 2002, S. 70, in: Europäische Union, Informationen zur politischen Bildung Nr. 279/2003, S. 17*

## 2 Die europäische Integration – eine Erfolgsgeschichte?

**2000:** Der Vertrag von Nizza regelt die institutionelle Neuordnung der EU nach der Osterweiterung, proklamiert eine Grundrechts-Charta und initiiert einen Europäischen Konvent zur Ausarbeitung einer EU-Verfassung.

**2004:** Osterweiterung der EU um Estland, Lettland, Litauen, Malta, Polen, Slowakei, Slowenien, Tschechische Republik, Ungarn und Zypern (EU 25).

**2005:** Ablehnung der Europäischen Verfassung durch Volksabstimmungen in Frankreich und den Niederlanden.

**2007:** Beitritt von Rumänien und Bulgarien (EU 27).

**2009:** Inkrafttreten des Reformvertrages von Lissabon.

**ab 2010:** Finanz-, Staatsschulden- und Eurokrise. Notkredite der EZB u.a. für Griechenland gegen strenge Sparauflagen.

**2013:** Beitritt Kroatiens.

**ab 2015:** Herausforderung großer Flüchtlingszahlen.

**Juni 2016:** Bei einem Referendum in Großbritannien stimmt die Mehrheit für einen Austritt des Landes aus der EU („Brexit").

### 4. Osterweiterung, Verfassungskrise und Neuorientierung

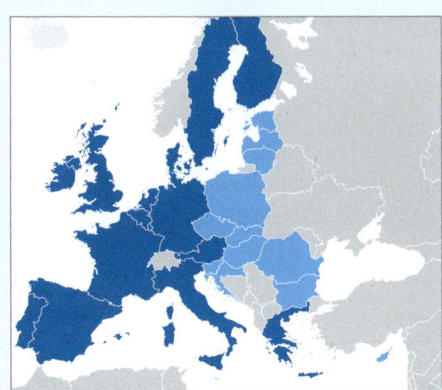

**Aufgaben**

① a) Beschreiben Sie die Erweiterungsschritte der EU.

b) Erläutern Sie anhand der Zeitleiste und M 1-M 7 die Grade der Vertiefung bei der europäischen Integration. Erläutern Sie Ihre Kriterien für die Kategorie „Vertiefung".

② Erstellen Sie für einen Radio- oder Fernsehsender eine Kurzreportage für eine Jugendsendung zur Entwicklung der EU von 1951 bis heute (M 1-M 7).

③ Erörtern Sie in einer Pro-Kontra-Debatte die Frage, ob die EU-Integration von 1951 bis heute eine Erfolgsgeschichte darstellt (M 1-M 7).

**M 7 • Die EU nach dem Vertrag von Lissabon (2009)**

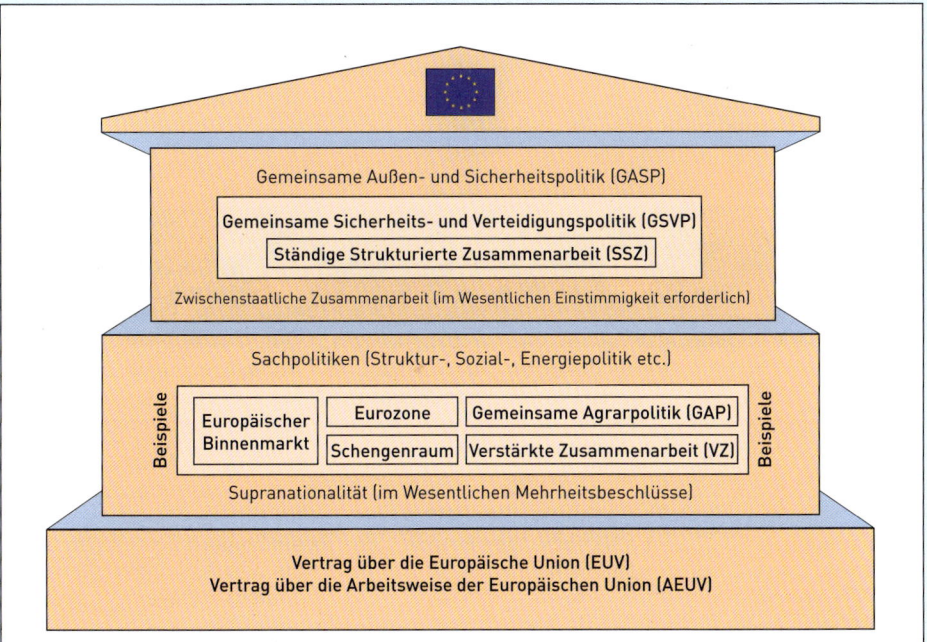

*CRP-Infotec, 1.10.2011*

## Politische Urteilsbildung I: Mehrperspektivische Sach- und Werturteile bilden

Das politische Urteil ist im Gegensatz zur schnell geäußerten Meinung oder gar zur Stammtischparole begründbar sowie begründet (Begründungspflicht), die ihm zugrunde liegenden Annahmen werden offen genannt und die Argumente werden sinnvoll gewichtet (Rationalität des Urteils).

### Perspektivgebunden bzw. mehrperspektivisch urteilen

Die erste Stufe eines begründeten politischen Urteils ist die des perspektivgebundenen Urteils. Der Urteilende begründet seine Position, die in der Regel seinen Interessen entgegenkommt, ohne weitere Perspektiven oder übergeordnete theoretische Gesichtspunkte einzubeziehen. Dabei werden notwendigerweise Gesichtspunkte ausgeblendet oder weniger stark in den Blick genommen.

Deswegen sollten in politischen Urteilsvorgängen bereits mehrere Perspektiven auf die politische Streitfrage oder Entscheidung berücksichtigt werden. Nicht zwangsläufig gelangt man am Ende so zu einem anderen Urteil, wohl aber zu einem besser begründeten.

### Welche Perspektiven können/sollten berücksichtigt werden?

Klassischerweise können bei politischen Urteilsfragen die Perspektive der Bürger, die des Unternehmens und die des Systems voneinander unterschieden werden. Dabei können dieselben Personen oder Gruppen in einem Fall Betroffene politischer Entscheidungen sein, in einem anderen Fall Akteure. So können z. B. Wirtschaftsunternehmen Betroffene einer Verschärfung der Umweltgesetzgebung sein, allerdings auch Akteure, wenn sie (über Lobbyeinfluss) versuchen, wirtschaftspolitische Entscheidungen im Sinne ihrer Interessen zu beeinflussen.

Sogar unterschiedliche Haltungen zu einer politischen Frage können aus ein und derselben Perspektive entstehen. So könnte ein Bürger als Arbeitnehmer Interesse an einer liberaleren Produktgesetzgebung haben, wenn dadurch sein Arbeitsplatz erhalten bleibt. Gleichzeitig könnte derselbe Bürger als Konsument eine Senkung der Produktstandards ablehnen (und gegebenenfalls als souveräner Konsument das Produkt nicht mehr kaufen).

Welche Perspektiven zu berücksichtigen sind, hängt von der Urteilsfrage ab. Bei Fragen der innenpolitischen Gesetzgebung wird – anders als bei solchen der Sozialgesetzgebung – die Perspektive von Wirtschaftsunternehmen höchstens eine untergeordnete Rolle spielen. Vor der eigenen endgültigen Positionierung sollten aber die Hauptargumente aller relevanten Perspektiven auf die Urteilsfrage abgewogen worden sein (z. B. nach Folgen der Entscheidung für die jeweilige Gruppe).

| Perspektivtyp \ Perspektive (Auswahl) | Bürger | Unternehmen | Politisches System |
|---|---|---|---|
| Betroffener | • als Arbeitnehmer/Arbeitsloser<br>• als Gesetzen Unterworfener<br>• als Umweltverschmutzung Ausgesetzter | • als Gesetzen Unterworfene (z. B. Umwelt, Produktstandards)<br>• als Mitbestimmung Umsetzende | • als Weisungsempfänger im Mehrebenensystem (z. B. EU)<br>• als Verpflichteter in internationalen Verträgen |
| Akteur | • als Wähler<br>• als Demonstrant<br>• als Konsument<br>• als Umwelt Nutzender<br>• als Rechteinhaber/Kläger | • als Produzenten/Anbieter<br>• als Lobbyarbeit Betreibende<br>• als Rechteinhaber/Kläger | • als Gesetzgeber<br>• als Steuern Einnehmender<br>• als Aushandelnder internationaler Verträge |

### Was unterscheidet ein Sach- von einem Werturteil?

**Sachurteile** stellen Tatsachenbehauptungen auf, die wissenschaftlich begründbar sind. Durch empirische Prüfung lässt sich (zumindest prinzipiell) die Wahrscheinlichkeit oder Falschheit der Tatsachenbehauptung erweisen. Oft ergibt sich dennoch die Schwierigkeit, dass der Laie mit Sachurteilen konfrontiert wird, die sich widersprechen. Er oder sie kann deren Richtigkeit selbst nicht beurteilen. Gelungene Sachurteile beruhen auf einer begründeten Auswahl, Verknüpfung und Deutung verschiedener Sachverhalte und weisen sachliche Angemessenheit, innere Stimmigkeit und ausreichende Triftigkeit von Argumenten auf.

**Werturteile** stellen keine neuen Tatsachenbehauptungen auf, sondern bewerten Sachverhalte nach verschiedenen subjektiven, normativen Wertmaßstäben (individuelles Verständnis und Gewichtung von Werten). Diese Bewertung ist empirisch nicht überprüfbar. Die Betonung verschiedener Werte kann zu einander gegenüberstehenden Beurteilungen führen.

Bei der Bildung eines politischen Urteils sollte nie allein ein Wert-, sondern immer (auch) ein Sachurteil formuliert werden.

### Welche Werte können berücksichtigt werden?

Klassischerweise stehen zum Fällen eines Werturteils die **drei gesellschaftlichen Grundwerte Freiheit, Sicherheit** und **Gerechtigkeit** zur Verfügung. Dazu kommen Werte wie ökologische Nachhaltigkeit, Friedlichkeit und Solidarität. Unbedingt ist dabei zu beachten, dass **ein und derselbe Wert ganz unterschiedlich verstanden** werden kann, z. B.:

#### Freiheit
- Formale Freiheit („Freiheit von etwas") → Frei ist in diesem Verständnis jemand, dem möglichst wenige äußere (rechtliche...) Zwänge auferlegt sind.
- Materiale Freiheit („Freiheit zu etwas") → Frei ist nach dieser Definition jemand, der (z. B. durch materielle Ausstattung) zum Nutzen seiner formalen Freiheitsrechte auch befähigt wird.

#### Gerechtigkeit
- Leistungsprinzip → Befürworter dieses Prinzips begrüßen die Verteilung von Mitteln (1) nach individueller Anstrengung und (2) danach, ob bzw. wie stark eine Tätigkeit nachgefragt wird.
- Gleichheit-/Egalitätsprinzip → Gerecht ist nach diesem Verständnis eine Entscheidung, die jedem gleiche Rechte und den gleichen Anteil an gesellschaftlichem Vermögen und Lasten zuweist.
- Bedarfsprinzip → Anhänger dieses Gedankens fordern eine angemessene Deckung von Grundbedürfnissen unter Berücksichtigung objektiver Unterschiede zwischen Personengruppen.

#### Solidarität
- Personale Solidarität → Solidarisch handelt in diesem Verständnis jemand, der einer – meist befreundeten oder zumindest persönlich bekannten – Person uneigennützig hilft. Allerdings kann dies auch problematische Handlungen wie z. B. das Vertuschen eines Verbrechens umfassen.
- Gesellschaftliche Solidarität → Dies meint eine strukturelle, unabhängig von persönlichen Bekanntschaften funktionierende Hilfe für Unterstützungsbedürftige, bspw. mittels der finanziellen Umverteilung durch ein Steuer- und/oder ein Sozialversicherungssystem. Im Rahmen der EU meint Solidarität auch, die nationalen Interessen nicht über das Interesse der gesamten Union zu stellen.

Daher muss der politisch Beurteilende jeweils immer offenlegen, wie er einen herangezogenen Wert versteht, und optimalerweise auch darstellen, aufgrund welcher Einflüsse er mit der Zeit zu diesem Werte-Verständnis gelangt ist.

Zusätzlich zu den dargestellten unterschiedlichen Begriffsverständnissen kann es zu **fundamentalen Spannungsverhältnissen zwischen den Grundwerten** kommen. So ermöglichen zwar Mindestmaßnahmen zur Schaffung von innerer Sicherheit (staatliches Gewaltmonopol) erst die Entfaltung bürgerlicher Freiheiten. Aber weitergehende Gesetzgebung zur inneren Sicherheit beschränkt immer die bürgerliche Freiheit des Einzelnen (z. B. Souveränität, über seine personenbezogenen Daten verfügen zu dürfen). Ebenso kann durch weitgehende persönliche und unternehmerische Freiheit die ökologische Nachhaltigkeit schwer gestört werden, wenn z. B. ungehindert Schadstoffe ausgestoßen werden dürften. Insofern sind die gesellschaftlichen Grundwerte nie vollständig miteinander in Einklang zu bringen, sondern es muss immer eine Abwägung unter Berücksichtigung der **Schwere der Folgen** und der **Verhältnismäßigkeit der Mittel** stattfinden.

*Autorentext*

## 2.2.2 Herausforderungen durch die EU-Osterweiterung

Zum Brexit-Referendum, vgl. Kapitel 8.2.2

### M 8 ● Bedenken im grenznahen Oberfranken 2004

Anlässlich der Europawahl 2004 führte die Survey Research Unit des Bamberger Centrums für Europäische Studien (SRU-BACES) eine Studie in Oberfranken zum Thema Osterweiterung der Europäischen Union durch.

| „Osterweiterung führt zu einem Anstieg der Kriminalität" | Stimmt voll und ganz zu | ... eher zu | ... eher nicht zu | ... überhaupt nicht zu | keine Angaben |
|---|---|---|---|---|---|
| Bamberg | 37 | 22 | 24 | 13 | 4 |
| Hof / Wunsiedel | 33 | 31 | 21 | 11 | 4 |
| „Osterweiterung gefährdet die Sicherheit der Arbeitsplätze" | | | | | |
| Bamberg | 32 | 29 | 23 | 14 | 2 |
| Hof / Wunsiedel | 40 | 21 | 24 | 11 | 4 |

*Zoltan Juhasz, Hans Rattinger, Oberfranken und die EU-Osterweiterung: Zwischen Aufbruch und Skepsis, BACES Discussion Paper Nr. 6 (2004), S. 32*

### M 9 ● Offene Grenzen in der EU – differenzierte Bilanz

**a) Offene Grenzen, mehr Kriminalität?**
Die Bilanz der Polizei fällt nach mehr als vier Jahren [offener Grenzen] bitter aus. Die „grenzüberschreitende Kriminalität" –
5 Autodiebstähle, Einbrüche, Schleusertum, Waffen- und Drogenhandel – nahm enorm zu. Vor allem an der deutsch-tschechischen Grenze wird neuerdings verstärkt Crystal Speed geschmuggelt. [...] Entlang der
10 deutsch-polnischen Grenze verschwinden [zudem] in großem Stil Autos, Baumaschinen und sogar Traktoren. In Brandenburg wurden bis Ende November [2011] 3.547 Fahrzeuge gestohlen, im gesamten Jahr 2007 waren es noch 2.469. [...]
15 Polen ist häufig nur noch Transitland für die gut organisierten Banden, die von Litauen, der Ukraine oder Russland aus agieren. Diese klauen auf Bestellung und orten bei der Flucht Funkstreifenwagen sogar
20 per Satellitentechnik. Allgemein liegt die Kriminalitätsbelastung in den 24 Grenzgemeinden Brandenburgs um rund 20 Prozent höher als im Landesdurchschnitt.

*Martin Lutz, Offene Grenzen, mehr Kriminalität, Die Welt, 13.2.2012, S. 5*

**b) Bundesweite Kriminalstatistik**

| | Diebstahl von Kraftfahrzeugen | | | Illegale Einfuhr von Betäubungsmitteln | | |
|---|---|---|---|---|---|---|
| Jahr | erfasste Fälle | Aufklärungsquote (in %) | nichtdeutsche Tatverdächtige (in %) | erfasste Fälle | Aufklärungsquote (in %) | nichtdeutsche Tatverdächtige (in %) |
| 1998 | 112.717 | 26,4 | 22,0 | 5.598 | 97,7 | 30,2 |
| 2000 | 83.063 | 26,2 | 22,5 | 6.338 | 97,2 | 28,5 |
| 2002 | 70.617 | 26,8 | 22,9 | 6.573 | 97,4 | 32,5 |
| 2004 | 58.937 | 27,0 | 22,6 | 4.586 | 96,5 | 41,8 |
| 2006 | 42.320 | 29,2 | 22,6 | 3.951 | 96,3 | 41,5 |
| 2008 | 37.184 | 28,0 | 22,9 | 3.038 | 96,8 | 37,8 |
| 2010 | 42.002 | 24,8 | 28,5 | 2.588 | 96,3 | 44,4 |
| 2012 | 37.238 | 28,0 | 31,2 | 2.627 | 95,9 | 37,5 |
| 2014 | 36.388 | 27,5 | 35,3 | 1.971 | 94,5 | 41,6 |

*Bundeskriminalamt, www.bka.de, Polizeiliche Kriminalstatistik, Jahrbücher 1998-2014*

## M 10 ● Befürchtungen waren überzogen

Vor der großen Erweiterungsrunde im Jahr 2004 gab es die Befürchtung, der Arbeitsmarkt in Deutschland könne mit billigen Zuwanderern aus dem Osten überflutet werden. „Die Befürchtungen waren völlig überzogen", sagt der Experte Karl Brenke vom Deutschen Institut für Wirtschaftsforschung (DIW) im Rückblick. Rund drei Viertel der Zuwanderer, die nach 2004 aus dem Osten kamen und in Deutschland eine Arbeit aufnahmen, verfügten nach seinen Angaben über eine Berufsausbildung.
Da der Arbeitsmarkt in Deutschland für Arbeitnehmer aus Osteuropa bis 2011 gesperrt blieb, kamen zahlreiche Polen, Ungarn oder Slowaken als Selbstständige ins Land und fingen dort beispielsweise als Fliesen- oder Parkettleger an – der Gründungsboom führte zwangsläufig zu Konkurrenz für deutsche Baufirmen.

*Albrecht Meier, EU-Osterweiterung vor zehn Jahren, Der Tagesspiegel, 30.4.2014*

## M 11 ● Bulgaren und Rumänen auf dem deutschen Arbeitsmarkt

Im Mai 2015 waren rund 333.000 Bulgaren und Rumänen in Deutschland abhängig beschäftigt. Dies entspricht einem Zuwachs um 91.500 Personen im Vergleich zum Vorjahresmonat. Die Beschäftigungsquote der bulgarischen und rumänischen Bevölkerung im erwerbsfähigen Alter beträgt damit rund 63 Prozent. Hinzu kommt ein Anteil von 15 bis 20 Prozent Selbstständigen und nicht abgabepflichtigen Saisonarbeitskräften, so dass sich eine geschätzte Erwerbsquote von 78 bis 83 Prozent ergibt. Die Arbeitslosenquote der Bulgaren und Rumänen – berechnet zur Basis der abhängig Beschäftigten – lag im Mai 2015 bei 9,3 Prozent und ist im Vergleich zum Vormonat um 0,6 Prozentpunkte gesunken. [...] Während die Rumänen gemessen an Indikatoren wie Arbeitslosigkeit und Leistungsbezug zu den am besten in den Arbeitsmarkt integrierten Ausländergruppen in Deutschland gehören, liegen die Arbeitslosenquoten der in Deutschland lebenden Bulgaren etwa im Durchschnitt der ausländischen Bevölkerung und die SGB-II-Leistungsbezieherquoten über dem Durchschnitt der ausländischen Bevölkerung. So belief sich die Arbeitslosenquote der bulgarischen Bevölkerungsgruppe im Mai 2015 auf 16,2 Prozent, die der rumänischen dagegen nur auf 6,4 Prozent. Die SGB-II-Leistungsbezieherquote der Bulgaren lag im April 2015 bei 27,6 Prozent, die der Rumänen bei 11,5 Prozent. [...]
Trotz der günstigen Arbeitsmarktentwicklung sind die SGB-II-Leistungsbezieherquoten im Jahr 2015 kontinuierlich gestiegen.

*Herbert Brückner, Andreas Hauptmann und Ehsan Vallizadeh, Institut für Arbeitsmarkt- und Berufsforschung (IAB), Zuwanderungsmonitor Bulgarien und Rumänien, Juli 2015*

---

**SGB-II-Leistungsbezieher**

Das **Arbeitslosengeld II**, umgangssprachlich meist Hartz IV genannt, ist in Deutschland die Grundsicherungsleistung für erwerbsfähige Leistungsberechtigte nach dem Zweiten Buch Sozialgesetzbuch (**SGB II**). Es soll Leistungsberechtigten (SGB-II-Leistungsbezieher) ermöglichen, ein Leben zu führen, das der Würde des Menschen (Art. 1 GG) entspricht.

---

### Aufgaben

**1** a) Arbeiten Sie aus den Umfrageergebnissen (M 8) heraus, wie die deutsche Bevölkerung in Grenznähe der Osterweiterung entgegenblickte.

b) Stellen Sie Hypothesen auf zur Fragestellung „Die EU-Osterweiterung – eine Gefahr für innere Sicherheit und für Arbeitsplätze?".

**2** Überprüfen Sie Ihre Hypothesen zur Kriminalitäts- und Arbeitsmarktentwicklung nach der EU-Osterweiterung (M 9 – M 11).

**3** Erörtern Sie in einer Pro-Kontra-Debatte das Thema „Die Osterweiterung der Europäischen Union – gemeisterte innereuropäische Herausforderungen?".

## 2 Die europäische Integration – eine Erfolgsgeschichte?

**ORIENTIERUNGSWISSEN**

**Motive und Grundlagen für eine Gemeinschaft**
Kap. 2.1
M 2, M 7, M 9

Nach 1945 wuchs in Europa die Überzeugung, dass eine europäische **Zusammenarbeit** v. a. der zwei großen Rivalen, **Deutschland und Frankreich**, in den Bereichen Kohle und Stahl die **Grundlage für Frieden und Sicherheit** auf dem Kontinent bilden könnte. Die grundlegenden gemeinsamen **Werte** – Menschenwürde, Freiheit, Gleichheit, Solidarität, Demokratie, Rechtsstaatlichkeit – werden jedoch erst in der EU-Grundrechtecharta ausformuliert, die 2009 rechtskräftig wird. In der Diskussion um die Außengrenzen und die Erweiterungsfähigkeit setzt sich die Debatte um eine europäische Identität fort.

**Die Etappen der europäischen Integration**
Kap. 2.2
M 4, M 6

Der Schuman-Plan mündete 1951 in die **Europäische Gemeinschaft für Kohle und Stahl** (EGKS, mit Frankreich, Deutschland, Italien, Belgien, Niederlande, Luxemburg). In den Römischen Verträgen von 1957 wurden die Europäische Wirtschaftsgemeinschaft und die Europäische Atomgemeinschaft gegründet, alle drei fusionierten 1965 zur **Europäischen Gemeinschaft** (EG). 1971 kam das Ziel der Errichtung einer Wirtschafts- und Währungsunion hinzu. Trotz zahlreicher Beitritte in den 1970er und 1980er Jahren und der ersten Wahlen zum Europäischen Parlament (EP) 1979, kam der Integrations- und Vertiefungsprozess ins Stocken: Erst 1986 wurde die Schaffung eines gemeinsamen Binnenmarktes bis 1992 konkret geplant. Der Mauerfall und der Zusammenbruch des Ostblocks beschleunigten diese Entwicklung, der Vertrag von Maastricht (1992) stellte das EG-Projekt auf drei neue EU-Säulen. Viele mittel- und osteuropäische Staaten strebten eine Mitgliedschaft in dieser neuen EU an. Mit dem Abkommen von Schengen (gemeinsame Binnengrenzen, 1995) entstand ein gemeinsamer Zoll- und Grenzraum, in Amsterdam wurde 1997 der Stabilitäts- und Wachstumspakt verabschiedet und in Nizza (2000) die Osterweiterung der EU vorbereitet. Die Wirtschafts- und Währungsunion (EWWU) wurde 2002 mit der Einführung des Euro-Bargeldes verwirklicht. 2004 und 2007 traten insgesamt zwölf vorwiegend osteuropäische Länder der EU bei.

Die **politische Union** konnte nicht in gleichem Maße Fortschritte erzielen: 2003 sollte der Verfassungsentwurf des Europäischen Konvents diese vorantreiben, 2005 lehnten aber mehrere Mitgliedstaaten die Europäische Verfassung ab. Einige Reformen und Grundideen fanden Einzug in den 2009 ratifizierten **Reformvertrag von Lissabon**.

**Problemfelder des EU-Integrationsprozesses**

Bedenken der Bevölkerung, die bei der Osterweiterung gehegt wurden, haben sich zwar nicht bewahrheitet, aber der **Ziel- und Wertekonflikt** der Union bleibt virulent: Der Vertrag von Lissabon verhinderte eine völlige Stagnation des Integrationsprozesses, die **Diskussion** über die **politische**, **ökonomische** und **fiskalische Finalität** der EU muss aber weitergeführt werden. In erster Linie stellt seit 2010 die Euro-Krise die Solidarität in der Union auf die Probe, ein Rückfall in eine politische Zollunion kann zurzeit nicht ausgeschlossen werden.

Offen ist, ob die Staaten in dieser Situation gewillt sind, mehr Souveränitätsrechte an Brüssel abzugeben und den Weg zu einem Bundesstaat einzuschlagen.

## Europäische Anti-Föderalisten

Nach konventioneller Darstellung liest sich die Genese der europäischen Einigung seit dem Zweiten Weltkrieg wie ein unaufhörlich fortschreitender Prozess der „Schaffung einer immer engeren Union der Völker Europas", wie es in der Präambel des Maastrichter EU-Vertrages heißt. [...] Die Erfolgsgeschichte der Europäischen Union hat allerdings auch eine weniger geläufige Kehrseite [...]. So wich die Euphorie des Aufbruchs mit der Montanunion schon 1954 in Ernüchterung über das Scheitern der Europäischen Verteidigungsgemeinschaft (EVG). Auf den hoffnungsvollen Durchbruch zur Europäischen Wirtschaftsgemeinschaft folgte ab Mitte der sechziger Jahre eine zwei Jahrzehnte anhaltende Phase der Stagnation und „Eurosklerose". [...] Und die größer gewordene EU läuft möglicherweise Gefahr, im Streit um ihre Verfassung erneut an „Eurosklerose" zu erkranken.

Auch die Erweiterungsbilanz der europäischen Integration ist keineswegs ohne Makel. Die Schweiz lehnte 1992 den Europäischen Wirtschaftsraum ab und damit zugleich die Option auf eine spätere EU-Mitgliedschaft. Norwegen hat schon wiederholt einen Beitritt zur EG (1972) und zur EU (1994) verworfen. [...]

Das Phänomen Euroskepsis besitzt folglich durchaus historische Kontinuität, letztlich ist es ebenso alt wie der europäische Integrationsprozess selbst. Euroskeptischer oder anti-integratorischer Widerstand hat den europäischen Integrationsprozess gebremst oder blockiert. Wirklich zurückgeworfen aber hat er ihn bisher nicht. [...]

Der Luxemburger Kompromiss von 1966, der als Ausgangspunkt für die Ära der „Eurosklerose" gilt, brachte zwar den weiteren Ausbau supranationaler Institutionen zum Stillstand, führte aber nicht wie befürchtet zur Renationalisierung der europäischen Zusammenarbeit. Vielmehr wurden in der Folge nicht nur bereits eingeleitete Integrationsprojekte wie der Gemeinsame Markt vollendet, sondern auch neue begonnen, und zwar sowohl im Bereich der wirtschaftlichen Integration (Beispiel Währungszusammenarbeit) als auch im politischen Bereich (Direktwahlen zum Europäischen Parlament). [...]

Anti-integratorischer Widerstand erscheint daher als ein historisch bedeutsamer, aber integraler Faktor des europäischen Integrationsprozesses. Seine Relevanz besteht nicht in erster Linie im Sinne einer existenziellen Bedrohung, sondern eher in der Funktion eines oppositionellen Einflussfaktors im europäischen Integrationsprozess. [...] Den Euroskeptikern gelang es nicht, den Maastricht-Vertrag vollständig zu Fall zu bringen, wohl aber, ihn qualitativ zu verändern. Ihre Opposition führte zur Vertagung einer Reihe umstrittener Fragen wie der nach einer explizit föderalistischen Zielsetzung der EU, zur Einführung neuer Vertragsgrundsätze wie dem Subsidiaritätsprinzip und nicht zuletzt zur Durchsetzung von Ausnahmebestimmungen. Infolge dieser Modifikationen hat die EU insgesamt eine flexiblere Architektur entwickelt. Sie ist dadurch gekennzeichnet, dass nicht länger alle Mitgliedstaaten gleichermaßen in allen Integrationsbereichen kooperieren, sondern – wie bei der WWU – partiell abweichen.

*Carsten Schymik, Europäische Anti-Föderalisten, Berlin 2006, S. 12-14*

Zum Brexit-Referendum, vgl. Kapitel 8.2.2

### Aufgaben

1. Analysieren und erläutern Sie die zentralen Aussagen des Textes.
2. Erörtern Sie kriterienorientiert und nach verschiedenen Betrachtungsebenen, ob der europäische Integrationsprozess eine Erfolgsgeschichte darstellt.

### Deutsche Autolobby setzt sich durch
EU-Kompromiss im Streit um die CO$_2$-Regulierung für Neuwagen: Der Grenzwert von 95 Gramm pro Kilometer kommt später, Elektroautos dürfen stärker angerechnet werden.
*Henrik Mortsiefer, www.tagesspiegel.de*

### EU-Kommission ringt um CO$_2$-Grenzwerte für Autos
Die EU will Autohersteller verpflichten, ab 2020 strengere Grenzen beim Ausstoß von Kohlendioxid einzuhalten. Der neue Entwurf geht nun offenbar ein Stück auf die deutschen Premiumhersteller zu.
*Florian Eder, Die Welt*

### Bund warnt vor zu strengen Grenzwerten für Autos
Auf EU-Ebene wird über CO$_2$-Höchstwerte für Neuwagen [nach] 2021 diskutiert. Berlin fürchtet zu harte Vorgaben und legt dazu ein Gutachten vor.
*Matthias Breitinger, www.zeit.de*

### Schärfere Abgasnormen
Nach monatelangem Streit mit Deutschland hat das EU-Parlament den Weg für strengere Abgasnormen bei Neuwagen frei gemacht.
*www.tagesschau.de*

### Anspruchsvolle CO$_2$-Grenzwerte für Neuwagen in Sicht
Im Rechtsetzungsverfahren zu CO$_2$-Grenzwerten für Neuwagen haben die Trilog-Verhandlungen [zwischen EU-Kommission, Rat der Europäischen Union und EU-Parlament] am 24. Juni 2013 zu einer Einigung geführt. Das Ergebnis dieser Verhandlungen muss allerdings noch von Rat und Parlament formell bestätigt werden.
*Otmar Lell, Verbraucherzentrale, www.vzbv.de*

# 3 Gesetzgebung in der EU – am Beispiel der $CO_2$-Neuwagenverordnung

Wie kommt in der Europäschen Union ein „Gesetz" im Spannungsfeld zwischen den Interessen der Gemeinschaft und denen der einzelnen Mitgliedstaaten zustande? Welche Rolle spielen also die Europäische Kommission als Initiator von verbindlichen Gemeinschaftsregeln, der Rat der Europäischen Union (Ministerrat als Gremium der Nationalstaaten) und das direkt von der Bevölkerung gewählte Europäische Parlament? Und wie versuchen Vertreter von Einzelinteressen (Lobbygruppen) auf die Verhandlungsergebnisse Einfluss zu nehmen?

Diese Fragen können Sie sich zunächst exemplarisch anhand des politischen Aushandlungsprozesses um eine verbindliche Festlegung von $CO_2$-Grenzwerten für Neuwagen erschließen (Kap. 3.1). Dabei handelt es sich um einen typischen Fall von formeller und informeller Politikgestaltung in der Europäischen Union.

Ihre erworbenen Kenntnisse können Sie anschließend festigen und demokratietheoretisch sowie um Wissen zu Struktur und Funktion des Europäischen Gerichtshofs erweitern (Kap. 3.2). Dabei wird auch immer ein kritischer Blick auf die Institutionenstruktur der EU und die Beteiligungsmöglichkeiten der Bürger nach Maastricht bzw. nach Lissabon geworfen.

Die Welt: 10.7.2012; www.vzbv.de: 25.6.2013; www.tagesspiegel.de: 28.11.2013; www.tagesschau.de: 25.2.2014; www.zeit.de: 28.1.2015

## KOMPETENZEN

Am Ende dieses Kapitels sollten Sie Folgendes wissen und können:

... die Organe der Europäischen Union einschließlich ihres Aufbaus, ihrer Befugnisse und Machtbeschränkungen im politischen Prozess beschreiben.

... einen „Gesetzgebungsprozess" in der Europäischen Union analysieren (politische Gestaltungsaufgabe, beteiligte Akteure, deren Interessen und die ihnen zur Verfügung stehenden Machtmittel, Politikergebnis).

... Bürgerbeteiligungsformen nach dem Vertrag von Lissabon nutzen, um Ihre Interessen auf EU-Ebene zur Geltung zu bringen.

... das Institutionengefüge der Europäischen Union – auch am Beispiel eines Gesetzgebungsprozesses – im Spannungsfeld von demokratischem und effizientem Regieren analysieren und beurteilen.

### Aufgaben

1. Bringen Sie die Überschriften in eine plausible Reihenfolge und begründen Sie Ihre Anordnung.
2. „Deutsche Autolobby setzt sich durch". Beurteilen Sie – hypothesenartig – den Inhalt dieser Überschrift bezogen auf eine Entscheidung der Europäischen Union.

# 3 Gesetzgebung in der EU – am Beispiel der CO₂-Neuwagenverordnung

## 3.1 Konflikt um CO₂-Verordnung für Neuwagen

### 3.1.1 Was ist der supranationale Regelungsbedarf?

**M 1** ● **Treibhausgas-Ausstoß in der Europäischen Union**

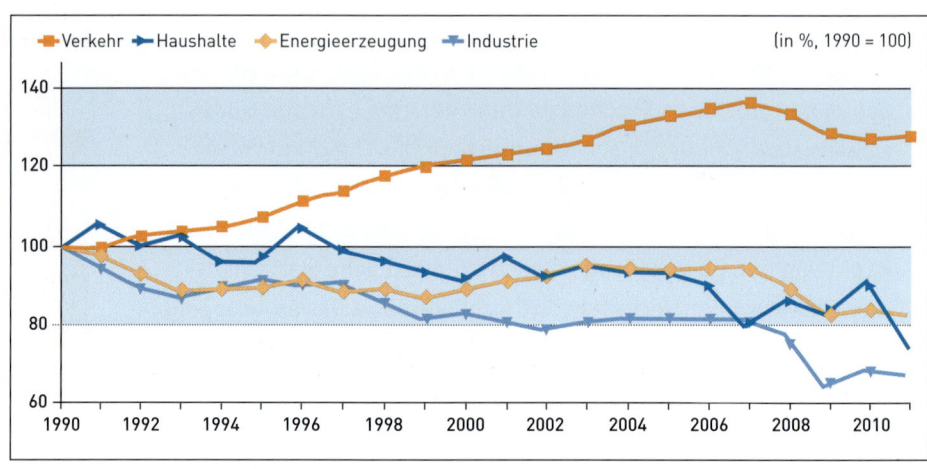

*Allianz pro Schiene, Mai 2013; Zahlen: Europäische Umweltagentur (EEA)*

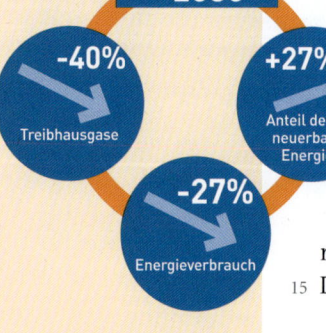

CO₂-Ausstoß im Passagiertransport
Gramm CO₂ pro Passagier und Kilometer
* 1,5 Passagiere
** 4 Passagiere

*Zahlen: EEA Report, Dezember 2014*

**M 2** ● **Die Klimaschutzziele der EU**

Die EU-Staats- und Regierungschefs haben sich auf neue Klimaschutzziele bis 2030 geeinigt. Hiernach sollen die Treibhausgasemissionen bis 2030 um mindes-
5 tens 40 Prozent gegenüber 1990 sinken. Der Anteil der Erneuerbaren Energien soll auf mindestens 27 Prozent ausgebaut, der Energieverbrauch um mindestens 27 Prozent gesenkt werden. [...]
Die Verminderung der Treibhausgase um mindestens 40 Prozent ist verbindlich. Um dieses Ziel zu erreichen, macht die EU künftig politische Vorgaben.
15 Die vom Emissionshandel erfassten Wirtschaftsbereiche wie die Stromerzeugung sollen ihre Emissionen im Vergleich zu 2005 um 43 Prozent senken. In [...] Bereichen wie Verkehr, Landwirtschaft oder private Haushalte sollen die Einsparungen 30 20 Prozent betragen. Hier wird die EU den nationalen Staaten - abhängig von ihrem Bruttoinlandsprodukt - jeweils Vorgaben [...] machen, die von Null bis minus 40 Prozent reichen. 25
Bis 2030 plant die EU, den Anteil an Erneuerbarer Energie auf mindestens 27 Prozent zu steigern. [...] In diesem Bereich werden keine nationalen Ziele festgelegt.

*www.bundesregierung.de, 24.10.2014*

🅗 Beachten Sie dabei u. a. die Beschaffenheit des Problems CO₂-Emissionen.

### Aufgaben

❶ Analysieren Sie die Statistiken (M 1, Randspalte) und leiten Sie daraus sowie aus dem CO₂-Reduktionsziel der EU (M 2) einen exakten politischen Regelungsbedarf ab.

❷ Erklären Sie, warum eine supranationale Regelung zur Regulierung des CO₂-Ausstoßes von Pkw durch die Europäische Union sinnvoller ist als nationale Regelungen.

## Mit dem Politikzyklus politische Prozesse analysieren

Das Modell des Politikzyklus nimmt zweierlei für sich in Anspruch: Erstens soll damit der „typische" Verlauf politischer Prozesse beschrieben und analysiert werden können; zweitens sollen politische Vorgänge von nicht-politischen abgrenzbar gemacht werden. Dem Politikzyklus-Modell liegt folgende Definition von Politik zugrunde: Politik sei eine (prinzipiell nie endende) Kette von (auch in Institutionen stattfindenden) Lösungsversuchen für Probleme in Gesellschaften oder auf internationaler Ebene. Alle Vorgänge, die nicht dieser Definition genügen, gelten nicht als Politik.

Am „Beginn" eines jeden neuen Zyklus steht ein gesellschaftliches Problem – im Falle der Europäischen Union eines, das einer überstaatlich herbeizuführenden Regelung bedarf. Dabei steht die Problemdefinition keineswegs eindeutig fest, sondern ist selbst Gegenstand von Konflikten zwischen politischen Entscheidern (bis hin zu den Regierungen von Nationalstaaten) und Thema gesellschaftlicher Diskurse (in den Medien, beeinflusst von Verbänden und Nichtregierungsorganisationen, ggf. forciert durch direkte Einflussnahme der Bevölkerung z. B. mittels Demonstrationen).

Aber nicht nur über die Problemdefinition wird gestritten, sondern auch über mögliche Lösungsansätze (Politik ist nach diesem Modell nie alternativlos). Befasst mit dieser Lösungssuche sind vor allem die Organe des Gemeinwesens mit ihrer spezifischen institutionellen Struktur: In der EU hat die Europäische Kommission bspw. das alleinige Vorschlagsrecht für „Gesetze", EU-Parlament und Ministerrat handeln dann die Entscheidung unter- und miteinander aus.

Im Fall der EU besonders wichtig ist die Implementation (hier: Umsetzung) von europäischem in nationales Recht. So haben EU-Verordnungen Durchgriffswirkung, d. h. sie gelten unmittelbar in den Mitgliedsländern; Richtlinien hingegen müssen zwar ihrem Wesen nach in nationale Regelungen umgesetzt werden, es existiert aber ein Umsetzungsspielraum, um das jeweilige Gesetz an die Umstände im jeweiligen Land anzupassen. Nach der Implementation der Entscheidung werden – in deren Anwendung – intendierte und unbeabsichtigte Wirkungsweisen deutlich. Es kann zu einer Bewertung der Entscheidung seitens der Betroffenen kommen, inwieweit die neue Regelung geeignet ist, das Problem zu lösen. Bleibt das Problem ungelöst oder wurde es „nur" verändert, könnte ein neuer Politikzyklus beginnen.

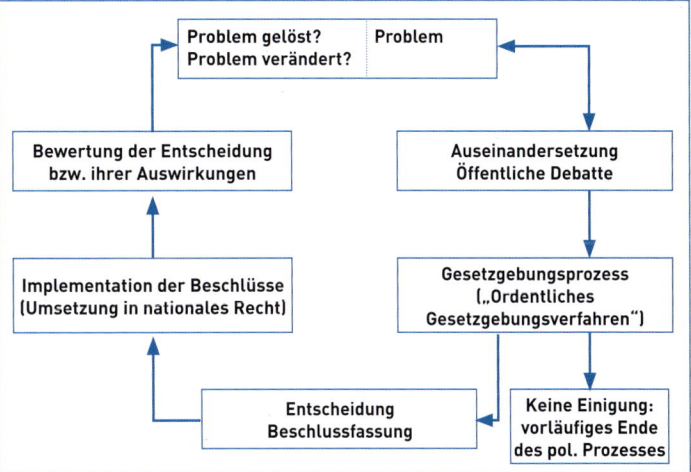

### Kritik am Modell

Auf zwei miteinander verbundenen Ebenen werden gegen das Modell des Politikzyklus insgesamt drei Hauptargumente vorgebracht: Auf einer ersten Ebene wird der zugrunde liegende („enge") Politikbegriff kritisiert. (a) Alle gesellschaftlichen Probleme, zu denen noch keine Lösungsvorschläge auf institutioneller Ebene vorliegen, blieben ausgeblendet. Damit verstelle man sich aber den Blick für andere soziale Entwicklungen und Konflikte. (b) Außerdem erwecke das Kreislaufschema den Eindruck des Automatismus'. In diesem Zusammenhang wird den Vertretern des Modells auf einer zweiten Ebene vorgeworfen, dass sie (c) den Aspekt der Macht/des Machtstrebens vernachlässigen würden. Zwar räumen sie ein, dass Verhandlungen aufgrund fehlender Konsensbereitschaft scheitern können; Macht als wesentlicher Faktor, eine bestimmte Entscheidungsrichtung wahrscheinlicher zu machen oder gar eine öffentliche Problemformulierung zu verhindern, wird aber häufig durch die Beschaffenheit des Modells unterschätzt.

*Autorentext*

## 3.1.2 Vorschlag = Ergebnis? Die Initiative der Kommission und das Politikresultat

### M 3 ● Initiative und Beschluss für $CO_2$-Emissionsgrenzen für Neuwagen

Vgl. zu den Aufgaben und Befugnissen der Europäischen Kommission: Kap. 3.2.1

Die Europäische Kommission hat erstmals 1995 eine Gemeinschaftsstrategie zur Minderung der $CO_2$-Emissionen von Personenkraftwagen angenommen. 1998 hat sich der Verband europäischer Automobilhersteller (1999 auch die Verbände der japanischen und der koreanischen Automobilhersteller) verpflichtet, die durchschnittlichen $CO_2$-Emissionen der verkauften Neuwagen bis 2008 auf 140 g/km zu senken. Als absehbar wurde, dass die Selbstverpflichtung der Automobilhersteller nicht erreicht werden konnte, begann die EU den $CO_2$-Ausstoß verbindlich zu deckeln. Eine erste Regelung wurde schrittweise von 2012 bis 2015 eingeführt. Eine Folgeregelung wurde von der EU-Kommission 2012 vorgeschlagen und – verändert – 2014 beschlossen:

| | Geltende Regelung 2012 | Initiative der EU-Kommission von 2012 | 2014 beschlossene EU-Verordnung zur Verminderung der $CO_2$-Emissionen bei neuen Pkw |
|---|---|---|---|
| **Reduktionsziel** | 130g $CO_2$/km im Gesamtdurchschnitt aller Neuwagen in der EU (Pkw, die schwerer als der EU-Durchschnitt sind, dürfen 4,5 g $CO_2$/km mehr ausstoßen.) | 95g $CO_2$/km im Gesamtdurchschnitt aller Neuwagen in der EU (Pkw, die schwerer als der EU-Durchschnitt sind, dürfen 2,96 g $CO_2$/km mehr ausstoßen.) | 95g $CO_2$/km im Gesamtdurchschnitt aller Neuwagen in der EU (Pkw, die schwerer als der EU-Durchschnitt sind, dürfen 3,33 g $CO_2$/km mehr ausstoßen.) |
| **zu erreichen bis** | 1.1.2015 | 1.1.2020 | 1.1.2021 |
| **Sanktionen bei Überschreitung** | 1. g/$CO_2$ → 5 €<br>2. g/$CO_2$ → 15 €<br>3. g/$CO_2$ → 25 €<br>ab 4. g/$CO_2$ → 95 € pro Gramm | 1. g/$CO_2$ → 5 €<br>2. g/$CO_2$ → 15 €<br>3. g/$CO_2$ → 25 €<br>ab 4. g/$CO_2$ → 95 € pro Gramm | 1. g/$CO_2$ → 5 €<br>2. g/$CO_2$ → 15 €<br>3. g/$CO_2$ → 25 €<br>ab 4. g/$CO_2$ → 95 € pro Gramm |
| **Ausnahmen** | | | „Supercredits" (= Mehrfachanrechnung für Autos mit weniger Emissionen als 50g $CO_2$/km)<br>- ab 2020 als zwei Fahrzeuge<br>- ab 2021 als 1,67 Fahrzeuge<br>- ab 2022 als 1,33 Fahrzeuge<br>- ab 2023 als ein Fahrzeug |

*Zusammenstellung des Autors*

### Info

**Verordnungen, Richtlinien, Beschlüsse der Europäischen Union**

In der Europäischen Union gibt es drei unterschiedliche Typen verbindlicher Gesetzgebungsakte: **Verordnungen** haben „Durchgriffswirkung"; das heißt, sie gelten unmittelbar und im erlassenen Wortlaut für die gesamte Europäische Union (bzw. ihre Mitgliedstaaten und Bürger). Demgegenüber verpflichten **Richtlinien** die Mitgliedsländer dazu, innerhalb einer gegebenen Frist nationale Gesetze zu erlassen und damit diesen Rechtsakt umzusetzen. Dafür gewährt die Richtlinie den Staaten einen mehr oder minder großen Gestaltungsspielraum. **Beschlüsse** werden – je nach Politikbereich – in unterschiedlichen Verfahren von unterschiedlichen Organen getroffen und müssen nicht immer die gesamte EU betreffen. So kann z. B. die Europäische Kommission Unternehmenszusammenschlüsse aus kartellrechtlichen Gründen verhindern oder der Rat der Europäischen Union kann Geldstrafen gegen einen Staat verhängen, der gegen die Defizitkriterien (vgl. Kap. 5) verstoßen hat.

*Autorentext*

## 3 Gesetzgebung in der EU – am Beispiel der CO$_2$-Neuwagenverordnung

### M 4 ● Das Ordentliche Gesetzgebungsverfahren in der Europäischen Union

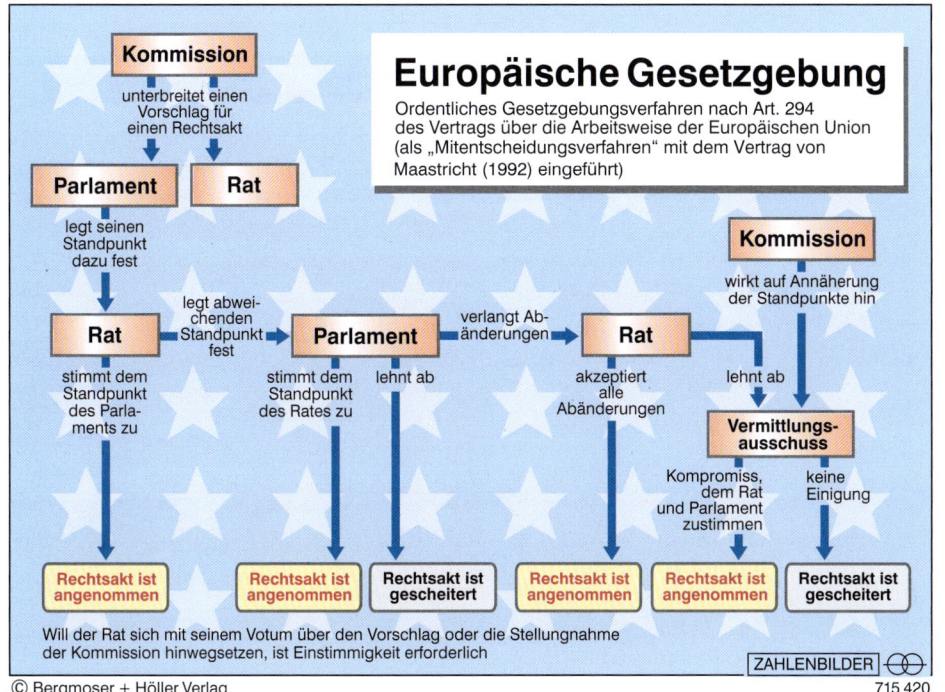

© Bergmoser + Höller Verlag

**Informeller Trilog**

gesetzlich nicht geregeltes Verfahren der Absprachen zwischen (sehr wenigen) Vertretern der EU-Kommission, des EU-Parlaments und des Rats der EU bereits vor der ersten Gesetzeslesung; Ziel: Beschleunigung der Gesetzgebung; Kritik: fehlende Transparenz, faktische Stärkung des Rats (und damit der Nationalstaaten) gegenüber dem Parlament.

### Info

#### Informelles Regieren in der Europäischen Union

Regieren umfasst die Formulierung, Durchsetzung und Implementation gesellschaftlich verbindlicher Entscheidungen. [...] Doch Regieren erschöpft sich nicht im Vollzug formaler, d. h. rechtlich fixierter, Prozesse in ebenso formalen Institutionen. [Daneben] etablieren sich [...] parallele bzw. alternative Strukturen mit jeweils eigenen informellen Regelsystemen, die politische Akteure nutzen, um Entscheidungen vorzubereiten, durchzusetzen oder ihre konkrete Umsetzung zu beeinflussen. Die Feststellung, dass Regieren maßgeblich auf informellen Ebenen stattfindet und in formalen Institutionen verbindliche Entscheidungen weniger getroffen als legitimiert werden, [ist heute weitgehend anerkannt. In der EU existieren für informelle Aushandlungsprozesse z. B. (intergouvernementale) Gipfeltreffen einiger weniger Staats- und Regierungschefs sowie der (supranationale) Trilog zwischen Parlament, Rat und Kommission. Bei letzterem erhält die Kommission – neben ihrer Rolle als Gesetzes-Initiatorin – auch die einer Moderatorin zwischen Rat und Parlament.]

*Stephan Bröchler u. a., Informelles Regieren, Duisburg-Essen 4.2.2011, http://karl-rudolf-korte.de*

**H** zu Aufgabe 1
Arbeiten Sie insbesondere die Unterschiede zwischen Kommissionsvorschlag und endgültiger Verordnung heraus.

**F** Vergleichen Sie das Rechtssetzungsverfahren in der EU in Grundzügen mit dem in Deutschland. Beachten Sie dabei insbesondere die Befugnisse des jeweiligen Parlaments.

### Aufgaben

1. Vergleichen Sie den Vorschlag der Kommission von 2012 mit der tatsächlichen Verordnung von 2014 vor allem hinsichtlich der Zielsetzungen und (Stufung der) Maßnahmen (M 3).

2. Begründen Sie hypothesenartig das Zustandekommen von Gemeinsamkeiten und Unterschieden. Stellen Sie dazu auch Bezüge zum Ordentlichen Gesetzgebungsverfahren sowie zum informellen Regieren in der EU her (M 3, M 4, Info).

Vgl. zu den Aufgaben und Befugnissen des Rats der Europäischen Union („Ministerrat"): Kap. 3.2.3

### 3.1.3 Welche Nationalinteressen prallen aufeinander? Die Positionen von EU-Staaten im Ministerrat

**M 5 ● $CO_2$-Ausstoß der Neuwagen in Europa 2014 nach Herstellern**

|    | Hersteller      | Anzahl der angemeldeten Neuwagen 2014 | durchschnittlicher $CO_2$-Verbrauch |
|----|-----------------|---------------------------------------|-------------------------------------|
| 1  | Peugeot-Citroën | 1.360.773                             | 110,1                               |
| 2  | Toyota          | 538.732                               | 112,8                               |
| 3  | Renault         | 1.246.046                             | 113,6                               |
| 4  | Nissan          | 469.203                               | 115,0                               |
| 5  | Fiat            | 671.767                               | 116,4                               |
| 6  | Ford            | 941.009                               | 121,7                               |
| 7  | Suzuki          | 153.500                               | 123,8                               |
| 8  | Volkswagen      | 3.159.286                             | 125,8                               |
| 9  | Volvo           | 231.915                               | 126,5                               |
| 10 | Mazda           | 159.729                               | 128,2                               |
| 11 | Hyundai         | 756.435                               | 130,5                               |
| 12 | General Motors  | 897.024                               | 130,5                               |
| 13 | Daimler         | 686.590                               | 131,5                               |
| 14 | BMW             | 798.543                               | 131,7                               |
| 15 | Honda           | 126.106                               | 133,9                               |
|    | Alle Hersteller | 12.546.165                            | 123,4                               |

*Zahlen: Transport and Environment, 11.6.2015*

**M 6 ● Kosten verschärfter $CO_2$-Grenzwerte**

*Im Auftrag des Bundesministeriums für Wirtschaft und Technologie untersuchten Wissenschaftler der Technischen Hochschule Aachen die Mehrkosten für die Her-*
5 *stellung von Neuwagen bei einem strengeren $CO_2$-Grenzwert.*
Würden alle technischen Maßnahmen vor dem Hintergrund der besten Kosten-/Nutzeneffizienz genutzt werden, so wäre der
10 Zielwert von 95 g $CO_2$/km für ca. 2.000 € zusätzliche Herstellungskosten erreichbar. Die europäische Automobilindustrie würde die durchschnittlichen zusätzlichen Kosten zur kosteneffizientesten Zielerreichung in Höhe von ca. 650 € bis 950 € [...] je Fahr- 15 zeug selbst tragen müssen. [Denn private und gewerbliche Kunden sind nur begrenzt bereit, diese Preissteigerungen für Neuwagen zu zahlen.] Dabei würden die Aufwände für Fahrzeughersteller mit einem Pro- 20 duktportfolio mit größeren Fahrzeugen nach oben vom Durchschnitt abweichen.

*Lutz Eckstein, Christian Simon Ernst, Ingo Olschewski, Institut für Kraftfahrzeuge, $CO_2$-Reduzierungspotenziale bei PKW bis 2020. Abschlussbericht, Aachen 2012, S. 87 ff.*

3 Gesetzgebung in der EU – am Beispiel der CO$_2$-Neuwagenverordnung

## M 7 • Nationale Interessen im Ministerrat

**Deutschland**
Neben den USA gilt die Bundesrepublik als die traditionelle „Autofahrernation" und ist die größte Volkswirtschaft der EU. Gemessen am Umsatz ist die Automobilindustrie der bedeutendste Industriezweig des Landes. Nicht nur hängen über 750.000 Arbeitsplätze direkt und indirekt von der Automobilindustrie ab, sondern zum größten Fahrzeugkonzern des Landes (Volkswagen) gehören auch ausländische Firmen (u.a. Seat aus Spanien, Skoda aus der Tschechischen Republik). Die Automobilbranche in Deutschland ist bekannt für ihr Oberklasse- und Luxussegment (Mercedes, Audi, BMW, Porsche). Der ehemalige Bundesminister (1993-1998) für Verkehr, Matthias Wissmann (CDU), ist Präsident des (nationalen) Verbandes der Automobilindustrie.

**Frankreich**
Frankreich verfügt über die drittgrößte volkswirtschaftliche Leistung der EU. Mit zwei weltweit bekannten Konzernen (PSA-Gruppe (Citroen, Peugeot) und Renault-Nissan) liegt ein nicht unerhebliches Gewicht der Industrieproduktion auf dem Automobilsektor. Renault hält dabei traditionell den größten Marktanteil von allen ausländischen Automobilfirmen in Deutschland. Den Löwenanteil des Absatzes machen Klein- und Mittelklassewagen aus. Frankreich weist keinen prominenten Hersteller von Oberklasse- oder Sportwagen auf.

**Italien**
Der Fiat-Konzern gehört zu den großen Industriebetrieben des Staates. Obwohl die Firma (Mehrheits-)Anteile an den Sport- und Luxuswagenherstellern Ferrari, Maserati und Alfa Romeo hält, erwirtschaftet Fiat den allermeisten Umsatz mit dem Verkauf von Klein- und kleineren Mittelklassewagen (u.a. Fiat 500, Fiat Bravo).

**Großbritannien**
Die Autoherstellung im Luxussegment hat in Großbritannien eine lange Tradition (Aston Martin, Rolce Royce, Bentley). Diese Firmen weisen in der Regel nur sehr niedrige Verkaufzahlen (oft unter 10.000 Stück/Jahr) auf und erwirtschaften Gewinne vor allem über die hohen Stückpreise. Der Kleinwagenhersteller Mini gehört seit 2000 zum BMW-Konzern.

**Österreich**
Österreich verfügt über keine eigene Automobilindustrie mehr. Gleichwohl sind fast 200.000 Arbeitsplätze von diesem Sektor abhängig. Fiat und BMW betreiben große Produktionsstätten in Österreich. Aber vor allem der weltweit drittgrößte Zulieferbetrieb Magna International mit Sitz in Graz schafft Arbeitsplätze. Magna beliefert vor allem Firmen wie BMW, Porsche, Mercedes und Saab.

**Rumänien**
Automobilbau hat in Rumänien eine nicht unerhebliche Tradition. Der seit 1952 bestehende Betrieb Dacia wurde nach dem Zusammenbruch des „Ostblocks" privatisiert und 1999 vollständig von Renault (heute Renault-Nissan) aufgekauft. Erfolgreich ist die rumänische Autoindustrie heute vor allem mit konkurrenzlos günstigen Klein- und kleinen Mittelklassewagen (u.a. Dacia Logan), mit dem sie auch zunehmend erfolgreich auf die westeuropäischen Märkte drängt.

*Autorentext*

### Aufgabe

Analysieren Sie die Interessenüberschneidungen und -gegensätze der angegebenen EU-Mitgliedstaaten bei den Verhandlungen im Ministerrat über die CO$_2$-Neuwagenverordnung (M 5-M 7).

Vorschlag: Visualisieren Sie die Interessenkonstellation mittels eines Venn-Diagramms.

*Alternative*: Simulieren Sie eine Sitzung des Rats der Europäischen Union zum Thema „Einführung einer CO$_2$-Verordnung für Neuwagen in der Europäischen Union". Der Vorschlag der Kommission und die (unterstützende) Entschließung des Parlaments sind Ihnen bekannt. Sie übernehmen die Rolle der Delegationsmitglieder der o. a. Teilnehmerländer (inkl. Regierungschef/in). Berücksichtigen Sie dabei mögliche CO$_2$-Gesamtreduktionsziele, Stufen zur Erreichung dieser Emissionsverringerung und Strafhöhen bei Überschreiten der CO$_2$-Ausstoßwerte.

## 3.1.4 Machen Verbände und Konzerne die EU-Politik?
### Der Einfluss der Lobby auf europäische Entscheidungen

### M 8 ● Die Position der deutschen Automobil-Lobby zu den $CO_2$-Grenzwerten

Dieter Zetsche (li), Vorstandsvorsitzender der Daimler AG, Bundeskanzlerin Angela Merkel (CDU) und Matthias Wissmann, Präsident des Verbandes der Automobilindustrie (VDA) bei der Internationalen Automobilausstellung in Frankfurt a. M. (2007)

Für das Jahr 2020 ist von der EU für Pkw ein Langfristziel in Höhe von 95 Gramm $CO_2$/km [...] benannt worden. [...] Nach Berechnungen der Europäischen Kommission werden die heutigen Pkw-Grenzwerte von einigen Herstellern bereits vor der eigentlichen Frist erreicht. [...] Anstatt jedoch diese Zahlen als Ergebnis konsequenter Technologieverbesserung zu würdigen, werden die erreichten $CO_2$-Grenzwerte [...] als Hinweis darauf gewertet, dass künftige Ziele noch anspruchsvoller sein müssten. Eine solche trickreiche Argumentation würdigt jedoch in keiner Weise die hohen Investitionen der Automobilindustrie in die Erforschung und Entwicklung von weiteren Effizienzsteigerungen bei konventionellen Verbrennungsmotoren und neuen Antriebssystemen. [...] Viele kosteneffiziente $CO_2$-Maßnahmen sind in den letzten Jahren bei Pkw [...] bereits eingeführt worden. Für die weitere Verbesserung der $CO_2$-Werte ist ein immer höherer Technologieeinsatz erforderlich, der nur mit einem überproportional hohen Kosteneinsatz möglich ist. Die Entwicklung der $CO_2$-Werte der vergangenen Jahre kann daher nicht linear in die Zukunft projiziert werden.
Der Verbrennungsmotor wird weit über 2020 hinaus den Markt dominieren. Durch Hubraum-Downsizing, Energiemanagement und weitere Maßnahmen an Motor und Antriebsstrang ist eine weitere $CO_2$-Reduktion zu erwarten. [...]
Für einen umfassenden Ansatz zur $CO_2$-Einsparung sind Verbesserungen am Fahrzeug letztlich aber nur ein Baustein. Damit deren Effizienzgewinne nicht in Staus und zäh fließendem Verkehr verloren gehen, ist eine moderne und leistungsfähige Infrastruktur nötig. Auch das Zusammenspiel mit anderen Verkehrsträgern, moderne Mobilitätsformen wie Carsharing und eine verbrauchsschonende Fahrweise spielen eine wichtige Rolle für Nachhaltigkeit im Verkehr.

*Verband der Automobilindustrie e. V., Jahresbericht 2012, Berlin 2012, S. 121*

### Das Brüssel der Lobbyisten
- mindestens 15.000 hauptamtliche Lobbyisten in Brüssel
- ca. 2.600 permanente Büros von Branchenverbänden und internationalen Unternehmen

### M 9 ● Die Position der Umwelt-Lobby

Voraussichtlich noch vor der Sommerpause fällt in Brüssel die Entscheidung über neue $CO_2$-Grenzwerte für Autos ab dem Jahr 2020. Die EU-Kommission hat einen durchschnittlichen $CO_2$-Ausstoß von 95 g $CO_2$ pro Kilometer für 2020 fest gelegt (entspricht einem Verbrauch von rund 3,9 Litern Kraftstoff auf 100 km). Doch die Bundesregierung wird von der deutschen Autoindustrie gedrängt, diesen Grenzwert

zu verwässern. Bundesumweltminister Peter Altmaier (CDU) gibt diesem Druck nach. [...]
Fordert das 95-Gramm-Ziel die Autoindustrie heraus? Nicht genug! Längst bauen Hersteller wie Volkswagen oder Toyota Autos in Serie, welche die $CO_2$-Vorgaben von morgen erfüllen. Dazu gehören nach Werksangaben nicht nur Kleinwagen wie der VW eco up, sondern auch Familienautos, zum Beispiel der Toyota Prius, die schon heute den ab 2020 gültigen Wert erreichen. [...]
Worin liegt genau der Konflikt zwischen der Position der Bundesregierung und Greenpeace beim $CO_2$-Ausstoß? Umweltverbände wie Greenpeace bewerten das 95-Gramm-Ziel ohnehin als nicht sehr ambitioniert – und die Bundesregierung tritt an, dieses durch Rechentricks noch zu verwässern. Demnach werden sparsamere Fahrzeuge wie Elektro- und Hybridfahrzeuge mehrfach angerechnet. Durch diesen Bonus dürfen Spritschlucker weiterhin mehr $CO_2$ ausstoßen. Das hätte zur Folge, dass die Emissionen der gesamten Modellpalette durch die Anrechnung von E- und Hybridfahrzeugen de facto nicht gesenkt würde. Statt das Ziel von 95 Gramm $CO_2$/km für die Gesamtflotte wie geplant 2020 zu erreichen, wäre dies erst vier Jahre später der Fall. Supercredits sind damit kein Anreiz für umweltfreundliche Autos, sondern Super-Verschmutzungsrechte für schwere Spritschlucker wie Geländewagen, deren Absatz stark steigt. [...]
Warum fördern Supercredits keine sauberen Autos? Greenpeace ist für die Förderung von Elektro- und Hybridantrieben. Aber nur dann, wenn sie den $CO_2$-Ausstoß tatsächlich senken und nicht die machbare und erforderliche $CO_2$-Reduktion bei herkömmlichen Autos bremsen. Genau das aber geschieht, wenn E-Autos mehrfach angerechnet werden sollen, wie es die Bundesregierung durchsetzen will. Ein verkauftes E-Fahrzeug würde dann als „Nullemissionsfahrzeuge" doppelt bis dreifach gezählt. Dadurch sinkt rechnerisch der $CO_2$-Durchschnitt eines Herstellers erheblich, und schafft Platz für den Absatz von Autos mit herkömmlichen Motor und höherem Verbrauch. Schon die Anrechnung von E-Autos als „Nullemissionsfahrzeuge" ist irreführend: Denn die $CO_2$-Emissionen, die bei der Erzeugung von Strom z.B. aus Kohle entstehen, werden unterschlagen. Solche Autos gleich mehrfach anzurechnen, vergrößert die Verschleierung noch. [...]

Greenpeace fordert:
- Ein $CO_2$-Ziel in 2025 von höchstens 60 Gramm $CO_2$/km (entspricht einem Verbrauch von max. 3 Litern/100 km).
- Keine Supercredits für Elektro- und Hybridautos

*Wolfgang Lohbeck, Greenpeace e.V., Pressestelle, Umweltminister Altmaier will Klimaziele für Pkw verwässern, 04/2013*

Greenpeace-Proteste gegen „Aufweichung" der $CO_2$-Grenzwerte und -Strafen in der EU am 30.10.2008 in Berlin

- ca. 150 Büros für Public Affairs (von Firmen buchbare Interessenvertreter für Einzelvorhaben)
- 3.700 Lobbyisten-Zutrittskarten für das Europäische Parlament (entspricht 5 Lobbyisten pro Abgeordnetem)

**Lobbypedia**
Internetprojekt der lobbykritischen Nichtregierungsorganisation LobbyControl e.V. mit dem selbst gesetzten Ziel, den Einfluss von Lobbygruppen auf Politik und Medien der breiten Öffentlichkeit transparent zu machen

## M 10 ● Der Einfluss der Auto-Lobby

Im Juni 2013 hatten EU-Parlament und Rat einen Kompromiss geschlossen, demzufolge der Grenzwert für den $CO_2$-Ausstoß bei Neuwagen von 2015 bis 2020 von ursprünglich 130 auf 90 Gramm je Kilometer gesenkt werden sollte. Damit stand ein Schritt in Richtung einer klimafreundlicheren Abgasnorm unmittelbar bevor. Drei Tage nach der Einigung scheiterte das Unterfangen jedoch: Vertreter des deutschen

**Erklärfilm zum Lobbyismus**

Mediencode: 73017-01

Kanzleramtes ließen die Abstimmung über die Richtlinie von der Tagesordnung verschwinden und verhinderten damit eine Abstimmung der Richtlinie im EU Rat. Hinter dieser Blockade [...] verbargen sich die Interessen der alarmierten Autolobby mit VDA Präsident Matthias Wissmann an der Spitze. Schon im Mai [2013] hatte dieser sich in einem privaten Brief an Merkel gegen schärfere Grenzwerte und für mehr Flexibilität der Konzerne in Sachen $CO_2$-Ausstoß ausgesprochen. Nicht nur Wissmanns vorbereitender Einfluss sensibilisierte Merkel auf die Bedürfnisse der Automobilbranche. In den drei Tagen zwischen Kompromissfindung und geplanter Abstimmung mobilisierten die Konzernchefs der Autoindustrie ihre direkten Kontakte und baten unter anderem um Unterstützung in der Staatskanzlei des bayrischen Ministerpräsidenten Seehofer, welcher sofort bei der Kanzlerin intervenierte. [...]

Die Abstimmung wurde im Oktober zwei weitere Male verschoben. Im gleichen Monat ging auch die 690.000 € schwere Großspende der BMW-Anteilseigner Quandt/Klatten bei der CDU ein. Ein Zusammenhang zwischen dieser enormen Spende und der heiklen politischen Entscheidung wird jedoch bestritten. Zuletzt hatte sich Bundesumweltminister Peter Altmaier beim Treffen der EU-Umweltminister für eine Aufweichung der Grenzwerte eingesetzt und den Kompromiss so ein weiteres Mal blockiert.

Im November 2013 kamen Vertreter des Europaparlaments und der EU-Staaten zu einer Einigung, bei der die Richtlinien deutlich an die Interessen der deutschen Autokonzerne angepasst wurden.

*Felix Kamella, https://lobbypedia.de, 23.1.2016*

### Info

#### Lobbyismus

Bei Lobbyismus handelt es sich um die (legale) Einflussnahme von Interessenverbänden (Lobbys) auf öffentliche Entscheidungsträger (Politiker, Beamte) zur Sicherung eigener Vorteile. Dabei sind Mittel der direkten und indirekten Einflussnahme zu unterscheiden: Direkter Einfluss kann ausgeübt werden über Zuwendungen (z. B. Parteispenden) und Weitergabe benötigter Fachinformationen. Indirekter Einfluss ist realisierbar auf politischem (z. B. Mobilisierung der Mitglieder für eine Partei bei Wahlen) oder ökonomischem Weg (z. B. Drohung mit Standortverlagerungen). Zu den klassischen, kollektiv organisierten Interessenvertretungen gehören Arbeitgebervereinigungen (z. B. Bundesvereinigung Deutscher Arbeitgeberverbände), Gewerkschaften (z. B. ver.di, IG Metall) und (branchenspezifische) Wirtschaftsverbände sowie Organisationen mit humanitären Zielsetzungen (z. B. Rotes Kreuz). Seit den 1960er Jahren entstanden überdies viele Vereinigungen zum Schutz von Natur und Umwelt. In den letzten Jahren wurden auch Organisationen mit vornehmlich finanz- und wirtschaftspolitischen Zielsetzungen gegründet (z. B. Attac). Dem Politikwissenschaftler Fritz Scharpf zufolge wächst die Durchsetzungschance für Interessengruppen, je konzentrierter das jeweilige (Verbands-)Interesse ist. Nach seinem Dafürhalten hätten etwa die Automobilverbände eine größere Durchsetzungsmacht als die Umweltorganisationen, deren Interessen breiter gefächert („diffuser") sind.

*Autorentext*

**H zu Aufgabe 4**
Berücksichtigen Sie dabei auch das Grundrecht der Vereinigungsfreiheit im Grundgesetz für die Bundesrepublik sowie der Charta der Grundrechte der Europäischen Union.

### Aufgaben

1. Fassen Sie die Position des (deutschen) Verbands der Automobilindustrie (VdA) zum Kommissionsvorschlag einer $CO_2$-Emissionsverringerung zusammen (M 8).
2. Analysieren Sie die Interessen des VdA sowie die von Greenpeace (M 5, M 8, M 9).
3. Geben Sie die Aussagen von Lobbypedia zum Einfluss des VdA auf die Verhandlungen für neue $CO_2$-Emissionsobergrenzen wieder (M 10).
4. Nehmen Sie Stellung zur (wahrscheinlichen) Einflussnahme des VdA.

# 3 Gesetzgebung in der EU – am Beispiel der CO₂-Neuwagenverordnung

Die Verminderung des $CO_2$-Ausstoßes von Neuwagen ist insofern eine **supranationale Gestaltungsaufgabe**, als dass erstens alle Nationen von den (un)mittelbaren Folgen der Emissionen betroffen sind und zweitens aus wettbewerbsrechtlichen Gründen gleiche Regelungen für alle Automobilbauer in der Europäischen Union (EU) gelten müssen. Gesetzlich reguliert wurden die $CO_2$-Grenzwerte, da die bisherige Regelung (Ø 130 g $CO_2$/km im Durchschnitt der Neuwagenflotte) bereits 2015 erreicht sein musste.

Die **Europäische Kommission** ist das einzige EU-Organ, das über das **Initiativrecht** bezogen auf Erlasse und Verordnungen verfügt. Der Vorschlag für neue $CO_2$-Obergrenzen für die Neuwagenflotte war (für den Stichtag 1.1.2020) bereits 2009 vorgesehen worden: 95g $CO_2$/km und entsprechende Strafzahlungen bei Überschreitung.

[Randnotiz: **Europäische Kommission: Vorschlag zur Regelung einer politischen Gestaltungsaufgabe** M 1, M 3]

Im Wesentlichen gab es **zwei Interessenpole**: Die deutsche Regierungschefin machte sich (zusammen etwa mit Schweden und Österreich) gegen striktere Regelungen stark. Hintergrund ist die große **Bedeutung der nationalen Autoindustrie**, die eher auf Oberklassewagen, also schwerere und damit verbrauchsintensivere Wagen setzt. Länder wie Frankreich, Italien und Rumänien dagegen waren eher zur Beibehaltung des Kommissionsvorschlags bereit, da diese Länder eher für eine verbrauchsärmere Klein- und Mittelklassewagenflotte einstehen. Insofern zeigt sich am Entstehen der $CO_2$-Neuwagenverordnung exemplarisch, dass die Kritik nicht unberechtigt ist, der **Rat der Europäischen Union** könne als Mittel des Durchsetzens nationaler und nicht genuiner Unionsinteressen verstanden werden. Gleichzeitig sichert er durch den **Ländereinfluss** auch die Legitimität der EU-Rechtsakte.

[Randnotiz: **Nationale Interessen im Rat der Europäischen Union** M 5, M 7]

**Lobbyeinfluss** ist generell schwierig nachzuweisen. **Direkte Einflussnahme** wie Spenden u. Ä. wird zwar dokumentiert, **indirekte Ansätze** wie der Transfer von Fachinformationen durch Vertreter von Interessengruppen an Politiker sind kaum transparent zu machen. Im Fall der Verschärfung der $CO_2$-Obergrenzen für Neuwagen ist aber (erfolgreiche) Lobbyarbeit dringend zu vermuten, da die Automobilindustrie in vielen Kernstaaten Europas großes ökonomisches Gewicht besitzt und hervorragend organisiert ist. Gleichwohl sollten sich auch Umweltverbände durchaus erfolgreich Gehör verschafft haben, wie das Politikergebnis vermuten lässt, das deutliche Nähe zum Kommissionsvorschlag aufweist.

[Randnotiz: **Der Einfluss der Automobil- und Umweltlobby** M 8, M 9]

Die verabschiedete $CO_2$-Neuwagenverordnung kann durchaus als **typisches Ergebnis eines politischen Prozesses** in der EU angesehen werden: Zwar werden bis 2021 Emissionsgrenzwerte für die Fahrzeugflotte der jeweiligen Hersteller angehoben. Aber es wurden der deutschen Regierung (und damit den deutschen Autobauern) Zugeständnisse in der Anrechnung des Fahrzeuggewichts und von gering emittierenden Fahrzeugen („Supercredits") sowie des Zeitpunkts der Grenzwerterreichung (2021 statt 2020) gemacht. In den zentralen Punkten ist der Vorschlag der Kommission bzw. die Entschließung des Europäischen Parlaments realisiert, wenn auch durch den deutschen Einfluss auf den Rat der EU abgeschwächt.

[Randnotiz: **Die neuen $CO_2$-Obergrenzen für Neuwagen ab 2021** M 3]

## Entscheidungsfindung zur „Elektroschrott-Richtlinie"

### Die Initiative der Europäischen Kommission zu einer Elektroschrott-Richtlinie und die Reaktion der Verbände

Künftig soll in jedem Land der Europäischen Union mehr Elektroschrott eingesammelt werden. Das von der Kommission vorgeschlagene Sammelziel: mindestens 65 Prozent der Geräte, die in den vergangenen zwei Jahren auf den Markt des Mitgliedstaates gebracht wurden [bis dahin durchschnittlich 4 kg/Einwohner pro Jahr]. Berechnet wird diese Quote anhand des Gewichts der Geräte, gelten soll sie ab dem Jahr 2016. [...]

*Kritik an der Sammelquote*

Das langwierige Gesetzgebungsverfahren gibt Lobbyisten Zeit, auf die Ausgestaltung einzuwirken. So fordert etwa der Deutsche Industrie- und Handelskammertag (DIHK) gemeinsam mit seinem Pendant aus Österreich, der Wirtschaftskammer (WKÖ), die Europäische Union auf, die Revision der beiden Richtlinien „wirtschaftsverträglich auszugestalten". [...] Die Verbände fordern, die Novellen „deutlich zu vereinfachen" und zu „entbürokratisieren". „Wir vertrauen darauf, dass die Abgeordneten Regelungen schaffen, die den Umweltschutz weiterbringen, nicht aber eine Bürokratie- und Kostenspirale in Gang setzen wollen", sagte Stephan Schwarzer, Umwelt-Abteilungsleiter bei der WKÖ. [...]

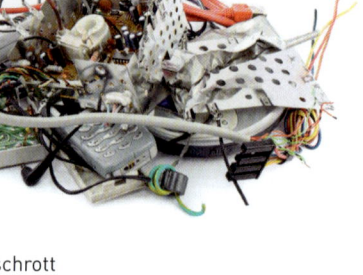

Elektroschrott

Zu [den] Kritikpunkten zählt die Sammelquote. Sie ist für die Organisationen „nicht nachvollziehbar" und „unrealistisch". Die derzeit gültige Gesetzeslage verlangt, dass in allen EU-Ländern durchschnittlich mindestens vier Kilogramm Altgeräte pro Einwohner pro Jahr gesammelt werden. Deutschland übertrifft diese Vorgabe deutlich; im Jahr 2006 wurden 8,6 Kilo Elektroschrott pro Kopf gesammelt. Das entspricht einer Quote von ungefähr 40 Prozent. 65 Prozent seien deshalb „zu ambitioniert", finden die Verbände. [...] DIHK und WKÖ treten zudem dagegen ein, dass EU-Staaten die Hersteller von Elektro-Geräten verpflichten sollen, die kompletten Kosten für die Rücknahme von Altgeräten zu finanzieren. In Deutschland und Österreich übernehmen bisher die Kommunen die Sammlung von Altgeräten an kommunalen Sammelstellen, die Hersteller übernehmen anschließend die Entsorgung. Das bestehende System sei „bewährt", ein neues hingegen mit „unnötigen Zusatzkosten" für Hersteller und Verbraucher verbunden, so die Verbände. [...] Der Verband kommunale Abfallwirtschaft und Stadtreinigung (VKS) ist hingegen der Ansicht, dass die in Deutschland gewählte Variante der Sammlung, bei der sich Hersteller und Bürger die Entsorgungskosten teilen, abgeschafft werden sollte. Stattdessen sollten die Hersteller die Ausgaben für die Sammlung von Altgeräten komplett tragen [...].

*Oliver Bilger, Ärger um Kleingeräte, Süddeutsche Zeitung, 18.1.2010*

### Die Position des Europäischen Parlaments zur Kommissions-Initiative

Bis 2016 sollen die EU-Länder laut Forderung des Umweltausschusses des EU-Parlaments sicherstellen, dass 85 Prozent aller im Abfall gelandeten Elektrozahnbürsten,

Zum supranationalen Regelungsbedarf bei Elektroschrott, vgl. Kap 1.2.

Telefone, Staubsauger oder Videorekorder eingesammelt werden – dreimal so viel wie heute. Wie viel dann wieder verwertet werden muss, hängt vom Gerät ab. Um das Sammeln zu erleichtern, sollen die Verbraucher kleinere Geräte künftig in den Einzelhandel zurückbringen können – auch wenn das Gerät nicht aus dem jeweiligen Geschäft stammt. Zugleich wollen die Abgeordneten die Länder verpflichten, für eine ordentliche Wiederaufbereitung zu sorgen. „Ein Großteil der Altgeräte ist bisher illegal exportiert worden", kritisiert der EU-Abgeordnete Karl-Heinz Florenz (CDU). Die Zeit drängt, denn es fällt immer mehr Elektromüll an: Bis 2020 soll die Menge auf 12,3 Millionen Tonnen steigen – das sind 50 Prozent mehr als heute.

*Christoph B. Schiltz, EU will mehr Elektroschrott sammeln, Die Welt, 24.6.2010*

### Der Streit im Ministerrat

Die EU-Staaten streiten über strengere Auflagen für die Entsorgung von Elektroschrott. Die Umweltminister konnten sich bei einem Treffen am Montag [14.3.2011] in Brüssel zunächst nicht auf neue Regeln einigen. [...] Umstritten sind [...] die Quoten, die beim Sammeln und Recyceln künftig erreicht werden sollen. Auch die Frage, wie sehr die Industrie in die Pflicht genommen werden darf und welche Geräte betroffen sein sollen, spaltet die EU. So ist beispielsweise offen, ob sprechende Teddybären als Elektroschrott gelten oder nicht. Der Vorschlag des ungarischen EU-Ratsvorsitzes sieht vor, dass die Sammelquote in Europa in zwei Schritten ansteigt. In vier Jahren sollen zunächst 45 Prozent recycelt werden, in acht Jahren dann 65 Prozent. Damit würden mehr als doppelt so viele der Elektrogeräte wiederverwertet wie bisher [...].

*EU-Staaten streiten über Elektroschrott, www.eu-info.de, 28.10.2011; Für die Wiedergabe und Anpassung ist allein die C.C. Buchner Verlag GmbH verantwortlich.*

### Das Politikergebnis – die EU-Richtlinie zur Elektroschrott-Wiederverwertung

| Recyclingquoten | Ausnahmen | Sammeln der Altgeräte |
| --- | --- | --- |
| • ab 2016: 45 %<br>• ab 2019: 65 %<br>der Neugeräte oder 85 % des gesamten Elektroschrotts | Recyclingquoten für Ungarn, Polen, Rumänien, Litauen, Lettland, Malta, Tschechische Republik, Slowakei:<br>bis 2016: keine Änderung<br>ab 2016: 40 - 45 % | • bei kommunalen Sammelstellen<br>• kostenlose Rückgabe beim Hersteller möglich (z. B. Rücksendung gebrauchter Mobiltelefone) |

Die Richtlinie muss bis 2014 in nationales Recht umgesetzt werden.

### Aufgaben

1. Fassen Sie den politischen Prozess zum Zustandekommen der Elektroschrott-Richtlinie zusammen. Vorschlag: Erstellen Sie dazu ein geeignetes Schaubild.
2. a) Analysieren Sie das Politikergebnis hinsichtlich der Frage, welche Interessen sich (eher oder weniger) durchgesetzt haben.
   b) Charakterisieren Sie das Zustandekommen der „Elektroschrott-Richtlinie" als einen typischen Entscheidungsfindungsprozess in der Europäischen Union.
3. Nehmen Sie Stellung zur „Elektroschrott-Richtlinie". Berücksichtigen Sie dabei auch die Ergebnisse ihrer Umsetzung im Jahr 2015 (vgl. Kap. 1.2).

# 3.2 Auf der Suche nach demokratischen und effizienten Regierungsformen – das Institutionengefüge der Europäischen Union

**M 1** ● **Das Institutionengefüge der Europäischen Union**

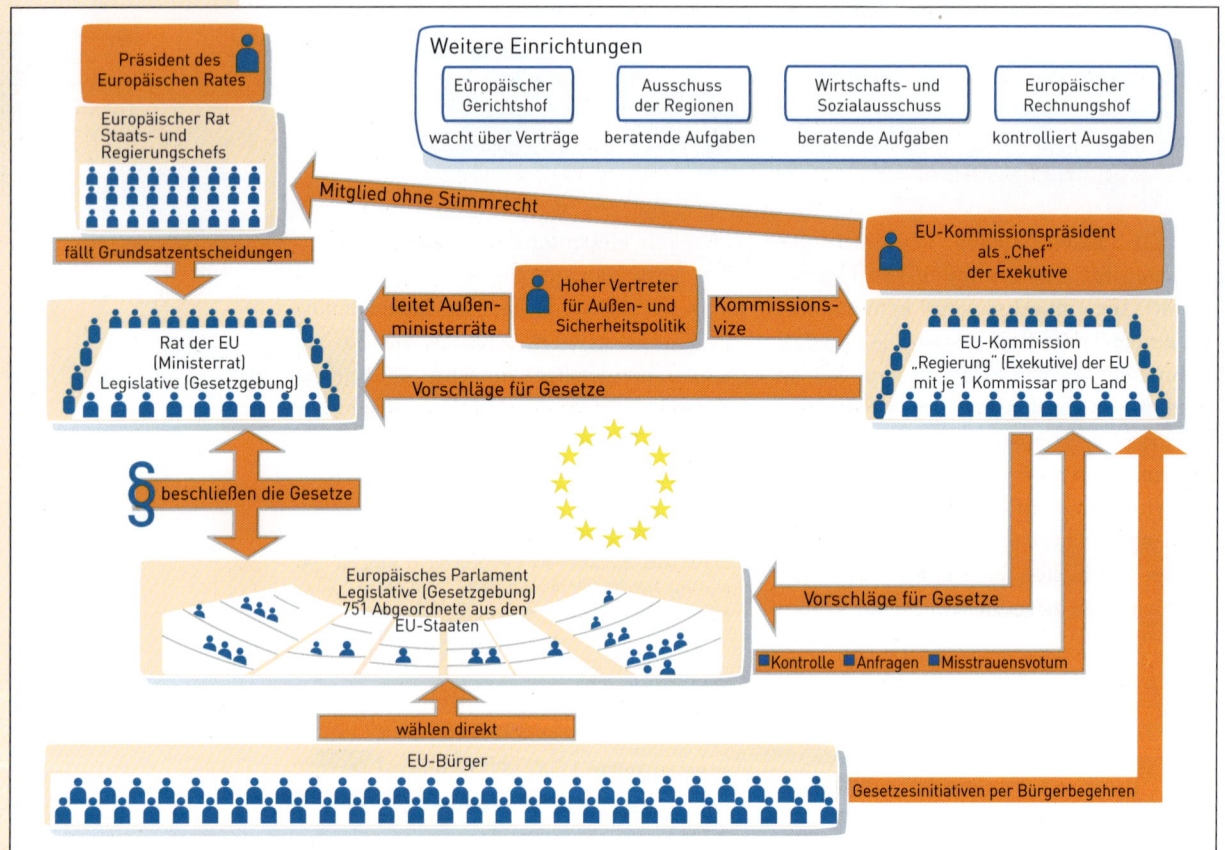

*dpa-Grafik in: poliTICKER (Nr. 1/2010, aktualisiert)*

**H zu Aufgabe 2**
Identifizieren Sie mögliche Entsprechungen zwischen Institutionen der nationalstaatlichen Ebene einerseits und der europäischen Ebene andererseits. Orientieren Sie sich dabei an den drei politischen Gewalten (Legislative – Exekutive – Judikative) und ihrer möglichen Verschränkung.

### Aufgaben

① a) Arbeiten Sie heraus, auf welchem Wege die Institutionen der Europäischen Union (demokratisch) legitimiert werden.

b) Beschreiben Sie (hypothesenartig) die Beziehungen und das Kräfteverhältnis zwischen den wichtigsten Organen der EU.

② Vergleichen Sie die Institutionen der EU mit denjenigen des politischen Systems der Bundesrepublik Deutschland.

## 3.2.1 Die Europäische Kommission – supranationales Gemeinschaftsorgan oder Marionette der Mitgliedstaaten?

### M 2 ● Die Europäische Kommission als Gemeinschaftsorgan

Die Europäische Kommission ist das zentrale ausführende Organ der Union. Es ist vertragsrechtlich auf das allgemeine EU-Interesse verpflichtet und soll unabhängig von den nationalen Regierungen handeln. Dementsprechend gilt die Kommission als supranationales Gemeinschaftsorgan par excellence. Im engeren Sinne bezeichnet der Begriff Kommission das Kollegium, das [...] aus [28] Mitgliedern besteht, die Kommissare genannt werden. [...]

Die Kommission besteht aus einem Kommissar pro Mitgliedsland, einschließlich des Kommissionspräsidenten und des Hohen Vertreters für Außen- und Sicherheitspolitik. Die Amtsperiode beträgt fünf Jahre. [...] Jeder Kommissar mit Ausnahme des Präsidenten übernimmt dabei ähnlich wie nationale Minister einen eigenen fachspezifischen Zuständigkeitsbereich. [...]

Das Aufgabenspektrum der Kommission wird gemeinhin mit den drei Schlagworten „Exekutive der Union", „Motor der Integration" und „Hüterin der Verträge" umschrieben. Hinzu kommt mit der Außenvertretung der EU eine weitere Kernaufgabe, die sich die Kommission allerdings mit anderen Akteuren [insbesondere dem Europäischen Rat] zu teilen hat.

Als oberste Exekutive der EU ist die Kommission für die Durchführung von Rechtsakten und die Umsetzung und Verwaltung der Unionspolitiken verantwortlich, die vom Parlament und Rat verabschiedet wurden. [...] Auch für die Ausführung des Haushalts [...] ist die Kommission zuständig.

Die Bezeichnung „Motor der Integration" beruht in erster Linie auf der Legislativfunktion der Kommission, die im Rechtsetzungsprozess ein Initiativmonopol innehat. Auch wenn Rat und Parlament die Kommission auffordern können, entsprechende Entwürfe vorzulegen, sind sie letztlich auf die Kommission angewiesen, um den Prozess für die Verabschiedung eines Rechtsaktes der Union zu starten. Hinzu kommt, dass die Kommission als agenda-setter die Integration vorantreiben kann. [...]

Daneben hat die Kommission eine Kontrollfunktion für die Einhaltung des Unionsrechts. Dazu kann sie Mitgliedstaaten und andere EU-Organe vor dem Gerichtshof der Europäischen Union [EuGH, vgl. Kap. 3.2.4] verklagen. Das wichtigste Kontrollinstrument gegenüber den Mitgliedstaaten hierfür ist das Vertragsverletzungsverfahren. Diese werden [...] gegenüber Mitgliedstaaten angestrengt, die Richtlinien nicht fristgerecht umsetzen [...].

Die politische Verantwortung trägt das Kollegium der [28] Kommissare. Das Kollegium [...] kann Entscheidungen mit der Mehrheit seiner Mitglieder treffen. In der Praxis wird jedoch meistens ein Konsens gesucht, sodass tatsächliche Abstimmungen nur selten stattfinden. Für die Entscheidungsfindung im Kollegium gelten außerdem das Ressort- und das Kollegialitätsprinzip. Nach dem Ressortprinzip ist jeder Kommissar für die Vorbereitung und Durchführung von Kommissionsbeschlüssen in seinem Aufgabenbereich zuständig. Dem Kollegialitätsprinzip zufolge stellen alle gefassten Beschlüsse Entscheidungen des gesamten Kollegiums dar und müssen dementsprechend geschlossen nach außen vertreten werden.

Die zweite Ebene bilden die Kabinette, die dem [jeweiligen] Kommissar direkt unterstellt sind. Ein Kabinett besteht aus sechs bis neun politischen Beamten, die vom Kommissar persönlich ausgewählt werden, ihn beraten und der unteren Verwaltungsebene gegenüber weisungsberechtigt sind. [...]

Werner Weidenfeld, Die Europäische Union, Paderborn 2013, S. 135 ff.

Das Berlaymont in Brüssel ist Hauptsitz der Kommission; der Name des Amtssitzes wird in der politischen Berichterstattung als Synonym für die Kommission verwendet. Im Verwaltungsapparat der Kommission (Generaldirektionen) sind etwa 24.000 Bedienstete beschäftigt.

**Initiativmonopol**

Die EU-Kommission verfügt als einziges Organ über das Recht, Initiativen für Rechtsakte (Gesetzgebung) zu ergreifen.

**Agenda-Setter**

Funktion bzw. Fähigkeit eines politischen Akteurs, die politische Tagesordnung (agenda) entscheidend zu beeinflussen

## M 3 ● Europäisches Parlament und nationale Regierungen – wer bestimmt die Kommission?

### Verkleinerung der Kommission

Der Lissabonner Vertrag sieht eine Verkleinerung der Kommission auf zwei Drittel der Mitgliedstaaten zum 1.11.2014 vor, die jedoch bis auf weiteres durch die Anwendung einer Ausnahmeklausel und eines entsprechenden einstimmigen Beschluss des Europäischen Rates bis auf Weiteres ausgesetzt wird.

### a) Vertrag über die Europäische Union (Vertrag von Lissabon), Art. 17

Der Europäische Rat schlägt dem Europäischen Parlament nach entsprechenden Konsultationen mit qualifizierter Mehrheit einen Kandidaten für das Amt des Präsidenten der Kommission vor; dabei berücksichtigt er das Ergebnis der Wahlen zum Europäischen Parlament. Das Europäische Parlament wählt diesen Kandidaten mit der Mehrheit seiner Mitglieder. Erhält dieser Kandidat nicht die Mehrheit, so schlägt der Europäische Rat dem Europäischen Parlament innerhalb eines Monats mit qualifizierter Mehrheit einen neuen Kandidaten vor, für dessen Wahl das Europäische Parlament dasselbe Verfahren anwendet.

Der Rat nimmt, im Einvernehmen mit dem gewählten Präsidenten, die Liste der anderen Persönlichkeiten an, die er als Mitglieder der Kommission vorschlägt. Diese werden auf der Grundlage der Vorschläge der Mitgliedstaaten [...] ausgewählt.

Der Präsident, der Hohe Vertreter der Union für Außen- und Sicherheitspolitik und die übrigen Mitglieder der Kommission stellen sich als Kollegium einem Zustimmungsvotum des Europäischen Parlaments. Auf der Grundlage dieser Zustimmung wird die Kommission vom Europäischen Rat mit qualifizierter Mehrheit ernannt.

*www.dejure.org*

### b) Machtpolitische Konflikte um die Auswahl des Kommissionspräsidenten

[Die vertraglichen Regeln lassen] der Politik erheblichen Interpretationsspielraum. In Brüssel hat sich zunächst die Auffassung des Parlaments durchgesetzt. Nach Zögern haben alle größeren europäischen Parteifamilien eigene Spitzenkandidaten [...] für die Europawahl aufgestellt. Damit haben sie sich unzweideutig dafür ausgesprochen, dass der Spitzenkandidat [...] der Partei, welche die Wahlen gewinnt, Kommissionspräsident [...] wird. Mit Zustimmung ihrer nationalen Parteiführungen, also in vielen Fällen auch der Staats- und Regierungschefs, machen in erster Linie die Kandidaten der beiden großen Fraktionen mit diesem Anspruch europaweit Wahlkampf. [...] [D]ie Fraktionen der EVP und SPE [haben] bekräftigt, auch bei einem knappen Wahlsieg den Spitzenkandidaten der dann größten Fraktion als nunmehr demokratisch legitimiert zum Kommissionspräsidenten wählen zu wollen.

Mit ihrer Berufung auf die demokratische Legitimation verfolgen die Fraktionen im EP [Europäisches Parlament] aber auch ein klares machtpolitisches Ziel: Durch die Wahl des Kommissionspräsidenten soll die Kommission dauerhaft an eine Parlamentsmehrheit gebunden und so das politische System der EU parlamentarisiert werden [vgl. Kap. 3.2.2].

*Nicolai von Ondarza, Mehr als nur Spitzenkandidaten, SWP-aktuell 36, Berlin 2014*

Jean-Claude Juncker, luxemburgischer Politiker, seit dem 1.11.2014 Präsident des Europäischen Kommission

## M 4 ● Sieg des Parlaments? Die Wahl des Kommissionspräsidenten 2014

Jean-Claude Juncker wird neuer EU-Kommissionspräsident. Für den früheren luxemburgischen Regierungschef stimmten in Straßburg 422 Abgeordnete, 250 votierten gegen ihn, wie Parlamentspräsident Martin Schulz mitteilte. Demnach enthielten sich 47 Parlamentarier. Notwendig war eine Mehrheit der Mandate – also 376 Ja-Stimmen. Juncker kann damit Nachfolger [von] José Manuel Barroso werden, dessen Mandat am 31. Oktober ausläuft. [...] Schulz wünschte Juncker viel Erfolg und gab ihm mit auf den Weg, er solle sich nicht nur über seine Unterstützer im Parlament, sondern auch über seine Gegner freuen. „Denn ohne Gegner kein eigenes Profil."

Zum ersten Mal in der Geschichte der EU wurde damit das Resultat der Europawahl berücksichtigt, bei der Juncker als Kandidat der konservativen Europäischen Volkspartei (EVP) das beste Ergebnis eingefahren hatte. Darauf hatten mehrere Fraktionen im Europaparlament bestanden. Die Staats- und Regierungschefs der EU, die bisher die Kommissionspräsidenten immer unter sich ausgehandelt hatten, gaben unter dem Druck des Parlaments schließlich nach und nominierten den Luxemburger Ende Juni für den Brüsseler Spitzenposten – gegen den Widerstand Großbritanniens und Ungarns.

Der Vorsitzende der EVP-Fraktion Manfred Weber (CSU) sprach von einem „historischen Tag". Diese Wahl habe die EU demokratischer gemacht. Die Nominierung Junckers sei „eine Wende, eine kleine Revolution", betonte im Namen der Sozialdemokraten deren Chef Gianni Pittella. Erstmals sei bei der Besetzung der Kommissionsspitze der Wählerwille berücksichtigt worden.

*www.tagesschau.de, 15.7.2014*

## M 5 ● Wer wird Kommissar?

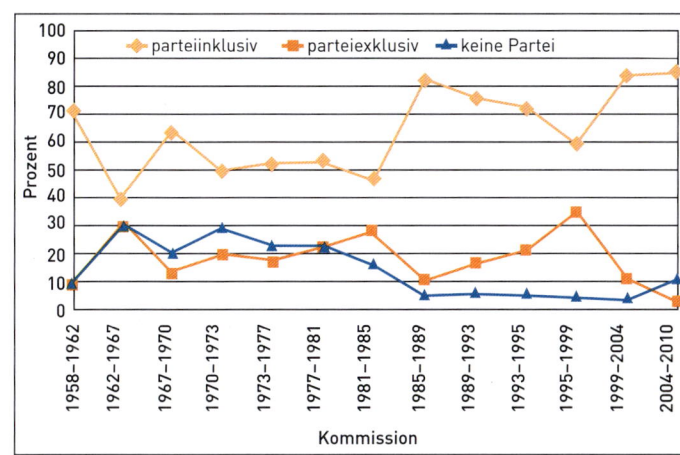

*In einer empirischen Studie untersucht der Politikwissenschaftler Arndt Wonka die parteipolitische Übereinstimmung zwischen den EU-Kommissaren und den sie entsendenden nationalstaatlichen Regierungen (= Parteiinklusivität).*

*Arndt Wonka, Die Europäische Kommission, Baden-Baden 2008, S. 110*

### Aufgaben

1. Fassen Sie die Zusammensetzung, Aufgaben und Befugnisse der Europäischen Kommission in Form eines Steckbriefes zusammen (M 2).

2. Charakterisieren Sie die politische Funktion im Kontext des europäischen Institutionengefüges und der Arbeitsweise der Europäischen Kommission (a) allgemein sowie (b) im Konflikt um die $CO_2$-Verordnung (M 2, Kap. 3.1).

3. a) Stellen Sie den politischen Prozess, der zur Bestellung einer Europäischen Kommission führt, strukturiert dar (M 3).
   b) „Die Bindung der Wahl des Kommissionspräsidenten an die Wahl zum Europäischen Parlament 2014 macht die EU demokratischer!" Nehmen Sie zu dieser These begründet Stellung (vgl. M 4).

4. Beurteilen Sie auf der Basis Ihrer bisherigen Ergebnisse und von M 5, ob es sich bei der EU um ein supranationales Gemeinschaftsorgan oder eine „Marionette der Mitgliedstaaten" handelt. Vorschlag: Gestalten Sie einen Kommentar über die EU-Kommission, in dem Ihr Sachurteil deutlich zum Tragen kommt.

**M zu Aufgabe 3**
Erstellen Sie ein Flussdiagramm. Heben Sie dabei die Einfluss- und Einspruchsmöglichkeiten der beteiligten Akteure hervor.

**H zu Aufgabe 4**
Berücksichtigen Sie dabei auch die Rolle der Kommission im Entscheidungsprozess zur Emissions-Richtlinie (Kap. 3.1).

### 3.2.2 Das Europäische Parlament – ein (un)vollständiges Parlament?

#### M 6 ● Die europäische Volksvertretung – das EU-Parlament

Dem Rat, also der Vertretung der Regierungen der Mitgliedstaaten, steht das Europäische Parlament als weitestgehend gleichberechtigter Gesetzgeber und Vertreter der "Union der Bürger" gegenüber. Das Parlament wird [seit 1979] in allen Mitgliedstaaten alle fünf Jahre direkt gewählt [...].
Die Abgeordneten werden auf nationalen Parteilisten gewählt. In Deutschland hat man beispielsweise die Wahl zwischen der Liste der CDU, der SPD, von Bündnis 90/Die Grünen, der Partei DIE LINKE oder der CSU (nur in Bayern). Auch kleinere Parteien, die im Deutschen Bundestag nicht vertreten sind, nehmen an den Europawahlen teil. Ihre Chancen sind dabei größer als bei den Bundestagswahlen, da das Bundesverfassungsgericht [...] [2013] die im Wahlgesetz verankerte Drei-Prozent-Sperrklausel aufgehoben hat. [...] Das Wahlsystem ist [jedoch] in den EU-Staaten nicht einheitlich. [...]
Im Europäischen Parlament schließen sich die Abgeordneten zu politischen Fraktionen zusammen [vgl. Info S. 55]. Das Parlament wird von einem Präsidenten geleitet, der für zweieinhalb Jahre gewählt wird.

*Eckart D. Stratenschulte, Europäisches Parlament, www.bpb.de, 1.4.2014*

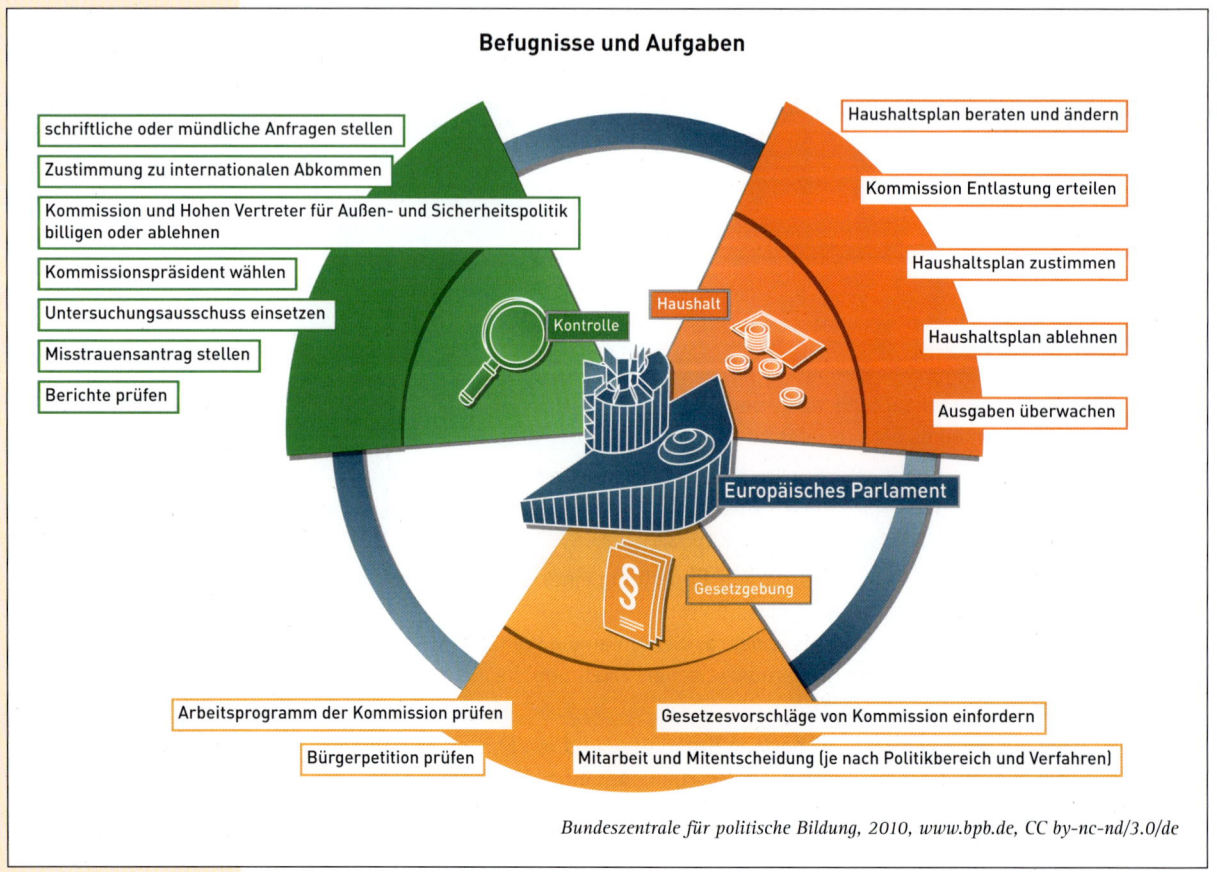

*Bundeszentrale für politische Bildung, 2010, www.bpb.de, CC by-nc-nd/3.0/de*

## M 7 ● Die Parlamentsfunktionen oder: Ist das EU-Parlament voll ausgebaut?

In der Politikwissenschaft werden Parlamenten als „Vertretungskörperschaft mit nennenswerten Befugnissen oder einer symbolisch hervorgehobenen Rolle in einem politischen System" (Patzelt) üblicherweise folgende Funktionen in Bezug auf das Gesamtsystem zugeschrieben:

| | |
|---|---|
| **Kreations- und Rekrutierungsfunktion** | Bestellung und Abberufung der Regierung, Zuständigkeiten bei der Wahl anderer Verfassungsorgane, Auslese politischen Führungspersonals. Kern dieses Funktionsbereiches ist die Regierungsbildungsfunktion. Vollständig ausgeprägt ist sie, wenn das Parlament die Regierungsgeschäfte Politikern seines Vertrauens bis auf Widerruf übergeben kann. Effektiv ist sie bereits, wenn die vom Parlament gewählte Regierung auch von diesem abgesetzt werden darf. |
| **Gesetzgebungsfunktion** (einschließlich **Budgetrecht**) | Wesentlich ist hierbei, dass – unbeschadet einer engen Zusammenarbeit von Regierung und Parlament(smehrheit) insbesondere in parlamentarischen Regierungssystemen – das Parlament über das Initiativrecht verfügt und mit formalen Machtmitteln ausgestattet ist, die seine Zustimmung zu Gesetzen erfordert. Ebenso ist das Budgetrecht, also die verbindliche Zustimmung zur Haushaltsplanung der Exekutive, eine wesentliche Befugnis von Parlamenten. |
| **Kontrollfunktion** | Im traditionellen Verständnis von der politischen Gewaltenteilung hat das (Gesamt-)Parlament die Aufgabe, die Regierung zu kontrollieren. Für parlamentarische Demokratien ist jedoch eine andere Form der Gewaltenteilung charakteristisch: Regierung und Mehrheitsfraktionen steht die parlamentarische Opposition gegenüber. Die Kontrollfunktion nimmt hier vor allem die Opposition wahr. Sie nutzt verschiedene Instrumente, beispielsweise Anfragen und Untersuchungsausschüsse, um die Regierung öffentlich zu kritisieren und zu kontrollieren. |
| **Repräsentations- und Willensbildungsfunktion** | Grundlage seiner legitimen Machtstellung ist die Repräsentationsfunktion eines Parlamentes. Diese umfasst insbesondere die Responsivität (verlässliches Einbringen der gesamten Bandbreite gesellschaftlicher Wünsche und Probleme in die parlamentarische Entscheidungsfindung) sowie die Darstellung politischer Kontroversen und Meinungsvielfalt in öffentlichen Debatten. |

*Zusammenstellung des Autors*

### Info

#### Zusammensetzung des 2014 gewählten EPs nach transnationalen Fraktionen

| Name der Fraktion | Zugehörige Parteien aus Deutschland |
|---|---|
| Europäische Volkspartei (EVP) | CDU, CSU (34) |
| Progressive Allianz der Sozialdemokraten im EP | SPD (27) |
| Europäische Konservative und Reformer (ECR) | AfD, Familienpartei (6) |
| Liberale und Demokraten für Europa (ALDE) | FDP, Freie Wähler (4) |
| Vereinigte Europäische Linke / Nordische Grüne Linke (GUE/NGL) | Die Linke, Tierschutzpartei (8) |
| Grüne / Freie Europäische Allianz (Greens/EFA) | Grüne, Piraten, ÖDP (13) |
| Europa der Freiheit und der direkten Demokratie (EFDD) | (1) |
| Europa der Nationen und der Freiheit | (1) |
| Fraktionslos | Die PARTEI, NPD (2) |

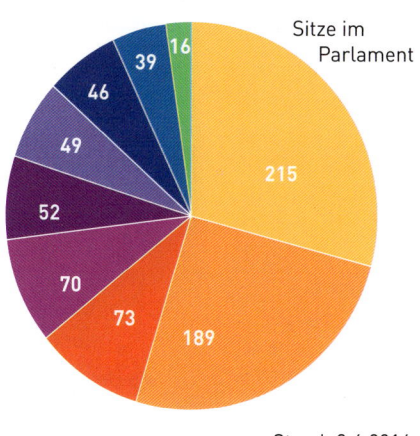

Sitze im Parlament: 215, 189, 73, 70, 52, 49, 46, 39, 16

Stand: 2.6.2016

Die Gründung einer Fraktion „europakritischer" Parteien ist 2014 ebenso gescheitert wie die Gründung einer rechtsextremen Fraktion.

## M 8 • Wie repräsentativ ist das EU-Parlament?

| Mitgliedstaat | Anzahl Sitze im EP (ab 2014) | Einwohnerzahl (in Tausend) | Einwohner pro Abgeordneter |
|---|---|---|---|
| Deutschland | 96 | 82.038 | 854.167 |
| Großbritannien | 73 | 59.247 | 845.205 |
| Frankreich | 74 | 58.966 | 868.919 |
| Spanien | 54 | 39.394 | 848.148 |
| Polen | 51 | 38.667 | 747.059 |
| Tschechien | 21 | 10.521 | 500.000 |
| Estland | 6 | 1.446 | 216.667 |
| Luxemburg | 6 | 562.958 | 83.333 |
| Malta | 6 | 379 | 66.667 |
| **EU 28** | 751 | 506.944 | Durchschnitt: 485,1 |

Zahlen: www.bpb.de, 6.5.2014

Der Vertrag von Lissabon begrenzt die Anzahl der Parlamentssitze auf 751. Für jeden Mitgliedstaat ist eine bestimmte Anzahl von Abgeordneten festgelegt. [...] Die Abgeordnetensitze werden ausgehend von einer Mindestvertretung des kleinsten Landes in immer weniger verhältnismäßigen Schritten an die bevölkerungsreichsten Länder verteilt. [...] [Dieses Verfahren] soll sicherstellen, dass zum einen die [...] politische Landschaft auch kleiner Länder ausreichend repräsentiert ist und zum anderen das Parlament eine handlungsfähige Größe behält.

Werner Weidenfeld, Die Europäische Union, Paderborn 2013, S. 117 f.

**Erklärfilm zur Europawahl**

Mediencode: 73017-02

## M 9 • Parlament ohne Unterstützung? Wahlbeteiligung bei Europa-Wahlen

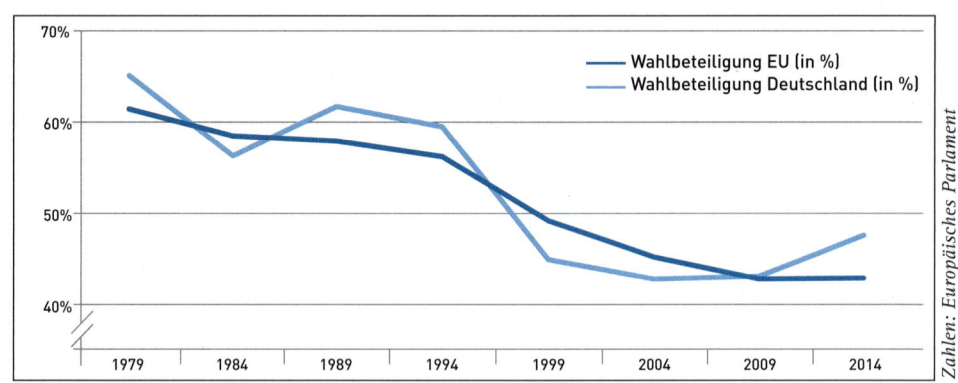

Zahlen: Europäisches Parlament

### Aufgaben

1. Fassen Sie die Zusammensetzung, Aufgaben und Befugnisse des Europäischen Parlamentes in Form eines Steckbriefes zusammen (M 6).

2. Charakterisieren Sie die politische Funktion des Europäischen Parlamentes im Kontext des europäischen Institutionengefüges (a) allgemein sowie (b) im Konflikt um die $CO_2$-Verordnung (M 7, Kap. 3.1).

3. a) Erläutern Sie die Bedeutung der Parlamentsfunktionen (M 7) für die demokratische Qualität politischer Systeme.
   b) Überprüfen Sie, inwieweit es sich beim Europäischen Parlament um ein voll ausgebautes Parlament handelt (M 6, M 7).

4. Beurteilen Sie die Zusammensetzung des Europäischen Parlaments anhand der Kategorien Repräsentativität und Effizienz (M 8).

5. Im Zuge von Reformdebatten bezüglich der EU wird immer wieder der Ausbau ihres Institutionengefüges zu einem voll ausgebauten Parlamentarismus gefordert. Nehmen Sie zu dieser Forderung begründet Stellung (M 6–M 9).

**H zu Aufgabe 3 b**
Gehen Sie dabei auch auf die Rolle des Parlaments bei der Bestellung der EU-Kommission bzw. des Kommissionspräsidenten ein (M 3/4).

**H zu Aufgabe 5**
Zeigen Sie ausgehend von Aufgabe 4b zunächst die für eine vollständige Parlamentarisierung fehlenden bzw. nicht vollständig erfüllten Aspekte auf.

## 3.2.3 Zwischen Supranationalität und Intergouvernementalität: der Machteinfluss nationaler Regierungen in der europäischen Politik

### M 10 ● Die Dominanz der Exekutive in der europäischen Politik

Wenn Angela Merkel eine Vision von Europa hat, dann ist es eine von nationalen Regierungen. Sie hat sich für „mehr Europa" durch mehr zwischenstaatliche Abstimmung entschieden. Immer neue informelle Institutionen – wie zum Beispiel die Gruppe der Euro-Finanzminister – werden geschaffen und gehen über bestehendes EU-Recht hinaus oder ignorieren dieses bewusst. Was unter Hochdruck der Eurokrise entstanden ist, droht zu einem permanenten Notstand-Intergouvernementalismus zu werden, der demokratische Institutionen in Deutschland und Europa schwächt. Immer wieder wird die EU-Kommission verantwortlich gemacht für das Demokratiedefizit in Europa. Dabei zeigen die letzten Jahre: In Wahrheit sind es die Staats- und Regierungschefs, die demokratische Institutionen schwächen, und zwar sowohl in Bezug auf Prozesse als auch auf Politikergebnisse.

Europa ist die exklusive Domäne der Exekutiven und ihrer Führungsriegen. Obwohl die Europapolitik bis in den letzten Alltagswinkel der Menschen vordringt, gibt in Deutschland praktisch nur die Bundeskanzlerin, mit wenigen Ausnahmen, die Richtung vor. Das liegt an ihrer Entscheidungskompetenz auf EU-Ebene, dem einhergehenden Informationsvorsprung und der beinahe ungeteilten öffentlichen Aufmerksamkeit, die die Europaplattform bietet. Eine Stärkung der Führungsriege der Regierungsfraktionen und ihrer politischen Parteien ist die Folge. [...]

Die Legitimation der zwischenstaatlichen Abstimmung ist auch im Ländervergleich problematisch. Die kleinen Mitgliedstaaten spielen oft nur eine Nebenrolle. Dies schwächt die Demokratie, denn gewählte Regierungschefs vieler Länder haben oft nur eine Wahl – und das ist die, auf die sich die großen Mitgliedstaaten im Vorfeld geeinigt haben. [...] Die Stärkung der zwischenstaatlichen Abstimmung hat zu einer Re-Nationalisierung und Parallelisierung der nationalen Debatten in Europa geführt. Damit wiederum wird die Einhaltung europäischer Regeln unwahrscheinlicher. [...] In den Hochzeiten der Eurokrise war der Notstand-Intergouvernementalismus ein gangbarer Ausweg. Die letzten fünf Jahre wurden aber vollkommen ungenutzt gelassen, um Ansätze für demokratische Strukturen auf europäischer und nationaler Ebene zu stärken. Selbst unscheinbare Pflänzchen der europäischen Demokratie, wie das Spitzenkandidatensystem zur Wahl des Kommissionspräsidenten, wurden mit allen Mitteln bekämpft. [...]

*Alexander Schellinger, Berlin schwächt die Demokratie in Europa, www.ipg-journal.de, 10.9.2015*

*Der Politikwissenschaftler Alexander Schellinger ist Referent der SPD-nahen Friedrich-Ebert-Stiftung, die auch das ipg-Journal verantwortet.*

---

**Intergouvernementalismus in der EU**

Die nationalen Regierungen wirken an der europäischen Politik mit über
- den Ministerrat (vgl. M 11) sowie
- den Europäischen Rat, das „institutionalisierte Gipfeltreffen" der Staats- und Regierungschefs der EU-Mitgliedstaaten.

In diesen Institutionen ist die intergouvernementale Säule der EU – die Kooperation nationalstaatlicher Regierungen – realisiert.

## Welcher Rat?

Im Vertrag von Lissabon wird dieses Organ schlicht „Der Rat" genannt. Um Verwechslungen mit dem Europäischen Rat (institutionalisiertes Gipfeltreffen der Staats- und Regierungschefs der EU-Mitgliedstaaten) zu vermeiden, sind auch die Bezeichnungen „Rat der EU", „Rat der Union" oder auch „Ministerrat" gängig. Die letzte Bezeichnung ist wohl die eindeutigste Bezeichnung, die auch in diesem Schulbuch verwendet wird.

## „Doppelte Mehrheit" in der Praxis

Das Abstimmungsverfahren des Vertrages von Lissabon kam im Zuge einer wichtigen Entscheidung im Ministerrat der Innenminister zur Anwendung, als am 21.9.2015 über die Verteilung von 120.000 Flüchtlingen abgestimmt wurde. Gegen die Stimmen Ungarns, Tschechiens, der Slowakei und Rumäniens wurde eine Quotenregelung beschlossen, deren Umsetzung sich in der Folgezeit diejenigen Regierungen, die mit Nein gestimmt hatten, zum Teil widersetzten.
→ siehe auch Kap. 6 (Europäische Flüchtlingspolitik)

### M 11 ● Das Europa der Regierungen: der Ministerrat

[Der] Rat der Europäischen Union [...] [besteht aus je einem Minister der derzeit 28 Mitgliedstaaten. Je nach Fachgebiet kommen die zuständigen Minister, also bei-
5 spielsweise die Außenminister oder die Agrarminister, zusammen. Insgesamt gibt es zehn verschiedene Ratsformationen. [...] Der Rat lenkt die Arbeit der Europäischen Union und ist – bis auf wenige Ausnahmen
10 gemeinsam mit dem Europäischen Parlament – der Gesetzgeber der EU. [...]
Die jeweilige Präsidentschaft [wechselt halbjährlich,] koordiniert die Arbeit des Rates und führt den Vorsitz bei den Ratssitzungen – allerdings nicht bei den Au- 15
ßenministern, dort hat die Hohe Vertreterin für die Außen- und Sicherheitspolitik der Union diese Position inne. Zudem erarbeitet jede Präsidentschaft eigene Schwerpunkte und setzt sie auf die Tagesordnung. 20
Dies führt zu einer nicht zu übersehenden Diskontinuität in der Arbeit des Rates, auch wenn dort vieles auf Arbeitsebene beständig weitergetrieben wird.

*Eckart D. Stratenschulte, Rat der Europäischen Union, www.bpb.de, 1.4.2014*

### M 12 ● Legitim und effizient? Die Abstimmungsregeln im Ministerrat

Für politische Fragen war in vielen Bereichen lange *Einstimmigkeit* erforderlich – ein klassisches intergouvernementales Element. Im Laufe des Integrationsprozesses
5 hat sich die Zahl der Themenfelder, in denen mit *qualifizierter Mehrheit* entschieden wird, jedoch ständig erhöht. [...] In einer sich ständig erweiternden Union konnte nur so die Entscheidungs- und
10 Handlungsfähigkeit gewährleistet werden. Mit dem Vertrag von Lissabon wurde dieser Trend fortgesetzt [...]. Zu den Feldern, die bis heute in der Einstimmigkeit verbleiben, gehören die Außen-, Sicherheits- und
15 Verteidigungspolitik, die Festlegung des mehrjährigen Finanzrahmens sowie die Steuerharmonisierung.
Kennzeichnend für die qualifizierte Mehrheit war bis zum Vertrag von Lissabon eine
20 Abstimmung mit gewichteten Stimmen. Die Stimmgewichte wurden dabei degressiv-proportional gemäß ihrer Bevölkerungszahl an die Mitgliedstaaten verteilt. [...] Dieses System [...] hat sich [...] blockadeanfällig erwiesen.
Mit dem Vertrag von Lissabon wurde es 25
durch die „doppelte Mehrheit" ersetzt. Demnach braucht es für eine qualifizierte Mehrheit im Rat 55 Prozent der Mitgliedstaaten [mind. 15 in der EU28], die gleichzeitig 65 Prozent der EU-Bevölkerung re- 30
präsentieren. Die kleineren Staaten setzten dabei die Klausel durch, dass mindestens vier Staaten notwendig sind, um eine Entscheidung zu verhindern. Damit sollte eine Sperrminorität der drei großen Länder 35
Deutschland, Frankreich und Großbritannien verhindert werden. [...]

*Werner Weidenfeld, Die Europäische Union, Paderborn 2013, S. 134 f.*

### Aufgaben

❶ Arbeiten Sie die Kritik an europäischen Entscheidungsprozessen heraus (M 10).

❷ Fassen Sie die Zusammensetzung, Aufgaben und Befugnisse sowie die Arbeitsweise des Rates der EU (Ministerrat) in Form eines Steckbriefes zusammen (M 11, M 12).

❸ a) Analysieren Sie die Entscheidungsregeln und Mehrheitsverhältnisse im Ministerrat.
   b) Nehmen Sie zur Konstruktion und Machtposition des Ministerrates unter Berücksichtigung der Kategorien Effizienz und Legitimität begründet Stellung.

## 3.2.4 Unbeschränkte Macht der Judikative? Die Rolle des Europäischen Gerichtshofes

### M 13 ● Deutsches Recht vor Gericht – ein Fall vor dem EuGH

- Rhiannon M. [...] ging nach ihrem Abitur für ein Jahr als Au-Pair-Mädchen nach Großbritannien und begann danach ein Studium. Sie beantragte BAföG, bekam die Förderung aber nicht. Der Grund: Sie hätte mindestens ein Jahr in Deutschland studieren müssen, um die Unterstützung auch im Ausland zu bekommen. So schreibt es das Gesetz vor.
- Iris B. [...] beschloss, nach Düren zu ziehen, eine Stadt in der Nähe der Grenze zu den Niederlanden. Im niederländischen Heerlen wollte sie studieren – und beantragte BAföG. Doch die zuständige Behörde in Düren zahlte nicht, weil [sie] keinen „ständigen" Wohnsitz an einem grenznahen Ort hat. Dies aber verlangt die deutsche Regelung.

Der Fall von Iris B. ist besonders für Grenzpendler von Bedeutung, der von Rhiannon M. betrifft viele Studenten, die nach dem Abitur am liebsten sofort und ohne Wartezeit zum Studium ins Ausland gehen würden. Die beiden Studentinnen ärgerten sich – und klagten vor dem Verwaltungsgericht Aachen. Die Aachener Richter wandten sich zur Klärung an den Europäischen Gerichtshof.

*Katrin Schmiedekampf, www.spiegel.de, 23.10.2007*

### M 14 ● Der Gerichtshof der Europäischen Union: Aufbau und Zuständigkeiten

*Seit Inkrafttreten des Vertrags von Lissabon bezeichnet der „Gerichtshof der Europäischen Union" das gesamte Gerichtssystem der EU, das sich aus dem Gerichtshof (EuGH), dem Gericht (zur Entlastung des Gerichtshofes eingeführt) sowie dem Gericht für den öffentlichen Dienst zusammensetzt:*

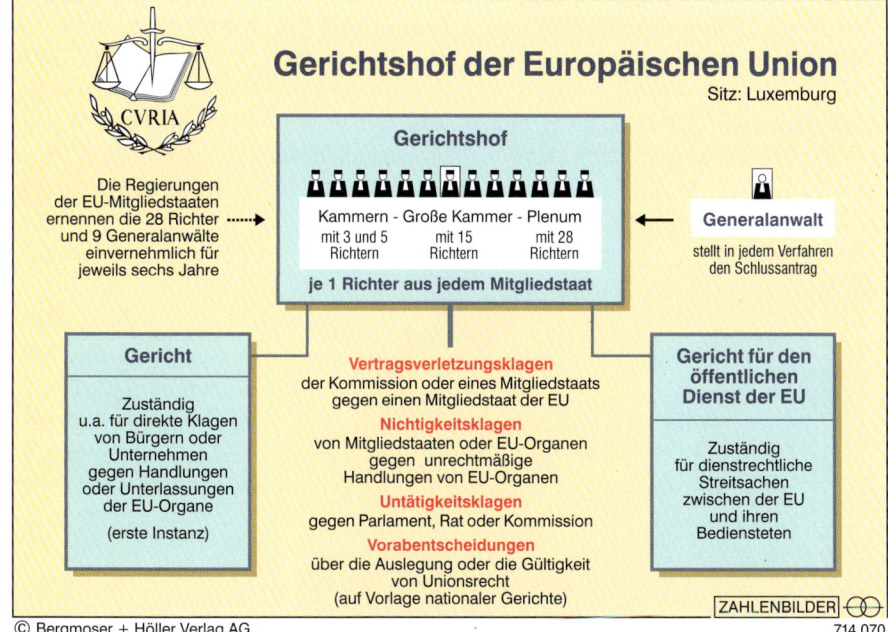

## M 15 ● Europäische Freizügigkeit hat Vorrang – EuGH-Entscheidung zum deutschen BAföG

Die Menschen in Europa sollen sich frei bewegen und überall arbeiten und studieren können. Das ist einer der EU-Grundgedanken. Das Bundesausbildungsförderungsgesetz (BAföG) verstößt jedoch gegen dieses Prinzip der „Freizügigkeit der Arbeitnehmer", entschied der Europäische Gerichtshof (EuGH) in Luxemburg.
Die Richter stellten klar: Deutsche Studenten haben im europäischen Ausland auch dann einen Anspruch auf finanzielle Unterstützung, wenn sie mit ihrem Studium nicht in Deutschland begonnen haben. [...] Grundsätzlich seien die Mitgliedstaaten für die Lehrinhalte und die Gestaltung der Bildungssysteme selbst zuständig. Dabei müssten sie sich allerdings am Gemeinschaftsrecht orientieren, erklärten die Richter in Luxemburg.

Deutschland verlange für das Auslands-BAföG die „doppelte Voraussetzung, eine mindestens einjährige Ausbildung in Deutschland hinter sich bringen zu müssen und ausschließlich diese Ausbildungsart in einem anderen EU-Land fortsetzen zu dürfen". Nach Auffassung der Richter führt das zu einer ungerechtfertigten Einschränkung der Freizügigkeit: Die Forderung nach vorheriger Ausbildung in Deutschland sei wegen „persönlichen Unannehmlichkeiten, zusätzlichen Kosten und Verzögerungen" geeignet, „Unionsbürger vom Verlassen Deutschlands abzuhalten". [...] Deutschland wird nach der klaren Entscheidung des EuGH seine BAföG-Regelung renovieren müssen.

*Katrin Schmiedekampf, www.spiegel.de, 23.10.2007*

## M 16 ● „Motor der Integration": Ein Gericht macht Politik

Seit seiner Gründung im Jahr 1952 hat das in Luxemburg ansässige Gericht in einem Maße Rechtsfortbildung [Schaffung neuen Rechts durch richterliche Entscheidungen] betrieben, das sowohl im Vergleich zu nationalen Verfassungsgerichten als auch im Vergleich zu internationalen Gerichten ungewöhnlich ist. Der EuGH ist nicht nur „Hüter der Verträge", sondern auch „Motor der Integration". Denn zahlreiche Grundsätze des Gemeinschaftsrechts sind Schöpfungen des EuGH. Dazu zählen der Vorrang des Europarechts gegenüber den nationalen Rechtsordnungen, die Deutung der europäischen Grundfreiheiten (freie Bewegung von Waren und Dienstleistungen, Personen und Kapital) als grundrechtsähnliche Individualrechte und beispielsweise der Grundsatz der Staatshaftung im Fall nicht oder unvollständig umgesetzter Richtlinien. Mit anderen Worten: Mit seiner Rechtsprechung verändert der EuGH Richtung und Geschwindigkeit der europäischen Integration.

*Martin Höpner, in: MPIfG, Jahrbuch 2011/2012, Köln 2011, S. 80*

Der EuGH in Luxemburg.

## M 17 ● Die Macht der Judikative oder: Läuft das Recht der Demokratie davon?

Der Freitag: Herr Höpner, was erzürnt Sie an den Urteilen des Europäischen Gerichtshofes (EuGH)?
*Martin Höpner:* Es ist bemerkenswert, wie
5 es dem EuGH gelingt, die Grenzen zwischen EU-Binnenmarktrecht und nationalem Recht nach und nach zugunsten des europäischen Rechts zu verschieben. [...]
**Was ist daran problematisch? Im Zeitalter**
10 **der Globalisierung ist der Nationalstaat zu schwach, um die Regeln zu bestimmen.**
Richtig. Aber mit der Verschiebung der Grenzen zwischen nationalem Recht und dem Europarecht werden gleichzeitig die
15 Gewichte zwischen marktschaffenden und marktkorrigierenden Regeln verschoben – und zwar zugunsten des Marktes. Für mich als Politikwissenschaftler ist der Wandel zugunsten der vier Grundfreiheiten des
20 Binnenmarktes atemberaubend [...]. Das nationale Arbeits- und Sozialrecht wird vom Binnenmarktrecht ausgehebelt.
**Erklären Sie uns das bitte genauer.**
Das deutsche Streikrecht hat Verfassungs-
25 rang. Niemand käme hierzulande auf die Idee, eine Gewerkschaft müsste zuerst juristisch nachweisen, dass die Ziele eines Streiks inhaltlich gerechtfertigt sind.
**Das Ziel kann beispielsweise die Verbes-**
30 **serung von Arbeitsbedingungen sein oder höhere Löhne.**
Nun sagt der EuGH: Streiks sind nicht zu rechtfertigen, wenn sie Ziele verfolgen, die geeignet sind, die in den europäischen
35 Verträgen vereinbarten unternehmerischen Grundfreiheiten einzuschränken. Damit werden rechtliche und politische Dämme eingerissen.
**Die vier Urteile antworten auf spezielle**
40 **Fragen. Sprechen Sie den Urteilen nicht eine allzu grundsätzliche Bedeutung zu?**
Nein, genau darum geht es. Der EuGH versucht, ein neues Verhältnis zwischen europäischen Grundfreiheiten einerseits, sowie
45 nationalem Arbeits- und Sozialrecht andererseits herauszuarbeiten. Das Gericht hat sich ein Instrumentarium gebastelt, mit dem sich wesentliche Elemente unserer Arbeitsverfassungen aushebeln lassen. Dazu
50 werden alle nur erdenklichen Rechtsbestände als Verstöße gegen die Grundfreiheiten interpretiert. [...]
**Sie wollen den EuGH abschaffen?**
Um Gottes Willen, nein. Aber nicht jeder
55 Übergriff des EuGH darf unwidersprochen hingenommen werden. Der EuGH ist darauf angewiesen, dass die Mitgliedstaaten seine Entscheidungen umsetzen und politisch vor den Wählern verantworten. Im
60 Gegenzug muss er die politische Autonomie der Mitgliedstaaten respektieren. Vielmehr: Er muss lernen, das zu tun. Wie aber soll er das lernen, wenn die nationalen Regierungen es nie auf einen Konflikt ankommen lassen. [...]
65

*Das Interview führte Hermannus Pfeiffer, in: Der Freitag, 6.6.2009*
*Der Politikwissenschaftler Martin Höpner leitet u.a. die Forschungsgruppe „Politische Ökonomie der europäischen Integration" am Max-Planck-Institut für Gesellschaftsforschung in Köln.*

### Aufgaben

1. a) Ordnen Sie die Beschäftigung mit der Klage deutscher Staatsbürgerinnen zum BAföG (M 13) in die Aufgaben und Arbeitsweise des EuGH (M 14) ein.
   b) Begründen Sie eine mögliche Entscheidung des EuGH.
2. Charakterisieren Sie den Gerichtshof der Europäischen Union als wesentlicher Teil der Judikative der EU (M 13 - M 16).
3. a) Fassen Sie Höpners Kritik zur Funktion des EuGH im europäischen Integrationsprozess (M 17) zusammen.
   b) Erörtern Sie vor diesem Hintergrund die Rolle der Judikative in der EU anhand der Begriffe „Motor der Integration" und „Hüter der Verträge".

## 3.2.5 (Erhöhte) Legitimität durch Bürgerbeteiligung? Die Europäische Bürgerinitiative auf dem Prüfstand

### M 18 ● Ein neues Beteiligungsinstrument: Die Europäische Bürgerinitiative

Die Europäische Bürgerinitiative (EBI) macht es möglich, dass sich eine Million EU-Bürgerinnen und -Bürger unmittelbar an der Entwicklung von Strategien der EU beteiligen, indem sie die Europäische Kommission auffordern, einen Rechtsakt vorzuschlagen.

*Europäische Kommission, www.ec.europa.eu; Für die Wiedergabe und Anpassung ist allein die C.C.Buchner Verlag GmbH verantwortlich.*

Der Internetauftritt der Europäischen Kommission (http://ec.europa.eu/citizens-initiative/public/welcome?lg=de) informiert über aktuell laufende sowie vergangene EBIs.

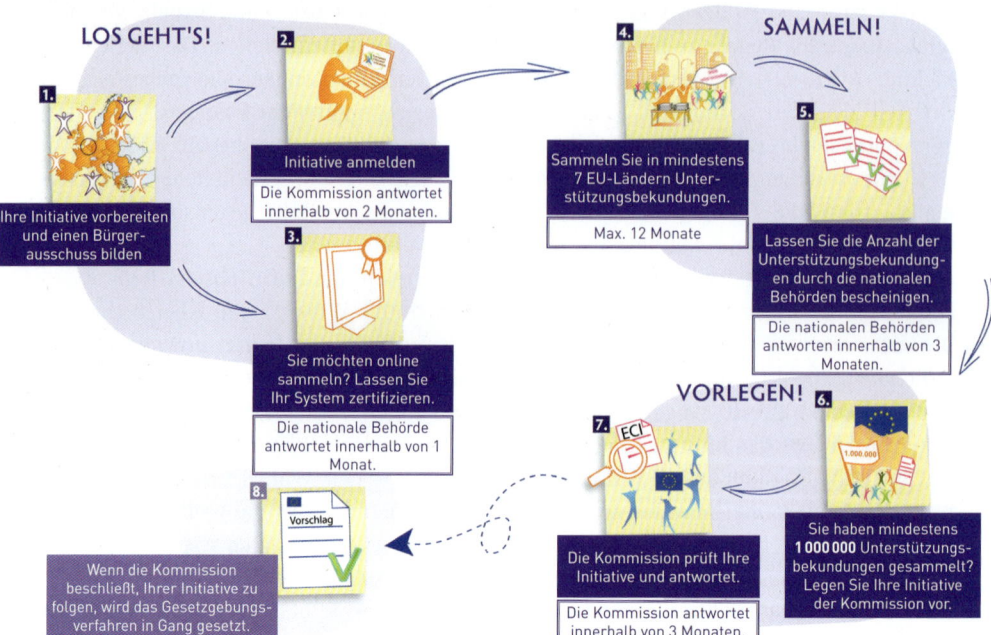

### M 19 ● Mit der EBI zu mehr Bürgernähe – das Beispiel „Right2Water"

Die Initiative „Right2Water" ist gleich in zweierlei Hinsicht die erste erfolgreich durchgeführte Europäische Bürgerinitiative (EBI). Zum einen wurden gut 1,5 Millio-
5 nen Unterschriften gesammelt und in acht Mitgliedstaaten der EU die nötige Mindestzahl von Unterstützungsbekundungen erreicht. Damit ist „Right2Water" die erste EBI, welche die Anforderungen erfüllt, um
10 die EU-Kommission zu bewegen, das Thema der Initiative auf die politische Agenda zu setzen.

Zum anderen hat „Right2Water" einen handfesten politischen Erfolg vorzuweisen.
15 Michel Barnier, EU-Kommissar für Binnenmarkt und Dienstleistungen und damit verantwortlich für den Richtlinienvorschlag zur Vergabe von Konzessionen, im Zuge derer viele eine Privatisierung der Wasserwirtschaft „durch die Hintertür" be- 20
fürchteten, gab [...] bekannt, dass er sich dem Wunsch der Bürger beugt und vorschlägt, die Wasserversorgung ganz aus dem Anwendungsbereich der Konzessionsrichtlinie auszunehmen. In seiner Erklä- 25
rung verwies Barnier explizit auf die Bürgerinitiative „Right2Water" und ihre 1,5 Millionen Unterstützer. Nur wenige Tage später vereinbarten die Verhandlungsführer der jeweiligen EU-Institutionen endgül- 30

tig, die Wasserversorgung aus der Richtlinie auszuklammern.

Grundvoraussetzung für eine erfolgreiche EBI ist es, dass ihr Thema die Menschen in vielen Teilen Europas bewegt. Schließlich reicht es nicht, in einem Mitgliedstaat Unterstützer zu gewinnen, auch wenn deren Anzahl eine Million weit überschreitet. Der Gesetzgeber hat bewusst eine Hürde geschaffen, um zu verhindern, dass das Instrument der EBI für rein nationale Anliegen benutzt wird. In mindestens sieben Mitgliedstaaten muss eine von der Gesamtbevölkerung abhängende Mindestanzahl von Unterschriften gesammelt werden. Dies ist auch Ausdruck des Subsidiaritätsprinzips: Über regionale und nationale Anliegen kann auf der jeweiligen Ebene besser entschieden werden.

Die Herausforderung für die Initiatoren einer Bürgerinitiative besteht nun darin, oft komplexe Sachverhalte und Forderungen in einen kurzen und prägnanten Slogan zu übersetzen, der aber gleichzeitig jedem sofort deutlich macht, worum es geht. Den Initiatoren von „Right2Water" ist dies auf geradezu geniale Weise geglückt. Jedem, der diesen Slogan liest, ist sofort klar, dass es im Kern um ein „Recht auf Wasser" geht, also um die Ausnahme dieser lebenswichtigen Ressource von den Mechanismen der freien Marktwirtschaft, in der allen voran Angebot und Nachfrage den Wert eines Produkts bestimmen.

Ebenso wichtig ist es, die Möglichkeiten einer EBI realistisch einzuschätzen und keine falschen Erwartungen zu wecken. Die Bürgerinitiative stellt kein Vorschlagsrecht für Gesetze dar, auch werden sich im Falle von langen Forderungskatalogen nicht alle einzelnen Punkte durchsetzen lassen, selbst wenn eine EBI breite Unterstützung genießt. „Right2Water" schreibt dazu: „Die EBI muss als das gesehen werden, was sie ist – ein themenbestimmendes Instrument, das den Bürgern die Möglichkeit gibt, die Aufmerksamkeit nicht nur der Kommission, sondern auch der Medien und der Öffentlichkeit auf eine bestimmte Fragestellung zu lenken und eine europaweite Diskussion darüber anzuregen." Diese Darstellung ist absolut richtig. Öffentlichkeit erzeugt mitunter starken politischen Druck, der die Verantwortlichen zum Handeln zwingt, selbst wenn diese die Ansichten nicht teilen. [...]

Zudem kann eine EBI auch auf die Mitgliedstaaten durchschlagen. So hat etwa der Widerstand gegen die Privatisierung der Wasserversorgung im griechischen Thessaloniki durch die europäische Debatte und die gesteigerte Aufmerksamkeit der Medien starken Rückenwind erhalten. [...]

Mit dem Erfolg von „Right2Water" hat die EBI als wichtige Neuerung des Lissabon-Vertrags für mehr Bürgerbeteiligung seine Feuertaufe bestanden. Nicht jede EBI wird so erfolgreich sein, doch das Potenzial der EBI als Instrument, um europäische Debatten zu stimulieren und konkret die europäische Politik zu beeinflussen, kann nicht von der Hand gewiesen werden. [...] Damit steht den Bürgern auf EU-Ebene ein Mittel der direkten Demokratie zur Verfügung, das es so nicht in allen Mitgliedstaaten gibt, auch nicht in Deutschland. [...]

*Jo Leinen, Europäische Bürgerinitiative (EBI), www. EurActiv.de, 3.7.2013*

*Jo Leinen (SPD) ist seit 1999 Mitglied des Europäischen Parlamentes.*

„Right2Water"
Die EBI forderte von der EU, den Zugang zu Wasser als allgemeines und unveräußerliches Menschenrecht zu definieren. Auf dieser Grundlage sollte sichergestellt werden, dass die Wasserversorgung ausschließlich von der öffentlichen Hand organisiert werden sollte. Die Organisatoren hatten Sorge, dass durch die auf Liberalisierung ausgerichtete „Konzessionsrichtlinie" der EU-Kommission auch Wasser zunehmend privatisiert werden könnte.

## M 20 • Die Grenzen einer „guten Idee"

Bürgernäher sollte die Europäische Union werden. „Giving Citizens a Say" – den Bürgern eine Stimme geben, so bewirbt die Europäische Kommission das Instrument. Es geht um die Europäische Bürgerinitiative (EBI) und beim Start vor drei Jahren wurde sie noch als „neues Kapitel der europäischen Demokratie" bejubelt. Drei Jahre später fällt die Bilanz folgendermaßen aus: Von insgesamt 51 Initiativen konnten nur drei genügend Unterstützer mobilisieren. [...]

Jeder Bürger kann seit 2012 eine Initiative bei der EU-Kommission registrieren. Aber bereits da beginnen die Schwierigkeiten. Das mussten kürzlich die Organisatoren der Initiative gegen die umstrittenen Freihandelsabkommen TTIP und Ceta feststellen. Die EU-Kommission lehnte diese mit einer juristisch umstrittenen Argumentation ab: die Verhandlungsmandate seien keine Rechtsakte, sondern interne Vorbereitungsakte [und somit nicht Gegenstand der EBI]. So wie den TTIP-Gegnern ergeht es den meisten Initiativen: Sie scheitern bereits an der Registrierung. [...]

Die [bisher erfolgreichen] Beispiele offenbaren die Schwächen der Europäischen Bürgerinitiative: Sie kann ein sinnvolles Anliegen haben, sie kann aber auch von dubiosen Aktivisten eingesetzt werden. Die Initiative „One of Us" unterstützten auch fundamental-christliche Abtreibungsgegner und selbsternannte Lebensschützer, die sich im Sinne der US-amerikanischen Pro-Life-Bewegung verstehen. Sie verweigern der schwangeren Frau jegliches Selbstbestimmungsrecht. [...]

Europawissenschaftler Janning hält die Auflagen für angemessen. Er sieht das Instrument als eine von mehreren Möglichkeiten, am politischen Prozess teilzunehmen. Allerdings sei das Potential der Bürgerinitiative zu Beginn überverkauft worden. „Dass aus einer guten Idee einzelner EU-Bürger aus unterschiedlichen Mitgliedstaaten eine Initiative wird, die zu einem Gesetzgebungsvorschlag der Kommission führt, ist ein frommer Wunsch, beschreibt aber nicht die Realität." Denn bislang hat noch kein Privatbürger eine Initiative erfolgreich abgeschlossen. Hinter den obigen Beispielen stehen Organisationen, die Kampagnen-Erfahrung haben. Im Fall von Right2Water sogar ein bestehendes europaweites Netzwerk, nämlich der Europäische Gewerkschaftsverband des öffentlichen Dienstgewerbes, zu dem in Deutschland Verdi gehört.

Interessant findet Janning auch, welche Dinge die EBI gerade nicht leisten kann. Die Initiative muss sich im Rahmen der Befugnisse der Europäischen Kommission bewegen. Die Bürger können also zum Beispiel nicht den mächtigen Ministerrat auffordern, seine Geschäftsordnung zu ändern. Und zwar dahingehend, dass die Gesetzgebungsentscheidungen des Rates in öffentlicher Sitzung getroffen werden.

*Kathrin Haimerl, www.sueddeutsche.de, 12.4.2015*

---

Die EBI „One of Us" wurde von Abtreibungsgegnern betrieben, die die EU-Kommission dazu aufforderten, die öffentliche Finanzierung von Aktivitäten zu stoppen, die zur Tötung von Embryonen führen könnten (z.B. medizinische Forschung, Schwangerschaftskonfliktberatung).

**F zu Aufgabe 1**
Stellen Sie die Ziele, den Verlauf sowie den politischen Erfolg bzw. Einfluss einer ausgewählten EBI in einem Referat vor.

**H zu Aufgabe 2 a**
Gehen Sie dabei auch auf die EU-Institutionen, die durch die EBI angesprochen werden, und ihre Rolle im politischen Entscheidungsprozess ein.

**F** Entwickeln Sie ein eigenes Konzept einer EBI. Wählen Sie hierfür zunächst einen für Sie relevanten Themenbereich aus und formulieren Sie Ihre politischen Ziele. Skizzieren Sie abschließend eine Kampagne, die „Ihre" EBI zum Erfolg werden lässt.

### Aufgaben

1. Beschreiben Sie die Ziele und Verfahrensschritte der EBI (M 18).
2. a) Erläutern Sie den – möglichen – politischen Nutzen einer (erfolgreichen) EBI (M 19, M 20).
   b) Arbeiten Sie die Grenzen der EBI als Instrument der politischen Partizipation innerhalb der EU heraus (M 20, M 18).
3. Die 2012 eingeführte EBI markiert „ein neues Kapitel der europäischen Demokratie" (vgl. M 20, Zeile 7 f.). Erörtern Sie diese These.

Das politische Entscheidungsverfahren der EU spielt sich vorrangig im Dreieck zwischen Kommission, Ministerrat und Parlament ab.

Die Kommission führt als **Exekutive** der EU die Tagesgeschäfte, überwacht die Einhaltung der Verträge und gibt Impulse für weitere Entscheidungen, ist sie doch als einziges Organ mit dem **Initiativrecht** (Legislativrecht) für das Gesetzgebungsverfahren ausgestattet. Sie besteht aus dem Kommissionspräsidenten und derzeit 27 für bestimmte Politikfelder verantwortlichen Kommissaren, sodass jedes Mitgliedslands je einen Kommissar entsendet. Die Kommission wird alle fünf Jahre auf Vorschlag der Staats- und Regierungschefs (Europäischer Rat) vom Parlament bestätigt und ist diesem gegenüber auch rechenschaftspflichtig; das Parlament kann der Kommission das Misstrauen aussprechen und sie damit zum Rücktritt zwingen. Im Zusammenhang der Europawahl 2014 war der Kommissionspräsident erstmals Spitzenkandidat einer europäischen Parteienfamilie, wodurch eine weitere Stärkung des Parlaments gegenüber der Kommission vollzogen wurde.

Die auf dem exklusiven Initiativrecht beruhende zentrale Machtstellung der Kommission ist häufig Anlass für Kritik an dieser Institution.

**Europäische Kommission – Motor der EU**
M 1, M 2

Seit 1979 wählen die EU-Bürgerinnen und -Bürger das Europäische Parlament (EP) alle fünf Jahre in einer **Direktwahl**. Dabei sind die Mitgliedstaaten entsprechend ihrer Bevölkerungszahl, aber unter Anwendung einer **degressiven Progression** im Parlament vertreten. Die gewählten Abgeordneten formieren sich im EP in länderübergreifenden **Fraktionen**, die die wesentlichen politischen Strömungen repräsentieren.

Das Europäische Parlament hat sich im Laufe seiner Geschichte immer mehr Mitbestimmungsrechte in der europäischen Politik erkämpft, die im Lissabonner Vertrag mit dem „**Ordentlichen Gesetzgebungsverfahren**" kodifiziert wurden; gleichwohl sind wichtige Politikfelder von einer substanziellen Beteiligung des Parlamentes ausgenommen. Als wichtige Rechte nimmt das Parlament darüber hinaus die Kontrolle der Kommission wahr und ist an haushaltsrechtlichen Entscheidungen beteiligt.

Aus demokratietheoretischer Perspektive wird häufig die Ausgestaltung des Parlaments als – im Vergleich zu nationalen Parlamenten – „**unvollständig**" kritisiert; umstritten ist jedoch zugleich, ob eine vollständige Parlamentarisierung angesichts einer fehlenden Regierung sowie eines fehlenden *demos'* sinnvoll und möglich ist.

**Europäisches Parlament – die Stimme der Bürger**
M 5, M 7

Im Ministerrat treten, je nach Thema, die Minister der nationalen Regierungen zusammen, um zu einer gemeinsamen Position im politischen Entscheidungsprozess zu gelangen. In besonderen Bereichen wie etwa der Außen- und Sicherheitspolitik entscheidet der Ministerrat **einstimmig**. Da sich dieses Konsensprinzip jedoch als wenig effizient erwiesen hat, finden zunehmend Abstimmungen statt, für die der Vertrag von Lissabon das Prinzip der „**doppelten Mehrheit**" vorsieht, das aufgrund seiner Anforderungen an eine gestaltende Mehrheit jedoch noch immer Blockadekonstellationen hervorrufen kann.

**Ministerrat – Interessenvertretung der Mitgliedstaaten**
M 11, M 12

## 3 Gesetzgebung in der EU – am Beispiel der CO₂-Neuwagenverordnung

**ORIENTIERUNGSWISSEN**

### Europäischer Rat – das institutionalisierte Gipfeltreffen
M 10, M 12

Die Gipfeltreffen der Staats- und Regierungschefs, die zusammen mit dem Kommissionspräsidenten den Europäischen Rat bilden, legen die **Leitlinien der EU-Politik** fest, **ohne jedoch gesetzgeberische Kompetenzen** zu besitzen. Gleichwohl fallen in diesem Kreis – gerade im Kontext der Euro-Krise – immer wieder wichtige Entscheidungen, die dann über den Ministerrat in den Entscheidungsprozess eingespeist werden.

Sowohl für den Europäischen Rat wie auch den Ministerrat stellt sich die **Frage der Legitimation** seiner Politik, da seine Mitglieder nur indirekt legitimiert sind. Zugleich wird das nationalstaatliche **Gewaltenteilungsprinzip** unterlaufen, sind es doch Mitglieder (nationaler) Exekutiven, die auf europäischer Ebene legislative Aufgaben mit Auswirkungen für die Politik in ihrem Heimatland übernehmen.

### Gerichtshof der EU – der Schiedsrichter
M 14, M 16

Der Gerichtshof der Europäischen Union (als Zusammenschluss von EuGH, Gericht und Gericht für den öffentlichen Dienst) hat als **höchstes Gericht** der EU insbesondere die Aufgabe, auf Antrag zu prüfen, ob die Rechtsakte der EU rechtmäßig sind (**Nichtigkeitsklagen**) und die Mitgliedstaaten ihren Verpflichtungen aus den Verträgen nachkommen (**Vertragsverletzungsverfahren**). Dem Gericht mit Sitz in Luxemburg gehört je ein Richter pro Mitgliedstaat an, die für sechs Jahre (mit der Möglichkeit der Verlängerung) amtieren.

In der Geschichte der europäischen Integration hat sich der EuGH als ein wichtiger Motor dieses Prozesses erwiesen, da durch seine Entscheidungen europäisches Recht weiterentwickelt und normiert wurde. Aus demokratietheoretischer Sicht wird daher eine zu starke Macht der europäischen Judikative kritisiert, die umso schwerer wiegt, als dass die Entscheidungen des EuGH nicht transparent sind.

### Bürgerbeteiligung durch die Europäische Bürgerinitiative (EBI)
M 18, M 19

Mit dem Vertrag von Lissabon sollten weitere Demokratisierungsschritte der EU vollzogen werden. Neben der Kodifizierung des „Ordentlichen Gesetzgebungsverfahrens" (Legitimität) sowie der Ausweitung von Mehrheitsentscheidungen im Ministerrat (Effizienz) ist insbesondere die Einführung der Europäischen Bürgerinitiative (EBI) Ausdruck dieses Bestrebens.

Mit einer erfolgreichen EBI wird die EU-Kommission dazu aufgefordert, einen europäischen Rechtsakt vorzuschlagen, was auch Änderungen bestehender Rechtsakte beinhalten kann. Dafür müssen in mindestens sieben EU-Mitgliedstaaten innerhalb eines Jahres mindestens eine Million Unterschriften (Unterstützungsbekundungen) gesammelt werden.

Diese vergleichsweise hohen Hürden konnten bislang nur von wenigen sehr gut vernetzen Initiatoren erfüllt werden; gleichwohl zeigen die Erfahrungen, dass im Kontext einer EBI auch durch die damit verbundene Öffentlichkeitswirkung Einfluss auf die europäische Politik ausgeübt werden kann.

## Europa hat ein Oppositionsdefizit

Dass es auf europäischer Ebene in der Politik ein Demokratiedefizit gibt, scheint [...] ausgemacht zu sein. Nur was heißt das? Das europäische Parlament wird demokratisch gewählt, die Mitglieder der Europäischen Kommission werden von demokratisch gewählten nationalen Regierungen nominiert und vom europäischen Parlament bestätigt. Und der EuGH sorgt für eine entsprechende Rechtsaufsicht. Was freilich als europäisches Demokratiedefizit erscheint, ist das Fehlen einer Opposition, also der politischen Organisation von nicht mehrheitsfähigen Auffassungen.

Ämter werden durch Mehrheiten legitimiert und durch mehr oder weniger direkte Wahlen besetzt, das ist das Grundprinzip der Demokratie. Demokratisch erscheinen solche Ämter nur, wenn sie auf Zeit besetzt werden. Und deshalb ist nicht das Wählen der entscheidende Akt der Demokratie, sondern das explizite Abwählen. Damit aber jemand abgewählt werden kann, muss innerhalb des politischen Systems eine Opposition etabliert werden, die im Falle der Abwahl gewählt ist. Sie muss mit den entsprechenden Mitteln und Kompetenzen ausgestattet sein, mit einem angemessenen inhaltlichen Programm, mit Personal und ansprechbaren Zielgruppen [...] – dies erst macht Politik zu demokratischer Politik.

Mit dieser Erkenntnis lässt sich das Demokratiedefizit Europas genauer bestimmen. Es gibt zwar demokratische Wahlen für Europa, und im europäischen Parlament werden auch Mehrheiten organisiert. Aber es gibt keine Regierung im engeren Sinne, die durch diese Mehrheiten bestimmt wird. Noch weniger jedoch gibt es eine Opposition: Letztlich ist in Europa der Aspekt des Abwählens außer Kraft gesetzt. Man kann zwar bei Europawahlen die Mehrheitsverhältnisse ändern, was durchaus Konsequenzen für die konkreten politischen Entscheidungen in Europa hat. Aber es kommt letztlich nicht zu dem klaren Abwahlereignis [...].

Die europäische Politik [...] wird viel stärker ergebnisorientiert beobachtet als jene Politik, die sich im Streit zwischen Alternativen vor einem Publikum bewähren muss und die gezwungen ist, die eigene mögliche Abwahl mitzubedenken [...]. Die EU-Kommission kommt indirekt ins Amt – und da sie keine wirkliche Opposition hat, erscheint sie erheblich weniger demokratisch als nationale Regierungen, deren Alternative immer in personell sichtbarer und programmatisch nachlesbarer Form mitläuft. [...] Wahrscheinlich muss sich Europa deshalb eine gemeinsame Verfassung geben – damit man in Europa gegen Europa für Europa opponieren kann. Man muss die europäische „Regierung" loswerden können, ohne europäisches Regieren loszuwerden.

*Armin Nassehi, Süddeutsche Zeitung, 15.5.2013*

*Armin Nassehi, ist Professor für Soziologie an der Ludwig-Maximilians-Universität in München und Herausgeber der Zeitschrift „Kursbuch".*

### Vorschläge einer institutionellen Reform der EU

- Ein „europäischer Präsident": Direktwahl des Kommissionspräsidenten durch die EU-Bürger
- Grenzüberschreitende Wahlkreise – eine „echte" Europawahl
- Stärkung des Parlamentarismus: Den Abgeordneten gehört das Initiativrecht
- Für eine echte Parlamentsverantwortung der Kommission: Für eine Bestellung der Kommissare ohne Beteiligung der nationalen Regierungen

*Autorentext*

### Aufgaben

1. Fassen Sie Armin Nassehis Diagnose zum Demokratiedefizit der EU zusammen.
2. Erläutern Sie, warum es auf der EU-Ebene keine institutionalisierte Opposition gibt.
3. Erörtern Sie Nassehis Forderung einer auf EU-Ebene institutionalisierten politischen Opposition.
4. Überprüfen Sie, inwieweit die Vorschläge zur institutionellen Reform der EU geeignet sind, die geforderte Etablierung einer gesamteuropäischen Opposition sicherzustellen.

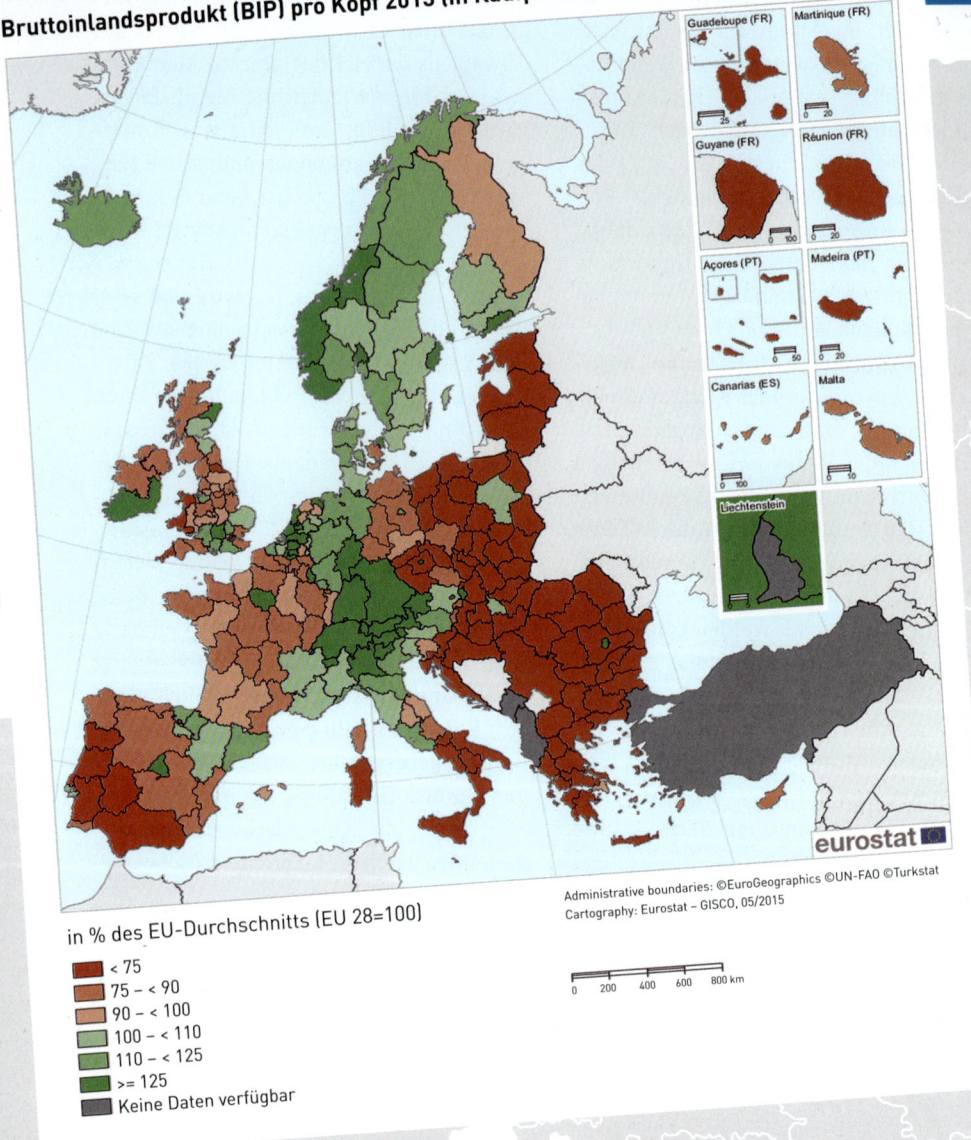

Zahlen: Eurostat 05/2015

# Europäische Wirtschafts- und Sozialpolitik – mehr als nur ein gemeinsamer Markt

## 4

Historisch betrachtet steht die gemeinsame Regelung wichtiger Wirtschaftsbereiche am Beginn der europäischen Einigung nach dem Zweiten Weltkrieg. Die ökonomische Integration ist aber bis heute nicht abgeschlossen: Immer wieder neu muss entschieden werden, welche Fragen gemeinsam geregelt werden sollen und welche in den Kernbereich nationaler Souveränität fallen. Und jeder Schritt der Vergemeinschaftung wirft neue Fragen auf: In welchen Feldern sollen Staaten kooperativ gemeinsam handeln, wo sollen sie miteinander um die beste Lösung konkurrieren? Welches Maß an Solidarität wollen und können die europäischen Staaten und Regionen untereinander üben, wenn einzelne im Wettbewerb zurückfallen?

Parallel zu diesem Prozess der Binnenmarktintegration hat sich sukzessive eine Sozialpolitik der EU herausgebildet. Diese war zunächst allein auf die Funktionsweise des Binnenmarktes bezogen, indem sie sicherstellte, dass europäische Arbeitnehmer auch tatsächlich „mobil" sein konnten. Inzwischen setzt sich die EU umfangreiche sozialpolitische Ziele, die über den Ausgleich unterschiedlicher Wirtschaftsstrukturen, wie sie von der Struktur- und Regionalpolitik „bearbeitet" werden, deutlich hinausgehen. Auch hier stellt sich damit, beispielsweise bei der Bekämpfung von Arbeitslosigkeit oder der Vereinheitlichung der europäischen Alterssicherungssysteme, die immer wieder konflikthafte Frage nach dem Grad der Vergemeinschaftung sowie der Tragfähigkeit innereuropäischer Solidarität.

## KOMPETENZEN

Am Ende dieses Kapitels sollten Sie Folgendes wissen und können:

… Gegenstandsbereiche und Regelungstiefe des europäischen Binnenmarktes, der Regional- und Strukturpolitik sowie der Sozialpolitik beschreiben.

… das Spannungsverhältnis von nationalem und europäischem Recht analysieren, indem Sie die wirtschafts- und sozialpolitisch relevanten politischen und ökonomischen Interessen und rechtlichen Rahmenbedingungen untersuchen.

… die Legitimität und Effizienz gemeinschaftlicher Regelungen mehrperspektivisch anhand von Kategorien beurteilen.

### Was wissen Sie schon?

1. Beschreiben und analysieren Sie die vorliegende Grafik.
2. Diskutieren Sie, ob und inwiefern die Angleichung unterschiedlicher Lebensbedingungen in einzelnen Mitgliedstaaten eine politische Aufgabe der EU darstellt. Berücksichtigen Sie dabei auch Ihre Vorkenntnisse über die Errungenschaften der europäischen Integration (Kapitel 1).

## Etappen des Binnenmarktes

• 1958: Vertrag über die Europäische Wirtschaftsgemeinschaft (EWG), enthält die 4 Freiheiten als abstrakte Grundsätze

• 1968: Zollunion: Abschaffung von Binnenzöllen

• 1972: Europäischer Währungsverbund: Wechselkurs-Schwankungen auf 2,5% begrenzt

• 1979: europäisches Währungssystem schafft Europäische Währungseinheit ECU

• 1985: „Neue Konzeption" für die Vereinheitlichung technischer Normen: Europäische Normen ersetzen sukzessive nationale Regelungen

• 1985/90: Schengen-Abkommen: schrittweise Abschaffung von Personenkontrollen (D, F, BENELUX)

• 1993: Binnenmarkt tritt in Kraft (Einheitliche Europäische Akte von 1987)

• 1999: Euro wird Währung der zunächst 11 Teilnehmerländer; EZB übernimmt Geldpolitik

• 2002: Euro-Bargeld-Einführung

• 2012: Kommission stellt „Binnenmarkt-Akte II" vor; Schwerpunkte: Dienstleistungen, digitaler Binnenmarkt

# 4.1 Binnenmarkt – gleiche Regeln für alle?

## 4.1.1 Die Vier Freiheiten

### M 1 ● Die Vier Freiheiten im Binnenmarkt

© Bergmoser + Höller Verlag AG   ZAHLENBILDER  715 320  (Text verändert)

### M 2 ● Großbaustelle Binnenmarkt

*Auch nach 20 Jahren wartet der europäische Binnenmarkt noch auf seine Vollendung. Ob die je erreicht wird, ist ungewiss, denn der Binnenmarkt ist unpopulär - ob-*
5 *wohl der Markt ihn dringend nötig hat.*
Beim Kosmetikhändler Douglas sollte der Online-Kunde großes Interesse fürs Kleingedruckte mitbringen. Bestellungen mit einer Rechnungsadresse im Ausland stor-
10 niert das Unternehmen, ohne den Kunden zu informieren. Selbst Schuld, wer sich nicht die Mühe gemacht hat, die Geschäftsbedingungen zu studieren. Die rüde Behandlung von Auslandskunden, die sich zu
15 douglas.de verirren, hat einen simplen Grund. Für das Unternehmen sind sie schlicht nicht interessant. Sollte der ausländische Kunde nicht zahlen, so bedeutet das für die Firma einen erheblichen Mehr-
20 aufwand, das Geld einzutreiben - wenn es überhaupt gelingt.
Nicht nur bei Hautcremes droht Online-Kunden in Europa Frust. Wer für ein Lesegerät wie den Kindle Literatur zum Herun-
25 terladen erwerben will, stößt bei Internet-Anbietern schnell an Grenzen. Bücher, die in Deutschland als E-Book angeboten werden, sind in Großbritannien oder Belgien nicht erhältlich, weil Verlage
30 die Rechte für die deutsche Version nicht fürs Ausland vergeben. „Da hilft einem der technische Fortschritt nicht weiter", ärgert sich ein spanischer Diplomat, der gerne deutsche Belletristik im Original lesen würde.
35 Auch 20 Jahre nach seiner Erschaffung

## 4 Europäische Wirtschafts- und Sozialpolitik – mehr als nur ein gemeinsamer Markt

zum Jahresende 1992 bleibt der europäische Binnenmarkt eine Großbaustelle. An vielen Ecken und Enden wartet der gemeinsame Markt für 500 Millionen Verbraucher auf seine Vollendung. Ob die je erreicht wird, ist ungewiss. „Der Binnenmarkt ist heute unpopulärer denn je", diagnostizierte der frühere Binnenmarktkommissar Mario Monti vor zwei Jahren in einer umfassenden Bestandsaufnahme. „Dabei braucht ihn Europa mehr denn je." Doch das andauernde Krisenmanagement hat seitdem das Thema Binnenmarkt von der politischen Agenda verdrängt.

Ein wenig ironisch ist das durchaus, denn der Binnenmarkt ist das Herz der EU. „Nimmt man den Binnenmarkt weg, dann bleibt nicht mehr viel übrig", sagt Jacques Pelkmans, Professor am Europa-Kolleg in Brügge. Und ein neuer Fokus auf den Binnenmarkt könnte Europa zu genau jenem Wachstumsschub verhelfen, den es so dringend benötigt. Alleine die vollständige Umsetzung der Dienstleistungsrichtlinie von 2006 könnte nach Berechnungen der EU-Kommission das Bruttoinlandsprodukt in Europa um 1,6 Prozent steigern.

Was sind die Vorteile des Binnenmarkts aus ökonomischer Sicht? Wenn Schranken zwischen Ländern fallen, können produktivere Unternehmen Marktanteile von weniger produktiven Unternehmen im Ausland übernehmen. Schärferer Wettbewerb führt zu niedrigeren Preisen und mehr Auswahl. Ein größerer Heimatmarkt ist gleichzeitig ein Vorteil für Unternehmen, die [sich spezialisiert haben].

Nationale Regierungen gehen den weiteren Ausbau des Binnenmarkts allerdings mit einem schwachen Ehrgeiz an. Im Sommer konstatierte die EU-Kommission, dass die Mitgliedstaaten im Schnitt acht Monate länger als erlaubt gebraucht haben, um Binnenmarktrichtlinien umzusetzen. Ein Jahr zuvor lag der Verzug nur bei fünfeinhalb Monaten. Seit 2008 liegt der Anteil der Binnenmarktrichtlinien, die gar nicht umgesetzt werden, bei über einem Prozent. Regelmäßig muss die EU-Kommission Länder vor den Europäischen Gerichtshof ziehen, damit überhaupt etwas passiert. Vor allem bei den Dienstleistungen versuchen Regierungen, heimische Anbieter zu schützen. Deutschland, aber auch Frankreich, Österreich und Italien halten trotz Dienstleistungsrichtlinie die Eingangsbarrieren hoch. Schwedische Architekten beispielsweise können in Deutschland nur arbeiten, wenn sie eine von drei explizit genannten Universitäten besucht haben. Die Einschränkung ist schwer nachvollziehbar angesichts der hohen Standards im schwedischen Baugewerbe.

Niemand hindert Regierungen daran, neue Hürden aufzubauen. „Die EU-Kommission hat zu wenig qualifizierte Mitarbeiter, um die nationale Gesetzgebung auf neue Hindernisse abzuklopfen", sagt John Springford vom Centre for European Reform in London. Dies erklärt, weshalb in den alten EU-Staaten 94 Prozent aller Dienstleistungen von einer inländischen Firma erbracht werden. [...]

*Silke Wettach, www.handelsblatt.com, 23.12.2012*

---

**Wegweisende EuGH-Urteile zum Binnenmarkt**

• 1979: „Cassis-de-Dijon": Französischer Likör darf nach Deutschland importiert werden, auch wenn er nach deutschen Kriterien kein Likör ist.

• 1995: „Bosman": Fußballvereine dürfen keine Ablösesummen verlangen, wenn Profi-Fußballer nach Vertragsende zu einem anderen Verein wechseln.

• 1999: „Centros": Man darf in Dänemark ein Unternehmen mit der britischen Rechtsform „Limited" gründen.

---

**Aufgaben**

1. Ordnen Sie die in der Randspalte (S. 71) genannten Entscheidungen des EuGH den Freiheiten zu, die durch diese Entscheidungen ausgestaltet wurden (M 1).

2. Erläutern Sie die verschiedenen positiven Wirkungen, die dem Binnenmarkt zugewiesen werden (M 2). Beziehen Sie das Potenzial einer möglichen Ausweitung des Marktes anhand der geschilderten Beispiele ein.

3. Untersuchen Sie, welche Interessen bei der Ausweitung des Binnenmarktes berührt sind (M 2).

4. „Der Binnenmarkt ist heute unpopulärer denn je." (Z. 42 f.) Diskutieren Sie mögliche Gründe für die vermeintlich oder tatsächlich geringe Popularität.

**H zu Aufgabe 3**
Auf welche Grundwerte können sich die Befürworter und Gegner berufen?

## 4.1.2 Das deutsche Reinheitsgebot für Bier – Behinderung des freien Warenverkehrs?

### M 3 ● Was genau ist in Deutschland ein „Bier"?

In Bamberg feiern die lokalen Brauereien das 500. Jubiläum des Reinheitsgebots, April 2016.

**§ 9 Bierbereitung**
(1) Zur Bereitung von untergärigem Bier [Bsp: Biere Pilsener Brauart] darf, abgesehen von der Vorschrift im Absatz 3, nur Gerstenmalz, Hopfen, Hefe und Wasser verwendet werden.
(2) Die Bereitung von obergärigem Bier [Bsp. Weißbier] unterliegt derselben Vorschrift; es ist hierbei jedoch auch die Verwendung von anderem Malz und die Verwendung von technisch reinem Rohr-, Rüben- oder Invertzucker sowie von Stärkezucker und aus Zucker der bezeichneten Art hergestellten Farbmitteln zulässig.
(3) Die Verwendung von Farbebieren [Bierkonzentraten], die nur aus Malz, Hopfen, Hefe und Wasser hergestellt sind, ist bei der Bierbereitung gestattet, unterliegt jedoch besonderen Überwachungsmaßnahmen. [...]

**§ 10 Verkehr mit Bier**
(1) Unter der Bezeichnung Bier – allein oder in Zusammensetzung – oder unter Bezeichnungen oder bildlichen Darstellungen, die den Anschein erwecken, als ob es sich um Bier handelt, dürfen nur solche Getränke in Verkehr gebracht werden, die gegoren sind und den Vorschriften im § 9 Abs. 1 bis 3 entsprechen. [...]

*Biersteuergesetz, BStG; Gesetz vom 14. März 1952, BGBl. I, S. 149*

### Historisches Reinheitsgebot

Als Vorbild wird häufig aus der Verordnung der bayerischen Herzöge Wilhelm IV. und Ludwig X. vom 23. April 1516 zitiert: „Ganz besonders wollen wir, dass forthin allenthalben in unseren Städten, Märkten und auf dem Lande zu keinem Bier mehr Stücke als allein Gersten, Hopfen und Wasser verwendet und gebraucht werden sollen."

### M 4 ● Europäisches Recht: freier Warenverkehr

*Artikel 28*
Mengenmäßige Einfuhrbeschränkungen sowie alle Maßnahmen gleicher Wirkung sind zwischen den Mitgliedstaaten verboten.

*Artikel 29*
Mengenmäßige Ausfuhrbeschränkungen sowie alle Maßnahmen gleicher Wirkung sind zwischen den Mitgliedstaaten verboten.

*Artikel 30*
Die Bestimmungen der Artikel 28 und 29 stehen Einfuhr-, Ausfuhr- und Durchfuhrverboten oder -beschränkungen nicht entgegen, die aus Gründen der öffentlichen Sittlichkeit, Ordnung und Sicherheit, zum Schutze der Gesundheit und des Lebens von Menschen, Tieren oder Pflanzen, des nationalen Kulturguts von künstlerischem, geschichtlichem oder archäologischem Wert oder des gewerblichen und kommerziellen Eigentums gerechtfertigt sind. Diese Verbote oder Beschränkungen dürfen jedoch weder ein Mittel zur willkürlichen Diskriminierung noch eine verschleierte Beschränkung des Handels zwischen den Mitgliedstaaten darstellen.

*Vertrag zur Gründung der Europäischen Gemeinschaft (Fassung vom 1.5.1999)*

## M 5 ● Auseinandersetzung vor dem Europäischen Gerichtshof

**a) Der Vorwurf**
[Die] Bundesrepublik Deutschland [hat] dadurch gegen ihre Verpflichtungen aus Artikel 30 EWG-Vertrag verstoßen, dass sie das Inverkehrbringen von einem in anderen Mitgliedstaaten rechtmäßig hergestellten und in den Verkehr gebrachten Bier untersagt, wenn es nicht den §§ 9 und 10 des Biersteuergesetzes (BStG) entspricht.

**b) Die Verteidigung**
*Wiedergabe der deutschen Position*
Die Regierung der Bundesrepublik Deutschland hat ihre Regelung zunächst mit Gründen des Gesundheitsschutzes zu rechtfertigen versucht. Nach ihrer Meinung führt die Verwendung anderer als der in § 9 BStG zugelassenen Grundstoffe unvermeidlich zum Rückgriff auf Zusatzstoffe. In der mündlichen Verhandlung hat die Bundesregierung jedoch eingeräumt, dass § 10 BStG, der sich auf eine Bezeichnungsregelung beschränkt, ausschließlich dem Schutz der Verbraucher dienen solle. Diese verbänden mit der Bezeichnung Bier ein Getränk, das nur aus den in § 9 BStG aufgeführten Grundstoffen hergestellt sei. Es gelte daher zu vermeiden, dass die Verbraucher dadurch über die Art des Erzeugnisses getäuscht würden, dass bei ihnen die Vorstellung geweckt werde, ein bestimmtes, als Bier bezeichnetes Getränk entspreche dem Reinheitsgebot, obwohl dies tatsächlich nicht der Fall sei. Die Bundesregierung bestreitet, dass mit der Regelung protektionistische Ziele verfolgt würden.

**c) Das Urteil des Europäischen Gerichtshofes vom 12. März 1987**
[...]
27. Das in Art. 30 EWGV enthaltene Verbot von Maßnahmen mit gleicher Wirkung wie mengenmäßige Beschränkungen erfasst nach ständiger Rechtsprechung des Gerichtshofes „jede Handelsregelung der Mitgliedstaaten, die geeignet ist, den innergemeinschaftlichen Handel unmittelbar oder mittelbar, tatsächlich oder potenziell zu behindern". [...]

29. Es ist unstreitig, dass die Anwendung von § 10 BStG auf Bier aus anderen Mitgliedstaaten, zu dessen Herstellung rechtmäßigerweise andere Grundstoffe als Gerstenmalz, nämlich insbesondere Reis oder Mais, verwendet worden sind, die Einfuhr dieses Biers in die Bundesrepublik Deutschland behindern kann.

30. Daher ist zu prüfen, ob die Anwendung dieser Vorschrift durch zwingende Erfordernisse des Verbraucherschutzes gerechtfertigt werden kann.

31. Insoweit ist das Vorbringen der Bundesregierung zurückzuweisen, dass § 10 BStG für den Schutz der deutschen Verbraucher unerlässlich sei, weil in deren Vorstellung mit der Bezeichnung Bier untrennbar ein Getränk verbunden sei, das nur aus den in § 9 BStG vorgeschriebenen Stoffen hergestellt sei.

32. Erstens können sich die Vorstellungen der Verbraucher, die von einem Mitgliedstaat zum anderen unterschiedlich sein können, auch innerhalb ein und desselben Mitgliedstaates im Laufe der Zeit fortentwickeln. Die Einführung des Gemeinsamen Marktes ist dabei einer der wesentlichen Faktoren, die zu einer solchen Entwicklung beitragen können. [...] Wie der Gerichtshof bereits in anderem Zusammenhang ausgeführt hat, darf das Recht eines Mitgliedstaats „nicht dazu dienen, die gegebenen Verbrauchsgewohnheiten zu zementieren, um einer mit deren Befriedigung befassten

*Schlagzeile in der Bild-Zeitung vom 13.3.1982, S. 2*

inländischen Industrie einen erworbenen Vorteil zu bewahren".

33. Zweitens sind die dem deutschen Wort Bier entsprechenden Bezeichnungen in den anderen Mitgliedstaaten der Gemeinschaft Gattungsbezeichnungen für ein durch Gärung auf der Grundlage von Gerstenmalz gewonnenes Getränk, gleich ob Gerstenmalz ausschließlich oder zusammen mit Reis oder Mais verwendet wird. [...]

35. [...] Durch die Angabe der bei der Bierbereitung verwendeten Grundstoffe „würde der Verbraucher in die Lage versetzt, seine Wahl in Kenntnis aller Umstände zu treffen; auch die Transparenz der Handelsgeschäfte und der Angebote an die Verbraucher würde ... sichergestellt". Dem ist hinzuzufügen, dass eine solche Kennzeichnungsregelung keine negativen Einschätzungen für Bier zur Folge haben darf, das den Anforderungen des § 9 BStG nicht entspricht. [...]

Aus diesen Gründen hat Der Gerichtshof für Recht erkannt und entschieden:

1) Die Bunderepublik Deutschland hat dadurch gegen ihre Verpflichtungen aus Artikel 30 EWG-Vertrag verstoßen, dass sie das Inverkehrbringen von in einem anderen Mitgliedstaat rechtmäßig hergestelltem und in den Verkehr gebrachten Bier untersagt hat, wenn dieses Bier nicht den §§ 9 und 10 des Biersteuergesetzes entspricht.

2) Die Bundesrepublik Deutschland trägt die Kosten des Verfahrens.

*Urteil des Gerichtshofes vom 12.3.1987. Kommission der Europäischen Gemeinschaften gegen Bundesrepublik Deutschland. Vertragsverletzung Reinheitsgebot für Bier, Rechtssache 178/84.*

### Info

**Neuregelung in Deutschland**

**Bierverordnung § 1**
**Schutz der Bezeichnung Bier**

(2) [Es] dürfen im Ausland hergestellte gegorene Getränke, die nicht den [in Deutschland geltenden] Vorschriften entsprechen, unter der Bezeichnung „Bier" gewerbsmäßig in den Verkehr gebracht werden, wenn sie im jeweiligen Herstellungsland unter der Bezeichnung „Bier" oder einer dieser Bezeichnung entsprechenden Verkehrsbezeichnung verkehrsfähig sind.

*Bierverordnung vom 2. Juli 1990 (BGBl. I S. 1332)*

## M 6 ● Wirkt der Freihandel? Bierkonsum und Bierimport in Deutschland 1982 - 2014

a) Preisentwicklung Bier [1982 = 100 %]

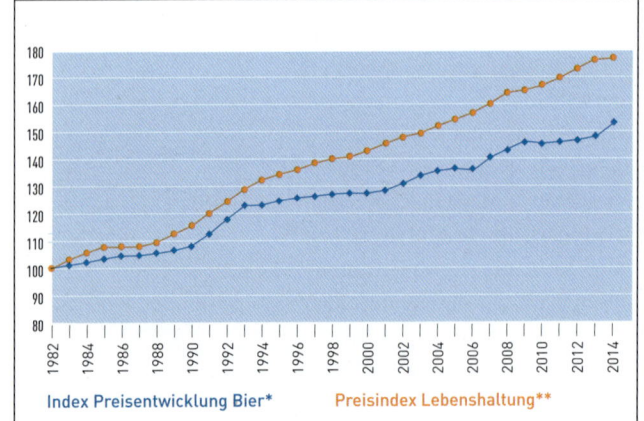

*bis 1991: Preisentwicklung Flaschenbier 0,5 l, gängige Sorte (Westdeutschland); ab 1995: Harmonisierter Verbraucherpreisindex Bier
**ab 1999: Verbraucherpreisindex

b) Bierverbrauch / Importanteil

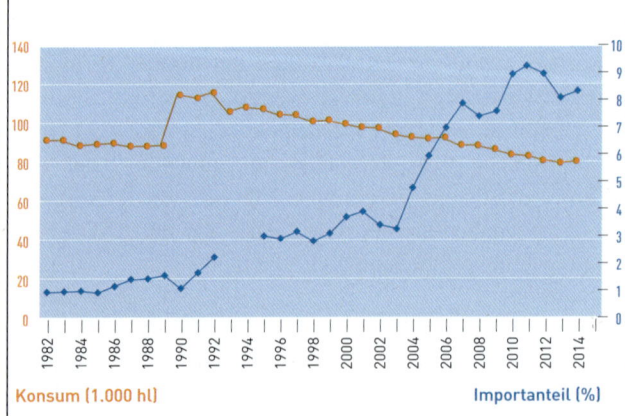

bis 1990: Westdeutschland; ab 1993: ohne Bier mit bis zu 0,5 % Alkohol („alkoholfreies Bier"); 1993/94: fehlende Daten für Einfuhr von Bier wegen Änderung der Besteuerungsgrundlage

*Statistisches Bundesamt, eigene Berechnungen*

## 4 Europäische Wirtschafts- und Sozialpolitik – mehr als nur ein gemeinsamer Markt

### M 7 ● Soll das deutsche Reinheitsgebot Kulturerbe werden?

**a) Deutsche wollen das Reinheitsgebot behalten**

Seit 1906 ist es deutschlandweit rechtsverbindlich – und damit das älteste noch geltende Lebensmittelgesetz. Das soll es auch bleiben: 85 Prozent der Deutschen sprechen sich laut einer Forsa-Umfrage im Auftrag des Deutschen Brauer-Bundes und des Forum Bier für die Beibehaltung des Gebots aus. [...]

Das Votum ist eindeutig. 77 Prozent der Befragten würden es sogar begrüßen, wenn es ein entsprechendes Reinheitsgebot auch für andere Lebens- und Genussmittel gäbe. Kein Wunder, dass die stolzen deutschen Brauer beantragt haben, das Bierbrauen nach dem Reinheitsgebot auf nationaler und internationaler Ebene in die Liste des immateriellen Kulturerbes aufzunehmen. Ihre Begründung: „Die Zutaten- und Brauregelung steht für die Bewährung einer althergebrachten Handwerkstechnik und gilt zugleich als älteste, heute noch geltende lebensmittelrechtliche Vorgabe in der Welt." [...]

Ob und wann das der Fall sein könnte, ist noch ungewiss. Sicher ist, dass das Reinheitsgebot [...] seinen 500. Geburtstag feiert. [...]

*Claudia Rothhammer, www.welt.de, 28.10.2014*

**b) Warum kommt das Reinheitsgebot nicht auf die UNESCO-Liste?**

Die wesentlichen Kriterien sind im UNESCO-Übereinkommen zur Erhaltung des immateriellen Kulturerbes festlegt: Eine Tradition muss aktiv praktiziert werden und den Menschen als Trägern ein Gefühl von Identität vermitteln. Das Expertenkomitee hat besonders Wert darauf gelegt, wie die Menschen das Wissen und Können erhalten und an die nächsten Generationen weitergeben.

[...] Das Bierbrauen nach dem Reinheitsgebot wurde in der dem Komitee vorliegenden Bewerbung leider nicht überzeugend dargestellt. Hier stand die Lebensmittelvorschrift zu sehr im Vordergrund. Wir hatten auch den Eindruck, dass die Bierproduktion inzwischen sehr industriell geprägt ist. Der Mensch als Wissensträger der Brautradition scheint zunehmend eine nachrangige Rolle zu spielen.

*Interview mit Christoph Wulf: Farid Gardizi, www.unesco.de, Dezember 2014*

---

**Immaterielles Kulturerbe der UNESCO**

Seit 2003 sammelt die UNESCO schützenswerte Kulturformen, die von Generation zu Generation weitergegeben werden, in einer Liste als „immaterielles Kulturerbe".
2015 wurden neu aufgenommen:
- Choralsingen
- Ehrsames Narrengericht zu Grosselfingen
- Kneippen – traditionelles Wissen und Praxis nach der Lehre Sebastian Kneipps
- Schützenwesen in Deutschland
- Sternsingen
- Volkstanzbewegung in ihren regionalen Ausprägungen in Deutschland

---

### Aufgaben

1. Erschließen Sie, inwiefern die Regelungen des deutschen Biersteuergesetzes (M 3) und der Vertrag über die EG (M 4) in Konflikt zueinander stehen.

2. Stellen Sie die Begründungen für den freien Warenverkehr (Art 30 EWG-Vertrag; M 2, M 4, M 5a) und die Regelungen des Biersteuergesetzes (M 3, M 5b) gegenüber und wägen Sie ab, welche Gesichtspunkte Ihnen wichtiger erscheinen.

3. a) Fassen Sie die Urteilsbegründung des EuGH (M 5c) für einen Beitrag in einer Nachrichtensendung in eigenen Worten zusammen (2 min).
   b) Beurteilen Sie die Entscheidung in einem knappen Kommentar.

4. a) Untersuchen Sie, inwieweit sich die deutsche Neuregelung (Infobox) auf den deutschen Biermarkt ausgewirkt hat (M 6).
   b) Bewerten Sie die Entwicklung.

5. Beziehen Sie Stellung zur Forderung des DIRB und deren vorläufige Ablehnung durch die UNESCO (M 7).

---

**H zu Aufgabe 3 b**
Gehen Sie dabei ein auf die Abwägung zwischen den europäischen Regelungen und einzelstaatlichen Gesetzen sowie die Möglichkeiten, die mit dem Biersteuergesetz verfolgten Ziele auch auf anderem Wege zu verfolgen.

**H zu Aufgabe 4 b**
Greifen Sie dabei auf die postulierten Vorteile des freien Warenverkehrs zurück (M 2).

## 4 Europäische Wirtschafts- und Sozialpolitik – mehr als nur ein gemeinsamer Markt

**ORIENTIERUNGSWISSEN**

**Binnenmarkt als Kern der EU**

Wirtschaftspolitik ist der Politikbereich, in dem die **Vergemeinschaftung** im Rahmen der EU **am weitesten vorangeschritten** ist. Der Grundgedanke des gemeinsamen Marktes ist bereits Teil der Römischen Verträge von 1957. 1968 entfielen innerhalb der Europäischen Gemeinschaft die Binnenzölle. 1993 wurden durch die gegenseitige Anerkennung nationaler Regelungen die meisten verbliebenen Handelshemmnisse aufgehoben.

**Motive für den Freihandel**

Bei der Gründung der Europäischen Gemeinschaft war ein politisches Motiv für die gemeinsame Wirtschaftspolitik ausschlaggebend: Die enge wirtschaftliche Verflechtung erzeugt **wechselseitige Abhängigkeit**, die zu **politischer Stabilität** führt. Daneben haben ökonomische Gesichtspunkte aber immer stärkeres Gewicht gewonnen: Gemäß der Theorie des Freihandels steigert der freie Austausch von Waren und Dienstleistungen den **Wohlstand** aller Beteiligten. Arbeitsteilung und Konkurrenz sollen zu einer höheren Produktvielfalt und günstigeren Preisen führen. Das Ausmaß der durch den Binnenmarkt bewirkten Wohlstandssteigerung ist allerdings schwer zu bestimmen, weil Wachstum und Beschäftigung von vielen weiteren Faktoren beeinflusst werden.

**Vier Freiheiten**

M 1

Im europäischen Binnenmarkt lassen sich vier Freiheiten unterscheiden:
- **Freier Personenverkehr:** Primär gilt diese Freizügigkeit den Arbeitskräften, die in der EU weitgehend uneingeschränkt arbeiten oder nach Stellen suchen dürfen. Für Unternehmen gilt eine EU-weite Niederlassungsfreiheit.
- **Freier Warenverkehr:** Die durch das Verbot von Binnenzöllen und mengenmäßigen Handelsschranken begründete Warenverkehrsfreiheit ist unter den vier Freiheiten die am weitesten entwickelte. Die wichtigste Grundregel des Binnenmarktes ist, dass eine Ware, die in einem Land legal in den Verkehr gebracht worden ist, auch in allen anderen EU-Ländern verkauft werden darf.
- **Freier Dienstleistungsverkehr:** Die Möglichkeit, Dienstleistungen grenzüberschreitend anbieten zu dürfen, ist insbesondere für die Transportbranche, aber auch für das Handwerk relevant.
- **Freier Kapitalverkehr:** Kapitalanlage und Kreditaufnahme sind EU-weit möglich, ohne dass dadurch jedoch die nationalen Steuerregelungen außer Kraft gesetzt werden.

**Raum für weitere Integration**

M 2

Auch wenn die vier Freiheiten als Prinzipien bereits lange in den europäischen Verträgen verankert sind, ist ihre Durchsetzung und Ausgestaltung keineswegs abgeschlossen. So wird z. B. die Freizügigkeit außer durch sprachliche Hürden auch durch die noch **unvollständige Anerkennung von Bildungsabschlüssen** und Berufsqualifikationen sowie durch die eingeschränkte Kompatibilität sozialer Sicherungssysteme behindert.

Die konkrete Reichweite der vier Freiheiten ist häufig Gegenstand von juristischen Auseinandersetzungen. Der EuGH, der viele Fragen letztinstanzlich entschieden hat, hat durch seine Urteile wesentlich zu einer Durchsetzung der vier Freiheiten gegenüber anderen Rechtsgütern beigetragen.

## Wie frei darf's sein?

Die EU-Kommission plant mehr Wettbewerb unter Europas Freiberuflern. Ingenieure und Architekten in Deutschland sind alarmiert.

Jyrki Katainen [hat] in Brüssel wieder das F-Wort benutzt. Man müsse „flexibilisieren", sagte der für Wachstum und Arbeitsplätze zuständige EU-Vizekommissionschef. Was er damit meinte, veranschaulichte Katainen an einem Beispiel: Wer in der EU von Berufs wegen anderen Leute die Haare schneidet, kann das – je nach Mitgliedstaat – entweder ganz ohne Ausbildung tun oder muss mindestens eine dreijährige Lehre nachweisen.

Wenn Katainen in diesem Zusammenhang von „Flexibilisierung" spricht, dann meint der Finne damit eine Lockerung beim Zugang und der Organisationsstruktur der freien Berufe – Bauingenieure, Architekten, Buchprüfer, Rechtsanwälte, Immobilienmakler, Fremdenführer und Patentanwälte. Sie alle werden in einer Binnenmarktstrategie erwähnt, die die zuständige Kommissarin Elzbieta Bienkowska Ende Oktober [2015] in Brüssel vorstellte. Nach dem Willen der Kommission soll „der Zugang zu reglementierten Berufen und deren Ausübung auf nationaler Ebene und EU-weit verbessert werden".

Im Klartext bedeutet das, dass die Kommission die lange Liste der reglementierten Berufe in der EU – 5.000 gibt es insgesamt – durchforsten und einen leichteren Zugang für Mitbewerber aus dem EU-Ausland ermöglichen will. [...] EU-Binnenmarktkommissarin Bienkowska forderte unter anderem, die verbindlichen Mindestpreise von Architekten, Ingenieuren und Steuerberatern in Deutschland aufzuheben. [...] Doch bei den betroffenen Berufsverbänden regt sich Widerstand gegen den Brüsseler Kurs. Die neue Binnenmarktstrategie zeige, dass die Tonart in Brüssel schärfer werde, sagt der Präsident des Bundesverbandes der Freien Berufe, Horst Vinken. Wenn die Kommission den Preis einer Leistung höher bewerte als deren Qualität, „ist dies ökonomisch falsch". Die Regulierung bei den freien Berufen, die sich seit Jahrzehnten bewährt habe, sei „kein Selbstzweck, sondern dient dem Verbraucher". [...]

Auch Arno Metzler, Hauptgeschäftsführer des Verbands Beratender Ingenieure, stört sich daran, dass die Kommission eine Haltung vertrete, der zufolge allein die Deregulierung ein Wachstumstreiber sei. Die Kommission habe sich in diese Idee „verbissen", urteilt Metzler. [...] Dass die EU-Kommissarin Bienkowska an den gesetzlichen Mindestpreisen bei Ingenieuren, Architekten und Steuerberatern rüttelt, hält Metzler für nicht gerechtfertigt. Im privaten Bereich hat nach seinen Worten die Preisordnung eine viel geringere Bedeutung, als die Kommission annehme. Und bei öffentlichen Auftragsvergaben dienten die Mindestpreise dazu, kleine und mittlere Unternehmen vor Wettbewerbern mit Dumping-Angeboten zu schützen. [...]

*Albrecht Meier, www.zeit.de, 10.11.2015*

### Aufgaben

1. Stellen Sie die Interessen gegenüber, die bei den Regelungen für die „freien Berufe" betroffen sind.
2. Diskutieren Sie Argumente für bzw. gegen eine europaweite Flexibilisierung des Berufszugangs.
3. Versetzen Sie sich in die Lage der Bundesregierung, die sowohl innenpolitisch als auch auf EU-Ebene zur Frage des Berufszugangs Position beziehen muss. Entwickeln Sie eine Position, die Sie sowohl der EU als auch den deutschen Vertretern der „freien Berufe" gegenüber vertreten können.

## 4.2 Ungleichheiten überwinden, solidarisch handeln? Konturen einer EU-Sozialpolitik

### 4.2.1 Jugendarbeitslosigkeit in Europa – eine sozialpolitische Herausforderung der EU?

**M 1 • Die große Kluft in Europa**

a) EU-Kommissionspräsident Juncker zur Jugendarbeitslosigkeit

„Es entsteht zurzeit innerhalb der Grenzen der Europäischen Union ein 29. Staat. Ein Staat, in dem jugendliche Arbeitslose wohnen. Ein Staat, in dem Ausgeschlossene, Zurückgeworfene, am Wege Stehengebliebene leben. Ich hätte gerne, dass dieser 29. Mitgliedstaat wieder ein normaler Mitgliedstaat wird."

Zitiert nach: Holger Romann, www.tagesschau.de, 8.10.2014

b) Arbeitslose Jugend in der EU

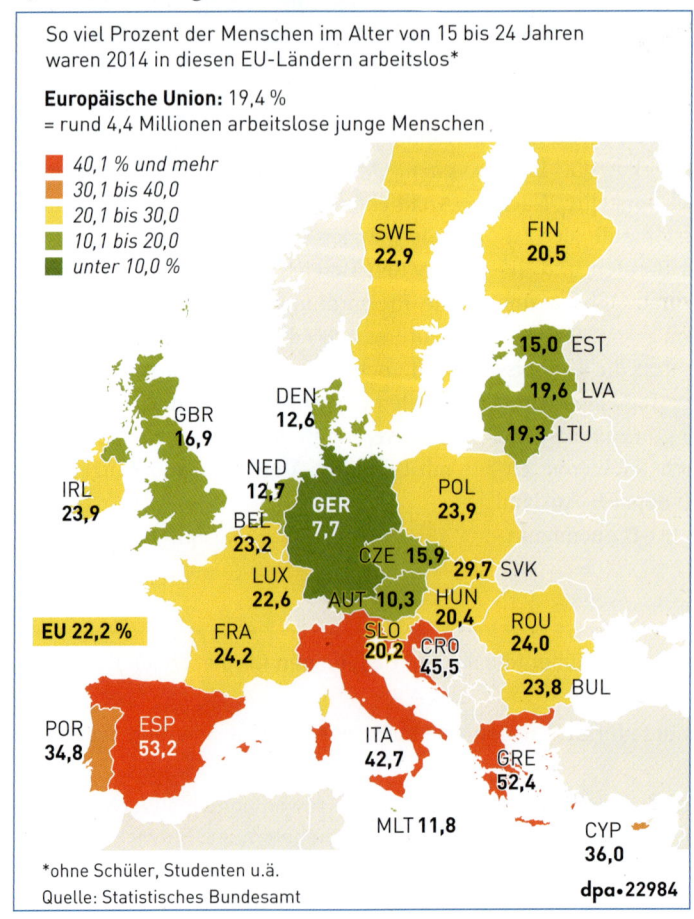

## M 2 • Jobgarantie für Jugendliche – die Maßnahmen der EU

2012 wurde [von der EU] das „Paket zur Jugendbeschäftigung" verabschiedet, in dessen Rahmen im April 2013 eine „Jugendgarantie" eingeführt wurde. Diese ruft die Mitgliedstaaten dazu auf sicherzustellen, dass allen jungen Menschen unter 25 Jahren innerhalb eines Zeitraums von vier Monaten, nachdem sie arbeitslos werden oder die Schule verlassen haben, eine hochwertige Arbeitsstelle, ein Ausbildungs- beziehungsweise Praktikumsplatz oder eine Weiterbildungsmaßnahme angeboten wird.

Im Juli 2013 wurde die „Europäische Ausbildungsallianz" ins Leben gerufen, die eine qualitative und quantitative Verbesserung des EU-weiten Ausbildungsangebots anstrebt. Zudem wurde ein Qualitätsrahmen für Praktika vereinbart, damit junge Menschen unter fairen Bedingungen einschlägige Berufserfahrungen sammeln können.

Ein besonders wichtiges Instrument stellt die „Beschäftigungsinitiative für junge Menschen" dar, die der Europäische Rat im Februar 2013 beschlossen hat. Für den Zeitraum 2014 bis 2020 werden insgesamt 6 Milliarden Euro für Maßnahmen zur Förderung der Beschäftigung der NEETs-Gruppe [„not in education, employment or training] zur Verfügung gestellt. EU-Regionen, in denen die Jugendarbeitslosigkeit bei über 25 Prozent liegt, erhalten als Erste Zugang zu diesen Mitteln, die jeweils zur Hälfte vom Europäischen Sozialfonds und von der eigenständigen Haushaltslinie „Jugendbeschäftigung" bereitgestellt werden. Insgesamt lässt sich festhalten, dass [...] die EU zunehmend von ihrer früheren Strategie abgewichen [ist], allein die Beschäftigungsfähigkeit junger Menschen zu stärken. Stattdessen will sie auch strukturelle beziehungsweise institutionelle Veränderungen in den Bildungs- und Ausbildungssystemen sowie den Arbeitsmärkten herbeiführen.

*Jale Tosun, in: APuZ 4-5/2015, S. 14f.*

## M 3 • Europäische Strategien gegen Jugendarbeitslosigkeit

DIE ZEIT: Sie warnen vor den Gefahren der Jugendarbeitslosigkeit. Warum?
Brigitte Unger: Wenn Jugendliche erst einmal langzeitarbeitslos sind, dann sind sie in den Arbeitsmarkt kaum mehr integrierbar. So entsteht eine verlorene Generation. Damit meine ich konkret, dass ein Jugendlicher, der heute nicht lernt, dass man morgens aufstehen muss, zur Arbeit geht und abends wieder nach Hause kommt, sondern der zwei Jahre lang schlapp herumhängt, langfristig teurer wird als die sofortige Bereitstellung eines Ausbildungsplatzes. [...]
Von wie vielen Jugendlichen sprechen wir?
Zurzeit gilt für die EU: Jeder fünfte Jugendliche, der arbeiten will, kann es nicht. [...] Besonders erschreckend ist dabei ein

Jugendliche aus ganz Europa nehmen in Berlin an einer Demonstration gegen die Jugendarbeitslosigkeit in Europa teil (3.7.2013).

neues Phänomen; bislang entwickelten sich Jugendarbeitslosigkeit, die immer höher ist, und Gesamtarbeitslosigkeit parallel. Doch seit der Finanzkrise ist die Jugendarbeitslosigkeit drastisch und stärker angestiegen als die Gesamtarbeitslosigkeit. Unternehmen zögern in der Krise, Mitarbeiter einzustellen, das trifft besonders junge Berufseinsteiger.

Am schlechtesten steht es um die Jugendlichen in Süd- und Osteuropa. [...]
Gibt es eine Erklärung dafür?
Der Süden Europas hat ein grundsätzliches Strukturproblem, das bereits vor der Finanzkrise bestand, obschon die Arbeitslosenzahlen deutlich unter den heutigen lagen. Mangelnde Ausbildungsplätze, mangelnde Infrastruktur, mangelnde Investitionen. Zu diesem großen Paket an Problemen ist [...] die Sparpolitik, hinzugekommen. [...] Die Einsparungen haben die Nachfrage nach Gütern gedrosselt und die Arbeitslosigkeit [...] in die Höhe getrieben.

Nun stellt allerdings der Europäische Sozialfonds seit 2013 jährlich zehn Milliarden Euro zur Umsetzung der Jugendgarantie bereit. Reicht das nicht aus?
Geld ist vorhanden, aber trotzdem greifen all diese Initiativen nicht, weil Länder erst dann von der EU Geld bekommen, wenn sie Strukturpläne vorlegen. Von den Milliardenbeträgen sind nur kleine Millionenbeträge ausgeschöpft worden. Das ist ein Armutszeugnis für die EU. [...]

Woran fehlt es?
In der EU verfolgt man unterschiedliche Ansätze. Im Augenblick wird der Juncker-Plan und damit die Privatwirtschaft gefördert. Ich bin überzeugt, dass man parallel dazu auch den öffentlichen Sektor stärken muss. [...] Lohnkürzungen müssen zurückgenommen und soziale Leistungen aufgestockt werden, damit Menschen mehr Einkommen erzielen. Das können sie dann ausgeben, um die Wirtschaft zu beleben, was auch Arbeits- und Ausbildungsplätze für Jugendliche schafft. [...]

Was würde es denn kosten, allen [...] beschäftigungslosen Jugendlichen in Europa Arbeits- und Ausbildungsplätze zu verschaffen?
Wenn sie zu deutschen Bedingungen und Vergütungen beschäftigt werden – und je nachdem, ob man den Betrieben die Nettokosten ersetzt, die Personalkosten voll fördert oder die gesamten betrieblichen Kosten der Ausbildung ersetzt, müsste man mit 18 Milliarden, 47 Milliarden oder 75 Milliarden Euro rechnen. Finanziert werden kann dies durch Eintreibung der hinterzogenen Steuern oder durch einen Marshallplan gegen die Jugendarbeitslosigkeit in Europa [...].

*Interview: Sibylle Trost, Die Zeit, 13.5.2015*

*Brigitte Unger ist Professorin für Finanzwissenschaften/Ökonomie des öffentlichen Sektors an der Universität Utrecht (Niederlande).*

---

**Marshallplan**
Programm der USA, mit dem sie nach dem Zweiten Weltkrieg von 1948 bis 1952 den Wiederaufbau und wirtschaftlichen Aufschwung Westeuropas unterstützten. Gesamtvolumen (umgerechnet): 130 Mrd Euro

**M zu Aufgabe 1a**
Verfassen Sie eine E-Mail, die sich an Jugendliche aus Deutschland wendet.

**H zu Aufgabe 1b**
Berücksichtigen Sie dabei auch die Legitimität des politischen Systems der betroffenen Mitgliedstaaten und der EU insgesamt (vgl. auch M 3).

**F zu Aufgabe 3**
Beurteilen Sie die analysierten Maßnahmen.

---

### Aufgaben

**1** a) Beschreiben Sie die (vermutlichen) Lebensbedingungen und Zukunftsperspektiven von Jugendlichen bzw. jungen Erwachsenen aus Griechenland, Italien, Portugal oder Spanien (M 1).

b) Erläutern Sie, inwiefern Jugendarbeitslosigkeit ein (sozial)politisches Problem für die EU darstellt (M 1).

**2** Erklären Sie (hypothesenartig) mögliche Ursachen der „großen Kluft" in Europa.

**3** Analysieren Sie bereits beschlossene sowie diskutierte gesamteuropäische Maßnahmen gegen Jugendarbeitslosigkeit (M 2, M 3) hinsichtlich ihrer Träger, Finanzierung und ihrer (intendierten) Anreize für Unternehmen und arbeitssuchende Jugendliche.

## 4.2.2 Auf der Suche nach dem „sozialen Europa": Die Struktur- und Regionalpolitik der EU

### M 4 ● Das (sozial)politische Leitbild der EU

*Im Vertrag von Lissabon (Vertrag über die Europäische Union, EUV) bekennen sich die Mitgliedstaaten der EU zu einem Gesellschaftsmodell, das durch folgende Merkmale charakterisiert wird:*

Artikel 3: Die Union errichtet einen Binnenmarkt. Sie wirkt auf die nachhaltige Entwicklung Europas auf der Grundlage eines ausgewogenen Wirtschaftswachstums und von Preisstabilität, eine in hohem Maße wettbewerbsfähige soziale Marktwirtschaft, die auf Vollbeschäftigung und sozialen Fortschritt abzielt [...] hin. [...] Sie bekämpft soziale Ausgrenzung und Diskriminierungen und fördert soziale Gerechtigkeit und sozialen Schutz, die Gleichstellung von Frauen und Männern, die Solidarität zwischen den Generationen und den Schutz der Rechte des Kindes. Sie fördert den wirtschaftlichen, sozialen und territorialen Zusammenhalt und die Solidarität zwischen den Mitgliedstaaten.

*Vertrag von Lissabon, Bonn 2010 (bpb), S. 34*

### M 5 ● Solidarität – ein Wesenszug der EU!?

Es wird kaum jemand abstreiten, dass Solidarität, verstanden als „ein füreinander Einstehen und die Übernahme von Verantwortung für Andere" [...] eine wichtige Ressource für das Wohl des Einzelnen und das Gemeinwohl ist. Ohne die Solidarität der anderen würden wir Notsituationen ganz allein meistern müssen. Ohne solidarisches Verhalten gegenüber unseren Mitmenschen reduziert sich auch die Wahrscheinlichkeit, dass sich andere Menschen uns gegenüber solidarisch verhalten. [...]
Der britische Historiker Timothy Garton Ash hat einmal die Frage gestellt, ob es nicht genau der Wert der Solidarität ist, der das Wesen Europas [...] am besten beschreibt. Laut Ash spricht dafür, dass es gerade die europäischen Sozialstaaten sind, die sich vom amerikanischen Turbokapitalismus unterscheiden, indem sie Wert auf soziale Sicherheit [...] legen. [...] Nichtsdestotrotz ist bei den Wohlfahrtssystemen der EU-Mitgliedstaaten ein starkes Gefälle zu verzeichnen. So möchte man aus deutscher Sicht vielleicht doch lieber im hiesigen System arbeitslos oder berentet werden als im polnischen oder tschechischen.
Für Solidarität als Wesenszug der EU spricht trotz dieser innereuropäischen Unterschiede aber auch, dass ärmere Mitgliedstaaten und Regionen von Transferleistungen aus dem EU-Haushalt profitieren. [...] Es sind jedoch insbesondere die deutschen Arbeitgeber und Arbeitnehmer, die von der gestiegenen Kaufkraft in den anderen europäischen Mitgliedsländern profitieren. So gingen 2009 fast 63 Prozent der deutschen Exporte in die EU. [...] Zudem hängt jeder [fünfte] Arbeitsplatz in Deutschland vom Export ab.
Trotzdem: Ist das nicht alles ein bisschen zu viel des Guten mit der Solidarität in der EU? Meine Antwort lautet: Nein, wir haben nicht genügend Solidarität in der EU, sondern brauchen noch mehr. Und das sowohl aus Eigennutz als auch aus moralischer Überzeugung. [...]

*Julia Langbein, www.bpb.de, 29.4.2011*

## Ausgabenstruktur des EU-Haushaltes

Die EU verwendet mit 47 % (mittelfristiger Finanzrahmen 2014-2020) einen Großteil ihrer Mittel für die Regional- und Strukturpolitik (Haushaltsposten „Intelligentes und integratives Wachstum").

Gegenüber dem mittelfristigen Finanzrahmen 2007-2013 wurden zu Lasten der Agrarpolitik alle anderen Haushaltsposten aufgewertet.

## Kohäsion

Zusammenhalt zwischen einzelnen Staaten und Regionen

### M 6 ● Regional- und Strukturpolitik oder: Wie die EU innereuropäische Ungleichheiten mildert

Die Regional- und Strukturpolitik der Europäischen Union ist der Bereich, für den die EU das meiste Geld ausgibt. Sie folgt dem Gedanken der Solidarität und war von Anfang Teil des europäischen Politikansatzes. 1987 fand sie in der Einheitlichen Europäischen Akte als Kohäsionspolitik ihren Niederschlag. Durch sie werden ärmere oder besonders vom Strukturwandel betroffene Regionen in der EU unterstützt, um ihnen dabei zu helfen, den Rückstand aufzuholen.

In der neuen Förderperiode, die sich von 2014 bis 2020 erstreckt, [...] zielt [die Regionalpolitik] vor allem auf die Schaffung von Arbeitsplätzen, Wirtschaftswachstum sowie die Stärkung der Wettbewerbsfähigkeit. Auch die nachhaltige Entwicklung und damit einhergehend die Verbesserung der Lebensqualität der Menschen sind Ziele der Regionalpolitik. Insgesamt sollen bis 2020 351 Mrd. Euro für die Regional- und Kohäsionspolitik ausgegeben werden. Dabei soll das Geld auf die Bereiche und Sektoren konzentriert werden, in denen die größten Fortschritte zu erwarten sind. Es sollen Projekte gefördert werden, die kleine und mittlere Unternehmen stärken, Innovationen realisieren, Verkehrsverbindungen schaffen und die Qualifizierung der Arbeitskräfte unterstützen. Ein wichtiger Fördergesichtspunkt ist auch die digitale Agenda der EU [...].

Die EU-Regionalpolitik wird über fünf verschiedene Fonds gesteuert: den Europäischen Fonds für Regionale Entwicklung (EFRE), den Europäischen Sozialfonds (ESF), den Kohäsionsfonds, den Europäischen Landwirtschaftsfonds für die Entwicklung des ländlichen Raums (ELER) und den Europäischen Meeres- und Fischereifonds (EMFF). [...] Voraussetzung für den Erhalt europäischer Mittel ist ein Programm, das mit der Europäischen Kommission vereinbart werden muss. Von den Regionen wird grundsätzlich, aber in unterschiedlicher Höhe, eine Kofinanzierung verlangt, um sicherzustellen, dass die Gebiete tatsächlich Interesse an den Maßnahmen haben. [...]

Eckart D. Stratenschulte, www.bpb.de, 1.4.2014

### M 7 ● Was die Regional- und Strukturpolitik kostet

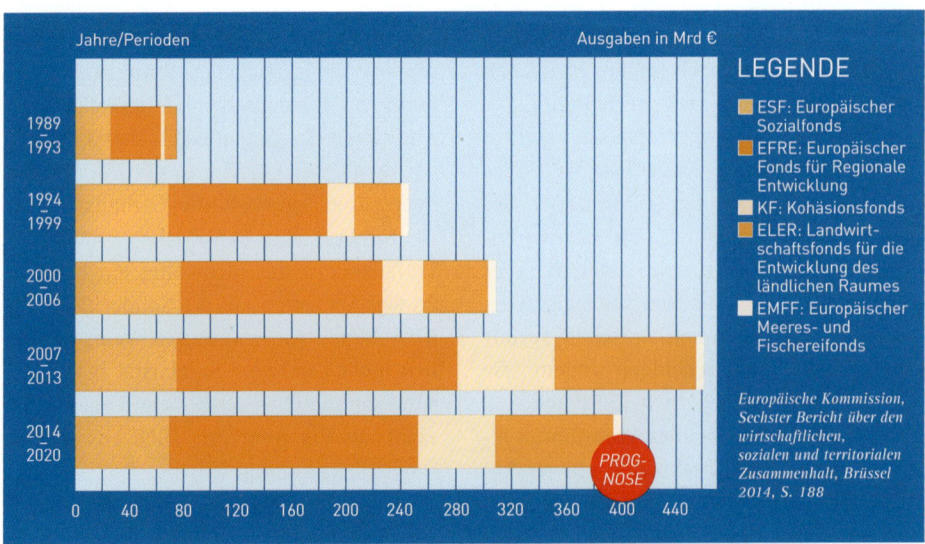

Europäische Kommission, Sechster Bericht über den wirtschaftlichen, sozialen und territorialen Zusammenhalt, Brüssel 2014, S. 188

## M 8 ● Welche Regionen werden gefördert?

a) Finanzrahmen 2007-2013

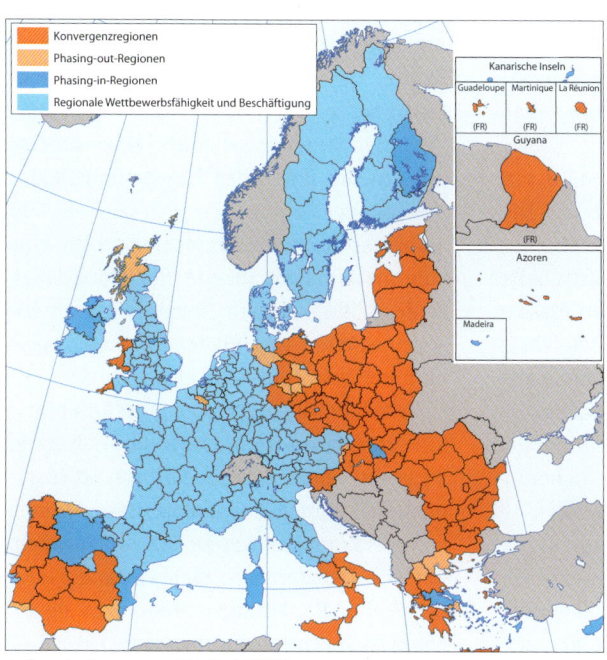

*inforegio Panorama 26, Juni 2008*

b) Finanzrahmen 2014-2020

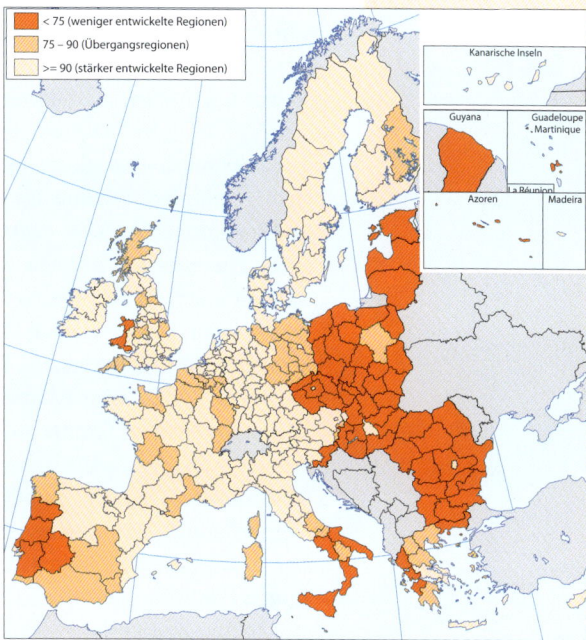

*Europäische Kommission, Kohäsionspolitik 2014 - 2020*

- *Konvergenzregionen* mit einem BIP pro Kopf von weniger als 75 % des Durchschnitts der EU-25.
- *Phasing-out-Regionen* mit einem BIP pro Kopf von mehr als 75 % des Durchschnitts der EU-25, jedoch weniger als 75 % des Durchschnitts der EU-15.
- Zum Ziel der regionalen Wettbewerbsfähigkeit und der Beschäftigung gehören *Phasing-in-Regionen* mit einem BIP pro Kopf von weniger als 75 % des Durchschnitts der EU-15 (im Zeitraum 2000-2006), jedoch mehr als 75 % des Durchschnitts der EU-15 (im Zeitraum 2007-2013).

- *Weniger entwickelte Regionen*, deren Pro-Kopf-BIP weniger als 75 % des EU-Durchschnitts beträgt, werden in der Kohäsionspolitik weiterhin Vorrang haben. Der maximale Kofinanzierungsanteil wird bei weniger entwickelten Regionen und Regionen in äußerster Randlage bei 75-85 % liegen.
- Für *Übergangsregionen*, deren Pro-Kopf-BIP zwischen 75 % und 90 % des EU-Durchschnitts beträgt, wird ein Kofinanzierungsanteil von 60 % gelten.
- *Stärker entwickelte Regionen*, deren Pro-Kopf-BIP über 90 % des EU-Durchschnitts beträgt. Der Kofinanzierungsanteil wird bei 50 % liegen. *Autorentext*

### Aufgaben

1. Arbeiten Sie anhand der Karte M 1 die Herausforderungen heraus, die sich aus dem Leitbild des „Europäischen Sozialmodells" (M 4, M 5) ergeben.
2. a) Stellen Sie die Ziele und Instrumente der Regional- und Strukturpolitik der EU (M 6-M 8) dar.
   b) Erschließen Sie mögliche Veränderungen in der Zielsetzung der Struktur- und Regionalpolitik, indem Sie die beiden Förderperioden (M 8) vergleichen.
3. a) Charakterisieren Sie die Regional- und Strukturpolitik als realpolitischen Ausdruck einer europäischen Solidarität (vgl. M 5).
   b) Diskutieren Sie die Tragfähigkeit des Grundwertes der Solidarität (M 5) als Leitbild der EU-Politik.

**F zu Aufgabe 2**
Analysieren Sie ein von der EU-gefördertes Projekt in Ihrer Region hinsichtlich der Zielsetzung, der konkreten Maßnahmen sowie der Finanzierung und nehmen Sie – soweit möglich – eine Beurteilung des Projektes hinsichtlich der Ziele der EU-Regionalpolitik vor.

### 4.2.3 Brauchen wir einen europäischen Sozialstaat?

#### M 9 ● Die Forderung nach einem Europäischen Sozialstaat

Für ein „soziales Europa" spricht sich eigentlich jeder aus, gerade im Europawahlkampf [...]. Aber was ist darunter zu verstehen?
5 Deutschland hat in dieser Frage eine eindeutige politische Grundstrategie [...]. Diese Strategie richtet sich nach der Maxime, dass ein soziales Europa erwirtschaftet werden muss. Anders gesagt: Man muss es
10 sich leisten können. Doch tatsächlich ist von einer entgegengesetzten Prämisse auszugehen: Eine hohe Wirtschaftsleistung kann nur in einem Europa aufrechterhalten werden, das Vertrauen, soziale Sicherheit
15 und Aufstiegschancen für alle bietet.
Wer behauptet, das komme von alleine, der irrt. Die gesellschaftlichen Rahmenbedingungen müssen durch eine Sozialpolitik geschaffen und gestaltet werden, die mehr
20 als nur eine marktflankierende Sozialpolitik ist. Das heißt Marktkorrektur und Umverteilung – nicht mehr und nicht weniger. [...] Wem es also ernst ist mit einer Stärkung der sozialen Dimension, der wird
25 auch nach supranationalen Lösungen für soziale Probleme suchen müssen. [...]
Weil steigende Ungleichheit stets zu abnehmendem Vertrauen und zu weniger Sicherheit und Wohlstand führt, geht es hier
30 um eine Kernfrage. Nur wenn es gelingt, die zunehmende Spaltung aufzuhalten, ist ein intelligentes Wachstum im Sinne der Ziele der Strategie 2020 [vgl. M 10] realistisch. [...]

35 **Sozialpolitik muss eine eigenständige Größe im Zielsystem der EU sein.**

Dabei geht es nicht darum, in der gesamten EU die gleichen Standards einzuführen und damit eine Senkung sozialer Standards in den starken Volkswirtschaften Europas
40 zu verantworten. Hier müssen Lösungen gefunden werden, die an die Lebensbedingungen der jeweiligen Länder und Regionen angepasst sind. Es geht jedoch sehr wohl darum, neue Arrangements für eine
45 supranational verankerte Sozialpolitik zu finden, die letztlich Umverteilung zwischen Staaten und Regionen sowie innerhalb der Volkswirtschaften organisiert.
Über solche Arrangements muss offen dis-
50 kutiert werden, denn ein echter Schritt in Richtung eines sozialen Europas ist in jedem Fall damit verbunden, dass Staaten weitere Kompetenzen an die EU abgeben. [...] Die Debatte ließe sich entlang klarer
55 politischer Forderungen führen, zu denen bereits konzeptionelle Vorarbeiten verfügbar sind. Zu diesen Forderungen gehören eine effektive Finanzmarktkontrolle und die rasche Umsetzung der Finanztransakti-
60 onssteuer. Die Einführung einer Europäischen Arbeitslosenversicherung ist ebenfalls zu nennen. Zu den Forderungen [...] gehört zudem die Organisation von Umverteilung zwischen armen und reichen
65 Staaten, verbunden mit effektiver Armutsbekämpfung und Maßnahmen zur Verbesserung der Qualität der Arbeit. Hier ist die Frage zu stellen, inwieweit der Europäische Sozialfonds ausreicht. Es geht zudem um
70 soziale Mindeststandards sowie Mindestlöhne, die in beiden Fällen an die Gegebenheiten der Länder angepasst sein müssen. [...]

*Joß Steinke, in: Internationale Politik und Gesellschaft, 1.5.2014*

*Joß Steinke ist Leiter der Abteilung Arbeit, Soziales, Europa im Bundesverband der Arbeiterwohlfahrt (AWO)*

## M 10 Entwicklung eines Politikfeldes

Im Rahmen des europäischen Integrationsprozesses spielten sozialpolitische Erwägungen zunächst eine deutlich nachgeordnete Rolle und blieben der Souveränität
5 der Mitgliedstaaten überlassen. Solange die Integration vor allem als wirtschaftliche Integration in einem vollendeten Binnenmarkt vorangetrieben wurde, war die Europäische Union nicht für das Wohl-
10 ergehen ihrer Bürger unmittelbar verantwortlich.
Vielmehr war Sozialpolitik im Kontext der Binnenmarktpolitik in erster Linie Arbeitnehmerpolitik, die darauf abzielte, die Mo-
15 bilität der Arbeitskräfte durch Anpassungen im Arbeits- und Sozialrecht zu erhöhen, indem beispielsweise sozialrechtliche Ansprüche (etwa aus Sozialversicherungen) „mitgenommen" werden konnten.
20 Darüber hinaus kann die Regional- und Strukturpolitik insofern als sozialpolitische Komponente der Binnenmarktstrategie verstanden werden. Durch sie werden (auch) soziale Verwerfungen, die im Zu-
25 sammenhang mit Binnenmarktanpassungen entstehen, abgefedert.
Erst mit dem Vertrag von Amsterdam (1997) entwickelt die EU eigene Initiativen, um eine auf das Wohlergehen ihrer Bürger
30 ausgerichtete Sozialpolitik zu entwickeln.

Dies betrifft zunächst vorrangig die Arbeitsmarkt- und Beschäftigungspolitik. Der Vertrag initiierte mit der so genannten „Europäischen Beschäftigungsstrategie" (EBS) erste gemeinschaftliche Aktivitäten in den Bereichen Qualifizierung und Arbeitsförderung, die im Jahr 2000 in der sog.
45 „Lissabon-Strategie" festgeschrieben wurden.
2010 erneuerte die EU-Kommission ihr Wachstumsprogramm durch die Strategie „Europa 2020", deren Ziele sich auf die Be-
50 reiche Beschäftigung, Forschung und Entwicklung, Klima/Energie, Bildung, soziale Eingliederung und Armutsbekämpfung beziehen. Besondere Anstrengungen sollen im Bereich der „aktiven Beschäftigungspo-
55 litik" unternommen werden; so ist angestrebt, dass im Jahr 2020 75 % aller 20- bis 64-Jährigen Europäer in Arbeit stehen (Ist-Zustand: 2000: 61 %, 2014: 69,2 %).

*Autorentext*

Arbeitnehmer haben innerhalb der EU viele Möglichkeiten: Agnieszka Giza aus Guadalajara (Spanien) macht eine Ausbildung in einem Hotel in Hamburg (November 2013).

## Info

### Sozialpolitische Gesetzgebungskompetenzen der EU

Die EU kann vor allem in solchen arbeits- und sozialpolitisch relevanten Bereichen politisch (mit)bestimmen, die in unmittelbarem Zusammenhang zur Verwirklichung des Binnenmarktes (vgl. Kap. 4.1, insbes. Arbeitnehmermobilität) stehen.
Hierzu zählen insbesondere
- Regelungen zum einheitlichen Arbeits- und Gesundheitsschutz, z.B. EU-weite Höchstarbeitszeit von 48 Wochenstunden
- Regelungen zur beruflichen Gleichstellung von Frauen und Männern
- Maßnahmen gegen „Sozialdumping"

Die EU hat demgegenüber keine Eingriffs- und Gestaltungsmöglichkeiten in Fragen, die unmittelbare sozialstaatliche Traditionen der Mitgliedstaaten betreffen. Hierzu zählen insbesondere
- Regelungen des Arbeitsentgeltes sowie Fragen des Streikrechts
- Ausgestaltung der sozialen Sicherungssysteme und Höhe von Sozialleistungen.

*Autorentext*

## M 11 ● Auf dem Weg zum Europäischen Sozialstaat? Möglichkeiten und Grenzen

„Nobody can fall in love with the single market", lautet ein berühmter Satz Jacques Delors', von 1985 bis 1995 Präsident der [damaligen] EG-Kommission. In der Tat, ein gemeinsamer Markt und eine gemeinsame Währung allein reichen nicht aus, um Menschen für das Integrationsprojekt einzunehmen. Immer wieder ist deshalb emphatisch [= mit Nachdruck] die soziale Dimension der europäischen Integration eingefordert worden, von linken Parteien, Gewerkschaften und globalisierungskritischen Bewegungen, aber auch von vielen Menschen auf der Straße.

Zwar hat die EU in der Vergangenheit zahlreiche Maßnahmen zur Bekämpfung regionaler Disparitäten und zur Förderung der Kohäsion aufgelegt, aber nach Meinung vieler nur mit mäßigem Erfolg. Konvergenzprozesse haben allenfalls punktuell stattgefunden, wenige der abgehängten Regionen konnten wirklich aufschließen. Allerdings gaben sich Experten und Politik fast drei Jahrzehnte lang der Illusion hin, man könne durch die vorhandene Struktur- und Regionalpolitik das Auseinanderdriften der europäischen Regionen verhindern. [...]

Mit dem Dreiklang aus Finanz-, Wirtschafts- und Eurokrise hat sich das Bild noch verdüstert. Absackende Mittelschichten, hohe Jugendarbeitslosigkeit, marode Gesundheitswesen, Kapitalabfluss, das Absterben ganzer Wirtschaftszweige, regionale Verödung: Das ist die Wirklichkeit in den Krisenländern Europas. Ein überzeugendes wirtschafts- und sozialpolitisches Modell, das den Anschluss an die ökonomisch starken Regionen und Länder der EU sichern könnte, ist derzeit nicht in Sicht. Doch alle Beteiligten klammern sich an diese Fiktion, um die Legitimationskrise nicht weiter zu verschärfen.

Wenn der Markt allein nicht ausreicht und die soziale Integration daher als rettender Anker erscheint, warum geht es dann nicht voran? Zwei kaum zu überwindende Hürden stehen einer Europäisierung der Sozialpolitik im Weg. Zum einen die riesigen Wohlstandsgefälle zwischen den europäischen Mitgliedstaaten, zum anderen die erheblichen Unterschiede in den Architekturen und Traditionen der sozialpolitischen Arrangements. Länder mit einem hohen Lebensstandard und einem ausgebauten Sozialstaat befürchten Einbußen im Hinblick auf das gewohnte Niveau der sozialen Absicherung, wenn sozialpolitische Kompetenzen an Brüssel übertragen werden. Die unterschiedlichen Modelle der Sozialstaatlichkeit lassen zudem einen europaweiten uniformen Ansatz der Kollektivierung von Lebensrisiken kaum zu. Mehr als in jedem anderen Politikfeld machen Pfadabhängigkeiten grundlegende Veränderungen schwer. Wer beispielsweise das Rentensystem und seine Finanzierung ändern

In Folge der europäischen Staatsschuldenkrise gelangten die Sozialsysteme einiger EU-Mitgliedstaaten, besonders das Griechenlands, massiv unter Druck. Die massive Kürzung von Sozialleistungen verweist viele Bürgerinnen und Bürger auf die Unterstützung karitativer Einrichtungen – und wirft die Frage nach einem gesamteuropäischen Umverteilungssystem auf.
Auf dem Bild erhalten Arme (Rentner) und Obdachlose nach einem Neujahrs-Essen Lebensmittel-Spenden, in diesem Fall von der Stadtverwaltung in Athen, Januar 2013.

will, muss in Zyklen von 40 oder 50 Jahren denken. Auch kann es durch die Europäisierung zu nachhaltigen Störungen hart erkämpfter nationaler Verteilungskompromisse kommen. [...] Die Sozialgesetze der einzelnen Staaten könnten zugunsten der sogenannten Grundfreiheiten der europäischen Wirtschaftsgemeinschaft (Niederlassungs- und Dienstleistungsfreiheit sowie die freie Mobilität von Personen, Kapital und Waren) zurückgestuft werden. Damit würde die nationale Integrations- und Ausgleichsfähigkeit geschwächt, und es drohe eine Benachteiligung vor allem jener Gruppen und Akteure, die besonders auf den nationalstaatlichen Rahmen des sozialen Schutzes angewiesen sind.

Gibt es Alternativen? Die Unionsbürgerschaft sichert heute schon jedem, der in einen anderen EU-Staat migriert, die dort bestehenden Rechte zu. Aber auch das führt zu Kontroversen, weil einige Länder unregulierte Zuwanderung in ihre Sozialsysteme befürchten und nicht bereit sind, diese Lasten zu tragen. Ein anderes, deutlich radikaleres Modell wäre der Ausbau eines europäischen Sozialhilfesystems als Auffangnetz auf unterer Ebene. Bezahlen [...] ließe sich das durch eine Umwidmung der Agrarsubventionen und der Gelder aus den Strukturfonds. Zugutekommen solle das den wirklich Armen, denen ohne Hilfe die gesellschaftliche Exklusion droht. Diese Leistungen könnten an die nationalen Lebenshaltungskosten gekoppelt werden, um den Ungleichheiten der Einkommen Rechnung zu tragen. Mit einer solchen, im Lichte unserer tagespolitischen Debatten illusionär erscheinenden Maßnahme der begrenzten Umverteilung würde die Europäische Union ein Zeichen setzen und zu einem gewichtigen Akteur der Sozialpolitik werden.

Derzeit ist die sozialpolitische Agenda der EU hauptsächlich auf das Problem der Massenarbeitslosigkeit ausgerichtet, das vor allem die südeuropäischen Mitgliedsländer mit großer Härte trifft. Die dafür mobilisierten Mittel sind angesichts der Größenordnung des Problems allerdings bescheiden. Da wird viel für das Schaufenster gemacht. Dabei ist klar, dass sich an der Frage, ob Europa diese Herausforderung schultern kann, auch entschieden wird, ob die EU bei der Suche nach ihrer sozialpolitischen Rolle endlich erfolgreich ist. Europa braucht die soziale Dimension, tut sich aber sehr schwer damit, sie umfassend zu entwickeln. „Europe can't live with or without the social dimension", so könnte man frei nach U2 das schwierige und zunehmend riskante Dilemma der europäischen Integration beschreiben.

*Steffen Mau, Europäische Integration – mit oder ohne Sozialpolitik?, eutopia, 20.5.2014*

*Steffen Mau ist Professor für Soziologie (Makrosoziologie) an der Humboldt-Universität Berlin.*

Zur Frage einer gemeinsamen Steuerpolitik der EU und einer damit verbundenen „Transferunion" → siehe Kapitel 5.2.2

### Aufgaben

1. Erläutern Sie die (mögliche) Bedeutung einer (vergemeinschafteten) EU-Sozialpolitik vor dem Hintergrund innereuropäischer Disparitäten (M 1) und dem Selbstverständnis der EU als „soziales Europa" (M 4, M 5).

2. a) Arbeiten Sie Notwendigkeiten (M 9, M 10) sowie Hindernisse und Grenzen (M 10, M 11, Infobox) einer gemeinsamen EU-Sozialpolitik heraus.
   b) Erläutern Sie Ihre Ergebnisse am Beispiel der Maßnahmen gegen Jugendarbeitslosigkeit in Europa (Kap. 4.2.1, M 2, M 3).

3. „Wem es [...] ernst ist mit einer Stärkung der sozialen Dimension, der wird auch nach supranationalen Lösungen für soziale Probleme [in Europa] suchen müssen" (Joß Steinke, vgl. M 9, Z. 23 ff.). Erörtern Sie ausgehend von diesem Zitat die Forderung nach einer gemeinsamen EU-Sozialpolitik.

M zu Aufgabe 2a
Bearbeiten Sie die Teilaspekte arbeitsteilig und führen Sie diese in Partnerarbeit zusammen.

# 4 Europäische Wirtschafts- und Sozialpolitik – mehr als nur ein gemeinsamer Markt

**ORIENTIERUNGSWISSEN**

**Ein soziales Europa?**
M 4, M 5

Die EU verpflichtet sich im **Vertrag von Lissabon** nicht nur zur politischen und wirtschaftlichen Integration, sondern auch zur Gewährung sozialer Rechte und zum **Ausgleich sozialer Ungleichheiten**, auch und insbesondere über Staatsgrenzen hinweg.

Aufgrund der zum Teil erheblichen sozioökonomischen Unterschiede zwischen den Mitgliedstaaten sowie ihrer wohlfahrtsstaatlichen Traditionen ist fraglich, inwieweit die EU in der Lage ist, diese Ziele durch eine solidarische Politik zu erreichen.

**Regional- und Strukturpolitik der EU**
M 6

Die ersten politischen Aktivitäten, die der Erreichung dieser Ziele dienen, sind dem Politikfeld der **Regional- und Strukturpolitik** zuzuordnen. Hierbei gewährt die EU Fördermittel, um **Infrastrukturprojekte** u.Ä. in Regionen mitzufinanzieren, die den Anforderungen des Binnenmarktes noch nicht gerecht werden können oder mit besonderen sozialen Problemen zu kämpfen haben. Insofern ist die Regional- und Strukturpolitik funktional auf die wirtschaftliche Integration der EU bezogen.

**Sozialpolitik der EU – im Werden**
M 10

Dies gilt auch für die Europäische Sozialpolitik, die vor allem **Arbeitnehmer(schutz)politik** ist. Mit der „Lissabon-Strategie" hat sich die EU eine aktivere Rolle im Bereich der **Beschäftigungspolitik** verordnet, die in allen Mitgliedstaaten zu einer Ausweitung der Beschäftigungsquote, vor allem von Risikogruppen, führen und somit auch das allgemeine Ziel der Förderung des sozialen Zusammenhalts unterstützen soll.

M 1, M 3, M 11

Die gegenwärtige **Jugendarbeitslosigkeit** vor allem in südeuropäischen Staaten zeigt Notwendigkeit und Grenzen einer weitergehenden vergemeinschafteten EU-Sozialpolitik auf. Die erheblichen sozialen Disparitäten innerhalb der EU gefährden den sozialen Frieden und die Anerkennung der EU; zudem müssen die von Arbeitslosigkeit besonders betroffenen Staaten die negativen Folgen eines „brain drains" bewältigen, wofür innereuropäische Transferzahlungen als erforderlich erscheinen. Sehr unterschiedliche sozialstaatliche Traditionen und damit verbundene Leistungsniveaus bzw. -ansprüche erschweren die vollständige Vergemeinschaftung sozialpolitischer Leistungen.

**EU-Sozialpolitik kontrovers**
M 11

Das sozialpolitische Engagement der EU wird von gesellschaftlichen Gruppen unterschiedlich bewertet. Kritische und euroskeptische Positionen betonen eine Aushöhlung nationaler wohlfahrtsstaatlicher Traditionen, da EU-Regeln oft nur Mindeststandards seien, die zumindest für westeuropäische Wohlfahrtsstaaten das bisher Erreichte ignorierten. Unterstützer sehen demgegenüber einen erhöhten sozialpolitischen Handlungsbedarf, der angesichts der Binnenmarktintegration nur gemeinschaftlich bewältigt werden könne.

## Eine europäische Arbeitslosenversicherung?

EU-Sozialkommissar Lazlo Andor hat [...] seine Pläne für eine europäische Arbeitslosenversicherung präzisiert. Andor sagte im Gespräch mit der „Welt", eine europäische Arbeitslosenversicherung sollte die nationalen Arbeitslosenversicherungssysteme nicht ersetzen: „Die europäische Arbeitslosenversicherung würde nur Kernaufgaben übernehmen." [...]

Ein solches Konzept [...] schaffe wirtschaftliche Stabilität und könne in einer Phase des konjunkturellen Abschwungs die Wirtschaft kurzfristig beleben. „Wir brauchen eine europäische Arbeitslosenversicherung: Dadurch wäre es möglich, ein Sicherheitsnetz zu schaffen für die Sozialsysteme der einzelnen Mitgliedstaaten. Alle Euro-Länder zahlen beim europäischen Arbeitslosengeld in einen gemeinsamen Topf ein und bekommen je nach Höhe der Arbeitslosigkeit einen Teil zurück".

Früher hätten sich die Länder bei Konjunktureinbrüchen selbst geholfen und die eigene Währung abgewertet. „Das geht bei einer gemeinsamen Währung aber nicht mehr, man muss also andere Wege gehen", sagte der EU-Sozialkommissar.

Laut Andor soll die europäische Arbeitslosenversicherung aus Steuermitteln der Euro-Länder finanziert werden. „Es geht kein Weg daran vorbei, dass wir künftig mehr Transfers von Geldern zwischen den Euro-Ländern vornehmen". Diese Transfers sollten aus Steuermitteln der einzelnen Mitgliedsländer finanziert werden. „Nur mit solchen fiskalischen Transferzahlungen lässt sich die Währungsunion künftig sicher machen. Sie sorgen dafür, dass die sozialen und wirtschaftlichen Folgen von Reformen und Konjunktureinbrüchen abgefedert werden und es keine Spirale nach unten gibt", erläuterte der studierte Ökonom Andor. [...]

Nach Berechnungen des Instituts für Arbeitsmarkt- und Berufsforschung (IAB) der Nürnberger Bundesagentur für Arbeit hätte eine europäische Arbeitslosenversicherung – bei einem Leistungssatz von 50 Prozent des letzten Gehalts – zwischen 2006 und 2011 Deutschland netto rund 20 Milliarden Euro gekostet. Damit hätte Berlin nahezu ein Drittel der europäischen Arbeitslosenversicherung finanziert. Größter Profiteur wäre Spanien mit Nettozuflüssen von 37,9 Milliarden Euro gewesen. Auch die Italiener könnten sich freuen. Laut IAB würde eine neue europäische Arbeitslosenversicherung in ihrem Land im Vergleich zu den vergangenen Jahren künftig zu einem „massiven" Anstieg des Leistungsniveaus und der Anspruchsberechtigten führen.

*Christoph B. Schiltz, Die Welt, 25.8.2014*

### Aufgaben

1. Geben Sie das Modell einer europäischen Arbeitslosenversicherung wieder.
2. Erläutern Sie Möglichkeiten und Grenzen einer vergemeinschafteten EU-Sozial- und Arbeitsmarktpolitik.
3. Der europäische Integrationsprozess wird erst durch die Etablierung gemeinschaftlicher sozialstaatlicher Strukturen vollendet. Nehmen Sie zu dieser These begründet Stellung.

Titelbild von:
Der Spiegel, 2002, Heft 1

# 5 Der Euro – Chancen und Grenzen der Gemeinschaftswährung

Am 1. Januar 2002 löste in zwölf Ländern der EU der Euro die nationalen Währungen als Bargeld ab. Im Jahr 2016 ist er in 19 (von 28) EU-Staaten als Zahlungsmittel eingeführt. Viele Erwartungen wurden in den Euro gesetzt. Ende des Jahres 2009 geriet mit Griechenland der erste Euro-Staat in größte Schwierigkeiten, sich an den internationalen Finanzmärken Geld zu leihen und damit die laufenden Staatsausgaben zu decken. Um die griechische Staatsfinanzierung aufrecht zu erhalten, ein Übergreifen von Zahlungsschwierigkeiten auf andere Euro-Länder zu verhindern und die Stabilität der Gemeinschaftswährung zu erhalten, wurden umfangreiche finanzielle Unterstützungsmaßnahmen durch die Euro-Staaten sowie durch die Europäische Zentralbank (EZB) beschlossen. Um die Kredite ausgezahlt zu bekommen, musste sich Griechenland verpflichten, massive Reformauflagen umzusetzen. Zunächst können Sie ermitteln, welche Folgen ein (erzwungener) EU- bzw. Eurozonen-Austritt („Grexit") für Griechenland innen- und sozialpolitisch sowie für die EU als Ganze bedeuten würde. Sie diskutieren die Wirksamkeit und Legitimität der Kreditauflagen sowie die Frage des Nutzens der Gemeinschaftswährung (Kapitel 5.1). Im Anschluss können Sie Orientierungswissen zur EZB erwerben und deren Politik in der Euro-Krise beurteilen. Zuletzt erarbeiten Sie sich die von den Euro-Ländern getroffenen Maßnahmen zur Krisenintervention und können sich an der Debatte beteiligen, ob sich die EU zu einer Fiskal- und Transferunion vertiefen sollte (Kapitel 5.2).

## KOMPETENZEN

Am Ende dieses Kapitels sollten Sie Folgendes wissen und können:

... mögliche Ursachen und Folgen der sowie Gegenmaßnahmen gegen die Euro-Krise (Dimension *policy*) sowie die Aufgaben und die Struktur der Europäischen Zentralbank (Dimension *polity*) wiedergeben.

... volkswirtschaftliche Argumentationen (zu Krisenursachen) erläutern und auf makroökonomische Daten beziehen.

... politische Positionen (zu einer finanzpolitischen Vertiefung der EU) kategorial und mehrperspektivisch bewerten.

... mögliche Szenarien zur finanz- und haushaltspolitischen Zukunft der EU anschaulich konstruieren.

### Was wissen Sie schon?

1. Analysieren Sie die jeweilige Bildsymbolik.
2. Vergleichen Sie die (möglichen) Aussagen der beiden Abbildungen.
3. Stimmen Sie eher der Aussage des Bildes im Vordergrund oder der Abbildung im Hintergrund zu? Positionieren Sie sich auf einer Meinungslinie und begründen Sie Ihre Haltung.

# 5 Der Euro – Chancen und Grenzen der Gemeinschaftswährung

## 5.1 Der Euro und die Bewältigung der ersten Krise

### 5.1.1 Aus der Staatsschuldenkrise wird eine Eurokrise? Ursachen, Verlauf und mögliche Folgen

**Bildsymbolik: Akropolis**

Der antiken Göttin Athene geweihter Burgberg und Festungsanlage Athens. Unter dem Strategen Perikles (490-429 v. Chr.) wurde u. a. der bekannte Tempel „Parthenon" errichtet. Dieser Athene-Tempel gilt – ähnlich wie die Eule – noch heute als Wahrzeichen Griechenlands.

**M 1** ● **Der Euro – ein fragiles Gebilde?**

Karikatur: Tomicek, 26.6.2015

Erklärfilm zur Staatsverschuldung

Mediencode: 73017-03

**M 2** ● **Wie entwickelten sich die griechischen Staatsschulden bis 2012?**

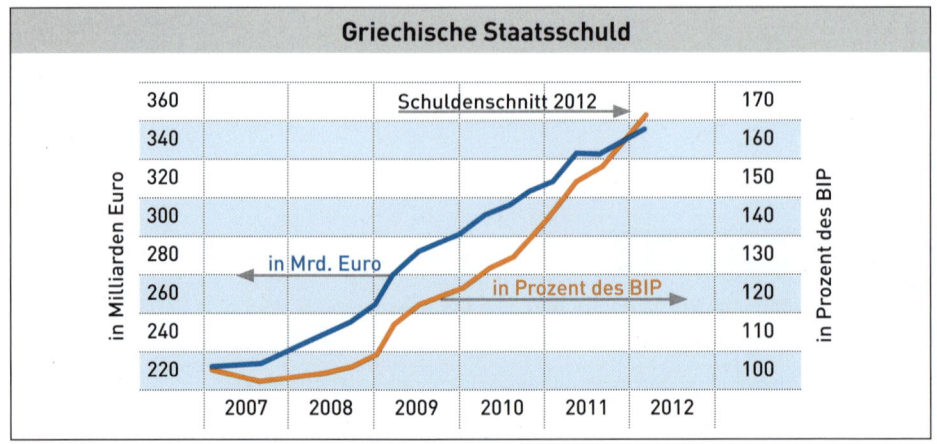

Zahlen: Eurostat

## M 3 Ursachen und Ablauf der griechischen Staatsschuldenkrise

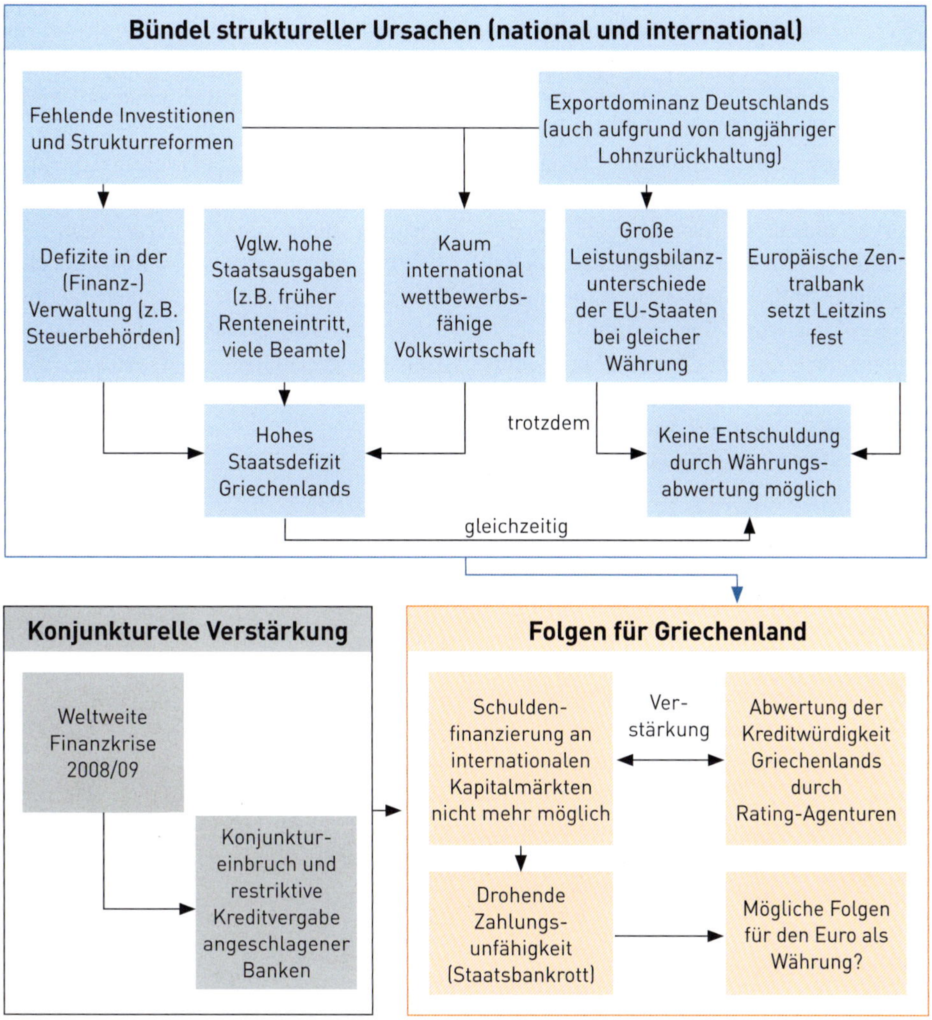

**Bündel struktureller Ursachen (national und international)**

- Fehlende Investitionen und Strukturreformen
- Exportdominanz Deutschlands (auch aufgrund von langjähriger Lohnzurückhaltung)
- Defizite in der (Finanz-)Verwaltung (z.B. Steuerbehörden)
- Vglw. hohe Staatsausgaben (z.B. früher Renteneintritt, viele Beamte)
- Kaum international wettbewerbsfähige Volkswirtschaft
- Große Leistungsbilanzunterschiede der EU-Staaten bei gleicher Währung
- Europäische Zentralbank setzt Leitzins fest

→ Hohes Staatsdefizit Griechenlands ← trotzdem → Keine Entschuldung durch Währungsabwertung möglich

gleichzeitig

**Konjunkturelle Verstärkung**
- Weltweite Finanzkrise 2008/09
- Konjunktureinbruch und restriktive Kreditvergabe angeschlagener Banken

**Folgen für Griechenland**
- Schuldenfinanzierung an internationalen Kapitalmärkten nicht mehr möglich ←Verstärkung→ Abwertung der Kreditwürdigkeit Griechenlands durch Rating-Agenturen
- Drohende Zahlungsunfähigkeit (Staatsbankrott) → Mögliche Folgen für den Euro als Währung?

*Autorengrafik*

### Info

**Rating-Agenturen**

Firmen, die die Kreditwürdigkeit (= Bonität) von Unternehmen oder Staaten aufgrund einer ständig aktualisierten Analyse betriebs- bzw. volkswirtschaftlicher Daten einschätzen. Diese Einschätzung wird in Buchstabenkombinationen von AAA (höchst kreditwürdig) bis D (zahlungsunfähig) angegeben.

Potenzielle Investoren bzw. bestehende Gläubiger haben großes Interesse an dieser Einschätzung, da sie dadurch das Risiko eines Zahlungsausfalls besser einschätzen können. Ein höheres Risiko muss von den Kreditnehmern in der Regel mit einem höheren Zins für geliehenes Geld vergütet werden. Ökonomisch gesprochen verringern Rating-Agenturen die Informationskosten für Investoren und Gläubiger.

Kritik: Erstens verfügen die drei großen Agenturen (Moody's, Standard & Poor's, Fitch Rating) über die Macht, ganze Unternehmen oder Staaten in Zahlungsschwierigkeiten zu bringen. Zweitens sind diese mächtigen Agenturen Privatunternehmen und unterliegen nur einer geringen öffentlichen Kontrolle. Drittens waren sie am Entstehen der Finanzkrise 2007 beteiligt, da sie Wertpapiere als sehr investitionswürdig einschätzten, die im Gegenteil äußerst risikobehaftet waren.

*Autorentext*

## Auf-/Abwertung

Von Aufwertung spricht man, wenn eine Währung gegenüber einer anderen an Wert gewinnt (Wechselkurssteigerung). Abwertung ist dementsprechend ein Wertverlust gegenüber einer anderen Währung.

### M 4 ● Keine Abwertung – Problem einer Gemeinschaftswährung

[D]er renommierte belgische Ökonom Paul De Grauwe [...] vergleicht [...] Spanien und Großbritannien, die beide stark steigende Staatsschulden aufweisen. [...] Großbritannien muss [2011] für eine 10-jährige Staatsanleihe nur eine Rendite von 3,1 Prozent bieten. Bei Spanien sind es 5,5 Prozent. Die Anleger schätzen also das Risiko deutlich höher ein, dass Spanien zahlungsunfähig wird. Aber warum?

Ganz einfach: Spanien hat den Euro – und ist anders als Großbritannien nicht mehr durch eine eigene Währung davor geschützt, in eine Staatspleite zu rutschen.

Diesen Zusammenhang erläutert De Grauwe mit einem Gedankenexperiment: Angenommen, die Investoren würden befürchten, dass Großbritannien demnächst pleite ist. Dann würden sie ihre Staatsanleihen verkaufen, dafür Pfund erhalten – und dieses Geld in eine andere Währung umtauschen, wo sich bessere Anlagemöglichkeiten bieten. Dieser Ausverkauf britischer Staatsanleihen würde aber ziemlich bald enden, denn der Kurs des Pfundes würde so stark sinken, dass es für die Investoren attraktiver wäre, im Pfund zu bleiben. [...] Sie würden entweder die britischen Staatsanleihen behalten oder aber die Verkaufserlöse wieder in Großbritannien anlegen. Es käme nicht zu Liquiditätsengpässen [= Zahlungsschwierigkeiten]. Zudem würde das sinkende Pfund dafür sorgen, dass die britische Wirtschaft international wettbewerbsfähiger wird. Die Panik unter den Investoren würde sich also wieder legen: Sie würden erneut britische Staatsanleihen kaufen. Zudem könnte auch noch die britische Zentralbank einspringen, falls sich kein Anleger findet – und einfach selbst Staatsanleihen erwerben. Eine britische Staatspleite ist also faktisch ausgeschlossen.

Völlig anders stellt sich die Lage in Spanien, Italien oder Belgien dar. Wenn die Investoren dort nervös werden und ihre Staatsanleihen abstoßen, erhalten sie Euros, die sie ohne Umtausch außer Landes schaffen können, um sie etwa in Deutschland anzulegen. Es kommt zu einem echten Liquiditätsengpass in den gefährdeten Staaten. Zudem bleibt der Eurokurs bei diesen Transaktionen stabil, so dass auch die Wettbewerbsfähigkeit der betroffenen Länder nicht steigt.

*Ulrike Herrmann, Achtung, Ansteckungsgefahr, die tageszeitung, 23.6.2011*

## Grexit, Brexit

Neologismus aus den Wörtern Griechenland und Exit (Ausgang); bezeichnet einen möglichen (erzwungenen oder freiwilligen) Austritt Griechenlands entweder aus der Euro-Zone oder gar der gesamten EU. Analog dazu: Brexit (EU-Austritt Großbritanniens, vgl. Kap. 8.2.2)

### M 5 ● Grexit? Gefahren eines griechischen Euro-Austritts

[D]ie Folgen einer griechischen Staatspleite und eines möglicherweise folgenden Ausscheidens aus der Eurozone [sind] nur schwer vorhersagbar. Wie schlimm sie wären, hängt unter anderem davon ab, wie geregelt das Land den Übergang zu einer neuen Währung hinbekommen würde. Es deutet aber einiges daraufhin, dass der Grexit in keinem Fall ein Kinderspiel wäre – weder für Griechenland selbst, noch für den Rest der Eurozone.

**Die Folgen für Griechenland:**
- Die neue Währung (nennen wir sie Drachme) würde im Vergleich zu anderen Währungen massiv an Wert verlieren. Das hieße, dass alle Importe, die in Drachmen bezahlt würden, sich erheblich verteuerten. Für die griechischen Bürger wäre das ein Inflationsschock. Schließlich importiert das Land rund die Hälfte seiner Lebensmittel und etwa vier Fünftel seiner Energie. Auch Medikamente würden schlagartig teurer.
- Umgekehrt würden die Exporte Griechenlands günstiger, die griechische Wirtschaft also wettbewerbsfähiger – ein Fakt, den Grexit-Befürworter wie der

Chef des Münchner Ifo-Instituts, Hans-Werner Sinn, immer wieder betonen. Das Problem ist nur: Griechenland hat keine wirklich funktionierende Exportindustrie. Abgesehen von ein paar Lebensmittelprodukten ist da nicht viel. Helfen würde die Abwertung der Drachme allerdings der wichtigen Tourismusbranche. Urlaub in Griechenland würde für alle anderen Europäer deutlich billiger.

- Griechenland müsste sich auf eine Pleitewelle gefasst machen. Nicht nur der Staat, auch viele Unternehmen haben sich in Euro verschuldet. Im Falle eines Grexits würde die Last dieser Schulden sich erheblich erschweren, weil die Firmen sie ja aus ihren vergleichsweise billigen Drachmen bezahlen müssten. Weil auch die griechischen Banken durch die Staatspleite in Schwierigkeiten gerieten, würde auch die Kreditvergabe an Unternehmen erheblich eingeschränkt.
- Die Wirtschaftsleistung Griechenlands würde wahrscheinlich weiter einbrechen. Wie lange und wie stark, das lässt sich nicht seriös vorhersagen. Schon ein vergleichsweise geringer Rückgang aber könnte für viele Menschen katastrophale Auswirkungen haben. Schließlich ist die Wirtschaftsleistung seit 2008 bereits um rund 27 Prozent gesunken – mit verheerenden Folgen für Arbeitsplätze und Sozialleistungen.

Die Folgen für die Eurozone:
- Mindestens kurzfristig dürfte eine Pleite Griechenlands für Turbulenzen an den Finanzmärkten sorgen [...]. Neben dem Aktienmarkt dürfte auch der Eurokurs einbrechen. [...]
- Billig wäre ein griechischer Euro-Austritt [...] nicht. Schon im Falle einer Staatspleite müssten die Eurostaaten einen guten Teil der an Griechenland gewährten Hilfskredite abschreiben – insgesamt geht es um 327 Milliarden Euro. Für Deutschland stehen rund 42 Milliarden Euro auf dem Spiel. Im Falle eines Euro-Austritts müsste zudem auch die EZB Milliardenverluste hinnehmen [...].
- Die europäischen Banken müssten im Falle eines Grexits zwar keine so gravierenden Auswirkungen mehr fürchten wie etwa noch im Jahr 2011. Sie haben [...] noch Forderungen von knapp 33 Milliarden Dollar gegenüber griechischen Schuldnern, rund 13 Milliarden Dollar davon entfielen allein auf deutsche Banken [Stand: Ende 2014]. Ein Großteil dieses Geldes wäre im Falle von Pleite und Grexit wohl auch weg.
- Welche ökonomischen Folgen es für die Eurozone hätte, wenn ein Land aus ihrer Mitte plötzlich [he]rausfiele und verarmte, ist schwer abzuschätzen. Die politischen Folgen jedoch wären in jedem Fall immens. Die Eurozone wäre kein Bund für die Ewigkeit mehr, der Weg zum Austritt wäre geebnet. Und sobald ein Land in wirtschaftliche Schwierigkeiten geriete, würden die Spekulationen beginnen, wann der nächste Kandidat sich verabschiedet.

*Stefan Kaiser, Drohender Staatsbankrott, www.spiegel.de, 12.6.2015*

Ein griechisches 2-Euro-Stück und eine alte griechische Drachmen-Münze (griechische Währung bis 2001).

### Aufgaben

1. Analysieren Sie die Karikatur (M 1).
2. Beschreiben Sie die Entwicklung der griechischen Staatsschulden von 2007 bis 2012 und arbeiten Sie vermutliche Probleme für den griechischen Staat heraus, die sich aus dieser Entwicklung ergeben haben könnten (M 2).
3. Erläutern Sie die Problematik des Euros als Gemeinschaftswährung von wirtschaftlich recht unterschiedlich entwickelten Staaten (M 3, M 4).
4. Bewerten Sie die Forderung nach einem Austritt Griechenlands aus der Euro-Zone (M 2–M 5).

**zu Aufgabe 3**
Beschreiben und erläutern Sie den Ablauf der Staatsschuldenkrise in Griechenland (M 3).

**zu Aufgabe 4**
Stellen Sie die Folgen eines möglichen Grexits in einem systematischen Schaubild (Ursache → Wirkungen; Auslöser → Folgen) dar. Trennen Sie dabei die Betroffenengruppen (Menschen, Wirtschaftsunternehmen, Nationalstaaten, Euro-Zone, EU). Vor Ihrem abschließenden Urteil sollten Sie begründen, warum Sie welche Hauptargumente ausgewählt haben.

## 5.1.2 Sind die Maßnahmen zur Euro-Stabilisierung wirksam und legitim?

**M 6** ● **Ein Bildkommentar**

Graffito in London

**M 7** ● **EU spannt Rettungsschirm**

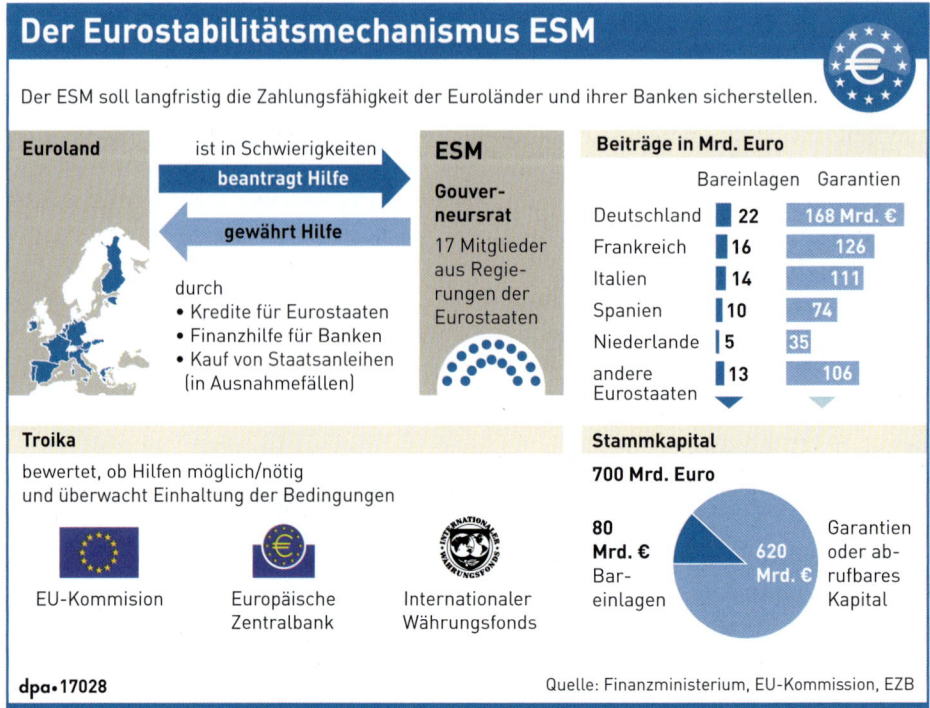

**IWF**
Internationaler Währungsfonds; Sonderorganisation der Vereinten Nationen; Aufgabe u. a. Kreditvergabe (gegen Auflagen von Wirtschaftsreformen) an Länder ohne ausreichende Währungsreserven

## M 8 Reformauflagen von EU und IWF an Griechenland

### a) Sparmaßnahmen

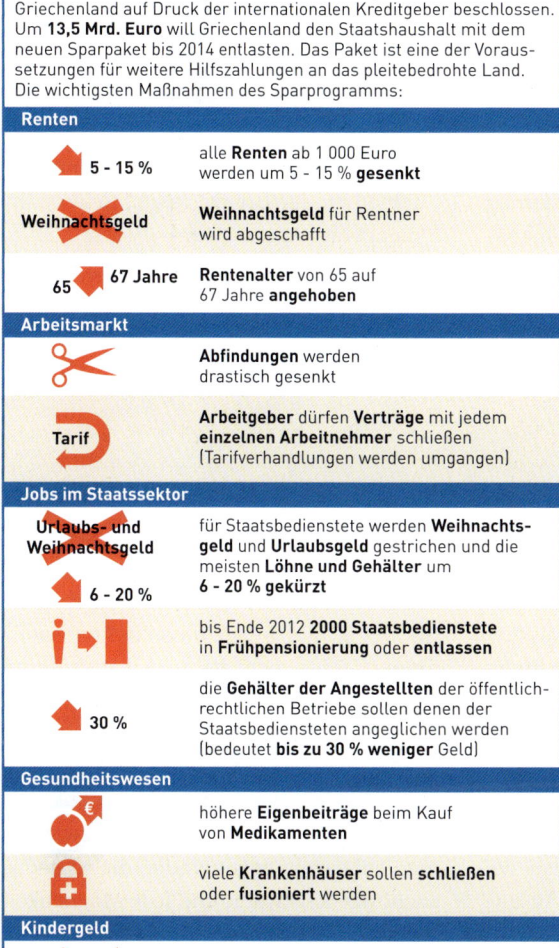

dpa•17722

> **ESM**
>
> Europäischer Stabilitätsmechanismus; Finanzierungsinstitution der EU mit der Aufgabe, Euro-Staaten, denen Zahlungsunfähigkeit droht, mit Krediten gegen Auflagen liquide (= zahlungsfähig) zu halten. Das Kapital stammt aus den anderen Euro-Staaten nach einem festen Schlüssel (Anteil Deutschlands: ca. 27%). Vorläufer des ESM: EFSF (Europäische Finanzstabilisierungsfazilität) und EFSM (Europäischen Finanzstabilisierungsmechanismus)
> Der ESM vergibt Kredite zu günstigen Zinsen und mit langen Laufzeiten. Im Gegenzug müssen die Krisenstaaten ihre Finanzen reformieren und sparen. Das Geld für die Kredite holt sich der ESM am Finanzmarkt, indem er Anleihen an Investoren in aller Welt verkauft. Weil die starken Eurostaaten für die Rückzahlung der Anleihen garantieren, verlangen die Geldgeber nicht so hohe Zinsen.
> Der ESM verfügt über eine Einlage von 80,5 Mrd. Euro, für 624 weitere Milliarden Euro garantieren die ESM-Mitglieder. Sie müssen nur dann einspringen, wenn die Krisenstaaten ihre Kredite nicht zurückzahlen können. Bislang ist kein deutsches Steuergeld an die Krisenstaaten geflossen.

**Erklärfilm zum ESM**

Mediencode: 73017-04

### b) Steuererhöhung

Seit [Juli 2015] gelten für die Mehrwertsteuer neue Regeln in Griechenland. Statt einer kaum überschaubaren Zahl von unterschiedlichen Sätzen, gelten jetzt nur noch drei: 6, 13 und 23 Prozent. Vor allem verpackte oder verarbeitete Lebensmittel fallen neuerdings unter den höchsten Satz von 23 Prozent, ebenso wie Getränke und Mahlzeiten in Cafés und Restaurants. [...] Der Einkauf wird für die Griechen jedenfalls teurer [...]: Butter kostet jetzt 1,90 Euro statt 1,50 Euro, Becel Proactive Margarine kostet 5,99 Euro, zuvor waren es 5,50 Euro. Ein Schokoriegel kostet 1,45 Euro, während man vor dem Wochenende noch 1,25 Euro bezahlen musste. Der Preis für eine Packung Philadelphia stieg von 2,20 Euro auf 2,40 Euro. [...] Insgesamt, schätzen einige Ladenbesitzer, dürfte der Durchschnittseinkauf rund 20 Prozent teurer werden.

*(nck/gec) www.spiegel.de, 20.7.2015*

> **Mehrwertsteuer**
>
> Endverbrauchersteuer, die auf alle Waren und Dienstleistungen erhoben wird (in Deutschland 19%; ermäßigter Satz 7% auf z. B. Grundnahrungsmittel und Eintritt in kulturelle Veranstaltungen).

### c) Ausgewählte Bausteine: Privatisierung und Renten

*Privatisierung von Staatsbesitz*

U. a. zur Schuldentilgung sollte der Verkauf griechischen Staatsbesitzes 50 Mrd. Euro einbringen. Allerdings konnten bisher lediglich Hotelanlagen u. Ä. verkauft werden. Die umstrittenen Verkäufe von Einrichtungen der öffentlichen Daseinsfürsorge (Gas-, Strom-, Wasserunternehmen) wurden durch Teile der Regierung und Gewerkschaften gestoppt, die Privatisierung von Infrastruktureinrichtungen (Flughäfen, Eisenbahn) scheiterten bisher eher an den hohen Schulden dieser Firmen sowie am hohen Investitionsbedarf.

*Rentenreform*

- Mindestrente von 384 Euro nach 15 Beitragsjahren; nach 40 Beitragsjahren 60 % des letzten Gehalts
- Anhebung des Renteneintrittsalters auf 67 Jahre
- Senkung der max. Rentenhöhe von 2.700 auf 2.300 Euro/Monat
- Anhebung der Rentenversicherungsbeiträge (v. a. für Landwirte und Selbstständige) von 7 % auf 20 %
- sehr umstritten als Bedingung für ESM-Hilfskredite

*Autorentext*

### M 9 ● Sind die Reformauflagen der EU wirksam und legitim?

**a) Sparmaßnahmen unwirksam und illegitim**

Seit [...] Jahren haben verschiedene griechische Regierungen Reformen umgesetzt, die ihnen von der Troika aus Europäischer Zentralbank (EZB), Europäischer Kommission und Internationalem Währungsfonds (IWF) als Bedingungen für Kredite aufgezwungen wurden. Das formulierte Ziel war es dabei, den Schuldenstand Griechenlands auf ein „tragfähiges" Niveau zu senken. Doch hat die Austeritätspolitik, also die enormen Kürzungen öffentlicher Ausgaben, Lohnkürzungen, Entlassungen und Privatisierungen genau das Gegenteil bewirkt: Heute sind die Schulden noch höher als vor Beginn der Troika-Maßnahmen. Und trotzdem musste die griechische Bevölkerung die Krise mit enormen Entbehrungen bezahlen.

Im Jahr 2009, vor Beginn der Troika-Diktate, lag die Staatsschuldenquote Griechenlands bei 126,8 % des Bruttoinlandsprodukts (BIP). [...] 2014 betrug sie ganze 176,3 %, das sind 49,5 Prozentpunkte mehr!

Dies hat im Wesentlichen zwei Gründe: Den weiteren Anstieg der Schulden in absoluten Zahlen (also in Euro) und den Einbruch [...] der Wirtschaftsleistung Griechenlands. [Letztere ist] von 2009 bis 2014 um ganze 22 % geschrumpft [...]. [J]e mehr ein Staat in Krisenzeiten „spart", desto stärker ist auch die Rezession ausgeprägt. All dies zeigt deutlich, dass die Krisenpolitik der Troika nicht nur sozial verheerend war, sondern auch wirtschaftlich katastrophal. Anstatt die vorgeblichen Ziele zu erreichen, hat sie die Krise enorm verschärft. Kein Wunder: Durch die strikte und unsoziale Kürzungspolitik sowie die erzwungenen Lohnsenkungen wurde die Binnennachfrage abgewürgt und jede Möglichkeit einer wirtschaftlichen Erholung im Keim erstickt. Griechenland wurde in einen Teufelskreis aus Ausgabenkürzungen, negativem Wirtschaftswachstum und geringeren Steuereinnahmen getrieben. [...]

Die Erwerbslosenquote hat sich von 12,7 % (2010) auf 25,8 % (Nov. 2014) mehr als verdoppelt und unter Jugendlichen ist sie gar auf 50,8 % gestiegen. Dadurch haben die Menschen weniger Geld in den Taschen: Das Durchschnittseinkommen ist von 13.974 Euro pro Jahr (2010) auf 9.303 (2013) zurückgegangen (-33,4 %).

*Alexander Ulrich, Andrej Hunko, Factsheet 2/4, 3.4.2015, www.linksfraktion.de*

*Die Autoren sind Bundestagsabgeordnete der linksfraktion.*

---

**Austerität**

strenge Sparpolitik eines Staates mit der Beschränkung auf das Notwendigste in den öffentlichen (z. B. in der Verwaltung) und privaten Haushalten

**Rezession**

rückläufige Wirtschaftsleistung/Abnahme des Bruttoinlandsprodukts; In Europa spricht man von Rezession, wenn das BIP eines Quartals niedriger ausfällt als das BIP des gleichen Vorjahresquartals.

## b) Reformmaßnahmen wirksam und notwendig

Seit dem EG-Beitritt [Griechenlands] 1981 seien von Brüssel die sichtbaren Strukturschwächen für lange Zeit beharrlich akzeptiert worden [, urteilt Dr. Klaus Schrader,
5 Experte für Wirtschaftspolitik am Institut für Weltwirtschaft (IfW)]. Keine griechische Regierung der vergangenen Jahre habe ohne Druck und Kontrollen den Reformprozess oder die Haushaltssanierung vor-
10 angetrieben. [...] Schrader: „Durch die [weitere] Verschleppung des Reformprozesses wird die Attraktivität des Standorts Griechenland für in- und ausländische Investoren noch weiter sinken, und die Wen-
15 de zu einer positiven Wirtschaftsentwicklung ist in weite Ferne gerückt".
Dabei hatten die auf Druck der Euroländer und des IWF in jüngster Zeit in Gang gekommenen Reformprozesse erste Erfolge
20 gezeigt – trotz aller Verzögerungen und Umsetzungsdefizite. Im „Doing Business Ranking 2015" der Weltbank erreicht Griechenland Rang 61 von 189 Ländern, 2011 war es noch Rang 109. Auch die ökonomi-
25 schen Kennzahlen deuteten 2014 erstmals eine leichte Wende an. Das griechische Sozialprodukt etwa wuchs erstmals seit 2007, wenn auch nur um 0,8 Prozent. Für das Jahr 2015 wurde noch im Herbst letzten
30 Jahres ein Wachstum von 2,9 Prozent prognostiziert. [...]
Haupthindernis für Reformerfolge sei die völlige Überforderung der griechischen Staatsverwaltung bei der Durchführung
35 komplexer Reformen. [...] Der Reformbedarf Griechenlands betreffe nach wie vor die Steigerung der Wettbewerbsintensität auf den Güter- und Dienstleistungsmärkten, die Flexibilisierung und Öffnung der
40 Arbeitsmärkte sowie die Vereinfachung des Steuersystems und eine finanzielle Entlastung des Staates bei Renten und Pensionen. [...]
Die vom IfW durchgeführte Analyse der
45 Wirtschaftsstruktur des Landes zeigt: Griechenland ist auf rohstoff- und arbeitsintensive Produkte ausgerichtet und steht damit im Preiswettbewerb mit Schwellen- und Entwicklungsländern. Nötig seien eine
50 deutlich höhere Wertschöpfung und „Hightech made in Greece". Der Dienstleistungssektor biete in erste Linie Jobs in Logistik und Tourismus mit geringen Qualifikationsanforderungen und dementsprechend
55 niedrigen Einkommen. Es fehlten unternehmensnahe Dienstleistungen mit guten Einkommenschancen. [...]
Die Fortsetzung der Rettungspolitik ohne belastbare Reformauflagen [...] sei aller-
60 dings keine Lösung des Griechenlandproblems. Dies würde [...] das Regelwerk der Eurozone und der Union insgesamt in Frage stellen. Ansteckungseffekte wären unvermeidbar: „Kein Krisenland wäre mehr
65 gewillt, harte Anpassungsmaßnahmen mit spürbaren politischen und wirtschaftlichen Kosten zu tragen", so Schrader.

*Klaus Schrader, Institut für Weltwirtschaft, Griechenland: Kein Weg aus der Krise ohne Reformen, 7.7.2015*

*Das IfW ist ein zu gleichen Teilen vom Bund und den Ländern finanziertes ökonomisches Forschungsinstitut in Kiel.*

### Wertschöpfung
Ergebnis eines ökonomischen Prozesses (z. B. der Güterproduktion). Wenn der (geldwerte) Output (= Gesamtleistung) des Prozesses dessen (geldwerten) Input (= Vorleistungen) übersteigt, ist die Wertschöpfung positiv, ein Gewinn vorhanden.

### Erklärfilm zur Euro-Krise

Mediencode: 73017-05

### M zu Aufgabe 4
Teilen Sie den Kursraum in vier Felder mit den Bezeichnungen: „wirksam und legitim", „legitim aber unwirksam", „wirksam aber illegitim", „unwirksam und illegitim". Positionieren Sie sich auf ein Zeichen hin in einem der Felder zu der Frage und begründen Sie Ihre Positionierung mit Ihren beiden Hauptargumenten.

### Aufgaben

1. Beschreiben Sie das Graffito und stellen Sie Deutungshypothesen auf (M 6).
2. Erläutern Sie die „Rettungsmaßnahmen" der EU und des IWF für die griechischen Staatsfinanzen sowie die erhofften Wirkungen der „Reformauflagen" des griechischen Staatswesens (M 7-M 8).
3. Problematisieren Sie die „Reformauflagen" hypothesenartig aus ökonomischer Perspektive sowie aus Sicht der griechischen Bevölkerung (M 8).
4. Stellen Sie die Argumente für und gegen die EU-Reformauflagen für Griechenland einander gegenüber und nehmen sie abschließend Stellung zu der Frage: „Reformauflagen für Griechenland – legitim und wirksam?" (M 9)

## Politische Urteilsbildung II: Mithilfe von Kriterien und Betrachtungsebenen urteilen

### Zum Nutzen von Kategorien und Kriterien

Neben der Unterscheidung von Sach- und Werturteil sollten Sie auch Kategorien bzw. Kriterien als Hilfsmittel zur Urteilsbildung nutzen. Unter Kategorien versteht man Oberbegriffe. Neben der Werte-Ebene (siehe Urteilsbildung I) sind die beiden zentralen Kategorien der politischen Urteilsbildung die der **Legitimität** (also die *Anerkennungswürdigkeit* einer politischen Position oder Entscheidung) und die der **Effizienz** (also die *Wirtschaftlichkeit im weiteren Sinne* einer politischen Entscheidung oder eines politischen Vorschlags). Kategorien bzw. die unter ihnen versammelten politischen Urteilskriterien können zu zweierlei dienen: Erstens haben sie die Funktion, bisher unbedachte Argumente aufzuspüren. Zweitens können damit Pro- und Kontra-Argumente besser aufeinander bezogen werden (z. B. in einer Pro-Kontra-Debatte oder einer schriftlich Erörterung); sie helfen also bei der Strukturierung von Gesprächen und von Texten.

### Kriterien politischer Urteile

Im Folgenden werden mögliche Kriterien – geordnet nach Kategorien – zur Orientierung dargestellt. Bei keinerlei Urteilsfrage ist es zweckmäßig, alle Kriterien schematisch „abzuarbeiten". Vielmehr sollte jeweils zuerst geprüft werden, welche Kriterien bei der speziellen Urteilsfrage überhaupt hilfreich sind.

**Kategorien und Kriterien mehrperspektivischen politischen Urteilens**

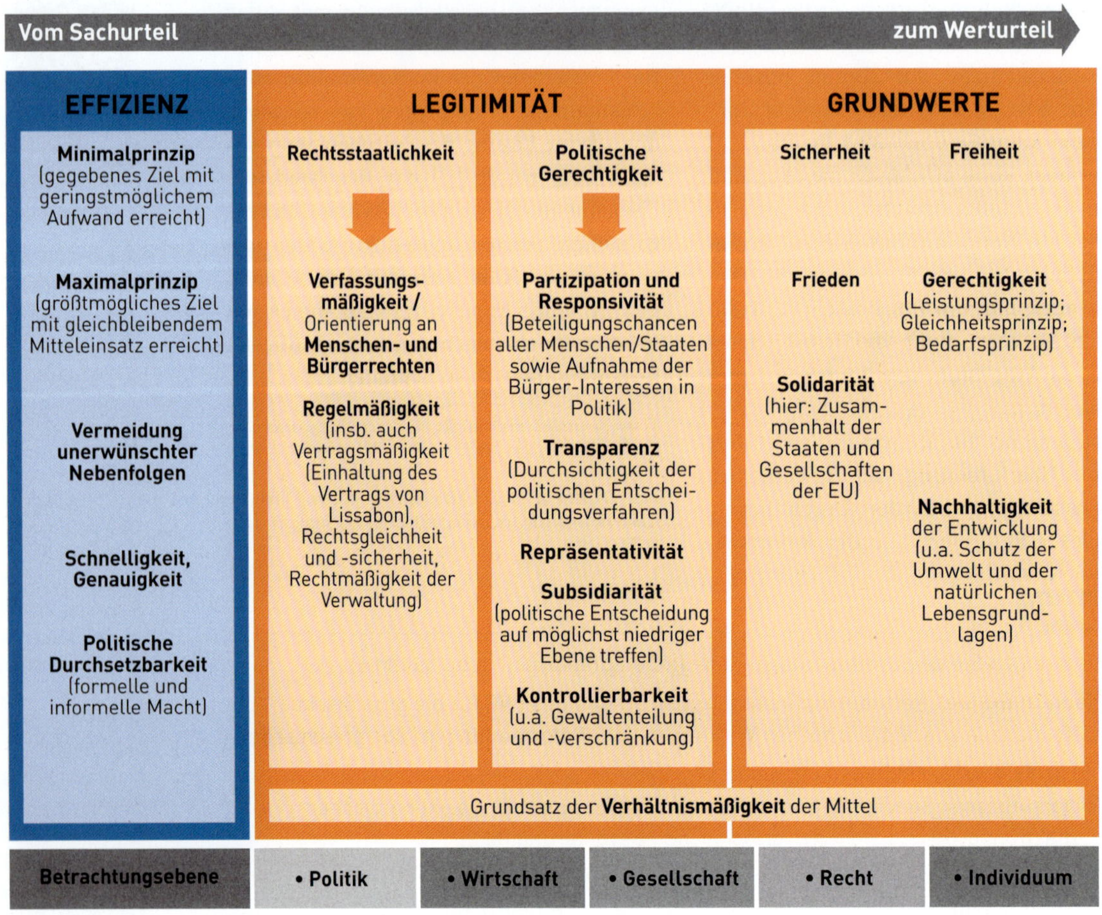

Vom Sachurteil → zum Werturteil

| EFFIZIENZ | LEGITIMITÄT | | GRUNDWERTE | |
|---|---|---|---|---|
| **Minimalprinzip** (gegebenes Ziel mit geringstmöglichem Aufwand erreicht) | Rechtsstaatlichkeit ↓ | Politische Gerechtigkeit ↓ | Sicherheit | Freiheit |
| **Maximalprinzip** (größtmögliches Ziel mit gleichbleibendem Mitteleinsatz erreicht) | **Verfassungsmäßigkeit / Orientierung an Menschen- und Bürgerrechten** | **Partizipation und Responsivität** (Beteiligungschancen aller Menschen/Staaten sowie Aufnahme der Bürger-Interessen in Politik) | Frieden | **Gerechtigkeit** (Leistungsprinzip; Gleichheitsprinzip; Bedarfsprinzip) |
| **Vermeidung unerwünschter Nebenfolgen** | **Regelmäßigkeit** (insb. auch Vertragsmäßigkeit (Einhaltung des Vertrags von Lissabon), Rechtsgleichheit und -sicherheit, Rechtmäßigkeit der Verwaltung) | **Transparenz** (Durchsichtigkeit der politischen Entscheidungsverfahren) **Repräsentativität** | **Solidarität** (hier: Zusammenhalt der Staaten und Gesellschaften der EU) | |
| **Schnelligkeit, Genauigkeit** | | **Subsidiarität** (politische Entscheidung auf möglichst niedriger Ebene treffen) | | **Nachhaltigkeit** der Entwicklung (u.a. Schutz der Umwelt und der natürlichen Lebensgrundlagen) |
| **Politische Durchsetzbarkeit** (formelle und informelle Macht) | | **Kontrollierbarkeit** (u.a. Gewaltenteilung und -verschränkung) | | |

Grundsatz der **Verhältnismäßigkeit** der Mittel

Betrachtungsebene • Politik • Wirtschaft • Gesellschaft • Recht • Individuum

(1) Die Frage, ob eine unter vielen denkbaren Lösungen effizient ist, lässt sich mit den ökonomischen Denkfiguren des Minimal- bzw. des Maximalprinzips angehen. Demnach liegt **EFFIZIENZ** dann vor, wenn mit möglichst geringem (finanziellen, personellen, materiellen) Aufwand das angepeilte Ergebnis erzielt wird (*Minimalprinzip*) oder wenn mit einer gegebenen Menge von (finanziellen, personellen, materiellen) Ressourcen ein maximales Ergebnis im Sinne der Problemlösung erreicht wird/werden kann (*Maximalprinzip*).
So wird sich das weltweite Hungerproblem nicht effizient lösen lassen, indem man die Bevölkerung von Entwicklungsländern ausschließlich mit Nahrung versorgt – selbst wenn jene für den Moment ausreichen sollte. Denn es wären immer weitere Nahrungs- oder Geldtransfers vonnöten, um die Not zu bekämpfen.
(2) Effizienz meint auch, die Mittel zur Lösung politischer und ökonomischer Probleme so zu wählen, dass sie *schnell* und *genau* gegen das Problem wirken und dass unerwünschte *Nebenfolgen* ausbleiben.
Versorgt man Menschen in Entwicklungsländern ausschließlich mit Nahrung, so wird dort wohl eher Eigeninitiative einschlafen und damit Entwicklung eher erschwert. Viel effizienter könnte eine Technologie- und Wissensweitergabe (Selbstversorgung fördern) und ein Fallenlassen von EU-Agrarsubventionen sein ((Welt-)Marktchancen der örtlichen Landwirte erhöhen).
(3) Eine weitere Dimension von Effizienz ist die *politische Durchsetzbarkeit* einer Lösungsstrategie, die noch nicht beschlossen worden ist. Hier sind formelle (z.B. Parlamentsmehrheiten) und informelle (z.B. der Einfluss von wirtschaftlichen oder gesellschaftlichen Vetospielern) Machtverhältnisse zu berücksichtigen.

Die zweite Großkategorie politischer Urteilsbildung besteht in der Prüfung der **LEGITIMITÄT** (Möglichkeit der Rechtfertigung) einer Entscheidung bzw. eines Vorschlags. Die Legitimität ist oft recht eng mit der Frage der Berücksichtigung von Grundwerten verknüpft (→ vgl. Kap. 2, Urteilsbildung I).
(1) Im Rahmen der sogenannten politischen Gerechtigkeit (auch *Verfahrensgerechtigkeit*) fragt man sich, ob politische Entscheidungsverfahren gerechtfertigt sind. So unterscheiden sich Vorstellungen darüber, wie stark politische Beteiligungsmöglichkeiten (*Partizipation*) ausgebaut sein müssen: Reicht zum Beispiel die Macht des Europäischen Parlaments als Volksvertretung gegenüber der des Rats der Europäischen Union aus? Auch muss in einer Demokratie der Entstehungsprozess zu Entscheidungen durchsichtig und überprüfbar sein (Dimension der *Transparenz*); in vielen politischen Systemen (darunter dem der EU) gelten Entscheidungen als legitim, die auf der den Bürgern nächsten Ebene getroffen werden (*Subsidiarität*).
(2) Bei der Frage nach der Legitimität von politischen Überlegungen spielt nicht nur die Legalität (Rechts- und Verfassungsmäßigkeit) eine herausgehobene Rolle, sondern die Orientierung an den *Menschenrechten*.

### Die Bedeutung der Betrachtungsebenen

Zum Auffinden und Ordnen von Argumenten sowie zur Sicherstellung von Multiperspektivität kann es überdies hilfreich sein, unterschiedliche Betrachtungsebenen im Urteil zu unterscheiden. Zu denken ist hier vor allem an die politische (im engeren Sinne), die soziale, die wirtschaftliche sowie die rechtliche. So könnte z.B. die Aufstockung von Sozialleistungen gesellschaftlich geboten oder die Senkung derselben von Wirtschaftsseite gefordert sein, politisch opportun oder durchsetzbar müssen aber weder die eine noch die andere Forderung sein.
So könnte eine EU-Richtlinie zur drastischen $CO_2$-Einsparung bei PKW von den deutschen Luxusautobauern (und ggf. der deutschen Regierung) viel stärker abgelehnt werden als von den französischen Kraftfahrzeugfirmen.

### Gewichtung bzw. Identifikation von Hauptargumenten

Nach der Auswahl der relevanten Kriterien auf den notwendigen Betrachtungsebenen und der Formulierung der entsprechenden Argumente ist es für die abschließende Urteilsbildung hilfreich, diese Argumente zu gewichten bzw. Hauptargumente zu identifizieren. Sie sollten auch immer die (je nach Urteilsfrage variierenden) Gesichtspunkte darlegen, nach denen Sie Ihr Hauptargument ausgewählt haben (z. B. Schwere der Folgen, Verhältnismäßigkeit der Mittel...).
So könnte das Argument wirtschaftlicher Einbußen gegen die Schließung nationaler Grenzen im Kontext der „Flüchtlingskrise" (Betrachtungsebene „Wirtschaft", Kriterium „unerwünschte Nebenfolgen") zurückstehen hinter den Argumenten eines humanitären Rechts von Flüchtenden in einer akuten Notsituation (Betrachtungsebene „Recht", Grundwert „Sicherheit") und der möglichen Gefährdung des politischen Bestands der EU als ganzer (Betrachtungsebene „Politik", Kriterium „unerwünschte Nebenfolgen", Grundwert „Solidarität").

*Autorentext*

## 5.1.3 Der Euro – eine Erfolgsgeschichte?

### M 10 ● Roman Herzog über die Bedeutung des Euro

Die Zeit der nationalen Wirtschaften ist lange vorbei. Die deutschen Bürger, die fürchten, ihre harte Mark in der Währungsunion zu verlieren, argumentieren
5 durchaus aus einer berechtigten Position. Aber sie müssen sich auch sagen lassen, dass die Härte dieser Mark schon heute nicht allein in der Hand der Deutschen Bundesbank liegt. Sie hängt auch von der Offenheit ausländischer Märkte für deutsche Exporte ab, die allein 30 % des deutschen Bruttosozialprodukts ausmachen. Und mehr als zwei Drittel aller deutschen Exporte gehen wiederum in europäische Länder. Mit anderen Worten: Die Härte der DM war stets auch ein Gewinn, der der wirtschaftlichen Integration Europas zu verdanken war. [...]

> Ich will auch sagen, was droht, wenn wir diesen Weg [zur Gemeinschaftswährung] nicht gemeinsam finden. Es drohen Abwertungswettläufe, Handelskriege, Protektionismus, Renationalisierung der Wirtschaftspolitik, Deflation, vielleicht sogar Depression.

*Roman Herzog (damaliger Bundespräsident) vor dem Europäischen Parlament in Straßburg, 10.10.1995*

### M 11 ● Was soll die Gemeinschaftswährung bringen?

Die Währungsunion soll der Europäischen Union ökonomische und politische Vorteile bringen. Das naheliegendste ökonomische Argument liegt im Wegfall der Kosten beim
5 Umtausch von Währungen. Die einheitliche Währung spart Auslandsreisenden und Unternehmen im Außenhandel Zeit, Geld und Mühe. Dieser Vorteil ist nicht trivial, aber das zentrale ökonomische Argument
10 für die Währungsunion ist ein anderes: die Ergänzung des einheitlichen Binnenmarkt (vgl. Kap. 4.1.1). [...] Die Währungsunion vervollkommnet den Binnenmarkt, denn sie sorgt endgültig für stabile und klare
15 Währungsverhältnisse in Europa.
- Die EU-Länder wickeln den größten Teil ihres Außenhandels untereinander ab. Dieser Teil des Außenhandels wird durch die EWU für immer vom Wechselkursrisi-
20 ko befreit. Aber nicht nur der Handel, auch Investitionen werden durch die gemeinsame Währung erleichtert. Die Planungssicherheit für Unternehmen steigt, Investitionsentscheidungen werden innerhalb des EWU-Raums nicht mehr von 25 schwer berechenbaren Wechselkursentwicklungen beeinflusst.
- Die gemeinsame Währung macht den Binnenmarkt unabhängig von stets möglichen Turbulenzen auf den Weltdevisen- 30 märkten. Massive Wechselkursveränderungen vor allem zwischen dem US-Dollar und der D-Mark haben in den 70er-, 80er- und frühen 90er-Jahren immer wieder Unruhe in das europäische 35 Wirtschaftsgeschehen hineingetragen. Selbstverständlich kann der Euro gegenüber dem US-Dollar stark schwanken, aber innerhalb des Euro-Raums bleiben die Währungsverhältnisse dann unver- 40 ändert, weil von Lappland bis Sizilien der Euro gilt.
- Die gemeinsame Währung erhöht die Markttransparenz im Binnenmarkt. [...] Der [dadurch] vermehrte Wettbewerb 45 kommt auch der Preisstabilität zugute,

---

**Abwertungswettlauf**
Konkurrenz zwischen Staaten um Geldentwertung, um die eigenen Exporte gegenüber den Handelspartnern zu verbilligen und damit den Absatz anzuheizen sowie um sich durch die Ausweitung der Geldmenge auf Kosten anderer zu entschulden

**Deflation**
Wertsteigerung des Geldes mit dem großen Nachteil der Einnahmerückgänge von Unternehmen durch Preisverfall

**Depression**
schweres und meist lang anhaltendes Konjunkturtief

**Protektionismus**
Schutz der im Land hergestellten Güter vor Wettbewerbern aus dem Ausland, z. B. durch Importzölle

da er die Preiserhöhungsspielräume der Unternehmen begrenzt – ein unmittelbarer Vorteil für die europäischen Verbraucher.
- Durch die Währungsunion steigt auch die Leistungsfähigkeit der Kapitalmärkte. Die vormals nationalen Aktien- und Anleihemärkte wachsen zusammen, Marktbreite und -tiefe nehmen zu. Für Sparer erweitert sich das Spektrum der Anlagemöglichkeiten ohne Wechselkursrisiko beträchtlich. Kapitalnachfragern – das heißt vor allem Unternehmen – wird die Kapitalaufnahme durch das leichtere Ausgeben von Aktien und Anleihen erleichtert.
- [Dadurch, dass die EWU-Staaten eine gemeinsame Währung besitzen, kann es nicht mehr zu sog. „Abwertungswettläufen" kommen.]

Die wirtschaftlichen Vorteile der Währungsunion sind überwiegend langfristiger Natur. Niemand sollte sich Wunderdinge vom Euro erwarten. [...] Für die Währungsunion werden neben den ökonomischen auch politische Gründe geltend gemacht.
- Sie soll die Mitgliedstaaten zusammenschweißen und die europäische Einigung gegen Rückfälle in Nationalismus absichern.
- Nicht zuletzt soll der Euro die EU als globalen Akteur gegenüber gegenwärtigen Großmächten wie den USA und Japan sowie gegenüber künftigen Großmächten wie China und Indien stärken.

*Holger Sandte, in: Europa – Auf dem Weg zur Einheit, Hannover 2000, S. 52 f.*

### Referieren

Stellen Sie den Prozess der Entscheidung für die Einheitswährung Euro sowie für eine einheitliche Geldpolitik durch die Europäische Zentralbank (EZB) dar. Erläutern Sie in diesem Zusammenhang, warum vor allem deutsche Finanzpolitiker wie Theo Waigel Geldwertstabilität als oberstes Ziel für die EZB durchsetzten.

## M 12 ● Euroland ≠ EU

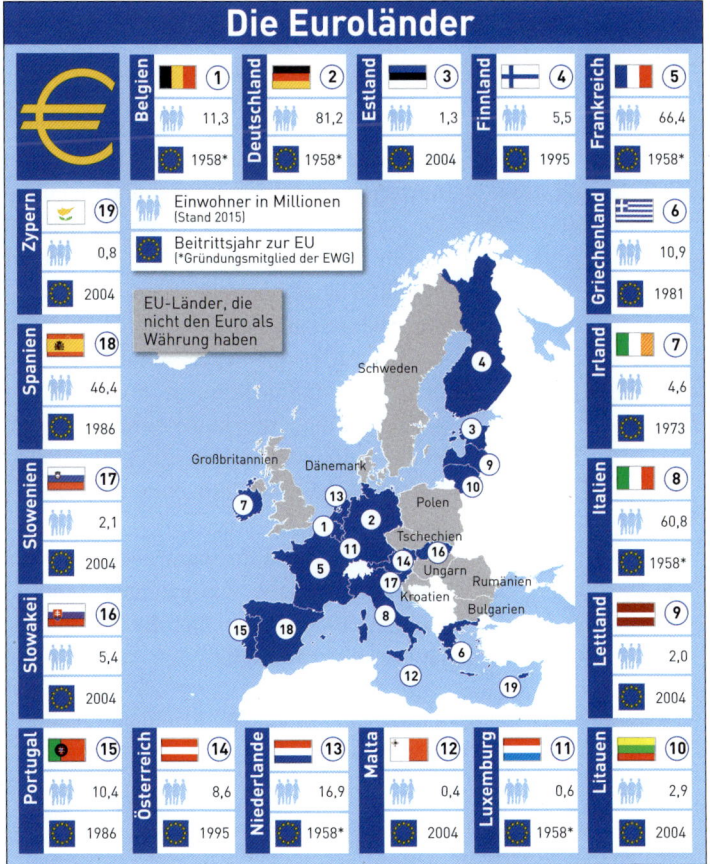

## M 13 • Stabilitäts- und Wachstumspakt – die Bedingungen zur Euro-Einführung

Bereits im Vertrag von Maastricht (1991) wurde von den damals 12 Mitgliedstaaten der Europäischen Union u.a. die Einführung der gemeinsamen Währung „Euro" beschlossen. Alle Länder der EU sollten (unabhängig von der Währung) die vier sogenannten „Konvergenzkriterien" erfüllen:
- jährliche Neuverschuldung max. 3% des BIP, Staatsverschuldung gesamt max. 60% des BIP
- Inflationsrate nicht mehr als 1,5% über denen der drei preisstabilsten Mitgliedstaaten
- Wechselkursänderung der alten Währung zum Euro zwei Jahre vor dessen Einführung max. 15%
- Zinssatz langfristiger Staatsanleihen max. 2% über dem der drei Mitgliedstaaten mit der niedrigsten Inflation

Diese Regelung ist in § 140 des Vertrags über die Arbeitsweise der EU (AEU) eingegangen und beruht auf § 126 AEU, wonach alle „Mitgliedstaaten [...] übermäßige öffentliche Defizite" vermeiden müssen. Die Konvergenzkriterien sind in den sog. „Stabilitäts- und Wachstumspakt" (2005) aufgenommen und vor dem Hintergrund der Staatsschuldenkrisen mehrerer Euro-Länder 2011 weiter verschärft worden:
- Neben der kurzfristigen Defizitgrenze von jährlich 3% ist das mittelfristige Ziel eines ausgeglichenen Staatshaushalts formuliert.
- Länder mit mehr als 60% Staatsverschuldung eines Jahres-BIP müssen jährlich 5% der Differenz zwischen ihren Schulden und der Defizitgrenze abbauen.

Bei mehrfachem Verstoß gegen die Konvergenzkriterien oder bei Täuschungen im Rahmen der Haushaltsstatistik soll die Europäische Kommission einen Plan zum Defizitabbau verlangen und es sollen Sanktionen automatisch verhängt werden (u.a. Strafzahlungen zwischen 0,2 und 0,5% des BIP an die EU). Diese Sanktionen treten in Kraft, wenn sie nicht vom Ministerrat mit qualifizierter Mehrheit (seit 2007: 55% der Mitgliedstaaten, die mindestens 65% der Bevölkerung repräsentieren müssen) abgelehnt werden.

Der Euro soll in allen EU-Ländern automatisch die alte Währung ablösen, die die Konvergenzkriterien erfüllen und deren Inflationsrate sich in den Jahren vor der Euro-Einführung innerhalb der Spannbreite der Euro-Länder bewegt. Allerdings sicherten sich Großbritannien und Dänemark eine sog. „Opt-out-Regelung", d.h. sie können trotz erfüllter Kriterien ihre alte Währung behalten. Der Euro wurde 1999 als Buch- und 2002 als Bargeld eingeführt. [2016] besteht die Euro-Zone aus 19 EU-Staaten.

Ausgegeben wird der Euro allein von der 1998 gegründeten Europäischen Zentralbank (EZB). Oberstes Ziel der Notenbank ist Preisniveaustabilität.

*Autorentext*

**Konvergenz**
Annäherung, Aufeinanderzustreben; hier: Annäherung der in den Kriterien erfassten Wirtschaftsdaten

*Karikatur: Jan Tomaschoff/Baaske Cartoons, 2010*

## M 14 ● Der Euro – ein eingelöstes Stabilitätsversprechen?

### a) Euro = Teuro? Verbraucherpreisentwicklung in ausgewählten Euro-Staaten

| Jahresdurchschnittlicher Anstieg der Verbraucherpreise in Prozent | | | | | |
|---|---|---|---|---|---|
| | In nationaler Währung | | | | Nach der Euro-Einführung |
| Im Zeitraum von | 1960 bis 1970 | 1970 bis 1980 | 1980 bis 1990 | 1990 bis 1998 | 2000 bis 2016* |
| Deutschland | 2,7 | 5,1 | 2,6 | 2,6 | 1,5 |
| Frankreich | 4,1 | 9,6 | 6,3 | 1,9 | 1,6 |
| Irland | 4,7 | 13,7 | 7,7 | 2,3 | 1,7 |
| Niederlande | 4,2 | 7,4 | 2,5 | 2,6 | 1,9 |
| Italien | 3,9 | 13,9 | 9,6 | 4,1 | 1,9 |
| Portugal | 4,5 | 18,6 | 17,1 | 5,4 | 2,0 |
| Spanien | 6,0 | 15,3 | 9,3 | 4,1 | 2,1 |
| Griechenland | 2,1 | 14,3 | 19,0 | 9,3 | 2,2 |

* Für die Jahre 2015 und 2016 ist eine Prognose in die Berechnung eingeflossen.

Zahlen: Institut der deutschen Wirtschaft Köln 2010, Eurostat, EU-Kommission

### b) Stabilität nach außen? Der Wechselkurs des Euro zum Dollar

Quelle: Europäische Zentralbank (EZB)

### Aufgaben

1. Fassen Sie die Funktionen des Euro als Gemeinschaftswährung zusammen (M 10, M 11).
2. Charakterisieren Sie die Euro-Einführung als Vertiefungsschritt der EU bzw. der EWWU (M 10–M 13, Kap. 2).
3. Überprüfen Sie, inwieweit der Euro als „Erfolgsgeschichte" zu bezeichnen ist (M 10–M 14, Kap. 5.1.2).

**H zu Aufgabe 3**
Analysieren Sie zuvor – arbeitsteilig – die Verbraucherpreisanstiege in den Staaten der Euro-Zone vor und nach der Euro-Einführung (M 14a) sowie die Wechselkursentwicklung zum US-Dollar (M 14b).

## 5 Der Euro – Chancen und Grenzen der Gemeinschaftswährung

**ORIENTIERUNGSWISSEN**

### Ziele der Euro-Einführung und Konvergenzkriterien in der Europäischen Währungsunion („Euro-Zone")
M 11, M 12, M 13

Der Euro sollte erstens den **Geldwert** in der Euro-Zone **stabilisieren**. Zweitens sollten sich Staaten nicht mehr ihrer Schulden in anderer Währung entledigen können, indem sie ihre eigene Währung abwerten (sog. „Abwertungswettläufe"). Zudem war drittens eine **Vereinfachung** des innereuropäischen **Waren- und Finanzhandels** beabsichtigt. Alle Euro-Länder wiesen zwischen 1999 und 2013 eine niedrigere und stabilere Inflationsrate auf als zuvor. Der innereuropäische Handel nahm stetig zu. Um die Währung stabil zu halten, wird von den Euro-Staaten das Einhalten der sog. **Konvergenzkriterien** verlangt:
- jährliche Neuverschuldung max. 3 % des BIP, Staatsverschuldung gesamt max. 60 % des BIP; mittelfristiges Ziel eines ausgeglichenen Staatshaushalts
- Inflationsrate nicht mehr als 1,5 % über denen der drei preisstabilsten Mitgliedstaaten
- Wechselkursänderung der alten Währung zum Euro zwei Jahre vor dessen Einführung max. 15 %
- Zinssatz langfristiger Staatsanleihen max. 2 % über dem der drei Mitgliedstaaten mit der niedrigsten Inflation

Beim (wiederholten) Verstoß gegen diese Anforderungen treten automatisch **Sanktionen** (bis hin zu Strafzahlungen) in Kraft. Nur die EU-Kommission kann diese Strafen aussetzen.

### Mehrdimensionale Ursachen und Folgen der Staatsschuldenkrise in Griechenland
M 3

**Ursachen:** (1) Griechenlands Wirtschaft ist international nicht konkurrenzfähig. (2) Eine aufholende Entwicklung wird erschwert durch die Exportstärke von Staaten wie Deutschland, die den Aufbau heimischer Produktion überflüssig macht. (3) Die Staatsausgaben waren v. a. wegen ineffizienter Verwaltungsstrukturen zu hoch und die Staatseinnahmen wegen politischen Klientelismus' zu niedrig. (4) Der sehr niedrig verzinste Euro ermöglichte weiterhin hohe Kreditaufnahmen. (5) Die Einhaltung der Euro-Konvergenzkriterien wurde seitens der EU sehr lax gehandhabt.

**Folgen:** (1) Der Zusammenbruch des griechischen Bankensystems führte durch mangelnde Kreditvergabe an Unternehmen zu extremer wirtschaftlicher Schwächung und damit zu massiver (Jugend-)Arbeitslosigkeit. (2) Dazu kamen Entlassungen sowie Lohn- und Rentenkürzungen. Zusammen führte das zu sozialem Abstieg und zu einem konjunkturellen Einbruch. (3) Wenn Griechenland aus der Euro-Zone ausgeschieden wäre, hätte die Stabilität des Euro gefährdet sein können. Mindestens das Solidaritätsprinzip innerhalb der EU wäre auf lange Zeit ausgehöhlt gewesen.

### Stabilisierungsmaßnahmen und Kritik daran
M 9

An Griechenland wurden (neben einem „Schuldenschnitt") Kredite vergeben und sogar eine Institution geschaffen, die Notkredite gegen Reformauflagen vergibt (ESM). Diese Auflagen werden kritisiert, da sie (1) mittelfristig nicht zur Wirtschaftserneuerung beitrügen und (2) kurzfristig die Konjunktur abwürgen. So hätten harte Auflagen bisher dazu geführt, Einkommen und damit Konsummöglichkeiten der Bevölkerung deutlich zu senken. Die hohe Arbeitslosigkeit bedingt überdies erhöhte Staatsausgaben. Befürworter der „Reformpolitik" loben die Privatisierung der griechischen Wirtschaft und den Rückbau des Verwaltungsapparats.

## Gerhard Hankel 1998: Europa wird am Euro scheitern

Eigentlich müsste der Euro „Ikarus" heißen, denn er wird wie dieser abstürzen. Dem antiken Fluggerät fehlte das seine Flügel zusammenhaltende Bindemittel, es löste sich
5 bei zu starker Sonneneinwirkung auf. Dem Euro fehlt das sowohl monetäre wie soziale Bindemittel zwischen den autonom und souverän verbleibenden Nationalstaaten der EU. In der Euro-Zone wird es [keine]
10 Wechselkurse geben, die das Strukturgefälle zwischen seinen [...] monetär verbundenen Volkswirtschaften ausgleichen und bei Bedarf abfedern. Und im Währungsverbund dieser Staaten wird es keinen Finanzaus-
15 gleich zwischen den Zonen hoher und geringerer Produktivität und Leistungskraft geben, wie in einem normalen, föderativ verbundenen Staatensystem, das zusammenhalten und -bleiben will. Deswegen ist
20 der Euro als das Gemeinschaftsgeld einer Staatengruppe, die sich zwar auf gemeinsame Geld-, nicht aber gemeinsame Beschäftigungs-, Sozial- und Strukturpolitik geeinigt hat, doppelt bedroht: von innen durch
25 die unterschiedlichen Ziele und Konflikte in und zwischen den Mitgliedstaaten, denen der – demokratische – Primat der [nationalen] Innenpolitik immer wichtiger sein und bleiben wird als die Unterwerfung unter das
30 unpolitische Regime der EZB-Manager. [...] Zugleich ist der Euro von außen bedroht, denn [die Geldfunktion der „Wertaufbewahrung" kann] [...] weder verordnet noch politisch durchgesetzt werden [...]. Diese
35 kann nur durch die Märkte der Sparer, Investoren, Kapitalanbieter und -nutzer [...] zuerkannt werden. [...] [An] der Außenfront muss [die EZB] Vertrauenswerbung für ihr Geld-Produkt, den Euro, betreiben. Und
40 wie? Indem sie dessen Fremdheit und Risikoeinschätzung mit möglichst attraktiven Zinsen ausräumt bzw. herunterstuft. [...] Der Euro wird so bewusst als weiche Binnenmarkt- sowie exportorientierte [...] Währung* gestartet werden – der Arbeits- 45 plätze wie der damit zu erringenden Weltmarktanteile wegen. [...] Der weiche Euro hat [...] einen leider nicht wegzudiskutierenden Preis: Er erhöht die inneren Preis-, Kosten- und Zinserhöhungsspielräume und 50 nimmt somit an inneren Realeinkommenszuwächsen weg, was er einer Handvoll exportorientierter Welt-Unternehmen als Bonus (oder Exportsubvention) gewährt. Die Wenigen gewinnen, die Vielen verlieren. 55 [...]
Politische Integration ist grundsätzlich etwas anderes als wirtschaftliche. Erstere zielt auf die Verlagerung von Kompetenzen, letztere auf die Öffnung von Grenzen. [...] 60 Mit EZB und Euro werden zwar die monetären und in ihrem Schlepptau auch die fiskalischen Grenzen in der EU aufgehoben, [...] dennoch bleiben die Staaten samt ihren Organen voll in der demokratischen und 65 politischen Verantwortung ihrer nationalen Verfassungen und Bürger. Sie müssen – EZB, Euro, Stabilitätspakt her oder hin – ganz prosaisch im politischen Alltag der Nation für stabile Konjunkturen, ausrei- 70 chende Beschäftigung und sozialen Ausgleich sorgen. [...] Die Währung ist eine schwache Integrationsklammer, keine starke, wenn es den politischen Systemen nicht mehr gelingt, mit „Real"-Vorteilen zu über- 75 zeugen: Gerechtigkeit, Sicherheit, Lebenschancen und gemeinsamen Werten.

*Gerhard Hankel, in: Der Kampf um den Euro. Wie riskant ist die Währungsunion? Hamburg 1998, S. 140 ff.*

\* weiche Währung: Währung, die gegenüber anderen (tendenziell) an Wert verliert (Wechselkurs) und in deren Gebiet eine relativ hohe Inflation herrscht

### Aufgaben

1. Fassen Sie Hankels Euro-Kritik zusammen.
2. „In der Euro-Zone wird es [keine] Wechselkurse geben, die das Strukturgefälle [...] ausgleichen." (Z. 9 ff.) Erklären Sie diese Aussage Hankels.
3. Überprüfen Sie Hankels Euro-Kritik von 1998 aus heutiger Sicht.

## 5.2 Akteure und Entwicklungstendenzen des Euro-Raums

### 5.2.1 Ist die EZB der Stabilitätsanker für den Euro?

**M 1** ● **Die Aufgabe der EZB**

**Originaltitel der Karikatur:** „Verbraten – EZB senkt Leitzins auf 0,15%"

**Konjunktur**
Zyklische Schwankungen (vier Phasen: Aufschwung, Boom, Abschwung, Rezession) der gesamtwirtschaftlichen Aktivität/der Ausschöpfung des Produktivitätspotenzials einer Volkswirtschaft (ablesbar u. a. in Beschäftigung, Preisen, Produktionsmenge). Wichtigster Indikator ist das Bruttoinlandsprodukt (BIP).

*Karikatur: Paolo Calleri, 5.6.2014*

Mario Draghi, EZB-Präsident seit November 2011

**M 2** ● **Die rechtliche Grundlegung der Europäischen Zentralbank**

*Vertrag über die Arbeitsweise der Europäischen Union (AEU-Vertrag)*
§ 125
(1) Die Union haftet nicht für die Verbindlichkeiten der Zentralregierungen, der regionalen oder lokalen Gebietskörperschaften oder von anderen öffentlich-rechtlichen Körperschaften, sonstiger Einrichtungen des öffentlichen Rechts oder öffentlicher Unternehmen von Mitgliedstaaten und tritt nicht für derartige Verbindlichkeiten ein [...]. Ein Mitgliedstaat haftet nicht für die Verbindlichkeiten der Zentralregierungen, der regionalen oder lokalen Gebietskörperschaften oder anderen öffentlich-rechtlichen Körperschaften, sonstiger Einrichtungen des öffentlichen Rechts oder öffentlicher Unternehmen eines anderen Mitgliedstaats und tritt nicht für derartige Verbindlichkeiten ein [...].
§ 127
(1) Das vorrangige Ziel des Europäischen Systems der Zentralbanken (im Folgenden „ESZB") ist es, die Preisstabilität zu gewährleisten. Soweit dies ohne Beeinträchtigung des Zieles der Preisstabilität möglich ist, unterstützt das ESZB die allgemeine Wirtschaftspolitik in der Union [...]. Das ESZB handelt im Einklang mit dem Grundsatz einer offenen Marktwirtschaft mit freiem Wettbewerb [...].

(2) Die grundlegenden Aufgaben des ESZB bestehen darin,
- die Geldpolitik der Union festzulegen und auszuführen,
- Devisengeschäfte [...] durchzuführen [zur Steuerung des Euro-Wechselkurses zu anderen Währungen],
- die offiziellen Währungsreserven der Mitgliedstaaten zu halten und zu verwalten,
- das reibungslose Funktionieren der Zahlungssysteme zu fördern. [...]

§ 282
(1) Die Europäische Zentralbank und die nationalen Zentralbanken bilden das Europäische System der Zentralbanken (ESZB). Die Europäische Zentralbank und die nationalen Zentralbanken der Mitgliedstaaten, deren Währung der Euro ist, bilden das Euro-System und betreiben die Währungspolitik der Union. [...]
(3) Die Europäische Zentralbank besitzt Rechtspersönlichkeit. Sie allein ist befugt, die Ausgabe des Euro zu genehmigen. Sie ist in der Ausübung ihrer Befugnisse und der Verwaltung ihrer Mittel unabhängig. Die Organe, Einrichtungen und sonstigen Stellen der Union sowie die Regierungen der Mitgliedstaaten achten diese Unabhängigkeit. [...]

*Zitiert nach: http://dejure.org/gesetze/AEUV*

**Bail-out**

(engl.: aus der Klemme helfen): Schuldenübernahme für andere durch direkte Tilgung oder Haftung

**Preis(niveau)-stabilität**

Stabilität der durchschnittlichen Preise eines vorher festgelegten Güterbündels (zumeist Verbrauchsgüter); Stabilität herrscht nach EZB-Definition bei einer jährlichen Inflationsrate von unter, aber nahe 2% Teuerung.

## M 3 Die Entscheidungsstrukturen in der EZB

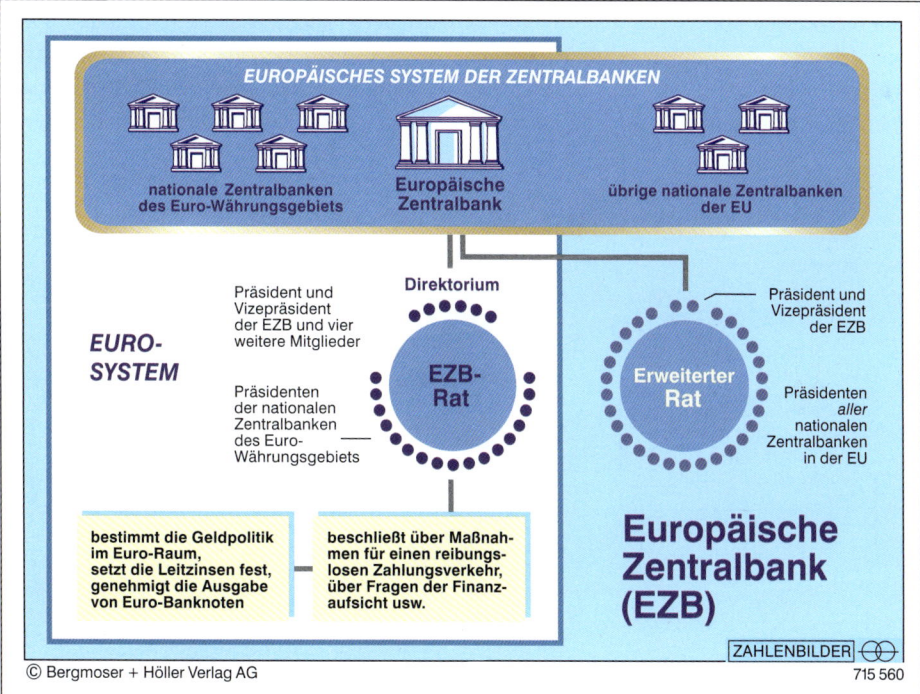

**Politisch:** Sie ist an keine Weisungen von EU-Organen oder Staaten gebunden.

**Institutionell:** Alle im EZB-Rat vertretenen nationalen Notenbanken müssen mit Beginn der Währungsunion selbst unabhängig sein.

**Personell:** Die Mitglieder des Direktoriums werden für eine lange Amtsdauer (8 Jahre) berufen, Wiederwahl ausgeschlossen. Die nationalen Notenbankpräsidenten für 5 Jahre, Wiederwahl möglich.

**Operativ:** Die EZB ist bei Auswahl und Einsatz der geldpolitischen Instrumente frei.

**Tipp**

Kurze Videos zur Geldpolitik und den Entscheidungsstrukturen der EZB: www.ecb.int → Explainers → Show me (Stand: 22.4.2016)

**Referieren**

Vergleichen Sie Geschichte, Aufgaben und Selbstverständnis der EZB und der amerikanischen Notenbank Federal Reserve (Stichworte: Konjunkturförderung, Beschäftigungspolitik, Geldwertstabilität).

## M 4 • Das klassische geldpolitische Instrumentarium der EZB

Zur Wahrung ihrer Aufgaben stehen der EZB verschiedene geldpolitische Instrumente zur Verfügung. Diese werden vorrangig darauf ausgerichtet, die Volkswirtschaften einerseits ausreichend mit Geld auszustatten, andererseits Preisniveaustabilität zu gewährleisten. Die EZB kann ihre geldpolitischen Ziele aber nur indirekt erreichen. Das bedeutet: Will ein Unternehmen investieren oder ein privater Haushalt ein Auto anschaffen, wird meist ein Kredit bei einer Bank aufgenommen. Um Kredite gewähren zu können, müssen sich die Banken aber selbst mit Geld versorgen, d.h., sie müssen sich „refinanzieren" – und das können sie bei der Zentralbank. Und wie bei jeder Kreditgewährung werden auch hier Zinsen fällig.

Genau da setzt die EZB mit ihrem Instrumentarium an. Erhöht sie die Zinsen, zu denen sie Zentralbankgeld an die Banken abgibt, verteuert sie deren Kreditaufnahme. Die Banken geben aber ihre höheren Geldbeschaffungskosten an die privaten Kreditnehmer – Unternehmen und private Haushalte – weiter, indem sie höhere Zinsen für deren Bankkredite verlangen. Manche kreditfinanzierte Investition wird für Unternehmer jetzt unrentabel, weil die höheren Kreditkosten sich im Vergleich zum erwarteten Gewinn nicht rechnen. Auch mancher Bauherr oder Autokäufer wird angesichts höherer Zinsen seine kreditfinanzierten Bau- oder Kaufpläne erst einmal nicht realisieren. Gleichzeitig sorgen steigende Zinsen dafür, dass die Sparneigung zunimmt. Diese Maßnahme der EZB wirkt also doppelt: Sie dämpft die kreditfinanzierte Nachfrage und trägt durch Sparanreize dazu bei, dass dem Wirtschaftskreislauf Geld entzogen wird und auch auf diesem Wege die Nachfrage nach Waren

## M 5 • EZB-Geldpolitik konkret

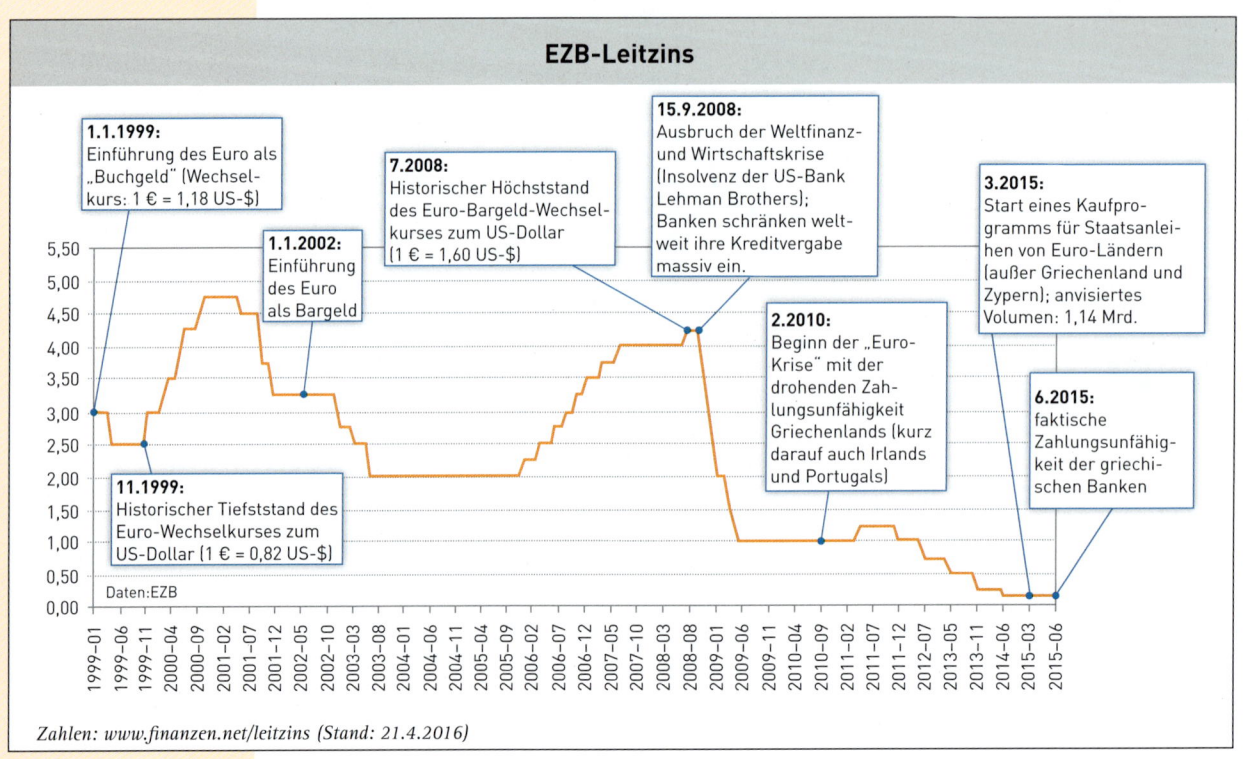

Zahlen: www.finanzen.net/leitzins (Stand: 21.4.2016)

und Dienstleistungen zurückgeht, damit sich der Preisanstieg verlangsamt. Über die Variation des Zinssatzes kann die Zentralbank das Zinsniveau in den Volkswirtschaften steuern. Der Bedeutung entsprechend spricht man daher vom Leitzins. Inflation hängt letztlich immer auch mit einer Zunahme der nachfragewirksamen Geldmenge zusammen. Die EZB kann daher zur Inflationsbekämpfung neben der Erhöhung der Zinsen auch den Umfang der Kreditvergabe an die Geschäftsbanken einschränken. Umgekehrt kann die Zentralbank aber auch die Kreditspielräume der Geschäftsbanken erweitern und über günstige Konditionen das Zinsniveau in den Volkswirtschaften senken, um einen umgekehrten Prozess in Gang zu setzen.

Der Wirksamkeit geldpolitischer Maßnahmen sind Grenzen gesetzt. Internationale Finanzströme können ebenso die Inflation fördern wie zu hohe Lohnabschlüsse der Tarifparteien. Daneben können selbst steigende Zinsen die Investitions- und Konsumbereitschaft nicht dämpfen, wenn eine optimistische Grundstimmung herrscht.

*Max Bauer, in: Kompendium Politik, Bamberg 2009, S. 139 ff.*

### M 6 • Die Maßnahmen der EZB im Rahmen der Euro-Krise

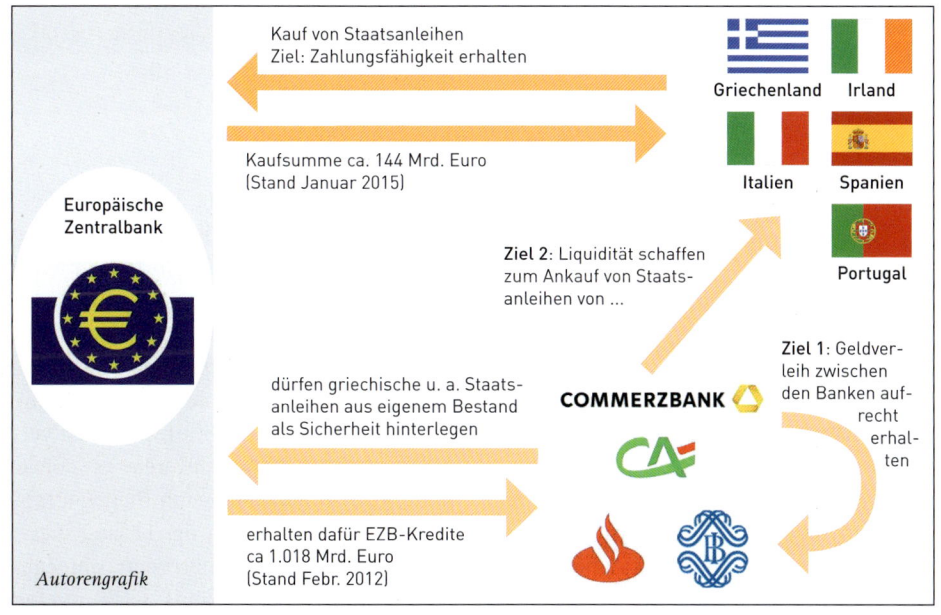

### Quantitative Easing-Programms (QE)

Mit dem Ziel der Inflation von 2% kaufte die EZB im Rahmen des sog. QE-Programms zusätzlich zwischen März 2015 und September 2016 monatlich Staatsanleihen der Euro-Staaten (außer Griechenland) im Nennwert von 60 Mrd. Euro (insg. ca. 1.700 Mrd. Euro).

### Aufgaben

1. Analysieren Sie die Karikatur (M 1).
2. Stellen Sie die Aufgaben, Instrumente und Entscheidungsstrukturen der EZB zusammenfassend dar (M 2-M 5).
3. Prüfen Sie, inwieweit die in der Karikatur kritisierte EZB-Geldpolitik rechtlich abgesichert ist (M 2).
4. Erläutern Sie, warum die Maßnahmen der EZB im Rahmen der Griechenland-Hilfe als Erweiterung ihres eigentlichen Instrumentariums zu verstehen sind (M 2, M 4-M 6).
5. Diskutieren Sie die EZB-Maßnahmen in der Krise. Beachten Sie dabei auch die Bestimmungen im AEU-Vertrag sowie die bisherige Geldpolitik der EZB (M 2, M 5, M 6, Kap. 5.1.3).

**zu Aufgabe 1**
Arbeiten Sie insbesondere die Bedeutung von Leitzins- und damit Bankzinssenkungen für Spareinlagen heraus.

**zu Aufgabe 3**
Berücksichtigen Sie dabei das im AEU-Vertrag festgelegte Hauptziel und die Nebenziele der EZB.

## 5.2.2 Sollte die EU zu einer Fiskalunion werden?

### M 7 ● Für Transferzahlungen in der EU

„Wir stehen vor der Frage: Wollen wir die Neugründer Europas sein – oder seine Totengräber? [...] Wenn wir eine wirkliche Wirtschafts- und Währungsunion wollen, müssen wir über unseren Schatten springen. [...] Falls die Mitgliedstaaten wie bisher zu keiner Form von Finanztransfer in der Währungsunion bereit sind, können wir den Euro und die Euro-Zone vergessen. [...] [O]hne zusätzliche Mittel für Investitionen kommen strukturschwächere Euro-Länder nie auf die Beine. Eine Währungsunion ohne Finanzausgleich – das gibt es nicht! Die Starken müssen helfen.

Die Euro-Zone braucht neue Institutionen, denen die nationalen Regierungen mehr Souveränität übertragen: eine starke europäische Wirtschaftsregierung mit einem eigenen Budget. Diese Regierung wäre allein dem Interesse des gesamten Währungsraums verpflichtet."

*Emmanuel Macron, Europa neu gründen, Süddeutsche Zeitung, 30.8.2015*

Emmanuel Macron (*1977) ist seit August 2015 französischer Wirtschaftsminister.

**Fiskalpolitik**
Politik zur (positiven) Beeinflussung der Konjunktur durch Steuerpolitik und Staatsausgaben; Elemente (Beispiele): Senkung/Erhöhung von Ertrags- oder Verbrauchssteuern, Vergabe öffentlicher Aufträge, Aus-/Abbau von Sozialleistungen; Voraussetzung: Erzielung von Steuereinnahmen und freie Verfügbarkeit darüber

### M 8 ● Soll sich die EU zu einer Transferunion entwickeln?

**a) EU-Transferunion als Problem**
Mit [den Hilfen für Griechenland und andere von Zahlungsunfähigkeit bedrohte Euro-Staaten] [...] haben die Staats- und Regierungschefs den Charakter der Währungsunion verändert. Europa hat sich wegbewegt von einer durch den Maastricht-Vertrag geprägten Währungsunion hin zu einer Transferunion: [...]
Man kann [...] die [...] Hilfszusage an Griechenland als einen ersten Schritt in Richtung einer europäischen Fiskalunion deuten. Ähnlich wie bei der Geldpolitik könnten die Europäer in ferner Zukunft eine gemeinsame Fiskalpolitik betreiben. Nationale Steuern würden durch eine EU-Steuer ergänzt. In einer solchen Fiskalunion würden wohl die reicheren Staaten die finanziell schwächeren Staaten auf Dauer mit direkten Transfers unterstützen – ähnlich wie beim Länderfinanzausgleich in Deutschland. In einer Fiskalunion wären die Bonitätsunterschiede der einzelnen Länder fast vollständig verwischt, der Bankrott eines einzelnen Staates wäre de facto ausgeschlossen. [...]

Aber das Risiko ist hoch, dass die Aussicht auf Hilfen die Anreize der Peripherieländer auf Dauer schwächt, ihre wirtschaftlichen Probleme [...] selbst zu lösen. Dagegen könnte man einwenden, dass die EU den Griechen jetzt schon Auflagen macht. [...] Befolgt Griechenland die Auflagen nicht, könnte der EU-Rat [...] Strafzahlungen verhängen. Letztlich erschweren es solche Strafen Griechenland, seine Budget-Probleme zu lösen. Aber an der Lösung dieser Probleme ist Europa interessiert, ein Zahlungsausfall Griechenlands wäre mit zu vielen Risiken verbunden. Verstöße Griechenland gegen die Auflagen, stände Europa im Widerspruch, gleichzeitig helfen und strafen zu wollen. Deshalb sind Sanktionen bei Verstößen gegen die Hilfsauflagen nicht sonderlich glaubhaft. Letztlich kann ein Staatenbund wie die EU einem souveränen Mitgliedsland eine solide Haushaltspolitik nicht aufzwingen. [...]
[Der] „Druck im Kessel" Währungsunion [würde] steigen. Würde er irgendwann zu hoch, könnte die politische Unterstützung für die Währungsunion schwinden, auf die

das gesamte Projekt letztlich fußt. So könnte sich die Bevölkerung in den Kernländern weigern, die Peripherieländer zu unterstützen. Oder die Wähler in den Peripherieländern empfinden die mit den Hilfen verbundenen Auflagen als zu hart und verzichten von sich aus auf die Hilfen.

*Jens Krämer, Von der Maastricht-Union zur Transfer-Union, blog.handelsblatt.com, 22.2.2010*

*Jens Krämer ist Chefvolkswirt bei der Commerzbank.*

### b) Ein notwendiger Schritt

[...] Eine gemeinsame Währung ohne gemeinsame Fiskalpolitik ist nicht überlebensfähig. In allen – auch den sehr föderalen, dezentral gegliederten – Währungsunionen musste früher oder später ein wesentlicher Teil der Fiskalpolitik von den Gliedstaaten auf die gemeinsame Bundesebene übertragen werden. Und immer waren damit auch Transfers von reicheren zu ärmeren Regionen verbunden.

So wurde beispielsweise in der Schweiz im Jahr 1915 die Wehrsteuer [...] auf das Einkommen als zentrale Bundessteuer eingeführt. Die direkte Bundessteuer weist einen progressiven Tarif auf. Wer mehr verdient, wird nicht nur absolut, sondern auch relativ stärker belastet:
- Einkommensschwache Haushalte bezahlen wenig oder nichts.
- Das einkommensstärkste Prozent der Steuerpflichtigen hingegen steht für rund 40 Prozent des Aufkommens aus der direkten Bundessteuer.
- Die 20 Prozent der Haushalte mit dem höchsten besteuerbaren Einkommen kommen für 85 bis 90 Prozent der Einnahmen auf.
- Rund die Hälfte aller Familien mit Kindern ist von der direkten Bundessteuer komplett befreit.

Die direkte Bundessteuer verteilt somit sehr effektiv von besser zu schlechter (oder gar nicht) verdienenden Personen um und sorgt damit indirekt auch für einen Ausgleich zwischen reichen und armen Kantonen. Dem Erfolg der Schweiz schadet die Transferunion in keiner Weise. [...]

Man muss den Deutschen den kranken Zahn ziehen, dass eine Transferunion ein Nullsummenspiel ist, bei dem unabdingbar der eine geben muss, was der andere erhält. [...] Wirtschaft ist nicht statisch. Weder sind die Verhältnisse von Arm und Reich in Stein gemeißelt, noch ist der Vorteil des einen der Nachteil des anderen. Wirtschaft entwickelt sich dynamisch. Gute Wirtschaftspolitik bedeutet, „Winwin"-Optionen zu erzeugen, die allen bessere Perspektiven eröffnen und die nicht zu Vorteilen der einen auf Kosten der anderen führen.

Um positive Voraussetzungen für spätere Zeiten zu schaffen, kann der Stärkere zu Beginn dem Schwächeren ruhig helfen, kräftiger zu werden. [...] Wenn dank kluger Wirtschaftspolitik der in Europa geschaffene Kuchen insgesamt wächst, kann jedes einzelne Tortenstück größer werden. Wird es Griechenland und anderen südeuropäischen Ländern – auch dank Unterstützung aus dem Norden – besser gehen, gewinnen am Ende alle, auch die Deutschen.

*Thomas Straubhaar, Die Transferunion ist besser als ihr Ruf, www.welt.de, 18.8.2015*

*Thomas Straubhaar war bis 2014 Direktor des Hamburgischen WeltWirtschaftsInstituts (HWWI).*

**M** zu Aufgabe 1
Positionieren Sie sich zunächst aus der Sicht des deutschen Kanzlers, des griechischen Premierministers sowie des EU-Kommissionspräsidenten oder des EU-Parlamentspräsidenten auf einer Meinungslinie und begründen Sie die Position perspektivgebunden, bevor Sie Ihre eigene Meinung äußern.

**F** zu Aufgabe 2
Erklären Sie, warum es sich bei einer Fiskalunion um einen deutlichen Vertiefungsschritt der EU handeln würde.

**F** zu Aufgabe 3
Erläutern Sie, warum gerade der französische Wirtschaftsminister eine Transferunion fordert.

### Aufgaben

1. Nehmen Sie vorläufig Stellung zur Aussage Emmanuel Macrons (M 7).
2. Arbeiten Sie die Argumente Krämers gegen und Straubhaars für eine Fiskal- bzw. Transferunion heraus und stellen Sie sie einander gegenüber (M 8).
3. Beurteilen Sie erneut Macrons Forderung unter Berücksichtigung Ihrer bisherigen Ergebnisse.

## ORIENTIERUNGSWISSEN

**Aufgaben und Struktur der Europäischen Zentralbank (EZB)**
M 2, M 4

Die EZB verfolgt das **Hauptziel**, den **Geldwert in der Eurozone stabil** zu halten (Geldwertstabilität nach der gängigen Definition: unter, aber nahe an 2 % Geldentwertung im Jahr). Die **Geldwertstabilität** ist deshalb von übergeordneter Bedeutung, da durch Preisanstiege die Kaufkraft sinkt, denn Löhne, Gehälter und Renten steigen nur mit Verzögerung und ggf. nicht im gleichen Maße, wie die Preise klettern (Reallohnverlust). Ebenso verlieren dadurch (langfristige) Geldanlagen – wie z.B. private Rentenverträge – ihren Wert. Bei zu deutlicher Inflation könnte das Vertrauen in die Währung schwinden, das Geld verlöre seine Wertaufbewahrungsfunktion.

Als **wichtigstes Instrument** steht der EZB der **Leitzins** zur Verfügung. Zu diesem können sich Banken bei der EZB Geld leihen. Bei niedrigem Leitzins wird tendenziell mehr Geld in Umlauf gebracht, die **Geldmenge** steigt; umgekehrt bei höheren Leitzinsen.

Die EZB ist nicht an politische Weisungen der EU oder ihrer Mitgliedstaaten gebunden.

**Die Politik der EZB in der Krise**
M 6

Zur Bekämpfung der Euro-Krise wich die EZB von ihren eigentlichen Grundsätzen ab und „kaufte" griechische (und andere) Staatsanleihen, um die Staaten liquide zu halten. Dadurch (und durch eine massive Ausweitung des Kreditvolumens an Banken) erhöhte sie aber die Geldmenge im Euroraum, was die Gefahr inflationärer Tendenzen birgt (also das Gegenteil der EZB-Zielsetzung). Zudem existiert im EU-Vertragswerk auch die sogenannte „*No-bail-out-Klausel*" (§ 125 AEU-Vertrag), die besagt, dass kein Mitgliedsland oder eine andere EU-Körperschaft für die Schulden eines anderen Mitglieds haftet. Kritiker sprechen davon, dass die EZB gegen diesen Passus verstoßen habe.

**Weiterentwicklung der EU bzw. der Eurozone zu einer Fiskal- und damit Transferunion**
M 8

Seit Ausbruch der Staatsschuldenkrise in Griechenland und anderen Euro-Staaten wird darüber diskutiert, ob die EU nicht eigenständig (in Absprache mit den Mitgliedstaaten) Steuern erheben und souverän „Staatsausgaben" tätigen sollte. Befürworter sehen darin die Behebung eines **Gründungsfehlers der Gemeinschaftswährung** Euro, indem durch deutlich stärkere **Finanztransfers** innerhalb der EU die ökonomischen Rahmenbedingungen in den Staaten einander angeglichen und damit der materielle Wohlstand und die Produktivität insg. gehoben werden könnten. Transfers gingen infolge wirtschaftlichen Aufschwungs irgendwann nicht mehr nur in eine Richtung. Dazu komme der politisch-legitimatorische Vorteil, dass solche Maßnahmen weniger entwickelte Randstaaten der Gemeinschaft (bzw. deren Bevölkerung) deutlich enger an die EU bänden.

Kritiker wenden die Einseitigkeit der Maßnahmen und damit die ungleiche Belastung ein. Ökonomisch befürchten sie, dass Transfers überkommene Wirtschaftsstrukturen eher zementieren, da Reformauflagen kaum durchgesetzt werden könnten. Politisch gesehen können sie sich eine Akzeptanz von Transfers bei der Bevölkerung der Geberländer ebensowenig vorstellen wie eine Hinnahme von fremdbestimmten Reformen auf Nehmerseite.

## Staatsschuldenkrise überwunden, Euroländer stabil?

[D]ie neue Sorglosigkeit der Investoren [lässt sich] an den rekordniedrigen Anleihe-Renditen Spaniens und Irlands sehen. Die Verzinsung zehnjähriger irischer Schuldtitel ist von 14 Prozent im Jahr 2012 auf unter drei Prozent gefallen. Zuletzt lagen die Renditen sogar unter denen von Großbritannien, obwohl die Schuldenquote von Irland mit 123 Prozent deutlich über jener der ehemaligen Kolonialmacht rangiert. Noch eindrucksvoller fällt der Zinsrutsch in Portugal aus. Hier sind die Renditen von rund 18 Prozent innerhalb von zwei Jahren auf unter vier Prozent gefallen. Damit haben sich die Renditen wieder deutlich den deutschen Niveaus angepasst. [...]

Kursschwankungen sind ein Ausdruck der wahrgenommenen Risiken. Das macht die derzeitige Situation so tückisch, weil Anleger keine Vorkehrungen für schlechtere Zeiten treffen. Auf diese Weise können sich gefährliche Spekulationsblasen bilden. Wenn irgendwann die Stimmung dreht, stehen die Akteure ohne Absicherung da, und es kommt zum Ausverkauf.

„Die meisten Investoren gehen wohl davon aus, dass die Zinsen ewig so niedrig bleiben. Das erklärt wohl auch die Sorglosigkeit", monierte [der US-Währungsexperte Richard] Fisher. Tatsächlich haben die Währungshüter mit ihrer Zinspolitik die Investoren regelrecht betäubt. Vor allem mit der verbalen Steuerung der Markterwartungen [...] haben Fed, EZB & Co. eine Verlässlichkeit geschaffen, die Spekulanten geradezu einlädt. So haben die europäischen Währungshüter wissen lassen, die Zinsen in den kommenden ein-einhalb Jahren auf dem niedrigen Niveau zu belassen oder zu senken. Mit solchen Zusagen werden jegliche Überraschungen ausgeschaltet, jeder Investor kann sich nun Geld für lau leihen und damit Staatsanleihen der Peripherieländer kaufen. Da niemand steigende Zinsen der EZB fürchten muss, lässt sich fast ohne Risiko Geld verdienen. [...]

[Nun] werden auch Stimmen laut, die dafür plädieren, das Mandat der Notenbanker auf die aktive Bekämpfung von Spekulationsblasen auszuweiten.

*Holger Zschäpitz, Die Welt, 21.5.2014*

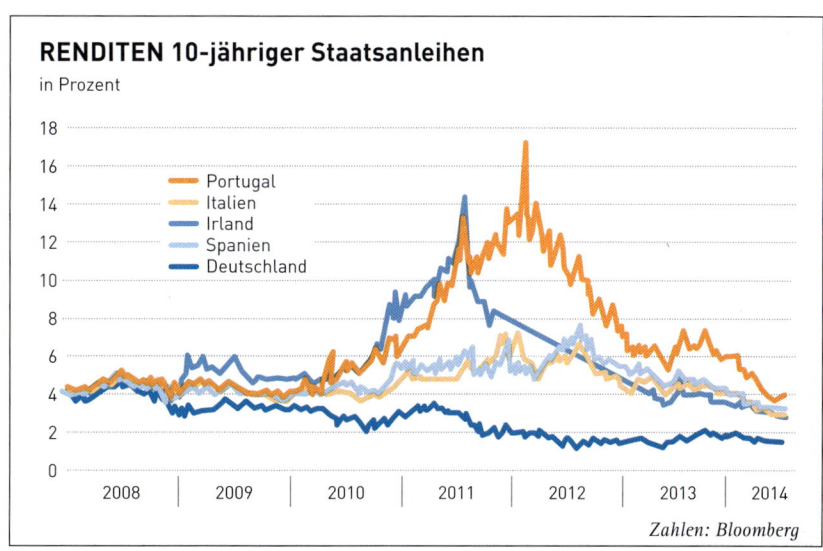

RENDITEN 10-jähriger Staatsanleihen in Prozent
Zahlen: Bloomberg

### Aufgaben

1. Analysieren Sie das Diagramm.
2. Erklären Sie mithilfe des Textes die Chancen und die Gefahren einer dauerhaften und vorangekündigten Niedrigzinspolitik der EZB.
3. Eine Ausweitung der EZB-Befugnisse auf aktive Bekämpfung von Spekulationsblasen wird gefordert.
   a) Entwickeln Sie Grundzüge einer konkreten Maßnahme in diesem Sinne.
   b) Nehmen Sie Stellung zu dieser Forderung.

**M zu Aufgabe 3**
Verfassen Sie zu diesem Zweck einen Leserbrief an die Süddeutsche Zeitung zur Weiterleitung an den ehemaligen Bundesaußenminister.

Migranten an der Grenze zwischen Mazedonien und Serbien, 27.1.2016.

Rund 500 Bootsflüchtlinge konnten im Mittelmeer zwischen Italien und Libyen von der italienischen Küstenwache gerettet werden. Das Boot war dabei zu kentern, sieben Flüchtlinge konnten nur noch tot geborgen werden (25.5.2016).

Flüchtlinge am 3 Meter hohen Grenzzaun zwischen Ungarn und Serbien, nahe der serbischen Stadt Horgos, 15.9.2015. Ungarn hat seine Grenzen zu Serbien von diesem Tag an geschlossen, wenig später wurde auch die Grenze zum EU-Nachbarn Kroatien mit einem Zaun versehen und am 16.10.2015 geschlossen.

# Europäische Flüchtlingspolitik – das Ende von Humanität und Solidarität?

2015 kam es zu einer dramatischen Zuspitzung der unregulierten Flucht in die Europäische Union. Immer mehr Menschen nahmen den – vor allem auf den Seerouten – lebensgefährlichen Weg in die EU auf sich. Die EU zeigt sich in mehrfacher Hinsicht überfordert in der Bewältigung dieser Herausforderung: Erstens stellt sich die Frage, ob das bisherige Asyl(prüfungs)system der EU angesichts der neuen Dimension noch tauglich ist. Zweitens ist fraglich, ob die EU-Staaten derzeit in der Lage sind, eine faire Verteilung der Asylberechtigten nicht nur zu beschließen, sondern auch umzusetzen, oder ob sich an dieser Verteilungsfrage nicht die EU (weiter) entzweit. Drittens wird kontrovers diskutiert, ob die massiv verstärkten Maßnahmen der Abdichtung der EU-Grenzen nach außen wirksame und legitime Mittel sind, um die Zahl der Einwandernden zügig und dauerhaft zu reduzieren.

Diesen Fragen gehen Sie nach, indem Sie zunächst die Reaktion von EU-Einzelstaaten entlang einer Hauptflüchtlingsroute durch Europa analysieren (Kap. 6.1). Im Anschluss erarbeiten Sie sich Fluchtursachen und -dimensionen (Kap. 6.2), bevor Sie die möglichen ökonomischen und politischen Folgen der nationalen Reaktionen auf die größeren Flüchtlingszahlen problematisieren (Kap. 6.3). Abschließend bewerten Sie die getroffenen Maßnahmen der EU zur „Sicherung" ihrer Außengrenzen (Kap. 6.4).

## KOMPETENZEN

Am Ende dieses Kapitels sollten Sie Folgendes wissen und können:

... die Ursachen und neueren Dimensionen der Flucht von Menschen in die EU sowie die wesentlichen Reaktionen der EU-Mitgliedstaaten sowie der EU als ganzer darauf beschreiben.

... analysieren, wie sich die Reaktionen der EU-Mitglieder auf die ausgeweitete Flucht politisch (Solidarität) und ökonomisch (Binnenmarkt) innerhalb der Union auswirkt.

... grenz- bzw. migrationspolitische Maßnahmen der EU kriteriengeleitet bewerten und diese Bewertung in der Öffentlichkeit vertreten.

### Aufgaben

1. Beschreiben Sie die Bilder und erklären Sie sie hypothetisch mithilfe Ihrer Kenntnisse aus den Medien.
2. Nehmen Sie – im Sinne eines Vorausurteils – Stellung zur Errichtung von Grenzzäunen zwischen EU-Staaten, die Flüchtende an der Einreise in das jeweilige Land hindern sollen.

## 6.1 Ende der Solidarität? Umgang der EU-Nationen mit den Flüchtenden

**M 1** ● **EU-Flüchtlingspolitik in Schlagzeilen**

### Österreich schafft Obergrenze für Asylbewerber
Die österreichische Regierung wird in diesem Jahr nur noch 37.500 Asylbewerber aufnehmen. Bis 2019 sollen es insgesamt maximal 127.500 sein. […] Dies sei ein Richtwert, der sich […] an maximal 1,5 Prozent der österreichischen Bevölkerung orientiere, sagte Bundeskanzler Werner Faymann.
*(kg, AP, DPA) www.zeit.de, 20.1.2016*

### Italien schickt Syrien-Flüchtlinge ohne Kontrolle nach Nord-Europa
*Heinrich Maetzke, www.bayernkurier.de, 28.4.2015*

### Ungarn baut Zaun an der Grenze zu Kroatien
*www.faz.net, 18.9.2015*

### Bulgarien, Rumänien und Serbien drohen mit Grenzschließung
*www.focus.de, 24.10.2015*

### Slowenien macht die Grenze zu Kroatien dicht
Nun hat auch Slowenien den Bau eines Grenzzauns begonnen.
*www.welt.de, 11.11.2015*

### Grenzkontrollen entzweien Dänen und Schweden
Schweden will den Zuzug von Flüchtlingen stärker kontrollieren und deshalb ab Januar [2016] an der Grenze zu Dänemark die Ausweise aller Reisenden überprüfen.
*Björn Dake, www.deutschlandfunk.de, 22.12.2015*

### Info

**Grenze**

Wer einmal an einem Grenzübergang warten musste, bis der eigene Ausweis geprüft war und die Grenze passiert werden durfte, dem erschließt sich ihre Bedeutung als ein Zusammenhang von Staatsgebiet, Kontrollinstanz und Übergangszone. Mit dieser Erfahrung gelangt man an den Kern dessen, […] als was [Grenzen] noch heute hauptsächlich definiert werden, nämlich territoriale Markierungen […], an denen der Hoheitsbereich des einen Staates aufhört und der eines anderen anfängt.

Der französische Historiker Lucien Febvre hat anhand von geografischen, militärischen und staatspolitischen Grenzen gezeigt, dass zwar eine typologische Differenzierung nach bestimmten Erscheinungsformen wie Flüssen, Schutzwällen oder Landmarken möglich ist, diese Grenzen jedoch nicht an sich existieren, sondern erst dazu gemacht werden. […] Sie werden […] nur vom Menschen in dieser Form erfahren, für andere Lebewesen bedeuten sie keine natürliche Einschränkung der Bewegungsfreiheit. Ebenso wie künstlich erzeugte Hindernisse unterliegt ihr Status als Grenze also kulturellen Setzungen […]. Grenzen manifestieren sich demnach als konkrete Gebilde oder Handlungen, die auf einer gemeinschaftlichen Übereinkunft beruhen. Ändert sich diese jedoch, und zwar dadurch, dass sie nicht mehr kontrolliert und praktiziert wird, verlieren auch die Erscheinungsformen ihre limitierende Funktion. Die Zuschreibung als Grenze erlischt.

*Christoph Kleinschmidt, Semantik der Grenze, in: APuZ, 4-5/2014, www.bpb.de*

## 6 Europäische Flüchtlingspolitik – das Ende von Humanität und Solidarität?

### M 2 ● Die West-Balkan-Fluchtroute seit Ende 2015

Legende:
- EU-Länder
- Schengen-Außengrenze
- Teilgrenzschließung
- Ausweichroute
- Balkan-Fluchtroute
- Grenze auf derzeitiger Flüchtlingsroute geschlossen

1 Kroatien
2 Bosnien u. Herzegowina
3 Serbien
4 Montenegro
5 Kosovo
6 Albanien
7 Mazedonien

dpa•23115

### Info

#### Asyl, Duldung, „illegaler" Aufenthalt in der EU

Der Aufenthaltsstatus von Flüchtlingen wird mit unterschiedlichen Begriffen ausgedrückt: **Asylberechtigt** ist jede/r in ihrem/seinem Heimatland politisch Verfolgte. Darunter wird nicht nur politische Verfolgung im engeren Sinne verstanden, sondern auch (massive) Verfolgung aufgrund der Zugehörigkeit zu einer bestimmten Ethnie, Religionsgemeinschaft oder einem Geschlecht. Asyl muss solange gewährt werden, bis der/die Asylsuchende in seinem/ihrem Heimatland wieder sicher ist. Einen Asylantrag darf jede Person stellen; jedes Land, das den Vereinten Nationen angehört, ist verpflichtet, diesen Antrag gewissenhaft zu prüfen und ggf. Asyl zu gewähren. Nach dem sog. **Dubliner Übereinkommen**, muss der EU-Staat, den der/die Asylsuchende zuerst betreten hat, das gesamte Verfahren durchführen. Allerdings bestehen in den Staaten der EU faktisch sehr unterschiedliche Kriterien der Asylgewährung.

Daneben gibt es Personen, die sich in einem fremden Land aufhalten, deren Bleiben aber „geduldet" wird. Die **Duldung** ist kein „Aufenthaltstitel", sondern nur eine vorübergehende Aussetzung der Abschiebung. Sie kann sehr schnell entzogen werden und wird von der Verwaltung meist nur für kurze Zeiträume gewährt (z.B. bei Kriegszuständen im Herkunftsland). Geduldeten wird i.d.R. keine Arbeitserlaubnis ausgestellt und sie sind nicht sozialversichert.

Alle anderen Flüchtenden gelten als **„illegale" Migranten**. Sie werden i.d.R. in ihr Herkunftsland oder einen sog. „sicheren Drittstaat" abgeschoben, den sie bei ihrer Herkunft passiert haben. Eine Ausnahme besteht: „Niemand darf in einen Staat abgeschoben oder ausgewiesen […] werden, in dem für sie oder ihn das ernsthafte Risiko der Todesstrafe, der Folter oder einer anderen unmenschlichen oder erniedrigenden Strafe oder Behandlung besteht." (Art. 19 (2), Charta der Grundrechte der Europäischen Union).

*Autorentext*

### Aufgaben

1. Charakterisieren Sie das Verhalten der EU-Staaten auf der Balkan-Fluchtroute sowie Italiens hypothesenartig (M 1).
2. Analysieren Sie die Karte – insbesondere hinsichtlich der Auswirkungen der Grenzpolitik südosteuropäischer EU-Staaten auf die Reisefreiheit (M 2).
3. Erklären Sie die Reaktion der EU-Staaten auf die stark gestiegene Zahl der Flüchtenden (M 1, M 2, Info).

## 6.2 Warum und wie flüchten so viele in die EU?

### M 1 ● Ein Bericht von Geflüchteten

Vor allem im Jahr 2015 flohen sehr viele Syrer vor dem Bürgerkrieg und unter schwierigsten Bedingungen nach Deutschland. Diese Familie kommt im Grenzdurchgangslager Friedland bei Göttingen an.

„Was sich die Syrer untereinander antun, ist grauenvoll. Jedesmal wenn wir in Syrien anrufen, ist wieder jemand tot, den wir kennen. Wir glauben nicht, dass wir bald zurück können. Wir sind geflohen, weil ich Reservist der Armee bin – aber ich will nicht kämpfen. [...] Wir sind von Libyen mit dem Boot gekommen. Es war schrecklich, ein Holzboot mit 300 Menschen, so wie man sich das vorstellt: Wir haben 4.000 Dollar für die Überfahrt bezahlt, aber die Libyer haben gesehen, dass wir noch Geld dabeihaben. Auf hoher See haben sie uns ausgeraubt: Handys, Geld, Pässe. Wir haben gebettelt: Bitte lasst uns wenigstens unsere Pässe! Aber die Männer haben nur gelacht: Das ist doch das Wertvollste! Es scheint ein blühendes Geschäft zu sein, Pässe zu verkaufen. Sie haben auch die Schwarzafrikaner auf dem Boot schrecklich misshandelt. Wir Syrer scheinen in der Hierarchie noch weiter oben zu stehen, uns haben sie immerhin nicht geschlagen. Die armen Schwarzafrikaner haben furchtbar geschrien. Unsere Kinder haben alles mitbekommen, jetzt wachen sie nachts auf und weinen. Besonders Abdul ist von der Flucht traumatisiert. Er wünscht sich ein Polizeiauto zum Spielen. Wir würden es ihm gern schenken, damit er sieht: Wir sind jetzt in Sicherheit, hier passt die Polizei auf!"

*Protokoll: Max Fellmann und Kerstin Greiner, Süddeutsche Zeitung Magazin 50/2014*

Erklärfilm zur „Flüchtlingskrise"

Mediencode: 73017-06

### M 2 ● Auf welchem Weg kommen wie viele?

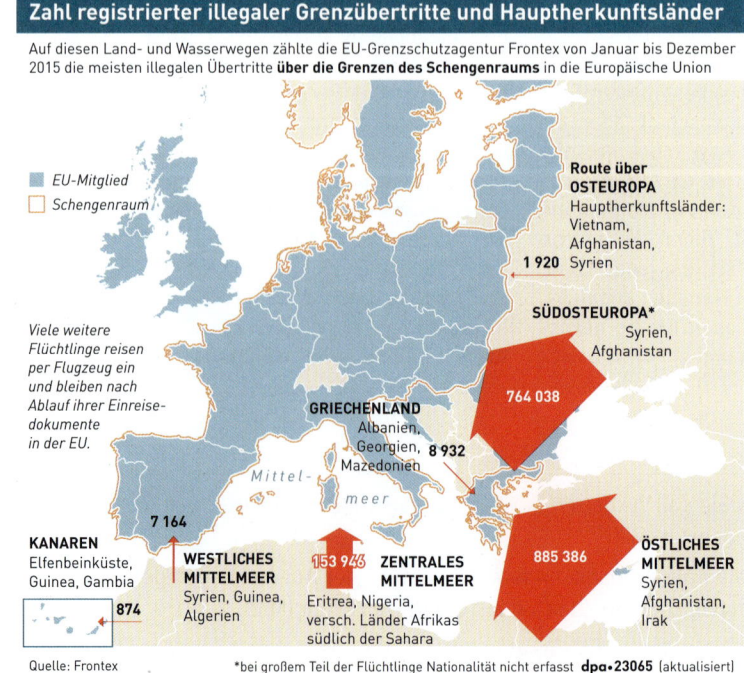

## M 3 Fluchtursachen – Push- und Pull-Faktoren

| Abwanderungs- bzw. Push-Faktoren aus den Herkunftsländern | | Anziehungs- bzw. Pull-Faktoren der Zielländer |
|---|---|---|
| Bevölkerungswachstum, junge Altersstruktur<br><br>Mangelnde Bildungs- und Gesundheitsvorsorge, fehlende soziale Sicherung | 1. Demografische Faktoren und soziale Infrastruktur | Bevölkerungsstagnation, -schrumpfung, demografische Alterung<br><br>Wohlfahrtsstaatliche Leistungen, gute Bildungs- und Gesundheitsversorgung, soziale Sicherung |
| Arbeitslosigkeit, Niedriglöhne<br><br>Armut, niedriger Lebensstandard | 2. Wirtschafts- und arbeitsmarktrelevante Faktoren | Arbeitskräftemangel, hohe Löhne<br><br>Wohlstand, hoher Konsum- und Lebensstandard |
| Diktatur, schlechte Regierungsführung<br><br>Krieg, Völkermord, staatliche Überwachung, Folter, Verfolgung, Enteignung, Terrorismus, Minderheitsunterdrückung | 3. Politische Faktoren | Demokratie, Rechtsstaatlichkeit, Pluralismus, politische Stabilität<br><br>Frieden, Sicherheit, Garantie der Menschen- und Bürgerrechte, Minderheitenschutz |
| Umweltkatastrophen, Wüstenbildung, Ressourcenmangel, Wasserknappheit, Bodenerosion, fehlende Umweltpolitik | 4. Umweltbezogene Faktoren | Intaktere Umwelt, Ressourcen- und Umweltschutzmaßnahmen |
| Familien-, Clan-Entscheidungen<br><br>Informationsflüsse, Medien, übermitteltes Bild vom Zielland | 5. Migrationsströme und -bestände | Ethnische Community, historische koloniale Bindungen<br><br>Informationsflüsse, Medien, übermitteltes Bild vom Zielland |

*Susanne Schmid, Vor den Toren Europas? Das Potenzial der Migration aus Afrika (hg. vom Bundesamt für Migration und Flüchtlinge), Nürnberg 2010, S. 31*

### Asylbewerber in der EU 2014

| Alter | Prozent |
|---|---|
| 0-13 | 19 |
| 14-17 | 7 |
| 18-34 | 54 |
| 35-64 | 20 |
| 65 und älter | 1 |

| Status der Minderjährigen | Prozent |
|---|---|
| begleitet | 86 |
| unbegleitet | 14 |

*Eurostat 2014*

Aktuelle Zahlen zu Flüchtlingen über das Mittelmeer liefert das Flüchtlingshilfswerk der Vereinten Nationen unter: http://data.unhcr.org/mediterranean/regional.php

### Info

**Geflüchtete weltweit in Zahlen**

**ca. 60 Millionen Menschen**
davon ca. **86% Binnenflüchtlinge**
(Flucht innerhalb des Herkunftslands/der Herkunftsregion) vor allem in:
- Syrien (ca. 7,6 Millionen)
- Kolumbien (ca. 6 Millionen)
- Irak (ca. 3,3 Millionen)
- Sudan (ca. 3,1 Millionen)
- Demokr. Republik Kongo (ca. 2,8 Millionen)
- Pakistan (ca. 1,9 Millionen)
- Südsudan (ca. 1,5 Millionen)
- Somalia (ca. 1,1 Millionen)
- Nigeria (ca. 1,1 Millionen)

Knapp 90% der Flüchtenden befinden sich in wirtschaftlich unterentwickelten, ca. 25% sogar in den am wenigsten entwickelten Ländern der Erde.

*Zahlen: UNO-Flüchtlingshilfe (September 2015)*

### Aufgaben

1. Geben Sie Ursachen und Verlauf der Flucht der Familie A. aus Syrien wieder (M 1).
2. Arbeiten Sie die ungefähre Fluchtroute der Familie A. sowie die möglichen Hauptgefahren auf diesem Weg heraus (M 1, M 2).
3. Ordnen Sie die Fluchtgründe der Familie A. in die Push- und Pull-Faktoren ein (M 1, M 3).
4. Erläutern Sie individuelle und gesellschaftliche Fluchtfolgen.

**F zu Aufgabe 3**
Recherchieren Sie arbeitsteilig die politischen und wirtschaftlichen Umstände in den drei Hauptherkunftsländern Geflüchteter und ordnen Sie die wahrscheinlichen Fluchtgründe in die Push- und Pull-Faktoren ein.

**H zu Aufgabe 4**
Beachten Sie mögliche Folgen für die Herkunfts- und die Zielländer der Flüchtenden.

## 6.3 Was kostet und wer verantwortet die re-nationalisierte Flüchtlingspolitik?

### M 1 ● Ökonomische Kosten der neuen Grenzschließung

[D]ie Flüchtlingskrise hat das grenzenlose Reisen, diese Errungenschaft der europäischen Integration, infrage gestellt. [...] [Dies] könnte die Integration der europäi-
5 schen Volkswirtschaften stoppen oder gar zurückdrehen – also jene Entwicklung, der der Kontinent seinen Wohlstand verdankt. Diese angespannte Lage alarmiert die Wirtschaft. Kommissionschef Juncker warnt:
10 „Wer Schengen killt, wird im Endeffekt den Binnenmarkt zu Grabe tragen." [...] In der Kommission wird gerade die Grenzkosten-Rechnung der Flüchtlingskrise kalkuliert. Juncker verweist darauf, dass Wartezeiten
15 an den Binnengrenzen für jeden Lkw mit 55 Euro pro Stunde zu Buche schlügen.

Guntram Wolff, Direktor der Denkfabrik Bruegel in Brüssel, macht folgende Rechnung auf: Im Schengen-Gebiet leben 1,7 Millionen Pendler, die täglich über die 20 Grenze müssen. Verlorene Arbeitszeit kostet viel Geld. Dazu kommen steigende Kosten für oder der Wegfall von beruflichen und privaten Reisen. Und vor allem die Wartezeiten für Lastwagen. Grenzkontrol- 25 len stellen das Just-in-Time-Prinzip des Verzichts auf Lagerhaltung infrage, nach dem sich die deutsche Wirtschaft aus Kostengründen ausgerichtet hat. „Da entstehen zweistellige Milliardenkosten", bilan- 30 ziert Wolff.
In Deutschland steige definitiv der Druck, den Flüchtlingszustrom deutlich zu verringern. „Wenn das an gemeinsamen Außengrenzen nicht gelingt, wäre die Wiederein- 35 führung nationaler Grenzkontrollen der nächste Schritt", meint der Experte. Die Folge wären nicht nur direkte ökonomische Schäden. „Auch psychologisch würde sich das stark auswirken", sagt Wolff. „Die 40 Leute fragen sich: Wohin geht es jetzt mit der EU? Da setze ich lieber auf das nationale Pferd." Wie zum Beispiel ein deutscher Unternehmer, der dann eben nicht mehr in Tschechien produziere, weil alles 45 zu kompliziert werde.

*Alexander Hagelüken, Alexander Mühlbauer, Die neuen Grenzkosten, Süddeutsche Zeitung, 26.1.2016*

---

**Just-in-Time**

Betriebswirtschaftliches Prinzip zur Reduktion von Produktionskosten (insb. Lagerhaltung), wonach nur die Stückzahl hergestellt wird, die zur Erfüllung der Kundenaufträge unmittelbar notwendig ist. Faktisch wird das Warenlager auf die Straße bzw. Schiene verschoben.

---

### Info

**Schengener Abkommen**

1985 geschlossene und seit 1995 umgesetzte Übereinkunft zwischen vielen EU-Staaten, dass Personenkontrollen an den Binnengrenzen nicht mehr (bzw. höchstens stichprobenartig) vorgenommen werden. Die Außengrenzen (Land, See) sollten stärker und nach einheitlichen Standards überwacht werden, ebenso existieren einheitliche Einreise- und Aufenthaltsbestimmungsregeln (inkl. Visa) und polizeiliche und justizielle Zusammenarbeit. Ziel war und ist die vollständige Umsetzung des freien Binnenmarkts durch die Freiheit des Personenverkehrs – insofern ist das Schengener Abkommen wirtschaftlich ein zentrales Integrationselement der Europäischen Union.
Seit 1997 ist das Schengener Abkommen Teil des Vertrages von Amsterdam und damit des EU-Vertragswerks. *Autorentext*

---

### M 2 ● Politische Kosten – Ist das Weiterbestehen der EU bedroht?

Europa erlebt in der Flüchtlingspolitik eine Wiederkehr der Nationalstaaten, die ihre eigenen Interessen im Blick haben, um den Preis der europäischen Werte. [...] Die EU-
5 Mitgliedstaaten können sich noch nicht einmal darauf verständigen, wer als Flüchtling bezeichnet werden soll. So wurden in Finnland im [...] Jahr [2014] 43 Prozent der Asylanträge von Kosovaren anerkannt, in Deutschland nur 1,1 Prozent. In 10 Schweden erhielten 2014 mehr als drei Viertel der Flüchtlinge Schutz, in Ungarn gerade einmal 9 Prozent.
Das Dublin-System verleitet Staaten dazu,

Flüchtlinge schlecht zu behandeln, damit diese andere Fluchtrouten wählen. In Ungarn werden Migranten willkürlich in Haftanstalten gesperrt. In Bulgarien sind die wenigen Flüchtlingsunterkünfte überfüllt, Migranten sind gezwungen, auf der Straße oder in Ruinen zu leben.

Die EU hat diese Zustände jahrelang hingenommen. Brüssel hat Bulgarien in den vergangenen zehn Jahren etwa 300 Millionen Euro für die Sicherung der Grenzen überwiesen, aber nur 5 Millionen Euro für die Integration von Flüchtlingen. [...]

[EU-]Kommissionspräsident Jean-Claude Juncker [...] will um jeden Preis verhindern, dass unter seiner Präsidentschaft Europa an der Flüchtlingsfrage zerbricht. Er möchte deshalb, wie Merkel, [...] eine permanente Flüchtlingsquote durchsetzen. Doch dazu braucht es, neben der Zustimmung der Staats- und Regierungschefs, zumindest annähernd ähnliche Bedingungen für Flüchtlinge in Europa.

Markus Deggerich et al., Europa der Grenzen, Der Spiegel 40/2015, S. 32f.

## M 3 ● Wer trägt Verantwortung für den Umgang mit Flüchtenden?

**a) Merkels Pflicht, Europas Schuldigkeit**

Im Europa-Ausland [...] lief Angela Merkel lange Zeit Gefahr, sturköpfig zu erscheinen. Hier halten sich hartnäckig zwei Deutungen [zu den Ursachen der sogenannten „Flüchtlingskrise"]: Erstens habe Merkel die Flüchtlinge eingeladen. Und zweitens habe sie sogar die Grenzen geöffnet. [...]

Auf diese Vorwürfe gibt es zwei knappe Erwiderungen: Die Flüchtlinge musste man nicht einladen, sie waren bereits im Herbst 2015 zu Hunderttausenden angekommen und wären auch ohne ein Selfie der Kanzlerin weiterhin in den Gemeindeturnhallen gelandet. Und zweitens hat Deutschland die Grenzen nicht geöffnet, denn die waren bereits offen – so wie es der Schengen-Vertrag vorsah.

Neu ist jetzt hingegen die Schließung der Binnengrenzen. Wer also wie Österreich die Übergänge dichtmacht, der startet einen europapolitischen Hochrisiko-Versuch, dessen Resultat nun in Griechenland zu bewundern ist. Kommen nach Tränengas und Gewalt nun Aufruhr und Extremismus? [...]

Den EU-Regierungschefs ist beim vergangenen Gipfel aufgegangen, dass sie weit mehr als nur die Reisefreiheit aufs Spiel setzen, wenn überall die Schlagbäume runtergehen. Nach der Volksweisheit beißen dann bekanntlich den Letzten die Hunde, in diesem Fall also Griechenland oder Ita-

Bundeskanzlerin Merkel beim Besuch einer Erstaufnahmeeinrichtung für Flüchtlinge in Berlin (10.9.2015). Ihr wurde vorgeworfen, mit derartigen Fotos ein falsches Signal und eine Einladung in die Welt vermittelt zu haben.

lien. Die europäische Weisheit geht aber tiefer: Wenn die Gemeinschaft das schwächste Glied im Stich lässt, dann wird sie selbst schweren Schaden nehmen. Wäre Deutschland dem Rat Horst Seehofers gefolgt und hätte die Flüchtlinge zurückgeschickt, dann hätte man die Regierung Merkel für den Kollaps der Schengen-Zone mit allen Folgen verantwortlich gemacht. Dieses Risiko wollte die Kanzlerin nicht eingehen. So entstand eine bequeme Situation in der EU: Die Menschen kamen weitgehend ungehindert nach Deutschland, das aus Sorge vor den europäischen Errungenschaften keine Härte zeigen konnte und

nur an Vernunft und Gemeinsinn appellierte. Die meisten EU-Partner, inklusive Griechenland, waren fein raus, keiner musste
50 sich um Außengrenzen oder die Verteilung kümmern – Deutschland würde die Sache schon schaffen.

### b) Grenzschließung als Reaktion auf deutsche Politik

Es mangelt [in der EU] nicht nur an europäischer Solidarität. Vieles funktioniert nicht, wie der letzte EU-Gipfel zeigte: vom Schutz der EU-Außengrenzen bis hin zur
5 Verteilung von Flüchtlingen. Keine EU-Krise war so dramatisch wie diese – und Deutschland hat daran auch Schuld.
Bei der Suche nach Auswegen stößt Deutschland in ungekannter Weise auf die
10 Gründe für die derzeitige Ausweglosigkeit. Gründe [...], die Deutschland selbst geschaffen hat: von der vorherigen Behandlung Italiens, Griechenlands und auch Ungarns. Diese Staaten werden unterstützt
15 von etlichen weiteren der EU. Sie sperren sich, verweigern deutsche Wünsche nach korrekter Registrierung von Ankömmlingen und fairer Aufnahme von Flüchtlingen. [...]
20 [In] Italien erinnert man sich, wie das Land jahrelang allein gelassen wurde mit dem Ansturm auf Lampedusa. [Der italienische Ministerpräsident] Renzi kritisierte die Bundesrepublik auch für ihre Flüchtlings-
25 politik – so würde Italien, anders als die Bundesrepublik, nun etwa Fingerabdrücke der Flüchtlinge aufnehmen.
Auf dem einstigen Höhepunkt in den Jahren 2011 und 2013 war es vor allem
30 Deutschland, das sich stoisch auf das Dublin-Abkommen berief. Hier rächt es sich,

Es ist Merkels größtes Problem, dass sie sich in einer höheren Verantwortung für Europa sieht, während viel zu lange Zeit 55 niemand in Europa diese Sorgen um die Gemeinschaft teilen mochte.
*Stefan Kornelius, www.sueddeutsche.de, 29.2.2016*

dass die geografisch eingebetteten EU-Staaten es sich rechtlich bequem gemacht hatten mit der Dublin-Abmachung, dass allein die EU-Außenländer die Flüchtlings- 35 problematik zu bewältigen hätten. „Deutschland war über die vergangenen zehn Jahre selbst unsolidarisch", sagt der Grünen-Fraktionschef Anton Hofreiter dem ZDF. „Und Unsolidarität hat die 40 schlimme Eigenschaft, zurückzuschlagen, jetzt, wo wir selbst auf Solidarität angewiesen sind."
Solidarität fehlt auch bei der Verteilung von Flüchtlingen. Bislang ist kein osteuro- 45 päisches EU-Land bereit, Deutschland zu helfen – und sie alle lehnen moralische Belehrungen ab. Auch hier spielt Empörung über deutsches Gebaren in jüngster Vergangenheit eine wesentliche Rolle. Über 50 Ungarn regte sich die Bundesregierung auf, weil es Flüchtlinge zu brachial abhielt. Damit hat Ungarn aber im Grunde nichts anderes getan, als das, was nun gefordert wird: die Außengrenzen zu sichern. Die 50 moralisch absolute Kritik am ungarischen Verhalten haben viele für richtig gehalten in Deutschland. „Damit haben wir, glaube ich, massiv Vertrauen zerstört auch gegenüber anderen osteuropäischen Ländern", 55 sagt hingegen Arnold Vaatz, der zwar stellvertretender CDU/CSU-Fraktionsvorsitzender ist, aber ein Außenseiter in der CDU.
*Wulf Schmiese, www.cicero.de, 24.12.2015*

### Aufgaben

**1** Fassen Sie die befürchteten ökonomischen und politischen Kosten zusammen, die durch die Reaktionen der EU-Staaten auf Flüchtende entstehen (M 1, Info, M 2).

**2** Arbeiten Sie die unterschiedlichen Begründungen für die Hauptverantwortung am Umgang mit den Flüchtenden heraus (M 3).

**3** Problematisieren Sie erneut die Flüchtlingspolitik der unmittelbar betroffenen EU-Staaten (Kap. 6.2, M 3; Kap. 6.3, M 1-M 3).

---

**M** zu Aufgabe 1
Lesen Sie M 1 und M 2 arbeitsteilig und stellen Sie sich deren Kerninhalte im Anschluss gegenseitig vor.

**H** zu Aufgabe 3
Berücksichtigen Sie in Ihrer Argumentation die humanitäre, ökonomische, juristische und europapolitische Betrachtungsebene.

## 6.4 (Wie) Kann und sollte die EU Migration begegnen?

### M 1 ● EU-Grenzpolitik in der Karikatur

Karikatur:
Ernst Mattiello,
2011/ toonpool.com

### M 2 ● (Neue) EU-Maßnahmen zur „Grenzsicherung"

**„Hot-Spots":**
An elf der Hauptgrenzübertrittsstellen an EU-Außenseegrenzen (6 in Italien, 5 in Griechenland) sollen Registrierungs- und Rückweisezentren für alle dorthin Geflüchteten eingerichtet werden. Weiterverteilt werden sollen solche mit „guter Schutzperspektive" (EU-weite Asyl-Anerkennungsquote von 75% oder mehr), alle anderen sollen abgeschoben werden.

**Grenzschützer:**
Bis zu 2.100 zusätzliche Grenzschützer, die von der – finanziell dann stark ausgeweiteten – umstrittenen EU-Grenzschutzagentur FRONTEX koordiniert werden, sollen auch ohne Zustimmung des jeweiligen Einsatzlandes Grenzen effektiv und schnell schließen können.

**Verhinderung von „Schleuserkriminalität":**
Abschiebung aller „irregulärer" Flüchtender aus der Türkei dorthin zurück; für jeden abgeschobenen Syrer darf ein Syrer regulär in die EU einreisen; vor der nordafrikanischen (v. a. libyschen) Küste – jedoch außerhalb nationaler Hoheitsgewässer – sollen mit mehreren Kriegsschiffen Schleuserboote identifiziert und zur Umkehr gezwungen oder sogar zerstört werden.

**Finanzhilfen an die Türkei:**
bis 2018 insg. 6 Mrd. Euro sowie die Aussicht auf die Wiederaufnahme der EU-Beitrittsverhandlungen, offiziell um die ca. 2,2 Millionen (Stand: Februar 2016) im Land befindlichen v. a. syrischen und irakischen Bürgerkriegsflüchtlinge besser versorgen zu können.

*Autorentext*

**Aufstockung der Finanzhilfe:**
Die EU sagt dem Welternährungsprogramm und dem UN-Flüchtlingshilfswerk (UNHCR) eine Milliarde Euro zu, um Versorgung in Flüchtlingslagern in den syrischen Nachbarstaaten (insb. Libanon, Jordanien) zu sichern; zusätzlich wird ein Treuhandfonds (1,8 Mrd. Euro) zur Bekämpfung der Fluchtursachen in Afrika aufgelegt.

### M 3 ● Die Lage in den „Hot Spots"

Der Polizei gelingt es nicht, die Menschen in den geschlossenen Flüchtlingszentren auf den griechischen Inseln, den sogenannten Hotspots, vor den häufigen gewaltsamen Vorfällen zu schützen, so Human Rights Watch. Die Zentren wurden zur Aufnahme, Identifizierung und Antragsbearbeitung von Migranten und Asylsuchenden eingerichtet. [...] Bei mehreren Besuchen [Mitte] Mai [2016] stellte Human Rights Watch in allen drei Einrichtungen eine starke Überbelegung fest. Es war schmutzig und unhygienisch, und es gab nicht genug einfache Unterkünfte. Zu dem chaotischen und unberechenbaren Klima in den drei Hotspots trugen auch Mismanagement, fehlende Informationen und die langen Warteschlangen bei der Ausgabe der minderwertigen Verpflegung bei. Am 13. Mai kam es in dem Hotspot Vathi auf Samos zu einer gewaltsamen Auseinandersetzung mit rund 200 Beteiligten, welche über mehrere Stunden andauerte. Die Einrichtung mit 250 Betten war an diesem Tag mit 945 Menschen belegt. Als Human Rights Watch-Mitarbeiter das Zentrum am 14. Mai besuchten, fanden sie dort Blutspuren am Boden, blutverschmierte Kleidung, Löcher in den Hütten, offenbar von Steinwürfen, sowie Glasscherben und andere Trümmer der Kämpfe. Mehrere Männer und Frauen trugen Blutergüsse und Platzwunden. [...]
Die UN-Flüchtlingsagentur UNHCR [...] erklärte, in Vathi gebe es keinen Lagerleiter. [...] Auch in den beiden anderen Lagern, Moria auf Lesbos und VIAL auf Chios, gaben die Bewohner an, die Polizei greife bei gewaltsamen Auseinandersetzungen nicht ein. [...] In allen drei Hotspots berichten Frauen über regelmäßige sexuelle Belästigungen: „Die Männer betrinken sich jeden Abend und versuchen, in unser Zelt zu kommen", so eine alleinstehende 19-jährige Eritreerin, die in Vathi lebt. „Wir gingen zur Polizei und baten, dass man uns in einen anderen Teil des Lagers bringt, getrennt von den Männern, die versuchen, uns zu missbrauchen. Doch die Polizei weigerte sich, uns zu helfen. [...]" [...]
Seit dem Abschluss des Flüchtlingsabkommens zwischen der EU und der Türkei [im März 2016] inhaftieren die griechischen Behörden automatisch jeden Asylsuchenden oder Migranten. Am 2. April verabschiedete das griechische Parlament im Eiltempo ein Gesetz, das pauschale „Einschränkungen der Bewegungsfreiheit" erlaubt. Damit können Neuankömmlinge verpflichtet werden, während ihrer Aufnahme und Identifizierung für bis zu 25 Tage innerhalb der geschlossenen Einrichtungen an den Grenzen – etwa auf den griechischen Inseln – zu bleiben. Nachdem die Hotspots so faktisch in Haftzentren umgewandelt wurden, beendeten das UNHCR und mehrere Nichtregierungsorganisationen ihre Arbeit, wenngleich das UNHCR die Situation weiterhin beobachtet und eingeschränkte Angebote bereitstellt.

Pakistanische Flüchtlinge auf Lesbos protestieren friedlich gegen die Abschiebung von 50 Pakistani zurück in die Türkei.

*Human Rights Watch, www.hrw.org, 2.6.2016*

## M 4 Migrationsgestaltung – ein Diskussionsvorschlag

[In der EU] gibt es keine stringente Einwanderungspolitik. Es gibt nur eine Grauzone, in der sich die Politik durchwurstelt. Dabei wäre selbst eine brutale Zuwanderungsregelung, die sich allein an den Interessen der Aufnahmeländer orientiert, für alle Beteiligten besser als der graue Status Quo.

Ein historisches Beispiel ist Ellis Island im Hudson River – für Millionen Menschen, viele aus Europa, die „Tür nach Amerika". Das Aufnahmeverfahren war simpel: Passagiere mit Geld wurden registriert und konnten von Bord, sofern sie nicht krank oder als Kriminelle aufgelistet waren. Passagiere der 3. Klasse wurden genau inspiziert, kamen oft für lange Zeit in überfüllte Lager. Nur wen man, wegen seines Berufes zum Beispiel, gebrauchen konnte, ließ man an Land, die anderen wurden zurückgeschickt. [...] Man kann sich humanere Kriterien vorstellen. Aber immerhin konnten sich über Ellis Island viele vor Krieg, Hunger, Verfolgung retten.

Für viele Flüchtlinge heute ist Lampedusa, auf halbem Wege zwischen Afrika und Sizilien gelegen, „das Tor zu Europa". Doch für Lampedusa gibt es [wie für die anderen Grenzorte, etwa das griechische Leros und Lesbos] kein Konzept. Nicht Geld entscheidet, Bildungstand oder Beruf, auch kein rechtlich einwandfreier Asylgrund. Es ist weitgehend Glückssache.

Die Italiener fühlen sich von der großen Zahl der Flüchtlinge überfordert [...]. Italien will [genauso wie andere EU-Randstaaten] nicht alle Migranten behalten müssen, wie es die EU-Regeln vorsehen. Und die meisten Menschen aus Syrien, dem Irak, Ägypten oder Westafrika wollen auch gar nicht in Italien bleiben. Also ziehen viele weiter, mit stiller Zustimmung aus Rom, und landen in Skandinavien oder eben in Deutschland. Manche schlagen sich dort irgendwie durch, besonders Glückliche werden von einem Pfarrer oder einer Schule unterstützt, andere werden zurückgeschickt. Zufall. [...]

Das [Migrationsrecht] wäre relativ einfach änderbar, mit Vorteilen für alle Beteiligten: Wer, etwa als Syrer, nach deutscher Rechtsauslegung Asylanspruch oder Bleiberecht hat, wendet sich an eine Visumstelle im türkischen oder jordanischen Flüchtlingslager, kann womöglich sogar Verwandte benennen, die ihn aufnehmen würden, und bekommt, nach rascher Prüfung, ein Einreisevisum. So kann er mit einem legalen Flug oder mit einer normalen Schiffspassage nach Deutschland reisen – oder, wenn es in Brüssel so beschlossen würde, auch in jedes andere EU-Land. Er könnte Business Class fliegen, das wäre billiger als das Schlepperboot!

In anderen Regionen, etwa Westafrika, könnten deutsche Außenstellen befristete Arbeitsvisen für Erntehelfer in der Landwirtschaft ausgeben. Die werden überall in Europa gebraucht, nur heute sind die Jobs überwiegend illegal besetzt. Wer für ein paar Monate zum Geldverdienen legal nach Europa kann, wird keine gefährliche, teure, illegale Wanderung riskieren.

*Hans-Jürgen Schlamp, www.spiegel.de, 19.4.2015*

### Aufgaben

1. Beschreiben Sie die Karikatur und stellen Sie Deutungshypothesen auf (M 1).
2. Die Menschenrechtsorganisation Pro Asyl betitelte einen kritischen Beitrag zur EU-Grenzpolitik auf ihrer Homepage mit „Grenzen dicht, Puffer drumherum". Erklären Sie diese Überschrift (M 2, M 3).
3. Überprüfen Sie die Aussage der Karikatur (M 2, M 3).
4. Nehmen Sie Stellung zu dem Vorschlag Hans-Jürgen Schlamps (M 4).

**F** „Asyl ist [...] nicht das richtige Instrument zum Umgang mit Migration – dafür war es auch nie vorgesehen." (EU-Parlamentspräsident Martin Schulz, 23.4.2015) Erklären und beurteilen Sie diese Aussage.

## Die Szenario-Technik

Alles Handeln und Planen ist auf die Zukunft gerichtet. Entscheidend bei der Zukunftsplanung im Privaten wie im Gesellschaftlichen ist es, dass man von prinzipiell möglichen Vorstellungen über die Zukunft ausgeht, um auf dieser Basis strategische Überlegungen anzustellen.

Mithilfe der Szenario-Technik – einer Methode, die auf dem militärischen, politischen und wirtschaftlichen Sektor vielfach eingesetzt wird – kann man erkennen, wie Zukunft von Staaten, Gesellschaften oder der internationalen Gemeinschaft prinzipiell gestaltbar ist.

### Was sind Szenarien? Eine Definition

Die Szenario-Technik ist eine Methode, mit der mögliche „*Zukünfte*" ganzheitlich erfasst werden können, wodurch sie sowohl sinnlich als auch gedanklich nachvollziehbar werden. Szenarien sind also weder (genaue) Zukunftsprognosen auf der Grundlage quantitativer Informationen aus Gegenwart und Vergangenheit noch realitätsferne Utopien.

Mit der Szenario-Technik werden vielmehr quantitative Daten und Informationen mit qualitativen Informationen, Einschätzungen und Meinungen verknüpft, so dass als Ergebnis detaillierte Beschreibungen oder plastische Schilderungen einer bzw. mehrerer möglicher Zukunftssituationen entstehen. Es werden zwei, manchmal drei Grundtypen von Szenarien entwickelt:

- ein **positives** Extremszenario: Dieses bezeichnet die best-mögliche Zukunftsentwicklung (*best-case-scenario*).

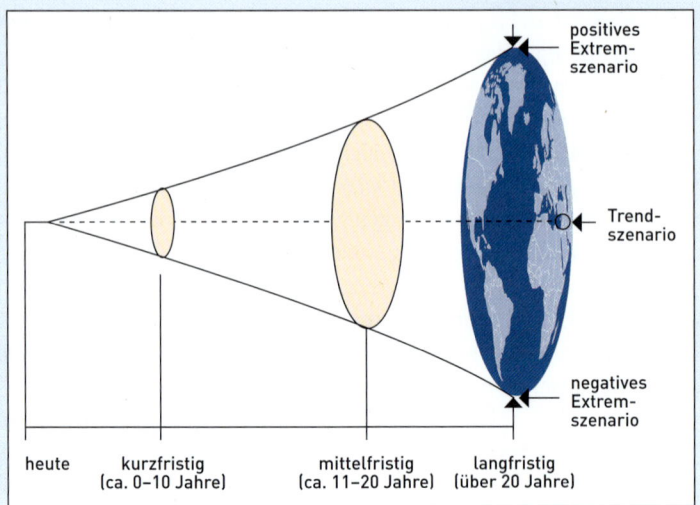

*Typen der Szenarien*

- ein **negatives** Extremszenario: Dieses bezeichnet den schlechtest-möglichen Entwicklungsverlauf (*worst-case-scenario*).
- u. U. ein Trend-Szenario: Dieses beinhaltet die Fortschreibung der heutigen Situation (*Trend-Extrapolation*).

**Szenarien werden nach einem Phasenschema entwickelt:**

| Phase 1<br>**Problemanalyse** | Ausgangspunkt eines jeden Szenarios ist ein *gesellschaftliches bzw. politisches Problem*, d.h. ein von einer größeren Anzahl von Gesellschaftsmitgliedern als dringend lösungsbedürftig angesehener, genau definierter Sachverhalt. Dieses Problem wird sachlich, zeitlich und räumlich eingegrenzt. Besonders wichtig ist festzuhalten, wer von diesem Problem in welcher Weise (besonders) betroffen ist. |
|---|---|
| Phase 2<br>**Einflussanalyse und Deskriptorenbestimmung** | Nunmehr sind alle *Einflussbereiche* zu identifizieren, die unmittelbar auf das Untersuchungsfeld einwirken. Diese Bereiche werden durch die Bestimmung von Einflussfaktoren für jeden Bereich weiter ausdifferenziert. Um die Entwicklungsdynamik der Einflussfaktoren beschreiben zu können, sind sog. *Deskriptoren* bzw. Kenngrößen zu bestimmen. Dabei unterscheidet man zwischen quantitativen und qualitativen Deskriptoren:<br>• *Beispiele für quantitative Deskriptoren:* Entwicklung der Bevölkerung; Einkommensentwicklung, Menge der aufzufindenden Bodenschätze etc.<br>• *Beispiele für qualitative Deskriptoren:* Interessen von Staaten oder Konzernen und deren Durchsetzungsmacht; Wertehaltungen oder Gewöhnung an Gewalt in einer Gesellschaft etc. |

| | |
|---|---|
| **Phase 3**<br>**Szenarien-**<br>**entwicklung und**<br>**-interpretation** | Diese Phase ist der Höhepunkt der Szenariotechnik, da nun aus den durchgeführten Analysen aus dem Problembereich ausführliche Szenarien, d.h. *ganzheitliche „Zukunftsbilder"* erstellt werden, die **in anschaulicher Weise mögliche Zukunftsentwicklungen und ihre Konsequenzen sichtbar machen**. In die Szenarien sollen alle in den vorangegangenen Phasen entwickelten Einflussfaktoren und Deskriptoren eingehen. Diese Elemente werden *fantasievoll* (etwa mit Beispielen) angereichert und daraus stimmige *Situationsbeschreibungen* zweier möglicher Zukünfte erstellt, nämlich einer best-möglichen und einer schlechtest-möglichen (Extremszenarien). Dabei müssen die Grenze zur Utopie erreicht werden, ohne diese Grenze zu überschreiten!<br>Die Szenarien präsentieren Sie allen Kursteilnehmer/inne/n möglichst lebendig. Sie müssen bei der Erstellung der Szenarien besonders darauf achten, dass diese nicht bei der Änderung eines Faktors in sich zusammenbrechen (*Konsistenzprüfung*). |
| **Phase 4**<br>**Gewichtung der**<br>**Einflussfaktoren**<br>**und Analyse von**<br>**Wirkbeziehungen** | In dieser Phase analysieren Sie, welche (Kombination von) Einflussfaktoren in besonderer Weise extrem positive bzw. extrem negative Entwicklungen in der Zukunft hauptsächlich bedingt haben. Wichtig ist es dabei, die Wechsel- bzw. Wirkbeziehungen in den Blick zu nehmen (z.B. Verstärkung, gegenläufige Tendenzen, Wirkungsneutralität). |
| **Phase 5**<br>**Maßnahmen und**<br>**Handlungs-**<br>**möglichkeiten** | In der abschließenden Phase knüpfen Sie an die Gewichtung der Einflussfaktoren an. Dabei haben Sie die Aufgabe, nunmehr Konsequenzen aus den entwickelten Szenarien zu ziehen und *Handlungs- bzw. Gestaltungsstrategien* zu entwickeln, die dazu dienen, gewünschte Entwicklungslinien zu unterstützen sowie unerwünschten Entwicklungen entgegenzuwirken bzw. sie abzuschwächen.<br><br>Sie erarbeiten also gemeinsam einen Maßnahmenkatalog, um sich möglichst dem positiven Extremszenario anzunähern. Dabei sollten Sie sich die Frage stellen, was gesellschaftliche Akteure zur Zielerreichung beitragen können, z. B.:<br><br>• Was kann ich, kann jeder Einzelne tun?<br>• Was können wir gemeinsam in Gruppen tun (Verbände, Parteien, Vereine, Bürgerinitiativen…)?<br>• Was können/sollten Unternehmen tun?<br>• Was können/sollten die großen Verbände (z. B. Gewerkschaften, Wirtschaftsverbände…) und Nichtregierungsorganisationen tun?<br>• Was kann/sollte der Staat tun?<br>• Was können/sollten supranationale Verbünde (z. B. die EU) und die internationale Staatengemeinschaft tun? |

*Autorentext*

## Aufgaben

1. Gestalten Sie positive wie negative Extremszenarien zur Zukunft der Migrationspolitik der Europäischen Union.

2. Werten Sie diese Szenarien aus und entwickeln Sie auf dieser Grundlage Maßnahmen zu einer sowohl humanen als auch die Mindestinteressen der Europäischen Union als ganzer und ihrer Mitgliedstaaten berücksichtigenden Einwanderungspolitik.

# 6 Europäische Flüchtlingspolitik – das Ende von Humanität und Solidarität?

**ORIENTIERUNGSWISSEN**

**Migration in die EU – Ursachen**
Kap. 6.2
M 2, M 3

Die in die EU Flüchtenden nehmen große **Gefahren** auf sich: Seit 1988 starben beim Untergang der oft überfüllten Boote mindestens 20.000 Menschen. Auch die Binnenwanderung durch den afrikanischen Kontinent ist häufig lebensbedrohend (Krankheiten, Hunger, Misshandlungen u.Ä.). Die meisten Grenzübertritte finden an der griechisch-türkischen (See-)Grenze statt. Dort wandern in der Hauptsache aber Bürgerkriegsflüchtlinge aus Syrien, Afghanistan und dem Irak ein.
**Motive** der zumeist jungen Migranten lassen sich – neben der Flucht vor Bürgerkrieg und der politischen Verfolgung – unter dem Begriff der **Perspektivlosigkeit** bündeln: *Sozial* fehlt es in den Herkunftsländern oft an Bildungs- und Gesundheitschancen, *politisch* an Partizipationsmöglichkeiten (autoritäre Regime wie z. B. in Eritrea), *ökonomisch* an Arbeitsmarktchancen, *ökologisch* an intakter Umwelt (mit Auswirkungen auf die Nahrungsmittelversorgung). Zudem existieren lose oder engere *Migranten-Netzwerke*, die ein positives Bild vom Zielland (re-)produzieren.

**Reaktion der EU-Staaten auf Ausweitung der Migration**
Kap. 6.1
M 2;
Kap. 6.3
M 1-M 3

Die Mitgliedstaaten der EU reagieren höchst unsolidarisch auf die starke zahlenmäßige Ausweitung der Flucht. Wirtschaftsstarke EU-Staaten ohne Grenzen zu Afrika oder Asien (wie Deutschland) sperrten sich jahrelang gegen eine Verteilungsquote. Sie überließen damit Ländern wie Griechenland, Italien oder auch Ungarn die Problemlösung. Möglich wurde diese Politik durch das sogenannte **Dubliner Übereinkommen**, wonach das gesamte Asylverfahren in dem EU-Staat durchgeführt werden soll, den der Geflüchtete als erstes betritt. Als die Aufnahmestaaten – teils wegen finanzieller und administrativer Überforderung – die Registrierung der Geflüchteten faktisch einstellten und die Wanderungsrouten nach Mittel-Nordeuropa öffneten, **entsolidarisierten** sich weitere Länder: Sie ermöglichten entweder ebenfalls die Passage oder schlossen – entgegen dem **Schengener Abkommen** – gar Grenzen und versahen diese mit Zäunen. Neben den politischen Kosten der Entsolidarisierung entstehen auch ökonomische Kosten in Milliardenhöhe durch die Einschränkungen des freien Waren- und Personenverkehrs.

**Reaktion der EU auf Ausweitung der Migration**
Kap. 6.4
M 2, M 3

Die Europäische Union hat sich im Wesentlichen auf eine Verstärkung der **Abschottung der Außengrenzen** verständigt: Aus elf zentralen Aufnahmelagern („Hot Spots") sollen angeblich nicht Asylberechtigte schnell wieder abgeschoben werden, der Grenzschutz wird massiv verstärkt und der Zuständigkeit der Grenzstaaten teilweise sogar enthoben. Der Türkei und anderen Staaten mit einer großen Zahl an Bürgerkriegsflüchtlingen im Land werden Milliardenhilfen gewährt – offensichtlich, um eine weitere Flucht in die EU einzudämmen.
**Migrationsgestaltung** wie z. B. Asyl- oder gar Visaanträge aus Flüchtlingslagern heraus oder gezielte Arbeitskräfteanwerbung findet sich so gut wie gar nicht in der Migrationspolitik der EU.

## Zur EU-Flüchtlingspolitik

Karikatur: Oliver Schopf, 4.9.2015

### Vorschlag für eine EU-Verteilungsquote Geflüchteter

Im Jahr 2015 schlug die EU-Kommission unter Führung ihres Präsidenten Jean-Claude Juncker einen Verteilungsschlüssel für Asylbewerber in der Europäischen Union vor, der aber am Widerstand v. a. mittelost- und südosteuropäischer Mitglieder aber auch Spaniens und Frankreichs scheiterte. Demnach sollte sich die Aufnahmequote eines Staates berechnen aus dessen Einwohnerzahl (40%), dessen Wirtschaftsleistung (40%), seiner Arbeitslosenquote (10%) sowie der Zahl der bisher dort befindlichen Asylbewerber (10%). Demnach wäre es 2015 zu folgender prozentualer Verteilung gekommen (Großbritannien, Irland und Dänemark sind aufgrund älterer Sonderregelungen ausgenommen):

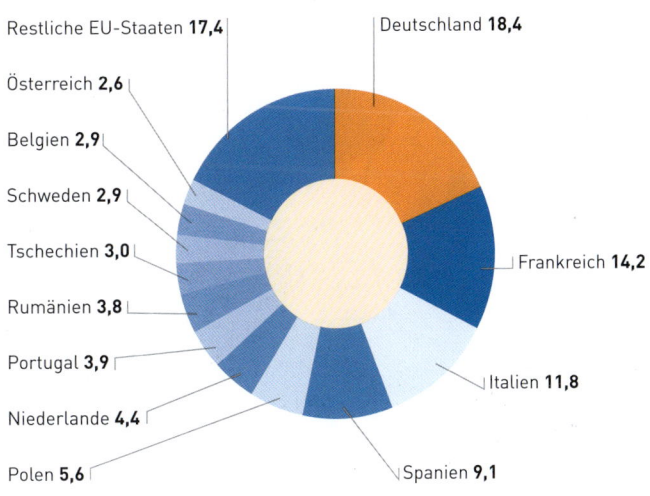

www.tagesschau.de, 26.6.2015

### Aufgaben

1. Analysieren Sie die Karikatur.
2. Überprüfen Sie deren Aussage vor dem Hintergrund Ihrer Kenntnisse zur EU-Migrationspolitik sowie der Reaktion auf den Verteilungsvorschlag der EU-Kommission 2015.
3. Diskutieren Sie den Vorschlag der EU-Kommission. Berücksichtigen Sie dabei die Perspektive der gesamten EU, die relevanter EU-Staatengruppen sowie die der Geflüchteten.

*Karikatur: Jürgen Janson, 17.3.2014*

„Frank-Walter" bezieht sich auf den deutschen Außenminister Frank-Walter Steinmeier.
Der Bär wird (v.a. in Westeuropa) als Nationalallegorie für Russland verwendet und soll auf die Größe und Stärke des Landes anspielen.

# 7 Die Europäische Union als globaler Akteur

Auch nach dem Vertrag von Lissabon (2009) bleibt die GASP das am schwächsten vergemeinschaftete Politikfeld der Europäischen Union, weil die energie-, regional- und geopolitischen Interessengegensätze der EU-Staaten teilweise erheblich sind. Dennoch wird der Anspruch an die Union als globaler Akteur geäußert – sowohl von den Mitgliedstaaten selbst, als auch von internationalen Akteuren. Dieses Handlungsfeld gilt es auf verschiedenen Ebenen zu beleuchten:

Sie nehmen eine exemplarische Analyse der Probleme und möglichen Zukunftschancen der GASP am Verhalten der EU im Ukrainekonflikt vor (Kap. 7.1).

Im Bereich der Handelspolitik versteht sich die EU als „global Player", der beispielsweise im Rahmen der Welthandelsorganisation maßgeblich an der Ausgestaltung globaler Regeln mitwirkt. Somit wirkt die Außenhandelspolitik der EU nicht nur nach innen, sondern zugleich auch nach außen. Dies zeigt sich auch an dem geplanten Freihandelsabkommen zwischen der EU und den USA (TTIP). Dieses würde nicht nur die Handelsbeziehungen dieser beiden Wirtschaftsmächte, sondern die Strukturen des Welthandels insgesamt beeinflussen. Dieses umstrittene Projekt erarbeiten und diskutieren Sie in Kapitel 7.2.

## KOMPETENZEN

Am Ende dieses Kapitels sollten Sie Folgendes wissen und können:

... auch mittels mediengestützter mündlicher Präsentationen die GASP (inkl. ESS), die EU-Energiepolitik und die Rolle der EU im Ukrainekonflikt beschreiben und erläutern.

... die GASP (inkl. ESS), die Energiepolitik und die EU als Akteur in internationalen Konflikten multiperspektivisch und bezogen auf verschiedene Betrachtungsebenen kategorien- und kriterienorientiert bewerten.

... die EU als sich nach außen abgrenzenden Raum, ihre Rolle als Wirtschaftsmacht und als Akteur der Weltwirtschaftspolitik analysieren.

... außenhandelspolitische Strategien der EU vor dem Hintergrund ihres Selbstverständnisses als Wirtschaftsmacht und Wertegemeinschaft kategoriengeleitet beurteilen.

### Was wissen Sie schon?

1. Analysieren Sie die Karikatur.
2. Stellen Sie Hypothesen in Form eines Vorausurteils auf über
   a) die Interessen und Ziele an einer gemeinsamen Außen- und Sicherheitspolitik.
   b) die Möglichkeiten und Grenzen der gemeinsamen Außen- und Sicherheitspolitik in Bezug auf den in der Karikatur dargestellten Konflikt.

# 7.1 Die EU als Akteur der internationalen Sicherheitspolitik – Garant für Frieden und Sicherheit?

## 7.1.1 Brauchen wir eine gemeinsame EU-Sicherheitspolitik?

**M 1 ● Ernste Krisen und Kriege im Umfeld der EU**

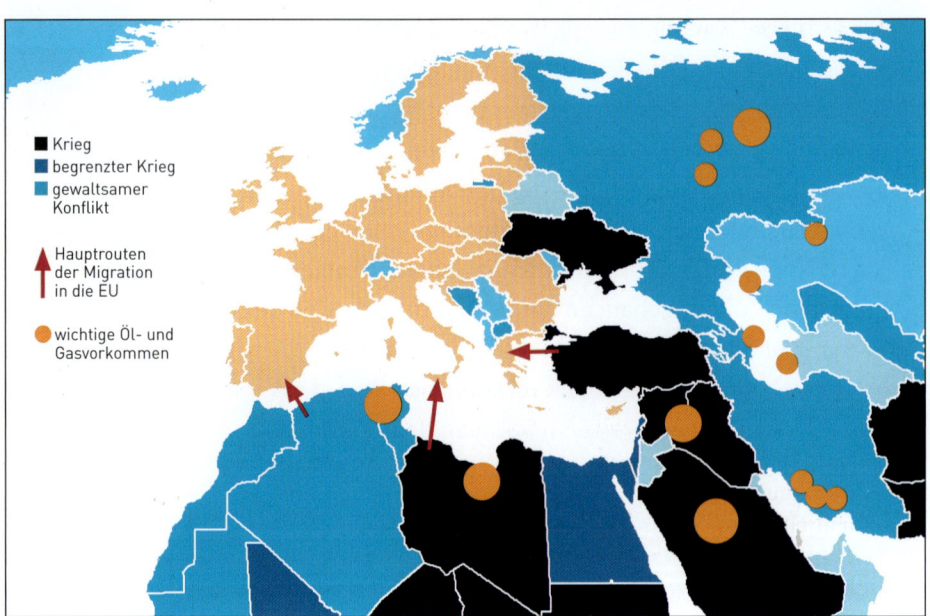

Heidelberger Institut für internationale Konfliktforschung (Hg.), Konfliktbarometer 2015, Heidelberg 2016, S. 146 (erweitert)

**M 2 ● Die Europäische Sicherheitsstrategie (ESS)**

*Das folgende Dokument wurde im Auftrag des damaligen Hohen Vertreters der EU für die Gemeinsame Außen- und Sicherheitspolitik (GASP), Javier Solana, erstellt und von ihm dem Europäischen Rat vorgelegt. Der Europäische Rat hat die Europäische Sicherheitsstrategie (ESS) auf seiner Tagung am 12. und 13. Dezember 2003 in Brüssel angenommen. In dem vorliegenden Dokument erläutert die Europäische Union (EU) ihre Sicherheitsstrategie für ein sicheres Europa in einer besseren Welt.*

**Das Sicherheitsumfeld: globale Herausforderungen und Hauptbedrohungen**

Aufgrund der zunehmenden Globalisierung sind die internen und externen Sicherheitsaspekte untrennbar miteinander verbunden. Die Kapitalströme, die technologische Entwicklung und die demokratischen Fortschritte haben vielen Menschen Wohlstand und Freiheit gebracht. Aus der Sicht anderer jedoch steht die Globalisierung für Frustration und Ungerechtigkeit. In den meisten Entwicklungsländern gehen Sicherheitsprobleme auf Armut und Krankheiten wie AIDS zurück. In vielen Fällen ist wirtschaftliches Versagen mit politischen Problemen und Gewaltkonflikten verknüpft. Sicherheit ist eine notwendige Vorbedingung für Entwicklung. Konkurrenz um Naturressourcen ist ebenfalls ein Problemfaktor. Die Abhängigkeit Europas von Energieeinfuhren gibt in besonderem Maße Anlass zur Besorgnis.

In der Sicherheitsstrategie werden für Europa im Wesentlichen folgende Bedrohungen ermittelt:

*Terrorismus:* Abgestimmte europäische Maßnahmen gegen den Terrorismus sind unerlässlich. Die Ursachen von Terrorismus [...] stehen vor allem mit den Problemen der Modernisierung sowie mit kulturellen, sozialen und politischen Krisen und der Entfremdung der in fremden Gesellschaften lebenden Jugendlichen in Verbindung.

*Verbreitung von Massenvernichtungswaffen (MVW):* Die größte potenzielle Bedrohung besteht in der Verbreitung von MVW. [...] Die schlimmste Befürchtung ist, dass Massenvernichtungswaffen in die Hände terroristischer Gruppen gelangen könnten.

*Regionale Konflikte:* Regionale Konflikte können unabhängig von der geografischen Lage des Schauplatzes europäische Interessen unmittelbar oder mittelbar berühren. [...]

*Zusammenbruch von Staaten:* Schlechte Staatsführung – Korruption, Machtmissbrauch, schwache Institutionen und mangelnde Rechenschaftspflicht – sowie zivile Konflikte zersetzen Staaten von innen heraus. [...] Der Zusammenbruch von Staaten ist ein alarmierendes Phänomen, das die Weltordnungspolitik untergräbt und die regionale Instabilität vergrößert.

*Organisierte Kriminalität:* Europa ist ein primäres Ziel für die organisierte Kriminalität. [...]

Die Europäische Union konzentriert sich zur Verteidigung der Sicherheit und Verbreitung ihrer Werte auf drei strategische Ziele, und zwar:

*Abwehr von Bedrohungen:* Die EU beteiligt sich an der Beilegung regionaler Konflikte sowie an der Stützung der von Zusammenbruch bedrohten Staaten: Die Wiederherstellung einer geordneten Staatsführung fördert die Demokratie und ermöglicht es, gegen die organisierte Kriminalität vorzugehen. [...]

*Stärkung der Sicherheit in unserer Nachbarschaft:* Wir müssen darauf hinarbeiten, dass östlich der Europäischen Union und an den Mittelmeergrenzen ein Ring verantwortungsvoll regierter Staaten entsteht, mit denen wir enge, auf Zusammenarbeit gegründete Beziehungen pflegen können. [...]

Die Schaffung der EU war in der durch zwei Weltkriege während der ersten Hälfte des 20. Jahrhunderts geprägten europäischen Geschichte der wesentliche Faktor für eine bislang beispiellose Periode des Friedens, der Stabilität und des Wohlstands. Die europäischen Länder legen Unstimmigkeiten friedlich bei und kooperieren über gemeinsame Institutionen. [...]

Als Zusammenschluss von [damals bald] 25 Mitgliedstaaten mit über 450 Millionen Einwohnern ist die Europäische Union zwangsläufig ein globaler Akteur. Europa muss daher bereit sein, die Verantwortung für die globale Sicherheit und den Aufbau einer besseren Welt mit zu tragen.

Nach: http://eur-lex.europa.eu, © Europäische Union 1995-2016, Europäische Sicherheitsstrategie; Für die Wiedergabe und Anpassung ist allein die C. C. Buchner Verlag GmbH verantwortlich.

Javier Solana war Hoher Vertreter für die Gemeinsame Außen- und Sicherheitspolitik (GASP) 1999 - 2009.

### Aufgaben

1. a) Beschreiben und analysieren Sie aus der Karte M 1 die aktuelle außen- und sicherheitspolitische Situation der EU.
   b) Beurteilen Sie die Notwendigkeit einer gemeinsamen EU-Sicherheitspolitik.
2. Erläutern Sie die sicherheitspolitischen Ziele der EU seit 2003 (ESS) (M 2).
3. Charakterisieren Sie die aktuelle sicherheitspolitische Situation der EU.

# 7.1.2 Der Ukraine-Konflikt – Gefahr für die Sicherheit Europas

## M 3 ● Ukraine in Schlagzeilen

Michail Gorbatschow warnt vor einem großen Krieg in Europa wegen der Ukraine. „Ein solcher Krieg würde heute wohl unweigerlich in einen Atomkrieg münden. Wenn angesichts dieser angeheizten Stimmung einer die Nerven verliert, werden wir die nächsten Jahre nicht überleben", erklärte der Friedensnobelpreisträger dem SPIEGEL. „Ich sage so etwas nicht leichtfertig. Ich mache mir wirklich allergrößte Sorgen."

*www.spiegel.de, 11.1.2015*

Fast unbemerkt von Europa vollzieht sich [...] mitten auf dem Kontinent ein Flüchtlingsdrama von einem Ausmaß, das es hier seit den Balkan-Kriegen der neunziger Jahre nicht mehr gegeben hat. Die letzten offiziellen Daten nennen jedenfalls 1,4 Millionen Binnenvertriebene.

*Konrad Schuller, www.faz.net, 22.8.2015*

Europas schlimmster Konflikt droht in Vergessenheit zu geraten. Im Osten der Ukraine wird weiter gekämpft – trotz Waffenstillstand.

*www.handelsblatt.com, 12.2.2016*

## M 4 ● Ukraine zwischen Ost- und Westanbindung

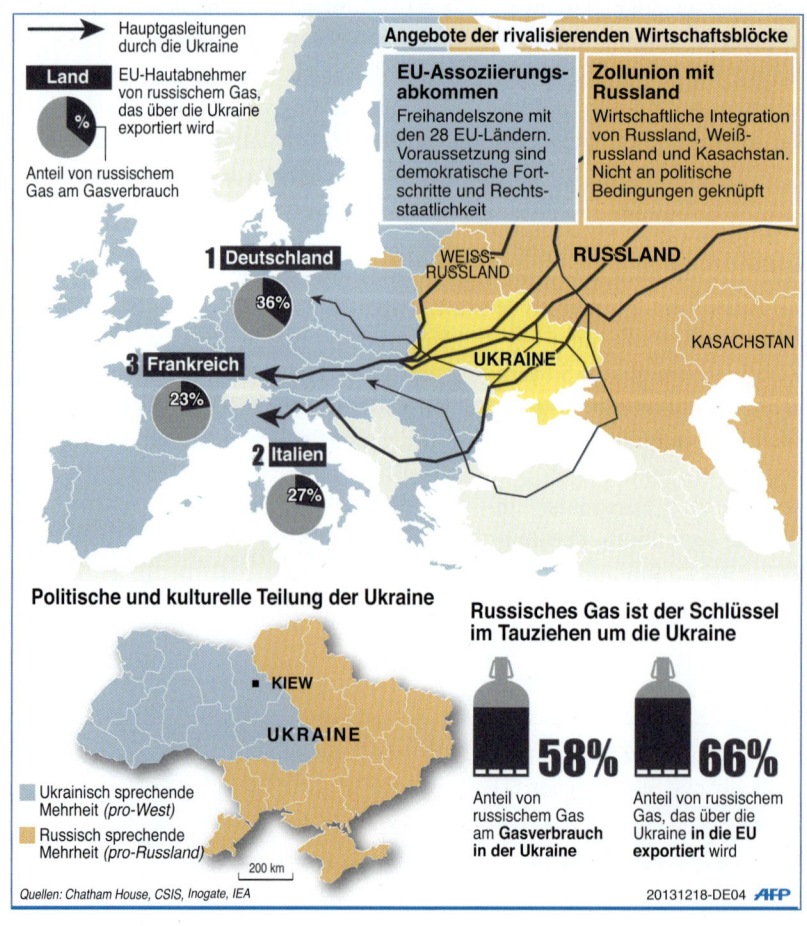

## M 5 Ukraine-Konflikt – Zustandekommen und Verlauf

**7. Februar 2010**
Demokratische Wahl des prorussischen Politikers Wiktor Janukowytsch zum ukrainischen Präsidenten; politische Teilung des Landes deutlich: Süd- und Ostukraine stimmten mehrheitlich für Janukowytsch, der Westen mehrheitlich für Julija Tymoschenko

**August 2013**
Russlands Präsident Putin droht mit Handelserschwernissen (insbesondere beim Import ukrainischer Güter und beim Export von Gas), falls das umfangreiche Freihandels- und Assoziierungsabkommens mit der EU unterzeichnet wird.

**21. November 2013**
Stilllegung des Assoziierungsabkommens mit der EU vonseiten der ukrainischen Regierung

**seit dem 21. November 2013**
„Euromaidan": von der politischen Opposition angeführte Massenproteste vor allem auf dem Maidanplatz in der Hauptstadt Kiew gegen die Politik Janukowytschs; gewalttätige Auseinandersetzungen mit über 80 Toten; Bürgerkriegsgefahr

**22./23. Februar 2014**
Absetzung Janukowytschs als Präsident (Asyl in Russland); Übergangsregierung

**ab 27. Februar 2014**
Aufstand auf der südukrainischen Halbinsel Krim: Machtübernahme der „Regierung der Autonomen Republik Krim", abgeschirmt von durch Russland unterstützte oder sogar entsandte paramilitärische Einheiten ohne Hoheitszeichen

**Ende Februar 2014**
Aufmarsch großer russischer Truppenverbände an der Grenzregion zur Ukraine

**ab 1. März 2014**
Erstürmung der Regierungs-, Verwaltungs- und Mediengebäude in mehreren ostukrainischen Städten durch prorussische Aktivisten; Forderungen nach weitergehender politischer Autonomie

**16. März 2014**
Die Halbinsel Krim sagt sich nach einem – völkerrechtlich illegalen – Referendum von der Ukraine los und stellt einen Beitrittsantrag in die Russische Föderation.

**21. März 2014**
Putin und das russische Parlament erklären die Krim und die Stadt Sewastopol zu russischem Staatsgebiet; die UN-Vollversammlung erklärt die Abtrennung für ungültig.

**ab April 2014**
Einsatz des ukrainischen Militärs gegen die Aufständischen in der Ostukraine

**25. Mai 2014**
Wahl des prowestlichen Multimillionärs Petro Poroschenko zum ukrainischen Präsidenten

**31. Juli 2014**
Verstärkte EU-Sanktionen gegen Russland wegen dessen (angeblicher) Unterstützung der ostukrainischen Separatisten, u.a.: Waffenembargo, Einreiseverbote und Kontosperrung für 95 regierungsnahe russische Geschäftsleute

**6. August 2014**
Moskau reagiert auf die Sanktionen der EU und den USA mit einem Importverbot für Früchte, Gemüse, Fleisch, Fisch und Milchprodukte aus der EU, den USA, Australien, Kanada und Norwegen.

**5. September 2014**
Übereinkunft von Minsk: beidseitige Waffenruhe, Entwaffnung von Milizen, Ankündigung von Autonomierechten für Ostukraine.

**26. Oktober 2014**
Ukrainische Parlamentswahl: Sieg prowestlicher Parteien; teilweise Wahlboykott in vier von Separatisten bzw. Russland kontrollierten Bezirken

**1. November 2014**
Inkrafttreten des politischen Teils des EU-Assoziierungsabkommens

**12. Februar 2015**
Nach weiterhin schweren und langen Kämpfen und zahlreichen Opfern wird das Friedensabkommen „Minsk II" unterzeichnet.

**7. Dezember 2015**
Die EU unterstützt die Reformen in der Ukraine mit weiteren 100 Millionen Euro.

**1. Januar 2016**
Das Freihandelsabkommen, Teil des Assoziierungsabkommens zwischen der EU und der Ukraine, tritt in Kraft. Russland reagiert darauf mit der Wiedereinführung von Importsteuern auf verschiedene ukrainische Waren und führt ein Lebensmittelembargo ein.

**Ende April 2016**
Aufflammende Kämpfe in der Ostukraine. Seit Ausbruch des Kriegs sind knapp 10.000 Menschen getötet und 21.000 verletzt worden.

*Autorengrafik*

## Info

### EU-Sanktionen gegen Russland

Die Staats- und Regierungschefs der EU-Mitgliedstaaten beschlossen am 6.3.2014 (1) diplomatische Sanktionen; (2) gegen Individuen und einzelne Rechtspersonen gerichtete „gezielte Maßnahmen" wie Einreiseverbote und das Einfrieren von Vermögenswerten in der EU; (3) sektorale Wirtschaftssanktionen. [...] Damit wurden die Krim und Sewastopol wirtschaftlich vollständig von der EU isoliert. Mit diesen Sanktionen reagierte die EU auf die Abspaltung der Krim von der Ukraine und ihre Annexion durch die Russische Föderation. Die Eskalation des Krieges veranlasste die EU, ihre Sanktionsliste [mehrfach] zu erweitern, die erlassenen Sanktionen [vorerst bis Mitte 2016] zu verlängern und die bestehenden Sanktionen an die Umsetzung der Minsker Vereinbarungen zu knüpfen. [...]
Mit ihren Sanktionsmaßnahmen verbindet [die EU] die Forderung nach einer politischen Lösung der Krise, die auf der Wahrung bzw. Wiederherstellung der Unabhängigkeit, Souveränität und territorialen Unversehrtheit der Ukraine beruhen müsse. [...] Die Sanktionen gegen Russland sind im Hinblick auf den Adressaten als auch auf ihre Reichweite präzedenzlos. Sie haben auch spürbare wirtschaftliche Rückwirkungen auf die EU-Mitgliedstaaten.

*Nach: Sabine Fischer, EU-Sanktionen gegen Russland, SWP-Aktuell 26 (März 2015, aktualisiert)*

Als Reaktion erließ Russland ein Importverbot auf viele Lebensmittel aus den USA, der EU, Australien, Kanada und Norwegen, u.a. Käse, Fisch, Rind- und Schweinefleisch, Obst, Gemüse und Milchprodukte.

## M 6 ● Ökonomische Interessen der EU und Russlands

In der Ukraine sind momentan ungefähr 400 deutsche Unternehmen aktiv. Für die meisten ist das nach Russland größte Flächenland Europas mit seinen 45 Millionen Einwohnern vor allem als Absatzmarkt interessant. Wegen Korruption und Rechtsunsicherheit schrecken viele davor zurück, in die Produktion in der Ukraine zu investieren. [...] [Mit dem Freihandelsabkommen zwischen der EU und der Ukraine] könnte das Land mit seinen Durchschnittslöhnen von etwa 300 Euro und einer westlichen Grenze, die weniger als 700 Kilometer von Deutschland entfernt ist, auch als Produktionsstandort interessant werden.
Anders als deutsche Unternehmen und europäische Politiker sieht es offenbar Wladimir Putin. Der russische Präsident hat vor seiner dritten Amtszeit die Integration der ehemaligen Sowjetrepubliken als eines seiner wichtigsten Projekte ausgerufen. Das Ergebnis soll eine Eurasische Union mit einheitlichem Wirtschaftsraum und gemeinsamen Streitkräften sein, in der Russland die führende Rolle spielen wird. [...] Ein Abkommen der Ukraine und der EU würde Putins Vorhaben einen schweren Rückschlag erteilen. Denn dies würde Kiews Beitritt zur Eurasischen Zollunion ausschließen.

*Maxim Kireev, WirtschaftsWoche, 21.8.2013*

Der russische Präsident Putin bei seiner Rede im Kreml, März 2014.

**Erklärfilm zur „Krim-Krise"**

Mediencode: 73017-07

## M 7 ● „Russland ist ein selbständiger Staat mit eigenen nationalen Interessen"

Nach der „Bitte der Republik Krim und der Stadt Sewastopol um Aufnahme in den Bestand der Russischen Föderation" hielt der russische Präsident Wladimir Putin 18.3.2014 im Kreml eine Rede (Bild). Putin kommentierte hier auch die weltpolitischen Entwicklungen und die geopolitische Rolle Russlands. Hier eine Auswahl an Zitaten:

### ZUR GESCHICHTE

„Die Entscheidung, die Krim der Ukraine zu übergeben, wurde (1954) mit einem offenkundigen Verstoß gegen Verfassungsnormen getroffen."

„Nach dem Zerfall der Sowjetunion wurden die Russen zu einem der größten geteilten Völker der Welt. Millionen von Menschen gingen in einem Land ins Bett und erwachten in einem ganz anderen und wurden zur nationalen Minderheit." [...]

ZUR ANGLIEDERUNG DER KRIM

„Russland konnte den Hilferuf der Krim nicht einfach abschlagen, das wäre schlicht Verrat gewesen."

„Auf der Krim gab es keine russische Intervention. [...] Ich kann mich an keinen Fall in der Geschichte erinnern, da eine Intervention ohne einen einzigen Schuss und ohne Todesopfer erfolgt wäre."

„Die Krim als wichtiger Stabilitätsfaktor in der Region soll unter starker stabiler Souveränität stehen, die heute nur russisch sein kann."

ZUR HALTUNG DES WESTENS

„In der Ukraine überschritten die westlichen Partner die rote Linie, verhielten sich grob, verantwortungslos und unprofessionell."

„Es kommt darauf an, die Hysterie zu beenden, die Rhetorik des Kalten Krieges aufzugeben und die offenkundige Tatsache anzuerkennen, dass Russland ein selbstständiger Staat mit eigenen nationalen Interessen ist, die mit berücksichtigt und geachtet werden sollen."

*www.zeit.de, 18.3.2014*

### Budapest Memorandum

1996 schickte die Ukraine (die damals drittgrößte Atommacht) den letzten (atomaren) Sprengkopf zur Demontage nach Russland. [...] Im Austausch für die Selbstentmachtung erhielt Kiew 1994 das Budapester Memorandum über Sicherheitszusagen [...]. Amerika, Russland und Großbritannien verpflichteten sich,

- die territoriale Unversehrtheit und politische Unabhängigkeit der Ukraine weder durch Gewalt, noch durch deren Androhung zu verletzen,
- keinen wirtschaftlichen Zwang auszuüben,
- auf jegliche militärische Besetzung zu verzichten und
- solche keinesfalls anzuerkennen.

*Nach: Josef Joffe, www.zeit.de, 10.4.2014*

## M 8 ● Russlands Ukraine-Politik – ein westlicher Kommentar

[Es ist] von entscheidender Bedeutung zu begreifen, wie grundsätzlich sich das außenpolitische Denken in Europa und Russland unterscheidet. Während nach 1989 in Europa das [...] Prinzip des Selbstbestimmungsrechts der Völker auf demokratischer Grundlage als Norm akzeptiert wurde, denken die herrschende Elite Moskaus und der Machthaber [anders] [...]: nach dem Umbruch in Osteuropa und dem Zusammenbruch der UdSSR begann die Moskauer Führung seit Mitte der 1990er Jahre von den post-sowjetischen Staaten als „nahem Ausland" zu sprechen. Diese Terminologie implizierte, dass es sich hier um einen Raum handelte, den Russland als exklusive Einflusssphäre beansprucht und zwar [...] mit einem Interventionsverbot für fremde Mächte. Aus der Perspektive des Kremls hat der Westen bereits mit der Aufnahme der baltischen Staaten in die NATO gegen diese Raumordnung verstoßen. Die „orangene Revolution" in der Ukraine von 2004 und der erneute antiautoritäre Umsturz in Kiew [im Februar 2014] werden vom Kreml, der hinter Bürgerbewegungen und Opposition zu Hause wie im „nahen Ausland" stets den Westen vermutet, als weitere Grenzüberschreitung der USA und der Europäischen Union wahrgenommen. Der Machthaber und sein innerer Zirkel, die sich von fremden, in ihre innere Ordnung intervenierenden Mächten umgeben wähnen, sehen es als Zeichen eigener Schwäche, nicht zu reagieren.

*Jan C. Behrends, Der Ukrainekonflikt, www.zeitgeschichte-online.de, März 2014*

### Aufgaben

1. Stellen Sie den Verlauf des Ukraine-Konflikts mithilfe einer geeigneten Präsentationsform dar (M 3–M 8).
2. Erläutern Sie die Interessen der Konfliktparteien im Ukrainekonflikt (M 3–M 8).
3. Stellen Sie das außen(wirtschafts)politische Denken der russischen und der europäischen Regierungen nach Kireev und Behrends gegenüber (M 6, M 8).

**H zu Aufgabe 1**
Ordnen Sie die Grundprobleme, die Konfliktparteien, ihre Interessen und ihre jeweiligen Konfliktwahrnehmungen in der Ukraine in einer Tabelle.

# 7 Die Europäische Union als globaler Akteur

## 7.1.3 Die EU im Ukraine-Konflikt – eine Zwischenbilanz

### M 9 ● Die EU droht ...

Rechts in der Karikatur ist der russische Präsident Putin gezeichnet.

*Karikatur: Klaus Stuttmann, 6.3.2014*

### M 10 ● Zwischenbilanz der EU-Sanktionen

**a) Kaum Konsequenzen für Oligarchen**

Die Antworten sind kurz und knapp und meist sehr unbefriedigend. [...] Die irische Zentralbank hat über eingefrorene Vermögenswerte „keine Nachricht erhalten". [...] Da ist die Antwort [aus] Berlin schon fast ein Erfolgserlebnis: 124.346 Euro habe man eingefroren [...]. Es geht um die Sanktionen gegen inzwischen 150 „natürliche Personen", die die EU seit März 2014 auf eine schwarze Liste gesetzt hat. Das Resultat scheint typisch für das Vorgehen der EU, wenn es um Russland und den Ukraine-Konflikt geht. Es wird viel geredet, aber dann passiert wenig. Kaum einer der 150 Russen und Ukrainer [...] scheint wirklich betroffen. Das Eigentum der meisten, wenn sie denn welches auf dem Gebiet der EU haben sollten, blieb unentdeckt und unangetastet. Wenn man selbst im Russen-Eldorado Zypern weniger als 120.000 Euro findet, dann kann es mit der Ernsthaftigkeit der Suche nicht weit her sein.

Während [...] die Konsequenzen für die russischen Politiker und Oligarchen vernachlässigbar sind, wirkt sich ein anderer Teil der Sanktionen weitaus dramatischer aus – und zwar nicht nur für Russland, sondern auch für die meisten der 28 Staaten in der EU. Es geht um die Handelsbeschränkungen. [...] Die Exporte nach Russland [verzeichneten] im Schnitt ein Minus von rund einem Drittel.

*Jörg Eigendorf u.a., www.welt.de, 19.6.2015*

**b) Russlands Wirtschaft fährt Milliardenverluste ein**

Wegen der westlichen Sanktionen in der Ukraine-Krise drohen der russischen Wirtschaft [2015] dreimal höhere Verluste als 2014. Regierungschef Dmitri Medwedew rechnet mit Verlusten von etwa 75 Milliarden Euro und spricht von einer beispiellosen Lage in der jüngeren Geschichte Russlands.

*(kmi) www.zeit.de, 21.4.2015*

## M 11 ● Verhandlungserfolg? Das Abkommen Minsk 2

Quelle: OSZE, Ukrain. Verteidigungsministerium, dpa

*Der zweite Gipfel von Minsk zur Lösung der Ukraine-Krise vom 11./12.2.2015 wurde von Deutschland und Frankreich im Auftrag der EU initiiert und mit verhandelt. Die Konfliktparteien einigten sich auf einen 13-Punkte-Plan:*

2. Abzug der schweren Waffen aus einer Pufferzone. Die Regierungstruppen müssen sich hinter die aktuelle Frontlinie zurückziehen, die Separatisten hinter die im September im Minsker Abkommen vereinbarte Demarkationslinie. [...]

3. Die OSZE überwacht die Waffenruhe und den Abzug der Waffen.

4. Nach dem Abzug der Waffen sollen Gespräche über Wahlen in Donezk und Lugansk sowie den künftigen Status der beiden Regionen beginnen. Grundlage ist ein Gesetz, mit dem Kiew den abtrünnigen Regionen vorübergehend mehr Selbstständigkeit zugestanden hatte. [...]

9. Die Ukraine soll die vollständige Kontrolle über die Grenze zu Russland übernehmen. Dieser Prozess soll nach den geplanten Wahlen beginnen und spätestens Ende des Jahres abgeschlossen sein. Bedingung ist, dass die Verfassungsreformen unter Punkt 11 umgesetzt werden.

10. Rückzug aller ausländischen Kämpfer, Söldner und Waffen unter Aufsicht der OSZE. Entwaffnung aller illegalen Gruppen.

11. Bis Ende 2015 muss eine neue ukrainische Verfassung in Kraft treten, die eine Dezentralisierung des Landes ermöglicht und mit Vertretern der abtrünnigen Regionen abgestimmt ist. [...]

*www.faz.net, 12.2.2015*

## M 12 ● Ostukraine in der Sackgasse

Die diplomatischen Bemühungen des Westens, eine politische Lösung für den Ukraine-Konflikt zu finden, sind in einer Sackgasse gelandet. Die Vereinbarungen des
5 Minsker Abkommens [...] stecken fest. [...] Der Waffenstillstand wird immer wieder gebrochen. Jeden Tag melden die ukrainische Armee und die OSZE-Beobachter neue Tote und Verwundete. Nach wie vor fließt
10 Nachschub an russischen Waffen und Kämpfern in die selbst erklärten Republiken im Donbass. Die Überwachungsmission der OSZE wird von den Separatisten regelmäßig ausgebremst. [...]

Nur wenn der Westen geschlossen auftritt, 15 lässt sich Putin womöglich überzeugen, dass die Zusammenarbeit mit Europa und Amerika für Russland wichtiger ist als die Zerstückelung der Ukraine. [...] Deshalb müssen auch die Sanktionen in Kraft bleiben, 20 solange der Kreml seine Interventionspolitik fortsetzt. Dem russischen Machtspiel nachzugeben, wäre nicht nur ein Verrat an der ukrainischen Demokratiebewegung. Es wäre auch ein Verrat an 25 Europa. Die EU muss auf die Prinzipien der europäischen Friedensordnung pochen.

*Marieluise Beck, Ralf Fücks, www.zeit.de, 13.4.2016*

### Verfassungsreform

Bis Mitte 2016 fand diese im ukrainischen Parlament keine Mehrheit; die Präsidenten Russlands, der Ukraine, Frankreichs und die deutsche Bundeskanzlerin einigten sich im November 2015, die Maßnahmen von Minsk II auf das Jahr 2016 zu verlängern.

### Aufgaben

1. Fassen Sie die wahrscheinlichen Wirkungen der EU-Sanktionen gegen Russland zusammen (M 10).
2. Arbeiten Sie heraus, welche (Konflikt)Partei sich bei dem Minsk-II-Abkommen in welchen Punkten durchgesetzt hat (M 11).
3. Beurteilen Sie das Vorgehen der EU, einen dauerhaften Friedensprozess in der Ukraine anzubahnen (M 5–M 12).

## 7.1.4 Die GASP nach dem Vertrag von Lissabon – eine effiziente EU-Außen- und Sicherheitspolitik?

### M 13 ● Struktur und Organisation der GASP

Dem Bereich der Außenbeziehungen der EU wurde bei der Gründung der Europäischen Gemeinschaften kaum Aufmerksamkeit gewidmet. Im Laufe der Zeit wurde zwar die Außenpolitik in den europäischen Verträgen berücksichtigt, jedoch lag der Schwerpunkt der europäischen Einigung nach wie vor auf der wirtschaftlichen Integration. Die Außenpolitik wurde als integraler Bestandteil staatlicher Souveränität angesehen, sodass die Mitgliedstaaten ungern einer Kompetenzübertragung in diesem Bereich zustimmten.

Aus diesem Grund befinden sich die Außenbeziehungen der Union [...] im Spannungsfeld zwischen europäischen und mitgliedstaatlichen Interessen. Jedoch entwickelt sich die EU immer mehr zu einem bedeutenden globalen Machtfaktor (Global Player), was ein kohärentes und effektives Handeln nach außen erforderlich macht. [...]

Zurzeit wird zwischen der integrierten und der intergouvernementalen Außenpolitik unterschieden [...]: Die intergouvernementale Außenpolitik ist die GASP [...]. Sie wird von den Mitgliedstaaten reguliert. [Die integrierte Außenpolitik findet Ausdruck in der Gemeinsamen Handelspolitik (vgl. Kap. 7.2).]

Dennoch ist es Ziel der EU, zwischen der integrierten und der intergouvernementalen Außenpolitik eine Verbindung herzustellen.

*Manazha Nawparwar, in: Beiträge zum Europa- und Völkerrecht, Heft 4/2009, Halle 2009, S. 5 ff.*

### M 14 ● Anspruch der GASP nach Lissabon

Federica Mogherini, ehemalige italienische Außenministerin, seit 1.11.2014 Hohe Vertreterin der EU für Außen- und Sicherheitspolitik.

Die Einrichtung des Amtes des Hohen Vertreters der Union für Außen- und Sicherheitspolitik ist eine wichtige institutionelle Neuerung des Vertrags von Lissabon. Der Hohe Vertreter bekleidet zwei Ämter: Einerseits ist er Beauftragter des Rates für die Gemeinsame Außen- und Sicherheitspolitik (GASP) und andererseits Vizepräsident der Kommission für die Außenbeziehungen. Er vertritt die Union und die GASP auf internationaler Bühne. Dabei wird er durch einen Europäischen Auswärtigen Dienst unterstützt.

Durch den Lissabon-Vertrag (1.12.2009) wird die GASP zur Gemeinsamen Sicherheits- und Verteidigungspolitik (GSVP) ausgebaut: Sie legt die gemeinsame Verteidigungspolitik fest, die sowohl die Neutralität bestimmter Mitgliedstaaten achten als auch mit der NATO-Zugehörigkeit anderer Mitgliedstaaten kompatibel sein soll. Entscheidungen können jedoch erst nach einstimmigem Beschluss des Europäischen Rates getroffen werden. Außerdem gibt es ab 2010 eine Europäische Verteidigungsagentur, die die Rüstungspolitik der Mitgliedstaaten koordinieren soll, die Rüstungsausgaben effizienter einsetzen und den Aufbau unnötiger Mehrfachkapazitäten in den einzelnen Mitgliedstaaten verhindern soll. [...]

Die Europäische Union erhält Rechtspersönlichkeit und vergrößert dadurch ihre Verhandlungsmacht, sodass sie auf internationaler Ebene effizienter auftreten kann und für Drittländer und internationale Organisationen als Partner greifbarer wird.

*Nach: EUROPA, Das Portal der Europäischen Union, Der Vertrag von Lissabon auf einen Blick, http://europa.eu; Für die Wiedergabe und Anpassung ist allein die C.C.Buchner Verlag GmbH verantwortlich.*

### M 15 ● Welche Bedeutung hat die Hohe Vertreterin der GASP?

Das weite Feld der Außen- und Sicherheitspolitik [ist ein Problemfeld], auf dem die Europäer seit mindestens zwei Jahrzehnten vorankommen wollen und kaum
5 vorangekommen sind. Gerade in der Russland-Ukraine-Krise hat sich gezeigt, dass der Posten eines oder einer EU-Außenbeauftragten nicht über das erforderliche Gewicht verfügt, um die ihm oder ihr zugedachte
10 Rolle zu spielen, sodass die Außenminister der großen Mitgliedstaaten als Sachwalter der EU-Interessen einspringen mussten. Der Versuch, Europa durch das Amt eines oder einer Außenbeauftragten das benötigte sicherheitspolitische Ge-
15 wicht zu verschaffen, muss wenn man die Russland-Ukraine-Krise zum Maßstab nimmt, als misslungen angesehen werden. [...] Die Lösung, die die deutsche Politik im Fall der Russland-Ukraine-Krise dafür ge-
20 wählt hat, waren permanente Aktivität und die Organisation immer neuer Gesprächsrunden. [...]

*Herfried Münkler, Macht in der Mitte. Die neuen Aufgaben Deutschlands in Europa, Hamburg 2015, S. 181 ff.*

Herfried Münkler lehrt als Professor für Politikwissenschaft, mit dem Schwerpunkt Politische Theorie und Ideengeschichte, an der Humboldt-Universität.

### M 16 ● Ein sinnvolles Ringen um europäische Antworten?

Die Methode, die sich durchgesetzt hat, ist mit folgendem Muster zu beschreiben: Ein Einzelstaat, wahlweise Deutschland, Frankreich oder das Vereinigte Königreich,
5 ergreift die Initiative und sucht für seine Position eine „Koalition der Willigen" innerhalb der EU. In manchen Fällen kann mit diesem Verfahren durchaus eine einheitliche europäische Linie entstehen. Ge-
10 genüber Russland zog die EU im Ukraine-Konflikt außenpolitisch bisher an einem Strang. Neben der stetigen Bereitschaft zum Dialog wurde der Druck auf Moskau aufrechterhalten. [...] Ein Gegenbeispiel
15 findet sich in der [...] Diskussion um Waffenlieferungen an die Kurden im Nord-Irak. Jeder Mitgliedstaat entscheidet selbst darüber, ob er Waffen in das Krisengebiet ausführt oder nicht. Eine gemeinsame europäische Strategie und Perspektive für
20 den Irak ist nicht zu erkennen.
Erstens braucht es eine grundsätzliche Verständigung der Europäer [...]. Auf dieser Grundlage ist in einem zweiten Schritt eine stärkere Institutionalisierung der gemein-
25 samen Außenpolitik geboten. Ein Reformvorschlag: die Einführung einer Art europäischen Sicherheitsrates. Dieses Gremium wäre einerseits mit einer kontinuierlichen Lageanalyse betraut und würde damit eine
30 bessere Strategiefähigkeit der europäischen Außenpolitik ermöglichen. Andererseits sollte das Organ in kritischen Situationen schnell handeln können, etwa durch die Entsendung der EU-Battlegroups in Kri-
35 senregionen. [...]

*Marcel Wollscheid, www.treffpunkteuropa.de, 8.10.2014*

### EU-Battlegroup

Als Reaktion auf den Typus *Neuer Kriege* 2004 ins Leben gerufene militärische Formation der Krisenreaktionskräfte der EU, die für jeweils ein halbes Jahr bereit stehen. Sie ist für Erstmissionen in einer Krisenregion gedacht und soll die Voraussetzungen für einen weiteren Einsatz schaffen. Bis 2016 kamen die Battlegroups noch nicht zum Einsatz.

### Aufgaben

1. a) Erstellen Sie ein Organigramm der EU-Außenpolitik (M 13, M 14).
   b) Erläutern Sie die EU-Außenpolitik in einer Präsentation.
2. Erläutern Sie mögliche Konfliktfelder der EU-Außenpolitik (M 13, M 14).
3. Erörtern Sie, ob die GASP und die ESS die Möglichkeit zu einer effizienten EU-Außenpolitik bieten (M 1-M 16).
4. Beurteilen Sie Wollscheids Vorschlag zur Einführung eines „europäischen Sicherheitsrats". Berücksichtigen Sie dabei auch die Durchsetzbarkeit der Idee.

### ⓗ zu Aufgabe 3
a) Entwickeln Sie Kriterien für eine „effiziente Außenpolitik" der EU.
b) Definieren Sie zunächst die von Ihnen gewählten Betrachtungsebenen, denen Sie die Argumente zuordnen wollen.

## Politische Probleme, Strukturen und Argumentationen visualisieren

Die Fertigkeiten, sinnvolle Darstellungsstrukturen zu finden, braucht man im gesellschaftswissenschaftlichen Unterricht immer wieder. Zum Beispiel kann man politische, wirtschaftliche oder soziale Ursache-Wirkungs- oder Auslöser-Folge-Beziehungen bildlich darstellen oder ein Thema übersichtlich nach über- und untergeordneten Aspekten ordnen. Abgebildet werden können auch (z. B. in der Vorbereitungszeit auf die mündliche Abiturprüfung) Argumentationsstrukturen von politischen Kommentaren oder Reden oder komplexe Beziehungen (z. B. zwischen Institutionen in verschiedenen politischen Systemen).

### Darstellungsform

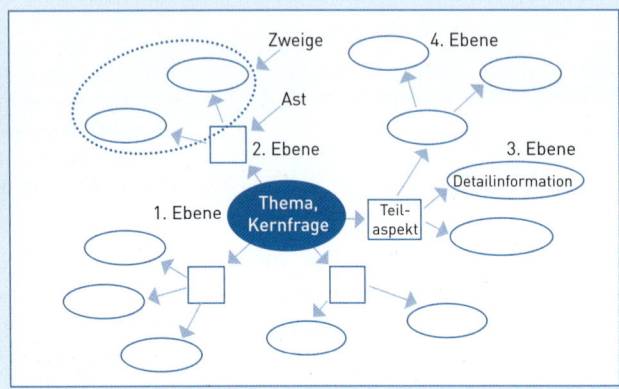

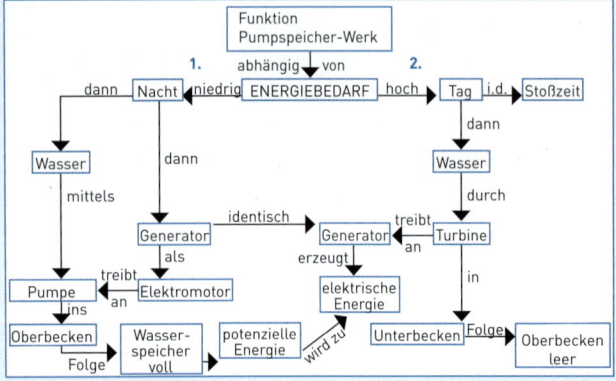

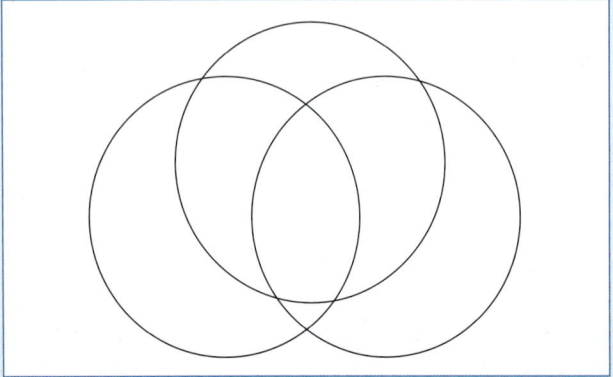

### Funktion/Einsatzmöglichkeit

#### Mindmap

Die Mindmap dient zur Darstellung der Teilaspekte umfassender Themen. So können z. B. die verschiedenen Dimensionen eines komplexen politischen Problems oder die Wahrnehmung des Problems aus verschiedenen Perspektiven (politische Akteure, Betroffene) systematisiert werden.

#### Concept-Map

Die Concept-Map eignet sich zur Visualisierung struktureller Zusammenhänge. So können z. B. die institutionellen Verflechtungen (mit Befugnissen der einzelnen Organe) politischer Systeme veranschaulicht werden oder auch zunächst mögliche (unerwartete) Folgen politischer oder wirtschaftlicher Entscheidungen.
Beispiele: Ordentliches Gesetzgebungsverfahren der EU, Wirtschaftskreislauf

#### Venn-Diagramm

Das Venn-Diagramm kann eingesetzt werden, um die Gemeinsamkeiten und Unterschiede verschiedener Gegenstände oder Aussagen strukturiert abzubilden. In die Überschneidungsfelder der Kreise werden dabei stichwortartig die Gemeinsamkeiten eingetragen. So können z. B. politische Lösungsvorschläge oder Argumentationen in Kommentaren oder politischen Analysen miteinander verglichen werden.

### Kreislaufdiagramm

Häufig kommt es in Gesellschaften zu Zuständen, die die Tendenz haben, sich selbst zu reproduzieren oder sich sogar selbst zu verstärken. Solche kann man in einem Kreislaufdiagramm darstellen. Man setzt sich damit aber der Gefahr aus, die Zustände für ausweglos oder naturgegeben – und somit für apolitisch – zu halten.
Beispielthemen: Armut, Geschlechterrollen, soziale Herkunft und Bildungschancen

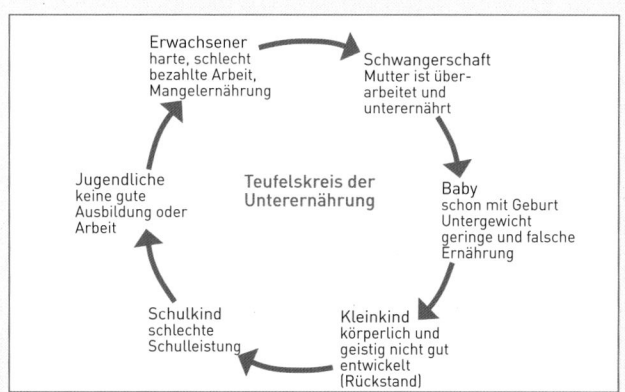

### Baumdiagramme

Baumdiagramme dienen der Darstellung von einfacheren Ursache-Wirkungs- bzw. Auslöser-Folge-Beziehungen. Auch die Argumentationsstruktur argumentativer Texte kann man mit ihrer Hilfe knapp versinnbildlichen.

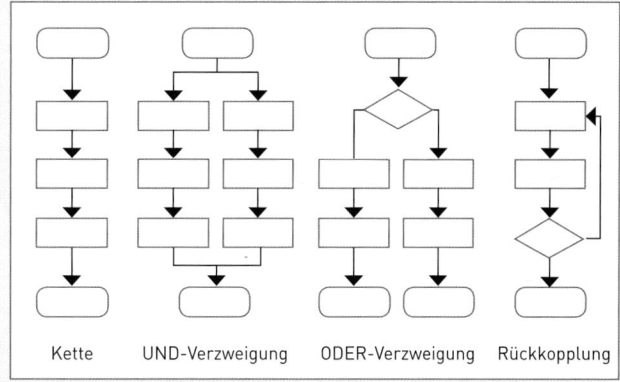

### Fischgrät-Diagramm

Für die Abbildung komplexerer Ursache-Wirkungs- bzw. Mittel-Zweck-Beziehungen steht das Fischgrät-Diagramm zur Verfügung. Hierin sind auch beispielsweise Teilursachen abbildbar.

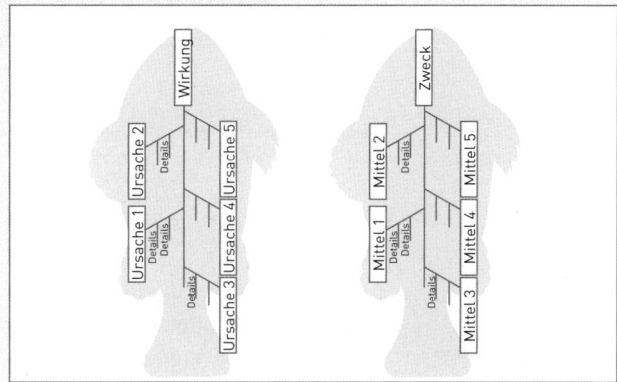

### Matrix / Tabelle

Die Matrix (Spalten und Zeilen) bzw. die Tabelle (Spalten) dient der Systematisierung von Gesichtspunkten (Argumenten, Teilaspekten ...) unter Oberbegriffen.
Gefahr: „Unbeweglichkeit" nach einmal erfolgter Zuordnung

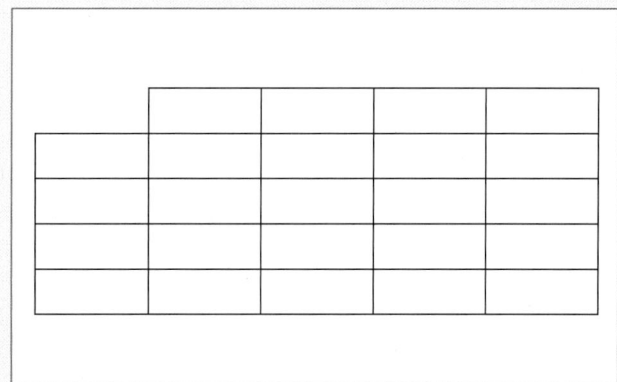

*Abbildungen nach: Ludger Brüning, Tobias Saum, Erfolgreich unterrichten durch Visualisieren, Essen 2009*

## 7.1.5 Die Sicherung der europäischen Energieversorgung – Können Abhängigkeiten verringert werden?

### M 17 • Meldung von 2009: Russischer Gas-Lieferstopp!

Am Neujahrstag hatte [der russische Erdgaskonzern] Gazprom die Gaslieferungen an die Ukraine eingestellt. Seit Dienstag (6.1.2009) kommt auch in EU-Staaten kein
5 russisches Gas mehr aus den durch die Ukraine verlaufenden Pipelines an. In vielen europäischen Ländern ist es durch den Lieferstopp zu Versorgungsengpässen gekommen. Hintergrund sind Streitigkeiten der Nachbarländer Russland und Ukraine über 10 den Gaspreis, Transitgebühren und offene Rechnungen. [...]

*www.bpb.de, Hintergrund aktuell, 12.1.2009*

**Anteile an weltweiten Erdgasreserven**
1. Russland 25,4 %
2. Iran 15,0 %
3. Katar 14,4 %
4. Turkmenistan 4,0 %

*bpb, 2009*

### M 18 • Bedeutung von Erdgas im zukünftigen Energiemix

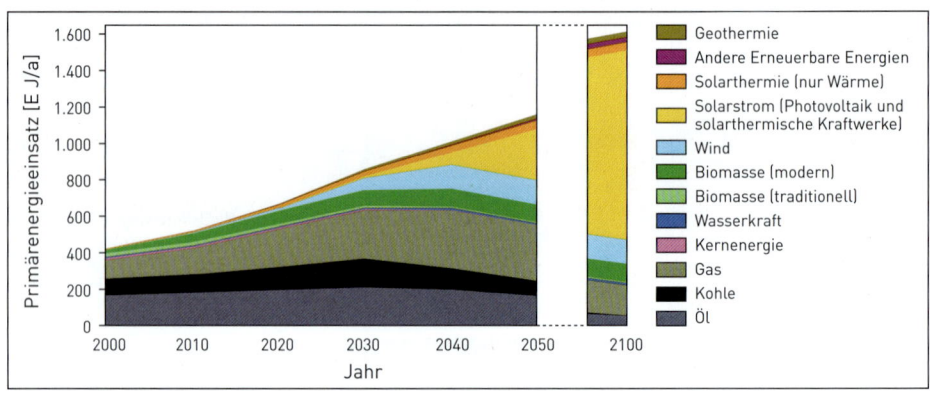

*Wissenschaftlicher Beirat der Bundesregierung Globale Umweltveränderungen 2003*

### M 19 • Strategische Überlegungen zur Energiesicherheit

Da das fossile Energieregime an seine Grenzen stößt, ohne dass bisher durchsetzbare Alternativen erkennbar wären, erfahren die erdöl- und erdgasreichen Regionen
5 in den geoökonomischen und geopolitischen Strategien [...] eine starke Aufwertung. Energiesicherung wird zur Zielgröße strategischer Außen-(wirtschafts)politik – der Geostrategie. [...] Im Mittelpunkt steht
10 dabei in erster Linie die sog. „strategische Ellipse", die den Nahen und Mittleren Osten, den Kaukasus sowie große Teile Russlands und Zentralasiens umfasst. Hier konzentrieren sich etwa 70 % der konventi-
15 onellen Weltölreserven und ca. 68 % der Weltgasreserven. Für die absehbare Zukunft bedeutet dies, dass insbesondere die Rolle der Russischen Föderation im Mittelpunkt der US-amerikanischen und europäischen strategischen Überlegungen stehen 20 wird. [...]
Für die Europäische Union hat der ungefährdete Zugriff auf Öl- und Gasreserven eine besonders hohe Bedeutung, die in den letzten Jahren noch einmal stark zuge- 25 nommen hat. Die EU ist heute bereits der weltgrößte Importeur von fossilen Energieträgern (allen voran Erdöl und Erdgas); dabei stammen derzeit etwa 40 % aller europäischen Energieimporte aus der Russi- 30 schen Föderation (und werden zu 80 % durch die Ukraine transportiert). Die Euro-

päische Kommission geht jedoch sogar davon aus, dass sich „die Abhängigkeit von Gasimporten […] bis 2030 voraussichtlich von 57% auf 84%" und „die Abhängigkeit von Ölimporten von 82% auf 93%" erhöhen werden. […]

*Stephan Heidbrink, in: Wissenschaft & Frieden, 4/2009, S. 6 ff.*

## M 20 ● EU-Aktionsplan für Energieversorgungssicherheit und -solidarität

*Dieser Aktionsplan wurde am 13.11.2008 von der Europäischen Kommission verabschiedet.*

Die EU importiert derzeit 54% ihrer Energie. Sie will daher eine neue Energie- und Umweltpolitik einleiten. Diese Politik wurde im März 2007 vom Europäischen Rat gebilligt. Im September desselben Jahres wurde das dritte Legislativpaket „Energiebinnenmarkt" vorgelegt. Damit können langfristig die Ziele in den Bereichen Nachhaltigkeit, Wettbewerbsfähigkeit und Versorgungssicherheit erreicht werden.

Sicherheit und Solidarität sind die Grundpfeiler einer effizienten Energiepolitik. Die Europäische Union will ihre Energiepolitik auf diese beiden Werte konzentrieren. Bis 2020 sollen der Energieverbrauch um volle 15% und die Energieeinfuhren um 26% reduziert werden. Der von der Europäischen Kommission 2008 vorgelegte Plan, der fünf Schwerpunkte umfasst, soll zur Erreichung dieser Ziele beitragen. So sollen die kohlenstoffintensiven Energien bis 2050 vollständig durch erneuerbare Energien ersetzt werden.

*Infrastrukturbedarf und Diversifizierung der Energieversorgung*
Die EU plant erhebliche Änderungen der Energieinfrastruktur […]. Sie schlägt sechs vorrangige Maßnahmen vor:
- Anbindung noch isolierter Energiemärkte in Europa;
- Einrichtung eines südlichen Gaskorridors für die Versorgung mit Erdgas aus Quellen im kaspischen Raum und im Nahen Osten;
- Nutzung von Flüssigerdgas für die Flexibilisierung und Diversifizierung der EU-Märkte;
- Verbindung Europas mit dem südlichen Mittelmeerraum über Strom- und Gasverbundleitungen;
- Ausbau des Nord-Süd-Gas- und -Stromverbunds mit Mittel- und Südeuropa;
- Aufbau eines Verbunds der Elektrizitätsnetze in Nordwesteuropa zur verbesserten Windkraftnutzung in der Nordsee.

*Außenbeziehungen im Energiebereich*
Die wechselseitige Abhängigkeit zwischen den Staaten nimmt extrem zu. Deshalb muss die Energieversorgung in den internationalen Beziehungen Priorität haben. Die Energiegemeinschaft bildet in Südosteuropa einen integrierten Energiemarkt. Dieser Markt unterliegt den Rechtsvorschriften der Europäischen Union. Die geplante Integration von Ländern wie der Ukraine, der Republik Moldau und der Türkei wird zur Anwendung des gemeinschaftlichen Besitzstands im Energiebereich und zur Versorgungssicherheit in diesen Ländern beitragen. Russland ist ein wichtiger strategischer Partner im Energiebereich. Diese Partnerschaft gilt es auszubauen und zu festigen. Das derzeit verhandelte neue Partnerschafts- und Kooperationsabkommen sollte rechtsverbindliche Bestimmungen für den Energiebereich enthalten.

Auch die energiepolitischen Beziehungen mit Nordafrika sollten angesichts des Energiepotenzials dieser Region intensiviert werden. In diesem Zusammenhang ist der Bau einer Trans-Sahara-Gaspipeline beabsichtigt.

*Nach: EUROPA, Aktionsplan für Energieversorgungssicherheit und -solidarität, auf: http://europa. eu; Für die Wiedergabe und Anpassung ist allein die C. C. Buchner Verlag GmbH verantwortlich.*

## M 21 • Schwierige Verhandlungen zum Bau neuer Gas-Pipelines

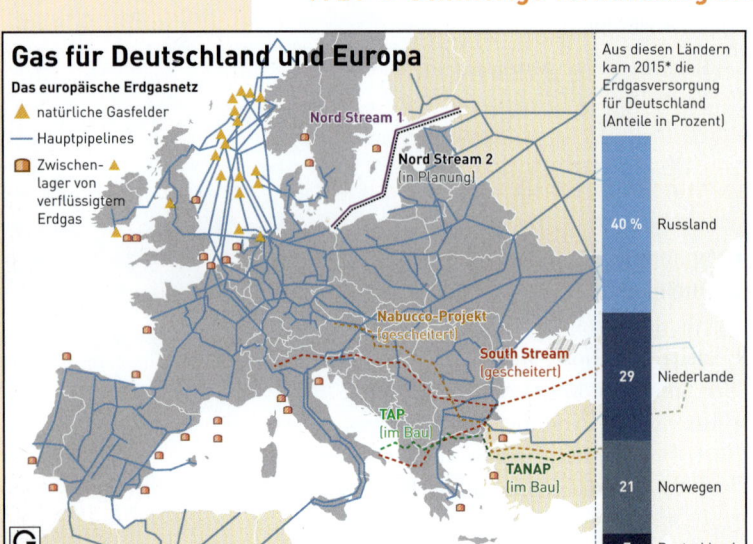

### a) Milliardenschweres EU-Pipeline-Projekt gescheitert

Es war ein langer Poker um Gas aus Aserbaidschan: Die Trans-Adria-Pipeline (TAP) soll nun den Zuschlag erhalten haben. Nabucco geht leer aus. Das bedeutet eine politische Niederlage für das Projekt der EU. [...] Nur zu gern hätte die EU an den Ressourcen Turkmenistans angedockt. Und nur zu gern hätte sie die angedachte Nabucco-Pipeline mit dem Gas aus den drei Quellen – Turkmenistan, Aserbaidschan und Nordirak – gefüllt. Was als vernünftiger Dreier-Ansatz zur Vermeidung neuer Abhängigkeiten daherkam, war gleichzeitig einer der größten Schwachpunkte. Abgesehen davon, dass Russland eine Lieferung turkmenischen Gases durch das Kaspische Meer mit allen Mitteln torpediert, erwies es sich als schier unmöglich, die drei potenziellen Lieferanten zu koordinieren. Am Ende nahm Aserbaidschan das Heft in die Hand, das sich mit der Türkei auf den Bau einer neuen Pipeline durch Anatolien (TANAP) bis in die Westtürkei einigte.

*(est) www.welt.de, 26.6.13*

### b) Eine Niederlage für die EU?

**Die Welt:** Ist die Entscheidung zugunsten von TAP eine Niederlage für die EU?
**EU-Energiekommissar Günther Oettinger:** Im Gegenteil, das ist ein Sieg für die EU. Wir haben mehr als sechs Jahre lang dafür geworben, Gas direkt aus Aserbaidschan zu beziehen. Jetzt bekommen wir es erstmals, und dabei ist es zweitrangig, ob die Pipeline in Wien endet (Nabucco West) oder in Süditalien (TAP). [...] TAP leitet das Gas über Griechenland und die Adria nach Italien. Bulgarien, Rumänien und Ungarn bleiben im Einflussbereich Russlands. Konterkariert das nicht das Ziel, unabhängiger zu werden?
Es ist egal, ob das Gas durch Italien oder durch Osteuropa fließt. Es gibt doch keine Grenzkontrollen mehr für Gas. Wir haben einen Binnenmarkt und können schon heute Gas zunehmend nicht mehr nur von Ost nach West, sondern auch in die Gegenrichtung transportieren – und wir tun das auch. Die Ukraine bekommt heute schon Gas aus der EU. Deswegen: Jeder Kubikmeter, der Europa erreicht, ist einer für ganz Europa. [...]

*Interview: Florian Eder, Silke Mülherr, www.welt.de, 29.6.2013*

**H** zu Aufgabe 2
Ordnen Sie die verschiedenen Interessen der Staaten im Gasstreit in einer Tabelle.

### Aufgaben

1. Arbeiten Sie die energiepolitischen Interessen von Gas-Ursprungsländern (Russland, Iran, Kasachstan u.a.), Durchleitungsländern (Ukraine, Weißrussland u.a.) und der größten Abnehmerländer (Deutschland, Österreich, China u.a.) heraus (M 17–M 21).

2. Erörtern Sie die Frage, ob der EU-Aktionsplan für Energieversorgungssicherheit und -solidarität Abhängigkeiten für die EU verringert (M 17–M 21).

# 7 Die Europäische Union als globaler Akteur

Die Gemeinsame Außen- und Sicherheitspolitik (GASP) der EU ist seit dem Vertrag von Maastricht (1992) **intergouvernemental**. Sie wird inhaltlich von der **Europäischen Sicherheitsstrategie (ESS)** geleitet, die der Europäische Rat 2003 beschloss. Die ESS fokussiert vor allem regionale Konflikte, möchte den Zusammenbruch von Staaten verhindern und organisierte Kriminalität bekämpfen. Sie zielt auf eine Stärkung der Sicherheit in unserer Nachbarschaft.

Der **Hohe Vertreter der Union für Außen- und Sicherheitspolitik** ist (seit dem Vertrag von Lissabon 2009) Beauftragter des Rates für die GASP und bündelt die außenpolitischen Maßnahmen der Union: Er hat den Vorsitz der regelmäßigen Tagungen der Außenminister der Mitgliedstaaten inne, bekleidet das Amt des Vizepräsidenten der Kommission für die Außenbeziehungen und vertritt die Union und die GASP auf internationaler Bühne. Der Hohe Vertreter wird durch Beamte des Rates, der Kommission und Diplomaten der Mitgliedstaaten, dem Europäischen Auswärtigen Dienst, unterstützt. Die Entscheidungen des Hohen Vertreters müssen durch den Europäischen Rat einstimmig legitimiert werden.

Die Besetzung dieses Postens mit der sowohl im Vorfeld als auch in der Amtsausübung eher unauffälligen Engländerin Ashton und anschließend der Italienerin Magherini wurde häufig dahingehend bewertet, dass es bisher faktisch doch keine starke europäische Stimme für die vergemeinschaftete Außenpolitik gebe. In der Hinsicht hat sich die Situation im Vergleich zu den Verhältnissen vor dem Lissabon-Vertrag nicht grundsätzlich verändert.

**Das Institutionengefüge der EU-Außenpolitik**
M 2, M 3, M 4

In der Ukraine eskalierte 2013 der **Konflikt** um die Ausrichtung des Landes gen Westen oder Osten, mutmaßlich unterstützen russische Kräfte die Separatisten im Osten des Landes. Im März 2014 erklärte der russische Präsident Putin die Halbinsel Krim völkerrechtswidrig zu russischem Staatsgebiet. Die EU reagierte darauf mit **wirtschaftlichen und diplomatischen Sanktionen gegen Russland** und u.a. finanzieller Unterstützung der Ukraine. Sie unterstützte zudem die **diplomatischen Bemühungen** um ein Friedensabkommen, das im weißrussischen Minsk vom ukrainischen Präsidenten Poroschenko, dem russischen Präsidenten Putin, Angela Merkel und dem französischen Präsidenten Hollande ausgehandelt wurde.

**Der Konflikt in der Ukraine**
M 4–M 6, M 8

Die EU ist in sicherheitspolitischer Hinsicht sowohl an stabilen Ostgrenzen als auch an einem nicht übermäßig einflussreichen Russland sehr interessiert. Zugleich gilt die Unverletzlichkeit festgelegter Landesgrenzen als hoher Wert. Daher sind aus diesem Blickwinkel das Abtrennen der Krim-Halbinsel von der Ukraine und der Anschluss an Russland sowie ein möglicher weiterer Staatszerfall als Folge von Separationskämpfen im Osten nicht hinnehmbar.

**ORIENTIERUNGSWISSEN**

Russlands Regierung möchte demgegenüber einerseits seine regional-strategische Situation verbessern (Schwarzmeerzugang über die Krim) und andererseits eigene **geopolitische Durchsetzungsfähigkeit** unter Beweis stellen.

Die **engen wirtschaftlichen Verflechtungen** lassen eine militärische Auseinandersetzung zwischen westlichen Staaten und Russland oder auch ein Abreißen der diplomatischen Kontakte jedoch als ausgeschlossen erscheinen: Russland ist wegen seiner immer noch weitgehend maroden Industrieanlagen abhängig von europäischen Gaskäufen. Für die Exportwirtschaften der EU ist Russland ein großer Absatzmarkt und auch vermehrt ein Standort für Produktion, auch die Ansiedlung russischer Firmen in der EU nimmt zu.

**Die EU-Energiepolitik**
M 19, M 20

Die EU-Außenpolitik wird auch gelenkt durch Interessenlagen im Bereich der Energieversorgung. Die EU importiert derzeit über die Hälfte ihrer Energie. Sicherheit und Solidarität untereinander sind die Grundpfeiler der EU-Energiepolitik. Der Energieverbrauch und die Energieeinfuhren sollen deutlich reduziert werden. Langfristig soll die EU-Energiepolitik nachhaltig, wettbewerbsfähig und versorgungssicher sein. Zur Erreichung dieser Ziele legte die Europäische Kommission 2008 einen Plan vor, der insbesondere auch den Infrastrukturbedarf und die **Diversifizierung** der Energieversorgung und die Außenbeziehungen im Energiebereich erläuterte.

**Fallbeispiel Gasversorgung**

Im Bereich der Gasversorgung spielt die „strategische Ellipse", die Region des Nahen und Mittleren Ostens, des Kaukasus und großer Teile Russlands und Zentralasiens, eine zentrale Rolle. Hier befinden sich gut zwei Drittel der weltweiten Gasreserven. Daher steht besonders die Russische Föderation im Mittelpunkt der europäischen strategischen Überlegungen. Derzeit stammen etwa 40 % aller europäischen Energieimporte aus der Russischen Föderation. Die Europäische Kommission geht davon aus, dass sich die Abhängigkeit von Gasimporten bis 2030 deutlich erhöhen wird. Die angestrebte Diversifizierung in der EU-Energieversorgung wird daher vorangetrieben.

Die **schwierigen Verhandlungen** um den Bau neuer Pipelines zeigen auch die hohe politische Bedeutung der Energieversorgung.

## North Stream 2: Wessen Interesse?

**a) Konterkariert North Stream 2 die europäische Energiepolitik?**

Wenn Politiker wie der slowakische Präsident Andrej Kiska auf das Pipeline-Projekt „Nord Stream 2" zu sprechen kommen, verschlechtert sich ihre Stimmung schlagartig. Die geplante Gasleitung durch die Ostsee ist aus Kiskas Sicht in zweierlei Hinsicht ein problematisches Projekt: Es stehe einerseits „im Widerspruch zum Interesse der EU, die Abhängigkeit von russischen Gaslieferungen zu verringern", sagt Kiska. Andererseits würde die Ukraine mit Nord Stream 2 völlig aus dem russischen Gastransport nach Westeuropa ausgeklammert und könnte damit leichter mit einem Gaslieferstopp der Russen erpresst werden. Das stehe im krassen Widerspruch zum Ziel der EU, der Ukraine zu helfen. [...] Die osteuropäischen EU-Mitglieder sind allesamt gegen das Projekt und werden dabei von anderen EU-Mitgliedern unterstützt. [...]

Worum geht es bei der Leitung? Nord Stream 2 soll die bereits bestehende Nord-Stream-Pipeline ergänzen. [...] Die [bestehenden] Kapazitäten sind allerdings nicht ausgelastet. [...] Nord Stream 2 könnte nach den Plänen der Russen dazu beitragen, dass bereits 2020 die Ukraine als Transitland für russische Gaslieferungen nach Westeuropa umgangen werden kann.

*Klaus Stratmann, www.handelsblatt.com, 28.12.2015*

**b) Energiepolitisches Projekt in der Kritik**

Die deutsche Bundesregierung und die heimische Industrie müssen sich auf heftigen Gegenwind aus Brüssel für ein zentrales energiepolitisches Projekt einstellen. Die EU-Kommission hat offenbar erhebliche Zweifel daran, dass der geplante Ausbau der direkten Erdgasleitung quer durch die Ostsee von Russland nach Deutschland mit dem europäischen Recht vereinbar und im Interesse der gesamten Gemeinschaft ist. „Wir werden unter allen Umständen sicherstellen, dass die europäischen Vorschriften voll zur Anwendung kommen", sagte Kommissions-Vizepräsident Maros Sefcovic am Dienstag in Brüssel. Er ergänzte: „Wir wollen Lösungen, die gut sind für alle Mitgliedstaaten. [...]"

Ein Firmenkonsortium aus dem russischen Staatskonzern Gazprom und mehreren westlichen Energieunternehmen will die bestehende Ostsee-Pipeline [North Stream] mit Endpunkt bei Greifswald um zwei Röhren erweitern und damit die Transportkapazitäten deutlich erhöhen. Die Leitung umgeht Transitländer wie die Ukraine oder Polen, die damit um wichtige Einnahmen [in Form von Transitgebühren] gebracht werden und um ihre eigene Versorgungssicherheit fürchten. Polen und mehrere andere osteuropäische Staaten argwöhnen, dass die Regierungen in Berlin und Moskau erneut über ihre Köpfe hinweg strategische Absprachen treffen.

*Thorsten Knuf, www.fr-online.de, 16.2.2016*

### Aufgaben

1. Arbeiten Sie die Interessen Russlands, der Ukraine, Deutschlands und der mittel-osteuropäischen EU-Mitgliedstaaten im Zusammenhang des Baus von „North Stream 2" heraus.
2. Erläutern Sie die herausgearbeiteten Interessen im Vergleich.
3. Nehmen Sie Stellung zum Ausbau von North Stream 2.

## 7.2 Wirtschaftliche Stärke vs. Grundwerte? Die Außenhandelspolitik der EU am Beispiel des TTIP-Abkommens

### 7.2.1 Freihandel vs. Protektionismus: Die transatlantischen Handelsbeziehungen

#### M 1 ● „Follow the steak": Handelsbeschränkungen zwischen den USA und der EU

[Im Berliner Restaurant Grill Royal] legt Michael Böhnke ein Rib-Eye-Steak von der Morgan Ranch [in Nebraska] auf den 600 Grad heißen Rost [...]. „Das ist immer super Ware", sagt der Küchenchef [...]. Die schwarzen Stiere, die die Morgans in Nebraska in den Transporter verladen, gehören der vornehmen japanischen Wagyu-Rasse an. Wenn ihr Fleisch die weite Reise nach Berlin hinter sich hat, zahlt der Gast hier in der Friedrichstraße für ein Stück aus ihrer Hochrippe einen Preis von 85 Euro aufwärts. Teuer. Aber eigentlich eine klare, einfache Sache, sollte man denken. Ein saftiges Steak aus Nebraska kommt auf einen Teller in Berlin.
So einfach ist das aber nicht. [...] Das liegt nicht an technischen Standards wie bei einem Auto. Es geht zwar auch um Vorschriften, aber im Kern geht es um Angst. Um Gefühle, Vorurteile, kulturelle Unterschiede. Derzeit schaffen es nur Spitzenprodukte wie die von der Morgan Ranch bis nach Deutschland. Der Mehrheit der US-Züchter ist der europäische Markt versperrt. Sie verabreichen ihren Tieren Wachstumshormone – über Implantate oder das Futter. Die EU verbietet diese Praxis. Im Namen des Verbraucherschutzes.
Das Problem ist, dass eine rationale Debatte über diese Hürden kaum möglich ist. Es geht um den Clash zweier Philosophien. Die europäische Schule sagt: Wenn es keinen Konsens über die Unschädlichkeit eines Produktes gibt, wird es vorsorglich verboten. „Precautionary principle" heißt das im EU-Jargon. Die amerikanische Haltung sagt: Solange niemand eindeutig nachgewiesen hat, dass ein Produkt schädlich ist, ist es erlaubt. Viele Europäer fürchten, dass Zusätze den Hormonhaushalt im Körper stören. Die US-Industrie weist dies zurück. [...] [Es] gebe [...] Vorgaben für die Dosierung: Zum Zeitpunkt der Schlachtung dürfe der Hormonpegel eines Tieres nicht höher sein, als wenn es nie behandelt worden wäre. [...]
Die Hormone sind eine Frage der Ökonomie. Morgan braucht drei Jahre, um seine Rinder auf 700 Kilogramm zu mästen – das ist teuer. Mit Wachstumshormonen lässt sich dieser Zeitraum bis auf die Hälfte verkürzen. Nicht jeder kann es sich schließlich leisten, ein Steak für 85 Euro zu essen. Das sei eine Lifestylefrage, sagt [John] Brook [von der United States Meat Export Fede-

Ranch Manager aus Colorado (USA) mit Wagyu Rindern.

ration in Brüssel]. Die hohen Fleischpreise in der EU würden in Krisenzeiten zum Problem. „Die USA wollen Lebensmittel zu erschwinglichen Preisen an den Konsumenten bringen", sagt er.

Morgan vertritt eine Philosophie, die der europäischen näherstehst. Er hält nichts davon, die Natur zu manipulieren. [...] Aber sogar er verzweifelt oft an der EU. Denn die Brüsseler Bürokraten machen es ihm nicht leicht, ein Steak auf einen Teller im Grill Royal zu bringen. [...] Der 64-Jährige erinnert sich gut daran, wie er sich 1999 erstmals um die Zertifizierung für den Export bemühte. Er musste einen 50 Seiten langen Antrag schreiben, musste erklären, wie er sicherstellen und beweisen könne, dass seine Rinder nicht mit künstlichen Hormonen in Berührung kämen. Der Prozess dauerte fast ein Jahr [...].

Mit der Genehmigung der Anträge ist es nicht getan. Einmal im Jahr bekommt Morgan Besuch von Inspekteuren des US-Landwirtschaftsministeriums, die im Auftrag der EU seine Ranch inspizieren – und auf seine Kosten. Sie prüfen, ob Morgan jedes Tier identifizieren kann und ob jedes die vorgeschriebenen Impfungen hat. Auf der Ranch wie auf dem Mastplatz in Burwell, der ebenfalls nach EU-Standard zertifiziert sein muss, untersuchen die Aufpasser das Futter. [...] Und damit wirklich alles sicher ist und die Europäer zufrieden sind, gibt es im tiefen Nebraska extra EU-Schlachtwochen, ein- bis zweimal im Monat. [...] Das Fleisch für die Europäer muss [...] getrennt [von jenem für den US-amerikanischen Markt] verarbeitet werden. So will es Brüssel. [...]

Montagnachmittags startet der United-Airlines-Flug UL 944 vom Flughafen O'Hare, an Bord die Steaks, die im Grill Royal auf dem Teller landen werden. Dienstagfrüh landet die Maschine in Frankfurt. Das Bodenpersonal bringt die Transportkartons in das Gebäude 454, Cargo City Nord. Das Kühlhaus namens „Perishable Center" dient als EU-Grenzkontrollstelle für verderbliche Spezialitäten aus aller Welt. 100.000 Tonnen Ware durchlaufen diesen „Port of Entry" jedes Jahr. Hier müssen auch die Steaks aus Nebraska durch. Sebastian Schaum muss jetzt schnell sein. Er ist bei Hellmann Worldwide Logistics dafür zuständig, dass das Fleisch das Kühlhaus rasch wieder verlässt [...]. Der erste Weg führt Schaum zur tierärztlichen Grenzkontrollstelle. Die Veterinäre prüfen die Bescheinigungen ihrer US-Kollegen. Sie inspizieren die Ware, nehmen Stichproben. Erst wenn sie sicher sind, dass alles auch den europäischen Vorschriften entspricht, drücken sie ihren Stempel auf das „Gemeinsame Veterinärdokument für die Einfuhr". Das Fleisch gilt jetzt auch in Europa als unbedenklich. Doch aus dem Kühlhaus darf es erst, wenn es eine weitere Hürde genommen hat: die Zollabfertigung. Mit der Verordnung 481/2012 erlaubte die EU-Kommission, pro Jahr 45.975 Tonnen Qualitätsrindfleisch zollfrei einzuführen. Am 1. Juli 2013 erhöhte sich die Quote auf 48.200 Tonnen – ein Vielfaches der noch vor wenigen Jahren erlaubten Menge. [...] Was den Amerikanern [dabei] Sorge macht: Die Verordnung gilt auch für Importe aus Australien, Kanada, Neuseeland und Uruguay, und wer zuerst kommt, malt zuerst. Windhundverfahren heißt das im Zolldeutsch. [...]

*Sabine Muscat, Christian Salewski, in: Capital, 19.5.2014*

### Die WTO – Institutionalisierung des Freihandels

Die 1995 gegründete Welthandelsorganisation (WTO) trifft alle verbindlichen Regelungen zum globalen Handel. Die Mitgliedstaaten (Stand 2016: 162) verpflichten sich auf eine weitgehende Liberalisierung des Welthandels. Insbesondere sind diese Staaten verpflichtet, Handelsvorteile wechselseitig allen Mitgliedstaaten zu gewähren sowie inländische Unternehmen bzw. Produkte nicht bevorzugt zu behandeln.

Sowohl die USA als auch alle EU-Staaten sind Mitglied der WTO; die EU „spricht" in der WTO – vertreten durch die amtierende Handelskommissarin – „mit einer Stimme".

Im Münchner Restaurant „El Gaucho" wird ein Steak zubereitet, hier von argentinischen Rindern.

## M 2 ● Freihandel und Protektionismus – außenhandelspolitische Leitbilder

Freihandel und Protektionismus bilden zwei gegensätzliche Pole, zwischen denen die Außenhandelspolitik von Staaten bzw. Staatengruppen ausgestaltet werden kann:

| | Freihandel | Protektionismus |
|---|---|---|
| Grundannahme | Ein ungeregelter Handel („Weltmarkt") führe zur optimalen Allokation (Verteilung bzw. Zuweisung von Ressourcen) aller auf der Welt verfügbaren Güter (Tausch, Arbeitsteilung) und somit zum Wohlstand für alle Beteiligten. | Die einheimische Produktion von Gütern und deren Handel bei gleichzeitig möglichst geringen Importquoten führe zu einer florierenden Wirtschaft, in der die Bevölkerung Arbeit finde und der Staat angemessene Steuereinnahmen generiere, mit denen die Wirtschaft weiter belebt werden könne. |
| Konkrete Maßnahmen | • Vollständiger Abbau/Vermeidung tarifärer und nicht-tarifärer Handelsbeschränkungen<br>• Instrumente zur Kontrolle und Durchsetzung des Freihandels<br>• Etablierung von Freihandelszonen und integrierten Wirtschaftsräumen | **Tarifäre Handelsbeschränkungen:**<br>• Zölle als indirekte Steuer auf Import- bzw. Exportgüter<br>**Nicht-tarifäre Handelsbeschränkungen:**<br>• Mengenbeschränkungen (Kontingente)<br>• Beschränkungen anhand von Produkteigenschaften (z.B. technische Normen, Verbraucherschutz)<br>• Subventionen an einheimische Produzenten<br>• Öffentliche Auftragsvergabe an inländische Firmen |
| Gründe für wirtschaftspolitische Umsetzung | • Erschließung neuer Märkte unter...<br>• Ausschöpfung absoluter oder komparativer Kostenvorteile<br>• Versorgung mit Gütern, über die das Land nicht selbst verfügt | • Schutz von im globalen Wettbewerb unterlegenen Industriezweigen, auch...<br>• bei staatlich angeregtem Aufbau neuer Industriezweige („nachholende Entwicklung")<br>• Sicherung von Arbeitsplätzen |

*Zusammenstellung des Autors*

## M 3 ● Das transatlantische Freihandelsabkommen TTiP

**a) Zielsetzung laut EU:**
Bei der transatlantischen Handels- und Investitionspartnerschaft (TTIP) handelt es sich um ein Handelsabkommen, das zurzeit zwischen der Europäischen Union und den Vereinigten Staaten ausgehandelt wird. Ziel ist die Beseitigung von Handelshemmnissen in einem breiten Spektrum von Branchen und damit die Erleichterung des Kaufs und Verkaufs von Waren und Dienstleistungen zwischen der EU und den Vereinigten Staaten.

Die EU und die USA erstreben [...] auch die Reduzierung von Hürden, die über Zollgrenzen hinausgehen, wie zum Beispiel unterschiedliche technische Regelwerke, Normen und Zulassungsverfahren. [...] Die TTIP-Verhandlungen haben außerdem zum Ziel, beide Märkte für Dienstleistungen, Investitionen und öffentliche Vergabeverfahren zu öffnen.

*Europäische Kommission, http://ec.europa.eu, 1.4.2015; Für die Wiedergabe und Anpassung ist allein die C.C. Buchner Verlag GmbH verantwortlich.*

**b) Maßnahmen**

- gegenseitige Liberalisierung des Handels mit Waren und Dienstleistungen
- Abbau von Zöllen und Handelsschranken
- Abschaffung überflüssiger Vorschriften für Prüfungen und Zertifizierungen
- gegenseitiger Zugang zu öffentlichen Ausschreibungen auf allen Verwaltungsebenen
- Umsetzung von Grundprinzipien der internationalen Arbeitsorganisation (ILO)

c) langfristige Auswirkungen auf den Arbeitsmarkt

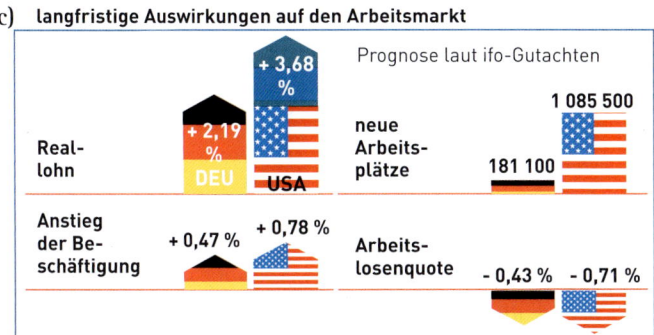

*dpa 21329, Quelle: dpa, info-Institut*

## M 4 • Wessen Nutzen?
### Interessen eines transatlantischen Freihandelsabkommens

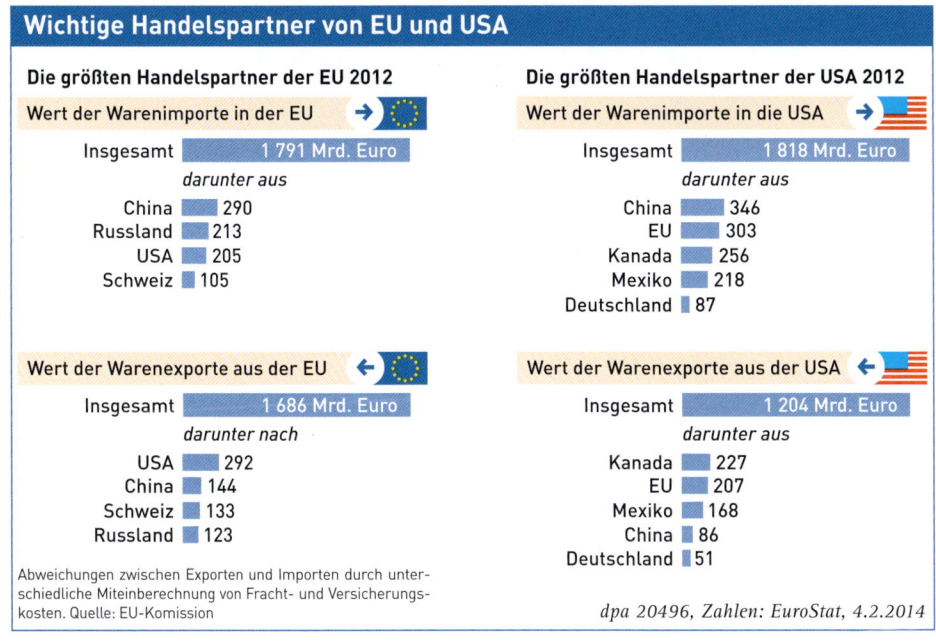

*dpa 20496, Zahlen: EuroStat, 4.2.2014*

### Aufgaben

1. a) Beschreiben Sie am Beispiel des Fleischhandels (M 1) Hindernisse, die die Handelsbeziehungen zwischen den USA und der EU und ihren Mitgliedstaaten erschweren.

   b) Erläutern Sie (mögliche) Motive und Interessen der bestehenden Handelsbeschränkungen (M 1, M 2).

2. Charakterisieren Sie den transatlantischen Fleischhandel und -markt nach dem Wegfall sämtlicher tarifärer und nicht-tarifärer Handelsbeschränkungen (M 2).

3. Begründen Sie am Fleischhandel unter welchen Bedingungen Freihandel bzw. Protektionismus sinnvolle außenwirtschaftspolitische Strategien sein können.

4. Arbeiten Sie die Ziele und Interessen heraus, die die Verhandlungen um ein transatlantisches Freihandelsabkommen leiten (M 3, M 4).

5. Erläutern Sie – unter Rückgriff auf die Grundannahmen der Freien Marktwirtschaft (Adam Smith) und/oder die Idee des Europäischen Binnenmarktes (vgl. Kap. 4.1) – die erwarteten positiven Effekte eines Freihandelsabkommens.

**H zu Aufgabe 4**
Vergleichen Sie in M 4 die Handelsvolumina, die innerhalb und außerhalb des geplanten TTIP-„Raumes" abgewickelt werden.

## 7.2.2 Wachstum, Wohlstand und Gerechtigkeit? Mögliche Wirkungen eines TTIP-Abkommens

### M 5 ● Veränderungen in Deutschlands Außenhandel

*Ökonomen des ifo-Instituts für Wirtschaftsforschung München haben im Auftrag der Bertelsmann-Stiftung die möglichen Effekte des TTIP-Abkommens untersucht. Der Untersuchung liegt neben dem Szenario eines weitgehend vollständigen Zollabbaus (Zollszenario) ein Szenario einer tiefgreifenden Liberalisierung zugrunde, bei der nicht nur Zollsätze gesenkt bzw. abgeschafft, sondern durch die wechselseitige Anerkennung von z.B. Produktstandards weitergehende ökonomische Aktivitäten freigesetzt werden.*

| Exporteur | Importeur | Handelsvolumen 2010 (in Mio. US-$) | Veränderung des Handelsvolumens in Prozent, Szenario umfassende Liberalisierung | Veränderung des Handelsvolumens in Prozent, Zollszenario |
|---|---|---|---|---|
| D | USA | 83.553 | + 93,54 | + 1,13 |
| USA | D | 51.645 | + 93,56 | + 1,65 |
| D | F | 109.223 | − 23,34 | − 0,38 |
| F | D | 76.518 | − 23,34 | − 0,24 |
| D | I | 74.245 | − 29,45 | − 0,37 |
| I | D | 52.687 | − 29,45 | − 0,55 |
| D | JAP | 17.487 | + 4,81 | + 2,40 |
| JAP | D | 24.891 | + 4,76 | − 1,68 |
| D | CHN | 67.728 | − 12,68 | + 2,19 |
| CHN | D | 92.536 | − 12,71 | − 2,94 |

Gabriel Felbermayr u.a., Die transatlantische Handels- und Investitionspartnerschaft (THP), Gütersloh 2013 (Bertelsmann Stiftung), S. 14

### M 6 ● Arbeitsmarktwirkungen in Deutschland, Europa und den USA

Die Initiative „Neue Soziale Marktwirtschaft" wirbt auf der Grundlage von Untersuchungen des ifo-Instituts (vgl. M 5) für das geplante TTIP-Abkommen:

5 Nicht nur das Einkommen, auch die Zahl der Arbeitsplätze würde durch ein weitreichendes Freihandelsabkommen steigen: In der EU könnten 400.000 neue Arbeitsplätze entstehen, davon bis zu 110.000 allein in Deutschland. [...] Auch auf den Arbeitsmärkten könnte TTIP wertvolle Impulse bringen. Damit würden die Einkommenszuwächse aus dem Freihandelsabkommen zum Teil auch Menschen betreffen, die bislang außerhalb des Arbeitsmarktes stehen.

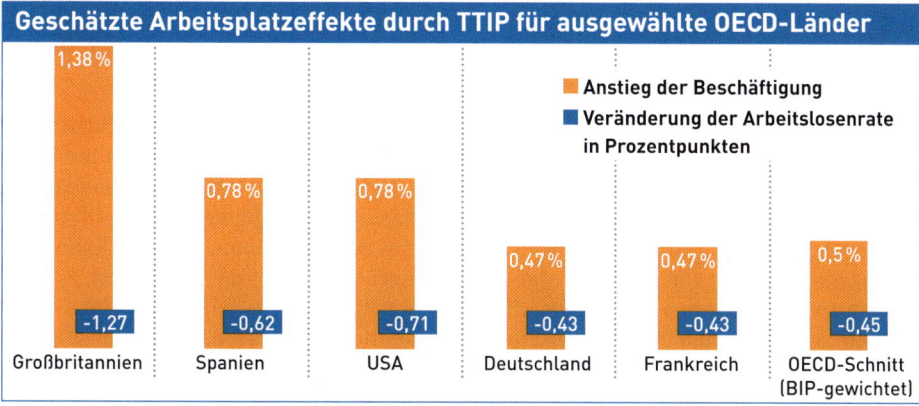

Marc Feist, Maximilian Wiczorek, Initiative Neue Soziale Marktwirtschaft, 12 Fakten zu TTIP, 24.2.2016

### M 7 ● Hoffnungen und Befürchtungen in Europa

*Korrespondenten der Süddeutschen Zeitung berichten über die Diskussionen über das geplante TTIP-Abkommen in unterschiedlichen EU-Mitgliedstaaten:*

**a) Frankreich: Albtraum und Chance**

Wenn es um das transatlantische Freihandelsabkommen (TTIP) geht, plagen die Franzosen […] Sorgen […]. Chlorhühnchen, Hormonfleisch, Übermacht der Konzerne und undurchsichtige Schiedsgerichte – so lauten […] jenseits des Rheins die Befürchtungen. […] Die Befürworter des Abkommens versprechen sich dagegen mehr Wachstum für die gebeutelte französische Industrie, einen besseren Zugang zu öffentlichen Aufträgen in den USA und mehr europäischen Einfluss auf globale Industrie- und Handelsstandards. […]

Allgemein werden in Frankreich die angelsächsisch dominierte Globalisierung und der grenzenlose Kapitalismus sehr kritisch gesehen. Vom französischen Staat wird traditionell erwartet, dass er die Wirtschaft energisch lenkt und die Bürger schützt. Besonders besorgt sind die französischen Bürger, wenn sie die „exception culturelle" Frankreichs in Gefahr sehen. Gemeint ist die energische Förderung ihrer Sprache und ihres Kinos, von Literatur und Chansons. Hier soll der Staat weiter mit Subventionen, Quoten und Sondersteuern helfen dürfen.

**b) Italien: Furcht um Pasta und Mozzarella**

In Italien dreht sich […] alles ums Essen, auch bei TTIP. Lebensmittel- und Agrarprodukte made in Italy zu schützen, ist aus Sicht des Landes ein besonders kritischer Punkt bei dem geplanten Abkommen. Viele der berühmten Produkte wie Pasta, Mozzarella und Salami werden nachgeahmt, nicht nur in den USA. Und der Verbraucher glaubt, ein Original zu erwerben, weil das Imitat verpackt ist mit dem „Sound of Italy", wie es Luciano Monti nennt, Dozent für Europäische Wirtschaftspolitik […] in Rom. Italien will deshalb Vorschriften, die das ausschließen. Doch da gibt es Widerstände bei den Amerikanern. […] Trotz [einer] positiven Grundhaltung zu TTIP gibt es aber auch in der Wirtschaft Ängste. Sorgen machen sich etwa die Selbständigen, die für eine Besonderheit der italienischen Wirtschaft stehen: Immerhin machen Kleinunternehmen mit weniger als zehn Angestellten 94 Prozent der Firmen im Land aus. Ihr Problem: Sie sind zu klein, um sich internationalisieren zu können, und fürchten deshalb, nur die USA würden profitieren. […]

Ob Großbritannien auch nach einem Austritt aus der EU (Brexit) Teil der Transatlantischen Freihandelszone sein wird, hängt stark von der konkreten Ausgestaltung des Austritts ab.

### c) Skandinavien: Umstrittene Sonderrechte für Konzerne

Die Bürger in den skandinavischen Ländern sind zwiegespalten. Einerseits hoffen sie auf einen wirtschaftlichen Aufschwung, andererseits wächst die Besorgnis, dass durch ein Freihandelsabkommen Umwelt- und Verbraucherstandards aufgeweicht werden könnten. Besonders kritisch betrachtet wird die geplante Investitionsschutzklausel ISDS, die Teil des Abkommens werden könnte. Danach könnten Konzerne Staaten vor privaten und geheim tagenden Schiedsgerichten verklagen, wenn sie ihre Rechte verletzt sehen. [...] Dass etwa Schweden, wie Deutschland ein Exportland, von dem Abkommen profitieren könnte, wird jedoch nicht infrage gestellt. Sieben Prozent aller schwedischen Ausfuhren gehen in die USA. Ähnliches gilt für Finnland und Dänemark. [...]

### d) Großbritannien: Gesundheitssystem in Gefahr

[...] Da viele Briten ohnehin der Ansicht sind, dass man mehr Handel mit den USA treiben solle, können sie in einem entsprechenden Abkommen keine Gefahren erkennen. Das ist sicherlich auch der „special relationship" der beiden Länder geschuldet, den traditionell besonderen Beziehungen zwischen Vereinigtem Königreich und Vereinigten Staaten. [...]
Die britischen Gegner [jedoch] sind besonders besorgt, welche Auswirkungen TTIP auf den Nationalen Gesundheitsdienst NHS haben könnte. Jeder Einwohner Großbritanniens hat Anspruch auf kostenlose medizinische Versorgung, das wird vom Staat garantiert und finanziert. Zwar gibt es immer wieder Klagen über den NHS, zum Beispiel wegen zu langer Wartezeiten auf Operationen, aber im Grundsatz gilt er den Briten als eine ihrer größten Errungenschaften. Das Problem in Bezug auf das TTIP: In den vergangenen Jahren sind Teile des NHS privatisiert worden. Auch Befürworter machen sich Sorgen, dass ein Abkommen bedeuten könnte, dass US-Konzerne sich in den NHS einkaufen und das britische Gesundheitssystem sich dadurch langfristig dem der USA angleicht. [...]

### e) Spanien: Kampf gegen die Krise

In Spanien haben sie ganz andere Sorgen als den Freihandel. Die Finanz- und Eurokrise ist längst nicht überwunden. Die Arbeitslosigkeit ist nach wie vor erschreckend hoch. So ist es wohl auch zu erklären, dass [...] sowohl die [...] Konservativen [...] als auch die [...] Sozialisten [...] voll und ganz hinter dem Abkommen [stehen]. [...] Mittelfristig würden 143 000 Arbeitsplätze geschaffen, die Einkommen sollen um 6,6 Prozent steigen. [...] Vor allem die Produzenten von Agrarprodukten wie Wein, Oliven und Olivenöl sowie Schinken hoffen auf eine Steigerung ihrer Ausfuhren. Kaum Gehör finden Stimmen, die warnen, dass es zumindest bei der Wein- und Olivenproduktion starke kalifornische Konkurrenz gibt. [...]

a) Stefan Ulrich, b) Andrea Bachstein, c) Silke Bigalke, d) Christian Zaschke, e) Thomas Urban, in: Süddeutsche Zeitung, 25.7.2014

## M 8 Globale Auswirkungen eines transatlantischen Freihandelsabkommens

a) *Im Falle einer umfassenden Liberalisierung im Kontext von TTIP prognostiziert das ifo-Institut folgende globalen Wohlfahrtseffekte:*

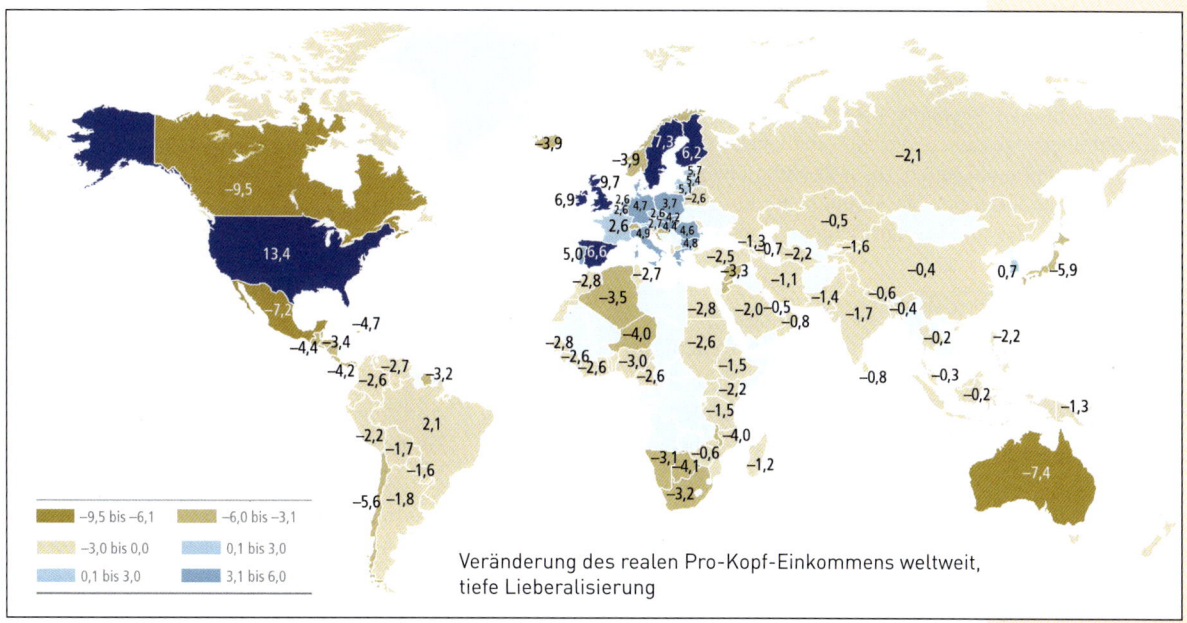

info-Institut, Die transatlantische Handels- und Investitionspartnerschaft (THP), Gütersloh, Bertelsmann Stiftung 2013, S. 30

b) *Die globalen Auswirkungen eines TTIP-Abkommens kommentiert Sven Hilbig, Welthandelsexperte von „Brot für die Welt":*

Während der 8. Verhandlungsrunde zu TTIP im Februar [2015] verkündete die EU-Kommission, das geplante Abkommen sei „eine Goldgrube für Entwicklungsländer". [...] Allerdings beruht diese [Behauptung] auf überaus abenteuerlichen und mitunter auch widersprüchlichen Annahmen [der mit einer Studie beauftragten Wissenschaftler]. [Diese] gehen zwar davon aus, dass TTIP in ärmeren Staaten zu einem „langfristigen Realeinkommensverlust von bis zu zwei Prozent" führt. Allerdings seien diese Einbußen zu vernachlässigen angesichts des allgemein hohen Gesamtwachstums im globalen Süden von vier Prozent im Jahr. Damit ignorieren die Autoren jedoch die fatalen Auswirkungen des Abkommens für die notleidende Bevölkerung in manchen Ländern.

So gehen sie im Falle Brasiliens davon aus, dass unter anderem der Export von Fruchtsäften, dessen jährliches Volumen sich immerhin auf zwei Mrd. Euro beläuft, massiv einbrechen wird. Allerdings könne Brasilien [...] die drohenden Einbußen verkraften, da das Land über eine robuste und diversifizierte Volkswirtschaft verfüge.

In Kenia, Indonesien, Marokko, Mexiko, Südafrika und der Türkei würden die negativen Effekte an anderer Stelle ausgeglichen – nämlich durch einen zunehmenden Tourismus. Dieses Wachstum soll ausgerechnet auf die voraussichtlich steigenden Einkommen der europäischen und nordamerikanischen Bürgerinnen und Bürger infolge des Freihandelsabkommens zurückgehen. Allerdings [...] kommen Gewin-

### Entwicklungspolitische Grundsätze der EU

Im Vertrag von Lissabon schreibt Artikel 208 wenige Grundsätze der Entwicklungspolitik der EU fest:
„Hauptziel der Unionspolitik in diesem Bereich ist die Bekämpfung und auf längere Sicht die Beseitigung der Armut. Bei der Durchführung politischer Maßnahmen, die sich auf die Entwicklungsländer auswirken können, trägt die Union den Zielen der Entwicklungszusammenarbeit Rechnung."

## Info

### Handelsverträge der EU

Bereits im Vorfeld von TTIP verhandelte die EU-Kommission einige Handelsverträge. Hierzu zählen insbesondere

- das CETA-Abkommen (Comprehensive Economic and Trade Agreement), das eine Freihandelszone zwischen der EU und Kanada etablieren soll (verhandelt, aber noch nicht ratifiziert)
- die EPA-Abkommen (Economic Partnership Agreements), die die Handelsbeziehungen zwischen der EU und unterschiedlichen afrikanischen Regionen regeln sollen. Diese Abkommen stehen vielfach in der Kritik, da sie vor allem eine Marktöffnung für europäische (Agrar-)Produkte vorsehen, die zu einer Verdrängung einheimischer Produzenten führten.

ne der Tourismusbranche meist gar nicht den Gastländern und ihrer Bevölkerung zugute, sondern verbleiben – durch den Trend zu All-inclusive-Buchungen – im Wirtschaftskreislauf der Tourismusunternehmen aus dem globalen Norden. [...]

Des Weiteren [wird der] Agrarsektor der Entwicklungs- und Schwellenländer komplett [ausgeblendet]. Dabei dürfte der Verlust des EU-Marktes gerade bei armen Agrarproduzenten zu massiven Einbußen führen. Während kleinbäuerliche Produzentinnen und Produzenten aus Entwicklungsländern einerseits immer mehr in die Wertschöpfungsketten der internationalen Nahrungsindustrie integriert werden, gefährdet TTIP ihre Exporte von Obst und Gemüse in die EU. Denn durch den Wegfall der Zölle für US-Produkte sowie die gegenseitige Anerkennung von Standards zwischen EU und USA würden die Preise für amerikanische Waren sinken. Infolgedessen könnten nordamerikanische Produzenten verstärkt den lukrativen und hochpreisigen EU-Markt beliefern und die Produkte des globalen Südens verdrängen.

[...] Wenn die gegenseitigen Einfuhrzölle zwischen EU und USA abgeschafft würden, dürfte es [in der Folge] zu einem massiven Verdrängungswettbewerb auch in den Ländern des globalen Südens kommen, insbesondere bei den bisher mit hohen Zöllen geschützten Milch- und Fleischprodukten. Denn die europäischen und nordamerikanischen Agrar- und Nahrungsmittelbetriebe werden, angetrieben von einem massiven Preiskampf untereinander, mit ihren dadurch verbilligten Waren mehr noch als bisher auf die Märkte in Afrika, Asien und Lateinamerika drängen – zum Nachteil der dortigen kleinbäuerlichen Nahrungsproduzenten.

[...] Gerade hier wäre eine Kehrtwende dringend erforderlich [...] – zumal sich die EU an den eigenen Maßstäben messen lassen muss. Denn laut EU-Vertrag ist sie verpflichtet, die universellen und unteilbaren Menschenrechte auch in ihrer auswärtigen Politik zu achten und zu fördern. Zugleich soll [die EU-Politik] der Armutsbekämpfung dienen. Mit anderen Worten: EU-Handelspolitik und Entwicklungszusammenarbeit müssen kohärent sein (Art. 208 ff). [...] Bei den TTIP-Verhandlungen spielen die Menschenrechte hingegen überhaupt keine Rolle, vielmehr geht es einzig und allein darum, weltweit Marktvorteile für die jeweils eigenen wettbewerbsfähigsten Bereiche zu schaffen. [...]

*Sven Hilbig, Wohlstand für den Süden, in: Blätter für deutsche und internationale Politik 6/2015, S. 33 ff.*

**H** zu Aufgabe 1

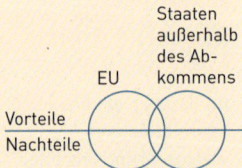

**F** Die *INSM* und das *ifo-Institut für Wirtschaftsforschung* gelten auch aufgrund ihrer Finanzstruktur als unternehmensnah, *Brot für die Welt* ist ein Hilfswerk der evangelischen Kirche. Erläutern Sie die (mögliche) Interessengebundenheit der vorliegenden Materialien.

## Aufgaben

1. Arbeiten Sie (mögliche) positive und negative Wirkungen des geplanten transatlantischen Freihandelsabkommens TTIP
   - für Wirtschaft und Gesellschaft der EU und ihrer Mitgliedstaaten (M 5 – M 7) sowie
   - Staaten außerhalb des Abkommens (M 8)
   heraus.
2. Vergleichen Sie (mögliche) Auswirkungen eines TTIP-Abkommens für unterschiedliche Staatengruppen und fassen Sie diese in einem Venn-Diagramm zusammen.

## 7.2.3 Ausverkauf europäischer Interessen und Werte? Das transatlantische Freihandelsabkommen in der Diskussion

### M 9 • Kritik am TTIP

*Die Nichtregierungsorganisation Campact, das wichtigste politische internetbasierte Beteiligungsforum in Deutschland, versuchte durch verschiedene Kampagnen die Wahlen zum Europäischen Parlament 2014 zu einer Abstimmung über das von ihr kritisierte TTIP zu erklären:*

### TTIP gefährdet

| die Demokratie: | öffentliche Leistungen: | die Gesundheit: | die Freiheit: | die soziale Sicherheit: |
|---|---|---|---|---|
| Konzerne können Milliarden Euro aus unseren Staatskassen fordern, wenn Gesetze ihre Gewinne schmälern. Die Entscheidung fällen geheim tagende Schiedsgerichte. | Die Privatisierung von Wasserversorgung, Gesundheit und Bildung droht. | Was in den USA erlaubt ist, würde auch bei uns legal – Fracking, Chlorhühner, Gentechnik im Essen und Gift in der Kosmetik. | Im Internet würde noch mehr überwacht und zensiert. Der Datenschutz würde ausgehebelt, die kulturelle Vielfalt bedroht, der Zugang zu Bildung und Wissenschaft eingeschränkt. | Arbeitnehmerrechte und Sozialstandards würden geschwächt, Mindestlöhne untergraben, kleine Betriebe vom Markt gefegt. |

*Campact, 10.4.2014*

### M 10 • Renate Künast: Abbau europäischer Standards und staatlicher Souveränität!

Die Einfuhrzölle sind niedrig wie lange nicht, tarifäre Handelshemmnisse bestehen fast keine mehr. Und mit dem zur Zeit verhandelten Freihandelsabkommen TTIP
5 zwischen den USA und der EU wird uns nun noch ein zusätzliches Wirtschaftswachstum von bis zu 0,34 Prozent versprochen. Institute rechnen mit circa 400.000 neuen Arbeitsplätzen, wenn durch
10 das Abkommen nicht-tarifäre Handelshemmnisse abgebaut werden. Im Verhandlungs-Englisch bedeutet das „regulatory coherence", und zwar über alle Politikbereiche hinweg: Umweltschutz, geistiges Ei-
15 gentum, Arbeitnehmerrechte, Gesundheit, Tierschutz und Tiermast, Einsatz von toxischen Chemikalien, Lebensmittelsicherheit, Zusatzstoffe, genetisch veränderte Organismen und Datenschutz.
20 Deshalb liegt genau dort der Hase im Pfeffer. TTIP-Verhandler versprechen uns die Beibehaltung europäischer Standards. Aber das explizite Ziel des Freihandelsabkommens, die Kohärenz der Normen, hat unausweichlich ein Schleifen von Stan- 25 dards zur Folge. Das dazu gehörende Werkzeug ist das Recht auf Investorenklage, welches in das Abkommen aufgenommen werden soll. Sie beinhaltet, dass das Recht auf erwartete Gewinne gegen Rege- 30 lungen zum Chemieeinsatz, Lebensmittelsicherheit etc. geltend gemacht werden kann. Einklagbar ist dies dann vor einem neu zu schaffenden internationalen Schiedsgericht. Am Ende kann die Aushe- 35 belung und systematische Aushöhlung europäischer Rechtsetzung und der Verlust von Souveränität stehen. [...]
Legitimierte Gremien der EU würden nach Inkrafttreten eines Abkommens weiter 40 über Verordnungen oder Richtlinien entscheiden. Jede dieser Normen kann aber nach Vertragslage zum sogenannten nichttarifären Handelshemmnis werden. Ge-

Renate Künast ist Bundestagsabgeordnete von Bündnis 90/Die Grünen.

## Info

### Internationale Schiedsgerichte

Schiedsgerichte, die im Zusammenhang mit internationalen Investitionsschutzabkommen (früher etwa zum Schutz vor Enteignung ausländischer Unternehmen ausgehandelt) eingerichtet werden, verfügen über die gleichen Entscheidungsbefugnisse wie staatliche Gerichte: Ihre Entscheidungen sind für die Vertragspartner bindend. Sie sind jedoch nicht mit hauptamtlichen Richtern, sondern mit Juristen und Anwälten besetzt, die oft im Hauptberuf Firmeninteressen vertreten (nach OECD-Angaben gilt dies für 60% der „Richter").

---

klagt wird dann wegen Reduzierung der Gewinnerwartung, weil beispielsweise toxische Chemikalien in Plastikverpackungen verboten oder erlaubte Rückstandshöchstwerte in Lebensmitteln reduziert werden. [...] In der Praxis wäre das nicht bedeutungslos. Gerade verklagt Vattenfall die Bundesrepublik auf Schadenersatz wegen des beschlossenen Ausstiegs aus der Atomenergie. [...]

Es beginnt mit dem in der EU verankerten Vorsorgeprinzip (precautionary principle), das wir von der Lebensmittelsicherheit über den Einsatz von Zusatzstoffen bis zum Chemikalieneinsatz anwenden. Den USA ist dieses Prinzip fremd. Ob Wachstumshormone in der Tiermast, Agrogentechnik und Kennzeichnung, Chlorbehandlung von Hühnchen oder Kennzeichnung von Produkten: Was uns (auch durch das Vorsorgeprinzip) rechtlich selbstverständlich ist, ist in den USA kein geltendes Recht. Bei der Zulassung von Agrogentechnik als Saatgut und Lebensmittel – ein großer Wirtschaftszweig von Monsanto und seinen Tochterunternehmen – wird das auch in Zukunft zu Differenzen führen. Es scheint, dass bei den Verhandlungen seitens der USA auch versucht wird, das Recht über erlaubte Lebensmittelzusätze zu verändern. Den aktuellen Codex Alimentarius aufzuweichen wäre ein fatales Signal, denn schon heute sind für uns die dort zugelassenen Zusatzstoffe fragwürdig in ihrer Wirkung für die menschliche Gesundheit. An dieser Front kann nur das transatlantische Food Business gewinnen. Noch klingt uns in den Ohren, die Standards würden nicht gesenkt. Der Blick auf die Verhandlungen lässt mich aber befürchten, dass dieses Freihandelsabkommen ein reines Industrie- und Investorenabkommen ist. Regulatorische Kohärenz zum Abbau sogenannter nichttarifärer Handelshemmnisse ist ihr Ziel. Nachhaltigkeit und Verbraucherinteressen sind Fremdwörter.

Unser Ziel ist ein nachhaltiges Europa, das auf den Erhalt seiner Lebensgrundlagen achtet. Wo findet der Erhalt der bäuerlichen Landwirtschaft und der ländlichen Räume seine Absicherungen? Wo findet Klimaschutz statt? Wie ist der Erhalt bestehender Subventionen gesichert? Wie werden sich die kleinen Saatguthersteller behaupten können gegen die ganz Großen, ihre Patente und ihre Anwälte vor dem Schiedsgericht? Und werden wir unsere Zukunft gestalten können, indem wir bei öffentlichen Ausschreibungen hohe ökologische und soziale Standards für den gesamten Produktionsprozess fordern? [...]

*Renate Künast, Geschenk für Industrie und Investoren, in: Frankfurter Rundschau, 9.1.2014*

### M 11 ● Martin Greive: TTIP – ökonomisch und strategisch geboten!

Martin Greive, studierter Volkswirt, ist Redakteur im Ressort Innenpolitik der Tageszeitung „Die Welt".

An diesem Samstag wird in Berlin Verkehrschaos herrschen. Zehntausende wollen in der Hauptstadt auf einer bundesweiten Großdemonstration gegen das geplante EU-Freihandelsabkommen mit den USA (TTIP) protestieren. [...] Ironie des Schicksals: Die Anti-TTIP-Großdemonstration fällt genau in jene Woche, in der die Vereinigten Staaten einen anderen historischen Handelsvertrag abgeschlossen haben. Nach fünf Jahren Verhandlungen haben sie [...] das Transpazifische Handelsabkommen (TPP) in trockene Tücher gebracht. [...] Das Abkommen zwischen den USA und elf Pazifik-Anrainer-Staaten – darunter Australien, Japan und Mexiko – ist die Krönung jener Strategieverschiebung, die US-Präsident Barack Obama zu Beginn seiner Amtszeit angekündigt hatte: Die Vereinigten Staaten denken im 21. Jahrhundert weniger transatlantisch als transpazifisch. Für Europa ist der erfolgreiche Abschluss von TPP damit vor allem ein Warnschuss: Will es auch in Zukunft die Spielregeln der Weltwirtschaft mitgestalten, braucht es einen starken strategischen Partner an seiner Seite. Es braucht ein Wirtschaftsbündnis mit den USA. Es braucht TTIP. [...]

Einige Kritikpunkte der TTIP-Gegner sind berechtigt. Ja, die Verhandlungen waren viel zu lange viel zu intransparent. Natürlich müssen Abgeordnete Einblick in die Verhandlungsdokumente nehmen können. Ja, die umstrittenen Schiedsgerichte des TTIP müssen modernisiert werden, damit Konzerne sie nicht zu unlauteren Klagen gegen EU-Staaten nutzen können. [...] Doch die Debatte ist emotional und ideologisch so aufgeladen, dass viele weder Fortschritte im Verhandlungsverfahren noch die Vorteile des Abkommens sehen wollen. Wer etwa glaubt, dank gut laufender Konjunktur auf TTIP verzichten zu können, irrt. Scheitert das Abkommen, schadet dies dem Fundament des deutschen [und europäischen] Wohlstands: dem freien globalen Warenverkehr. [...] Anders als von den Gegnern behauptet, würden gerade nicht ein paar Konzerne, sondern Mittelständler am stärksten profitieren. Denn viele kleine Firmen können es sich anders als Großunternehmen nicht leisten, wegen unterschiedlicher Normen in die USA zu exportieren.

Viel größer aber als die wirtschaftliche ist die geopolitische Bedeutung des TTIP. Am besten wäre es für die Weltwirtschaft, die Welthandelsorganisation WTO regelt den Welthandel. Dann würden die Interessen der Entwicklungsländer angemessen berücksichtigt, die in dieser neuen, kleinteiligen Handelswelt ja tatsächlich hintenüberzufallen drohen. Doch die WTO mit ihren über 160 Mitgliedern blockiert sich seit ihrer Gründung vor 20 Jahren selbst. Der naheliegende Reflex: Viele Länder wie die USA und die Pazifikstaaten schließen eigene Handelsabkommen ab. [...]

Die EU kann aber nicht am Rand stehend dabei zusehen, wie um sie herum neue große Wirtschaftsräume entstehen. Sie muss selber Handelsverträge schmieden. Sicher, für TTIP wird Europa den ein oder anderen Standard opfern müssen. Doch eine kritische europäische Öffentlichkeit und die Parlamente werden aufpassen, dass Umwelt- und Verbraucherstandards dabei nicht unter die Räder kommen. Denn warum sollte ein Abgeordneter einem Handelsvertrag zustimmen, der Verbraucherstandards einseitig zulasten von Wirtschaftsinteressen schreddert? Weil das bei seinen Wählern so gut ankommt? [...]

*Martin Greive, Deutschland braucht TTIP – jetzt mehr denn je!, in: Die Welt, 6.10.2015*

**H zu Aufgabe 1b**
Unterscheiden Sie dabei Argumente der wirtschaftlichen Sphäre von solchen der politischen Sphäre und gliedern Sie die Argumente anhand der Kategorien Effizienz, Legitimität und Grundwerte.

**M zu Aufgabe 2**
Gestalten Sie Ihr politisches Urteil in Form eines Gastkommentars zu dem Artikel, dem Sie widersprechen.

### Aufgaben

1. a) Arbeiten Sie die Argumente und Werthaltungen heraus, die der in M 9 formulierten Kritik an TTIP zugrunde liegen.
   b) Vergleichen Sie die Kritik an TTIP (M 9, M 10) mit den an die Handelspartnerschaft gerichteten positiven Erwartungen (insbes. M 3, M 4) sowie der Argumentation Martin Greives (M 11). Stellen Sie die Ergebnisse tabellarisch gegenüber.

2. Nehmen Sie zur geplanten Gründung einer transatlantischen Freihandelszone zwischen der EU und den USA begründet Stellung.

## ORIENTIERUNGSWISSEN

**EU als Akteur der Welthandelspolitik**
M 2

Die EU hat sich seit ihrer Gründung zu einem starken Wirtschaftsraum entwickelt, dessen Handeln auch für andere Staaten der Erde Bedeutung hat. Prägend für das „innergemeinschaftliche" handelspolitische Agieren der EU ist der **Binnenmarkt**, der als besonders privilegierter Handelsvertrag verstanden werden kann. Innerhalb dessen können alle Mitglieder ihre Waren zollfrei exportieren und erhalten somit Vorteile gegenüber Nicht-Mitgliedern.

Zugleich erhalten jedoch europäische Unternehmen durch Subventionen Vorteile, was insbesondere für den Agrarbereich gilt. Zudem gelten für bestimmte Produkt(gruppen) besondere Importbedingungen, die durch Zölle und nicht-tarifäre Auflagen reglementiert werden. Die EU bewegt sich somit im Spannungsfeld von **Freihandel** (innerhalb der EU) und **Protektionismus** (nach außen).

**TTIP: Handelspartnerschaft EU – USA**
M 3

M 10, M 11

Zugleich setzt sich die EU innerhalb der WTO sowie abseits dieser internationalen Organisation für Freihandel ein, wobei ihr häufig vorgeworfen wird, diesen nur zu eigenen Gunsten durchsetzen zu wollen. Das umstrittenste aktuelle Beispiel dieser **bilateralen** Handelspolitik sind die Verhandlungen um ein **transatlantisches Freihandelsabkommen** (TTIP), die zwischen EU und USA geführt werden.

Befürworter dieses Abkommens rechnen mit wirtschaftlichem Wachstum und einem Zuwachs an Arbeitsplätzen, die sich aus der **beiderseitigen Marktöffnung** und insbesondere dem **Abbau nicht-tarifärer Handelshemmnisse** ergäben. Zudem sei das Abkommen strategisch geboten, um Europa weiterhin als wichtigen Partner der USA zu positionieren.

Kritiker vor allem aus der europäischen Zivilgesellschaft befürchten demgegenüber den **Abbau europäischer Standards** etwa in den Bereichen Nahrungsmittelsicherheit, Arbeitsrecht und Datenschutz. Unternehmen könnten ihre Interessen durch die Anrufung von privatrechtlichen **Schiedsgerichten**, die nicht auf Normen der EU verpflichtet sind, durchsetzen. Zudem werden negative Auswirkungen für Staaten außerhalb des Abkommens befürchtet; insbesondere afrikanische und südamerikanische Volkswirtschaften müssten erhebliche Wohlfahrtseinbußen hinnehmen. Die daraus resultierenden **entwicklungspolitischen Probleme** seien mit dem Selbstverständnis der EU jedoch unvereinbar.

## Freihandel vs. Entwicklungshilfe: Die EU als Akteur in Afrika

Deutschland und Europa bringen laut dem Afrika-Beauftragten der Bundesregierung, Günter Nooke, viel Steuergeld mit verschiedenen Entwicklungsprogrammen nach Afrika. Doch die Wirtschaftsabkommen mit afrikanischen Staaten machten diese Bemühungen zunichte: „Man sollte mit Wirtschaftsverhandlungen nicht kaputt machen, was man auf der anderen Seite als Entwicklungsministerium versucht aufzubauen", kritisierte Nooke [...].

Das Freihandelsabkommen zwischen der EU und mehreren afrikanischen Staaten, das sogenannte Economic Partnership Agreement (EPA), fordert die afrikanischen Länder auf, ihre Märkte bis zu 83 Prozent für europäische Importe zu öffnen und hierbei schrittweise Zölle und Gebühren abzuschaffen. Im Gegenzug erhalten afrikanische Unternehmen zollfreien Zugang zum europäischen Markt. Viele afrikanische Staaten sträuben sich jedoch gegen die Unterzeichnung von EPA, weil sie unter anderem fürchten, den Handelswettbewerb gegen europäische Unternehmen zu verlieren. Auch Kenia verweigerte die Unterschrift. Daraufhin verhängte die EU zum 1. Oktober dieses Jahres Einfuhrzölle auf mehrere kenianische Produkte. Das führte [...] zu zahlreichen Entlassungen in mehreren Betrieben.

Unter dem Druck knickte Nairobi schließlich ein – [es] setzte [schließlich] seine Unterschrift unter das Freihandelsabkommen.

Der zuständige UN-Wirtschaftsexperte für Ostafrika, Andrew Mold, sieht durch das Abkommen die afrikanische Wirtschaft langfristig bedroht. „Die afrikanischen Länder können mit einer Wirtschaft wie der deutschen nicht konkurrieren. Das führt dazu, dass durch den Freihandel und die EU-Importe bestehende Industrien gefährdet werden und zukünftige Industrien gar nicht erst entstehen, weil sie dem Wettbewerb mit der EU ausgesetzt sind." [...]

Die EU-Kommission betont, dass 20 Prozent der heimischen Produkte der afrikanischen Länder langfristig geschützt blieben. Gemeinsam mit Entwicklungshilfe könne das EPA-Abkommen den Partnerländern helfen, Arbeitsplätze zu schaffen und den politischen Dialog mit der EU zu fördern. Darin stimmt EU-Abgeordneter Gahler [CDU] überein: „Wir als Europäer haben selbst erlebt, wie sehr uns die Warenverkehrsfreiheit Wohlstand gebracht hat. Den afrikanischen Regionen wollen wir dabei helfen, ähnliche Schritte zu vollziehen." [...]

Laut der EU-Abgeordnete Ska Keller schadet das Wirtschaftspartnerschaftsabkommen jedoch dem regionalen Handel und lässt den Partnerländern keine Luft, ihre Industrien zu entwickeln, Arbeitsplätze zu schaffen und damit die Menschen aus der Armut zu holen. „Den Entwicklungsländern wird die Pistole auf die Brust gesetzt – entweder sie unterzeichnen oder ihr Marktzugang zur EU wird eingeschränkt", so Keller. „EPA ist das Gegenteil von Entwicklungszusammenarbeit."

*Dario Sarmadi, EU-Freihandelsabkommen EPA macht Entwicklungshilfe zunichte, www.euractiv.de, 30.11.2014*

### Aufgaben

1. Fassen Sie die Kritik an den EPA-Abkommen zwischen der EU und afrikanischen Staaten zusammen.
2. Erläutern Sie die EU-Außenhandelspolitik gegenüber Afrika anhand der außenhandelspolitischen Leitbilder Freihandel und Protektionismus.
3. „Man sollte mit Wirtschaftsverhandlungen nicht kaputt machen, was man auf der anderen Seite als Entwicklungsministerium versucht aufzubauen" (Z.7 ff.). Erörtern Sie ausgehend von diesem Zitat die Rolle der EU als Akteur der Welthandelspolitik.

Karikatur: Klaus Stuttmann, 18.11.2011

# 8 Quo vadis, Europa? Herausforderungen und Perspektiven des europäischen Projekts

Die über ein halbes Jahrhundert währende Geschichte europäischer Integration hat durch immer neue Runden von inhaltlicher Vertiefung und geografischer Erweiterung die Europäische Union zu einem Konstrukt sui generis (eigener Art) gemacht, das weder mit „Bundesstaat" noch mit „Staatenbund" passend beschrieben ist. Die Motive der Beteiligten, bei den bisherigen Integrationsschritten dabei zu sein, waren und sind nur teilweise identisch, und auch die Vorstellungen davon, welchen Weg die EU in Zukunft gehen soll, sind überaus vielfältig.

Kann europäisches Regieren in der bisherigen Mehrebenenkonstruktion den Anforderungen an Politik in Bezug auf Demokratie, Transparenz und Effizienz dauerhaft genügen, oder muss Europa auf eine neue Basis gestellt werden? Wie weit kann die EU geografisch wachsen, ohne politisch und kulturell „überdehnt" zu werden?

Diese Fragen kulminieren in der Diskussion um den Beitritt der Türkei. Strittig ist, ob die Türkei die Beitrittskriterien erfüllen kann und ob die EU hinreichend erweiterungsfähig ist. Mit diesen Fragen beschäftigen Sie sich in Kapitel 8.1. Kapitel 8.2 widmet sich den Integrationskonzepten und der aktuellen Debatte in Großbritannien über das Ausscheiden aus der EU, den sogenannten „Brexit".

## KOMPETENZEN

Am Ende dieses Kapitels sollten Sie Folgendes wissen und können:

... unterschiedliche Optionen der Weiterentwicklung der EU darstellen.

... anhand der Beitrittskriterien der EU die Perspektiven von Kandidatenländern untersuchen.

... die Frage, ob die Türkei der EU beitreten soll, anhand von Kategorien und Kriterien analysieren und multiperspektivisch beurteilen.

... sich politische Voreinstellungen und Wertmaßstäbe bewusst machen, die eigene politische Urteile beeinflussen.

... sich an der Debatte um die Entwicklungsperspektiven der EU beteiligen.

### Aufgaben

1. Interpretieren Sie die Materialien und diskutieren Sie die darin angedeuteten Vorstellungen von der Zukunft der EU.
2. Soll die Türkei der EU beitreten? Positionieren Sie sich ohne vorherige Diskussion auf einer Linie zwischen den Polen „keinesfalls" und „unbedingt". Geben Sie jeweils EIN Argument an, das für Sie ausschlaggebend ist.

# 8.1 Gehört die Türkei in die EU?

## 8.1.1 Beitrittsbedingungen – faire Chancen für die Türkei?

### M 1 ● Alles Demokraten?

*Karikatur: Klaus Stuttmann, 17.3.2016*

2016 ist *Recep* Tayyip *Erdoğan* Präsident der Türkei, Viktor Orbán Ministerpräsident von Ungarn, Jarosław Kaczyński einflussreicher Politiker der Regierungspartei PiS in Polen. Die nationalkonservativen Regierungen in Ungarn und Polen stehen (genau wie Erdoğan in der Türkei) wegen Angriffen auf die Unabhängigkeit von Presse und Justiz in der Kritik.

### M 2 ● Kopenhagener Kriterien: Anforderungen an die Kandidaten – und an die EU

In Vorbereitung auf die [...] „Osterweiterung", formulierte der Europäische Rat von Kopenhagen im Jahr 1993 Beitrittskriterien. Die sogenannten Kopenhagener Krite-
5 rien haben in den anschließenden Erweiterungsprozessen weitere Präzisierung erfahren [...]. [Demnach] muss ein Beitrittskandidat folgende Anforderungen erfüllen, um Mitglied der EU zu werden:
10 • politisches Kriterium: „institutionelle Stabilität als Garantie für demokratische und rechtsstaatliche Ordnung, für die Wahrung der Menschenrechte sowie die Achtung und den Schutz von Minderhei-
15 ten";
• wirtschaftliches Kriterium: „eine funktionsfähige Marktwirtschaft sowie die Fähigkeit, dem Wettbewerbsdruck und den Marktkräften innerhalb der EU standzuhalten";
20
• acquis-Kriterium: Die Fähigkeit, alle Pflichten der Mitgliedschaft – d.h. das gesamte Recht sowie die Politik der EU (den sogenannten „acquis communautaire") – zu übernehmen, sowie das Einverständnis mit den Zielen der Politischen Union und der Wirtschafts- und Währungsunion.
25

Der Europäische Rat von Kopenhagen betonte zudem, dass die „Fähigkeit der Union, neue Mitglieder aufzunehmen, dabei jedoch die Stoßkraft der europäischen Integration zu erhalten [...] ebenfalls einen sowohl für die Union als auch für die Beitrittskandidaten wichtigen Gesichtspunkt darstellt. Die Voraussetzung der Aufnahmefähigkeit der EU wurde lange Zeit als das „vergessene Kriterium" von Kopenhagen bezeichnet. [...]
30

35

Im Jahr 1995 präzisierte der Europäische Rat von Madrid, dass [...] ein Beitrittskandidat zudem durch Anpassung seiner Verwaltungs- und Justizstrukturen die wirksame Implementierung der EU-Rechtsvorschriften gewährleisten [muss]. Der Europäische Rat von Luxemburg beschloss [...] 1997, dass ein Beitrittskandidat bereits für die Aufnahme von Beitrittsverhandlungen die politischen Kriterien von Kopenhagen erfüllen muss. Die wirtschaftlichen Kriterien sowie die Fähigkeit, die sich aus dem Beitritt ergebenden Verpflichtungen zu erfüllen („acquis–Kriterium"), seien zu diesem Zeitpunkt „aus einer zukunftsorientierten, dynamischen Sicht heraus" zu beurteilen.
40

45

50

55

*Auswärtiges Amt, www.auswärtiges-amt.de, 15.7.2014*

## M 3 ● Sonderbedingungen für die Türkei

In den Beitrittsverhandlungen mit der Türkei wurden weitergehende Bedingungen als bisher üblich formuliert, um die Zustimmung aller EU-Staaten zur Aufnahme zu erreichen: Außer der Erfüllung der „Kopenhagener Kriterien" verlangt die EU Fortschritte in den türkisch-griechischen Beziehungen, bei der Lösung des Zypern-Problems und bei der Erfüllung der Verpflichtungen aus dem Assoziierungsabkommen EWG/Türkei von 1963 und dessen Nachfolgeabkommen. Erstmals ist im Verhandlungsrahmen auch der Fall einkalkuliert, dass der Beitrittsprozess nicht in eine Vollmitgliedschaft mündet: Sollte die Türkei langfristig nicht in der Lage sein, den mit einer Mitgliedschaft verbundenen Verpflichtungen nachzukommen, sieht die „Einbeziehungklausel" vor, die Türkei dennoch durch eine möglichst starke Bindung in den europäischen Strukturen zu verankern. Gleichzeitig soll auch ein politischer und kultureller Dialog parallel zu den Beitrittsverhandlungen die Unterstützung der EU-Bürger zum Erweiterungsprozess gewinnen.

*Autorentext*

## M 4 ● Beitrittsgespräche – eine unendliche Geschichte?

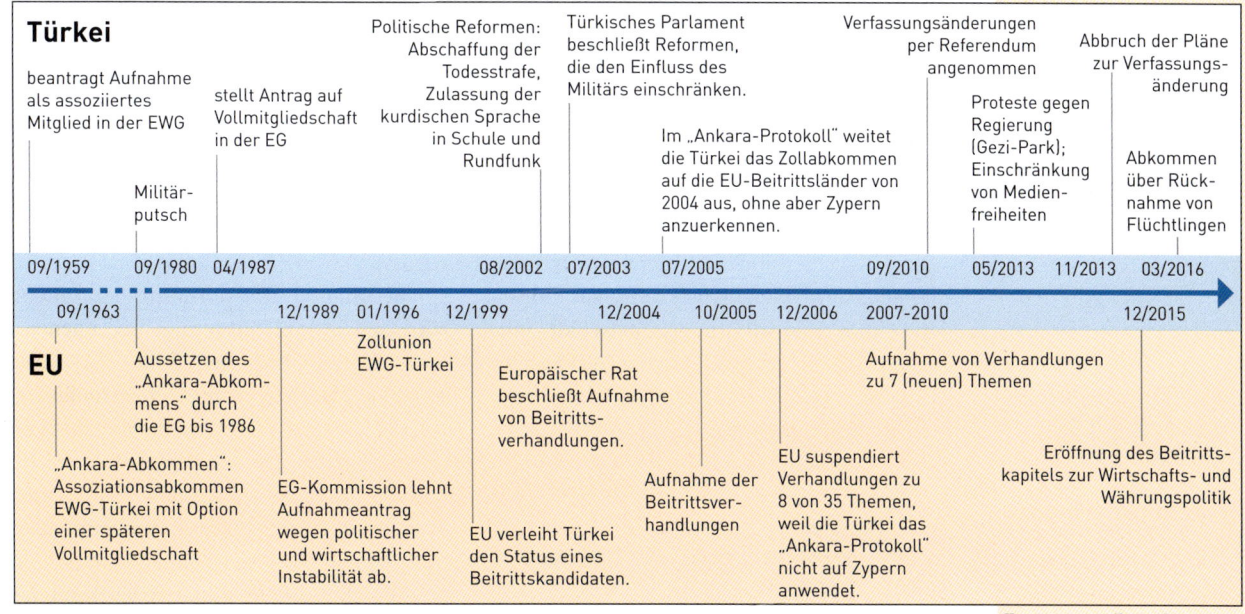

*Zusammenstellung des Autors*

### Aufgaben

1. Interpretieren Sie die Karikatur (M 1) mithilfe der Informationen aus M 2-M 4.
2. Erläutern Sie unter Rückgriff auf die Informationen in Kapitel 2 die Funktion der Kopenhagener Kriterien (M 2). Berücksichtigen Sie dabei den Zeitpunkt des Beschlusses.
3. Diskutieren Sie die Auswirkungen der Entscheidung, die Aufnahme neuer Mitglieder nicht nur von den Voraussetzungen der Beitrittskandidaten, sondern auch von der Aufnahmefähigkeit der EU selbst abhängig zu machen (M 2).
4. Stellen Sie die Vorgeschichte der Beitrittsverhandlungen und den Verhandlungsfortschritt (M 3, M 4) in einer Fieberkurve grafisch dar (z. B. Koordinatensystem, Plusbereich = Fortschritt, Minusbereich = Verzögerung, Rückschritt).

## 8.1.2 Die Türkei – kompatibel mit den Kopenhagener Kriterien?

### M 5 ● Das politische Kriterium: Richtung Europa?

**Staatsaufbau**
Die Türkei ist gemäß ihrer Verfassung von 1982 eine demokratische, laizistische, soziale und rechtsstaatliche Republik. Oberhaupt des Staates ist der Staatspräsident. Ministerpräsident und von ihm bestimmte Minister bzw. Staatsminister bilden gemeinsam den Ministerrat, der die Regierungsgeschäfte führt. Die türkische Verwaltung ist zentralistisch organisiert. [...]

**Zusammensetzung des Parlaments**
Das türkische Parlament, die Große Türkische Nationalversammlung, wird für vier Jahre gewählt (Mehrheitswahlrecht). Nachdem durch Wahlen am 7. Juni 2015 notwendig gewordene Koalitionsgespräche gescheitert sind, fanden Neuwahlen am 1. November 2015 statt. Es gilt eine landesweite Zehn-Prozent-Hürde für den Einzug einer Partei ins Parlament. [...]

**Grundlinien der Innenpolitik**
Die Türkei verbindet Elemente einer modernen, westlichen, demokratischen Industrie- und Dienstleistungsgesellschaft mit einem lebendigen und in der türkischen Gesellschaft tief verwurzelten Islam moderner Prägung sowie mit einem teilweise ausgeprägten Nationalismus. Sie ist von starken politischen, wirtschaftlichen und sozialen Gegensätzen gekennzeichnet, die das politische System immer wieder auf eine Belastungsproben stellen. [...] Landesweite Bürgerproteste im Frühsommer 2013, ausgelöst durch die Auseinandersetzung um Bebauungspläne der Regierung für den Istanbuler Gezi-Park, zeugten von einer zunehmend selbstbewussten Zivilgesellschaft, die jedoch durch massive Polizeieinsätze gegen Demonstranten mit Todesfolge nachhaltig eingeschüchtert wurden. Die Türkei ist ein laizistischer Staat (Trennung von Staat und Religion) mit mehrheitlich muslimischer Bevölkerung. [...] Weitere kontroverse Themen sind die Anerkennung der Aleviten als eigene Religionsgemeinschaft und in inzwischen deutlich abgeschwächter Form die Stellung des Militärs. [...]

**Kurden**
Zur Beendigung des seit Mitte der 1980er Jahre gewaltsam ausgetragenen Kurdenkonflikts fand zwischen Ende 2012 und Sommer 2015 ein sogenannter Lösungsprozess [...] statt. [...] Nachdem die bis zum Sommer 2015 relativ aussichtsreichen Friedensgespräche zwischen Regierung und der PKK abgebrochen und ein über zweijähriger Waffenstillstand beidseitig aufgekündigt wurde, eskaliert der Kurdenkonflikt zunehmend. Seit Juli 2015 wurden durch Anschläge der PKK fast 400 Sicherheitskräfte und 300 Zivilisten getötet. [...] Schätzungen zufolge sind 10 bis 15 der ca. 75 Millionen Staatsangehörigen der Türkei kurdischer Abstammung [...], in einigen Gebieten stellen sie die Bevölkerungsmehrheit. [...]

**Menschenrechte**
Die Türkei hatte mit zahlreichen Reformpaketen seit August 2002 viele der in der EU-Beitrittspartnerschaft aufgelisteten Pri-

---

**Info**

**Gülen-Bewegung**

Die in den 1970er Jahren entstandene, religiöse und soziale Bewegung wird vom (1999 in die USA emigrierten) Prediger Fethullah Gülen geführt. Sie betreibt inner- und außerhalb der Türkei vor allem Schulen und Nachhilfe-Institute, ist aber auch im Mediensektor mit Zeitungen und TV-Stationen aktiv. Ziel der Bewegung mit einem traditionellen Koranverständnis ist es, Muslime für eine fromme Lebensweise zu gewinnen. Kritiker der Bewegung beklagen intransparente Strukturen und Finanzbeziehungen.
Seit 2013 wirft die türkische Regierung der Bewegung vor, einen „Parallelstaat" errichten zu wollen. Ein geplantes Verbot der Gülen-Schulen wurde 2015 zunächst vom Verfassungsgericht gestoppt. Präsident Erdoğan macht die Gülen-Bewegung für den gescheiterten Putschversuch im Juli 2016 verantwortlich (was von Gülen bestritten wird) und geht verstärkt und massiv gegen die Bewegung vor. *Autorentext*

oritäten im Menschenrechtsbereich in Angriff genommen: Abschaffung der Todesstrafe, Einführung der Individualklagen, Schaffung eines Ombudsmannes sowie einer Menschenrechtsinstitution, Maßnahmen zur Verhütung sowie zur erleichterten Strafverfolgung und Bestrafung von Folter („Null-Toleranz-Politik"), Ausweitung der Vereinsfreiheit, Ermöglichung der Wiederaufnahme von Verfahren nach einer Verurteilung der Türkei durch den Europäischen Gerichtshof für Menschenrechte (EGMR), Stärkung der zivilen Kontrolle über das Militär, Beendigung gesetzlicher Diskriminierungen von Frauen sowie eine grundlegende Reform des Straf- und Strafprozessrechts.

Trotz vereinzelt erzielter Fortschritte und Verbesserungen wurden einige Maßnahmen mangels politischer Unterstützung nicht hinreichend implementiert (z.B. Ombudsmann).

Seit Dezember 2013 wurde als Folge der Kampfansage der AKP-Regierung an den vormaligen Verbündeten Gülen eine Serie von Reform- und sog. „Demokratisierungspaketen" umgesetzt, die die Unabhängigkeit der Justiz und der Presse- und Versammlungsfreiheit empfindlich einschränken. Dies hat auch international zu deutlichen Protesten und Ermahnungen an die Türkei geführt. [...]

Der Fortschrittsbericht der EU vom Oktober 2015 zeichnet in Sachen Menschenrechte daher ein gemischtes Bild: dieser rügt insbesondere die Einschränkungen im Bereich der Grundrechte durch Einschränkungen der Unabhängig der Justiz und der Presse- und Meinungsfreiheit einschließlich der Nutzung der sozialen Netzwerke. Hier hat es nicht erst seit den harschen Reaktionen der Sicherheitskräfte auf die landesweiten Gezi-Proteste Verschlechterungen gegeben. [...]

Frauen und Männer sind nach den umfassenden Reformen im Zivil-, Arbeits-, Straf- und Verfassungsrecht der letzten Jahre in der Türkei gesetzlich weitgehend gleichgestellt. Die gesellschaftliche Wirklichkeit bleibt in weiten Teilen des Landes jedoch hinter den gesetzlichen Fortschritten zurück.

*Auswärtiges Amt, www.auswaertiges-amt.de, Länderinfo Türkei (Stand: November 2015)*

### Das Militär als politischer Machtfaktor

Die türkischen Streitkräfte verstehen sich als Garant der laizistischen Ausrichtung der Türkei. Um diese Staatsordnung zu sichern, griff das Militär in der Geschichte mehrfach direkt mit einem Putsch ins politische Geschehen ein:

1960 entmachtete die Armee Ministerpräsident Menderes, dem islamische Tendenzen und zu große Nachgiebigkeit gegenüber den Kurden vorgeworfen wurden.

1971 stürzte das Militär nach gewaltsamen Unruhen Ministerpräsident Demirel und verhängte das Kriegsrecht.

1980 griff das Militär nach innenpolitischen Auseinandersetzungen erneut ein und verbot Parteien und Gewerkschaften. Wieder wurde das Kriegsrecht verhängt.

1997 erzwang die Armee den Rücktritt des islamistischen Ministerpräsidenten Erbakan, ohne direkt einzugreifen.

2007 versuchte das Militär vergeblich die Wahl des AKP-Politiker Güls zum Staatspräsidenten zu verhindern.

Im Juli 2016 versuchten Teile des Militärs erfolglos, Präsident Erdoğan zu stürzen. Dieser nutzte den Putschversuch, um vermeintlich illoyale Personen aus staatlichen Institutionen zu entfernen. *Autorentext*

### M6 ● Parteienlandschaft und Wahlergebnisse in der Türkei

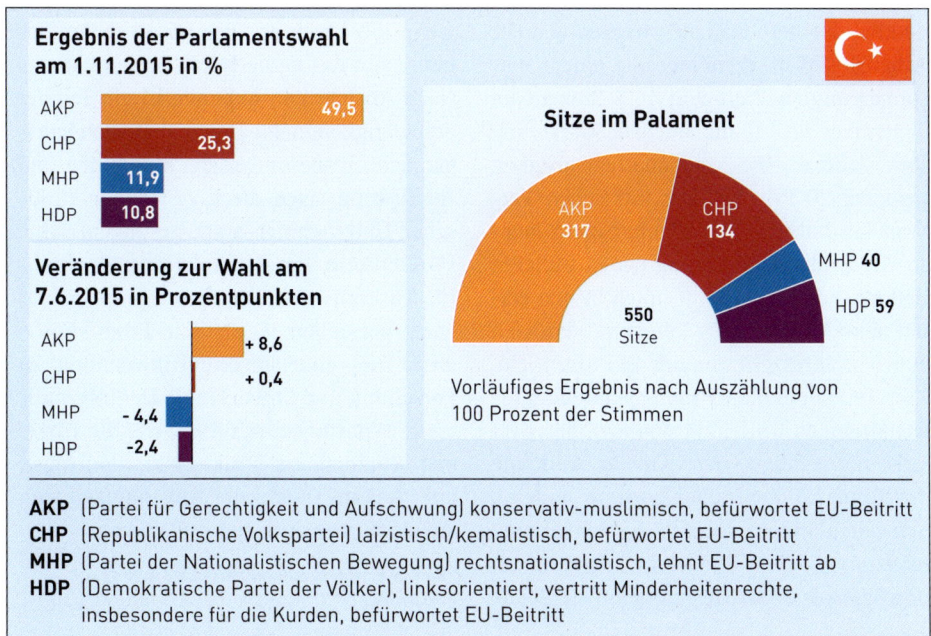

## M 7 ● Das ökonomische Kriterium: Wirtschaft von Türkei und EU im Vergleich

|  | | Bevölkerung 2015 | Bev.-Wachstum (p. a.) | Lebenserwartung (2013) | Beschäftigungsquote Männer 20–64 J. (2014) | Beschäftigungsquote Frauen 20–64 J. (2014) |
|---|---|---|---|---|---|---|
| EU 28 | | 508.191.116 | 0,22 % | ♂ 77,8 J., ♀ 83,3 J. | 75 % | 63,5 % |
| Türkei | | 77.695.904 | 1,33 % | ♂ 75,4 J., ♀ 81,1 J. | 75 % | 31,6 % |

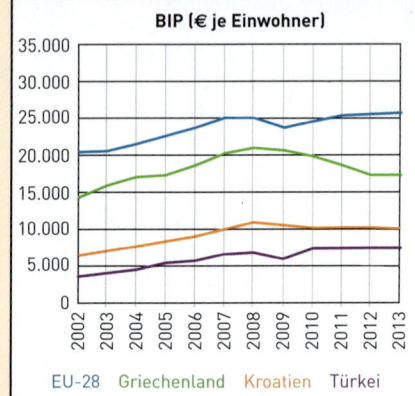

BIP (€ je Einwohner)

EU-28   Griechenland   Kroatien   Türkei

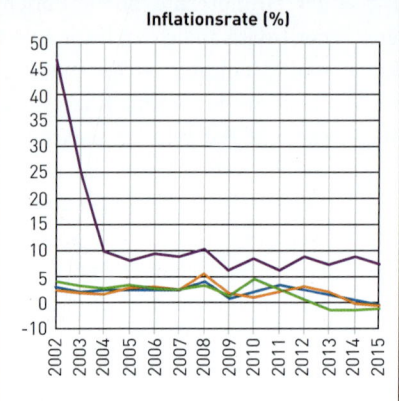

Inflationsrate (%)

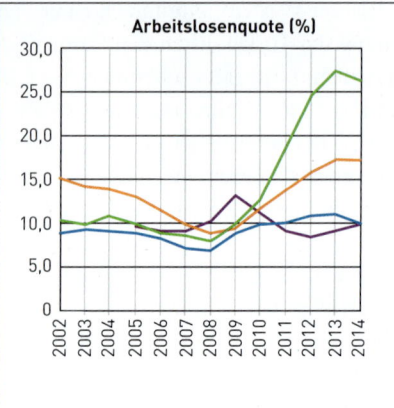

Arbeitslosenquote (%)

Zahlen: Eurostat

## M 8 ● Türkei: Das Ende des Booms

Das Land, das im vergangenen Jahrzehnt mit Wachstumsraten von bis zu neun Prozent im Jahr für Furore sorgte, muss heute deutlich kleinere Brötchen backen. [...] Die
5 Arbeitslosigkeit erreichte mit einem saisonbereinigten Wert von 10,7 Prozent im September [2014] die höchste Marke seit vier Jahren. Die Jugendarbeitslosigkeit liegt bei 20 Prozent. Die türkischen Ver-
10 braucher haben ganz offenbar nicht mehr so viel Geld zur Verfügung wie in früheren Zeiten: Der Autoverkauf brach in den ersten neun Monaten des Jahres im Vergleich zum Vorjahreszeitraum um 19 Prozent ein.
15 Zum Teil hängen die Probleme mit dem internationalen Umfeld zusammen. So wirkt sich der Abbau der Anleihe-Aufkäufe durch die US-Zentralbank wie in anderen Schwellenländern auch in der Türkei aus:
20 Investoren ziehen ihr Geld aus Istanbul ab und legen es in der Hoffnung auf steigende Zinsen in den USA an. Der Boom der vergangenen Jahre wurde zu wichtigen Teilen von Anlegern aus dem Ausland getragen – wenn diese sich aus der Türkei zurückzie- 25 hen, kann das verheerende Folgen haben. Nach Ansicht von Experten ist ein Teil der Schwierigkeiten der Türkei aber auch hausgemacht. Insbesondere bei Maschinen und Ausrüstung seien die Investitionen türki- 30 scher Unternehmen stark gesunken, sagte Hanife Cetin von der Ankaraner Denkfabrik Türksam der DW. Dabei brauche das Land vor allem eine starke Produktionsbasis und eine stärkere Hinwendung zu 35 Forschung und Entwicklung. Der Internationale Währungsfonds (IWF) rief die Türkei erst kürzlich zu strukturellen Reformen auf. Ankara müsse die Abhängigkeit von ausländischen Anlegern reduzieren. 40

*Thomas Seibert, Deutsche Welle, www.de.de, 22.12.2014*

## M 9 ● Der acquis communautaire: Streit um den Freihandel

Der letzte Fortschrittsbericht der Kommission zur Türkei verdeutlichte, dass die Türkei noch nicht alle Hindernisse für den freien Warenverkehr beseitigt hat, wie es
5 im Zusatzprotokoll des Assoziierungsabkommens vereinbart war.
Konflikte gibt es vor allem um den Direkthandel zwischen Nordzypern und der Gemeinschaft, was sich auch auf die Bei-
10 trittsverhandlungen mit der Türkei als Schutzmacht Nordzyperns auswirkt. Die Türkei und Nordzypern streben den Direkthandel Nordzyperns mit der Gemeinschaft an. Durch das Beitrittsprotokoll lassen die Verträge Direkthandel aber nur zu, wenn 15 darüber Einstimmigkeit zwischen den EU-Mitgliedstaaten herrscht. Dagegen sperrt sich jedoch die Republik Zypern. Auf der anderen Seite will Zypern, das eine der größten Handelsflotten der Welt hat, auch 20 Häfen in der Türkei anlaufen. Die Türkei blockiert aber ihre Häfen wegen der internationalen Isolation Nordzyperns, für die sie direkt die Regierung der Republik Zypern verantwortlich macht. 25

*Kerstin Nees, unizeit No 40, www.uni-kiel.de, 27.1.2007*

## M 10 ● Direkthandel zwischen Nordzypern und der EU?

[Im Mai 2010] hat die EU-Kommission dem Europäischen Parlament die – seit 2004 von der Republik Zypern blockierte – Verordnung über den Direkthandel Nordzy-
5 perns mit den EU-Staaten zugeleitet. Ein positives Votum der Abgeordneten [...] soll den Rat ermuntern, die Verordnung auch gegen Nikosias Opposition zu billigen. Die Türkei vertritt seit mehreren Jahren die Po-
10 sition, dass sie ihre Schiffs- und Flughäfen nur dann für Verkehrsmittel der Republik Zypern öffnet, wenn der Direkthandel erlaubt wird. Ein solcher Beschluss wäre ein Durchbruch und könnte eine positive Ent-
15 wicklung in Gang setzen, an deren Ende sich womöglich eine neue Chance zur Einigung auf der Insel auftut.

*Günter Seufert, Geringer Wille zur Einigung auf Zypern, SWP-aktuell 42 (Mai 2010)*

### Info

**Hintergrund: die Teilung Zyperns**

Im Jahr 1960 entließ Großbritannien Zypern in die Unabhängigkeit. Drei Jahre später kam es zu Gewaltausbrüchen zwischen den griechischstämmigen und den türkischstämmigen Bevölkerungsgruppen [...]. 1974 besetzte die türkische Armee nach einem von der griechischen Militärjunta unterstützten Putschversuch den nördlichen Inselteil [...]. Seither ist Zypern zweigeteilt. Im griechisch-zyprischen Südteil der Insel übt die Regierung der von den UN als Vertretung für ganz Zypern anerkannten Republik Zypern die effektive Hoheitsgewalt aus. Die 1983 im Nordteil der Insel ausgerufene „Türkische Republik Nordzypern" wird – außer von der Türkei – international nicht anerkannt. [...]
2002 beschloss der Europäische Rat die Aufnahme der Republik Zypern in die EU. Der UN-Generalsekretär legte ein Referendum über eine Wiedervereinigung vor. Dieses wurde jedoch von rund 75 % der griechischen Zyprer 2004 in einer Volksbefragung abgelehnt, während knapp 65 % der türkischen Zyprer dafür stimmten. Im Mai 2004 wurde die gesamte Insel Mitglied der EU, wobei die Geltung des europäischen Rechts im nördlichen Teil der Insel bis zu einer Lösung des Zypernkonfliktes ausgesetzt ist.

*Kerstin Nees, unizeit No 40, www.uni-kiel.de, 27.1.2007*

### Aufgaben

Die EU verfolgt die Entwicklung in der Türkei in sogenannten Fortschrittsberichten, die sich an den Kopenhagener Kriterien (M 2) orientieren. Stellen Sie für einen solchen Bericht die relevanten Entwicklungen in der Türkei seit Beginn der Beitrittsverhandlungen in den Bereichen, politische Entwicklung (M 5-M 6), wirtschaftliche Entwicklung (M 7, M 8), Übernahme des „acquis communautaire" (M 9, M 10) zusammen. Gehen Sie arbeitsteilig vor.

Beurteilen Sie, welche Kriterien in welchem Maße als erfüllt betrachtet werden können.

### 8.1.3 Kontrovers diskutiert: Gehört die Türkei in die EU?

#### M 11 ● Warum Europa die Türkei unbedingt braucht

Thomas Straubhaar ist Professor der Universität Hamburg und Direktor des Europa-Kolleg Hamburg. Er hat den Lehrstuhl für internationale Wirtschaftsbeziehungen inne und forscht über Themen der Globalisierung und der Europäischen Integration.

Mit brutaler Gewalt unterdrückt die heutige türkische Staatsmacht Opposition, Medien und Andersdenkende. Viele Europäer sehen alle ihre Vorurteile bestätigt. Menschenrechte werden verletzt, die Meinungsfreiheit wird missachtet, Journalisten werden verfolgt, die Rechtsstaatlichkeit wird mit Polizeigewalt getreten. Das alles spricht gegen die Europatauglichkeit der Türkei. Die EU hat momentan so viele andere Sorgen, da würde ein EU-Beitritt der Türkei mehr neue Probleme schaffen als alte lösen. So die scheinbar offensichtliche Logik.

Was auf den ersten Blick überzeugend wirkt, verkennt, dass die EU genauso auf die Türkei angewiesen ist, wie die Türkei die EU braucht. Nirgendwo zeigt sich das deutlicher und dramatischer als bei der Flüchtlingskrise der Gegenwart. Ohne den türkischen Puffer wird der Migrationsdruck auf die EU zu stark werden und ohne die Hilfe der EU wird die Türkei die Transitwanderung aus den Nachbarländern nach Europa weder bewältigen können noch verhindern wollen. [...]

Die Türkei war und ist für die EU lange schon weit mehr als eine geografische Brücke zwischen Europa und Asien. Beide sind wirtschaftlich eng miteinander verflochten. Die EU ist mit Abstand der wichtigste türkische Handelspartner. Aber Europa erzielt im Handel mit der Türkei einen satten Handelsbilanzüberschuss. So hat Deutschland 2014 für über 19 Milliarden Euro Güter in die Türkei exportiert, aber nur für gut 13 Milliarden Euro türkische Waren importiert.

Zudem leben in Europa mehrere Millionen Menschen türkischer Herkunft, der größte Teil in Deutschland. Die in Deutschland wohnenden Menschen mit türkischen Wurzeln werden besonders aufmerksam beobachten, wie Deutschland die Türkei-Frage behandelt. Eine Aussage wie „die Türkei gehört nicht zu Europa" könnte sehr schnell verstanden werden als „die hierzulande lebenden Türken gehören nicht zu Deutschland".

Vor allem aber ist die Türkei der genuine geopolitische Partner des Westens im Streben nach einer Stabilisierung des Nahen Ostens. Sie ist eine Demokratie mit einer säkularen Verfassung und einer muslimischen Bevölkerung. Ist eine europäische Türkei ökonomisch erfolgreich, kann sie für andere islamische Länder zum Vorbild für Modernisierung und Transformation werden. Wendet sie sich von Europa ab, wird Europa an Ansehen verlieren.

Die über Jahre eingefrorenen EU-Beitrittsverhandlungen haben in der Türkei jene konservativen, fundamentalistischen Strömungen gestärkt, die das westliche Wirtschaftssystem ablehnen. Sie hat den kemalistischen Reformkräften geschadet, die sich gegen den islamisch konservativen Übervater Erdoğan behaupten müssen. [...]

Eine Einbindung der Türkei in die europäische Strategie ist auch ein Gewinn für die EU. Denn mit einer europäischen Perspektive kann die Modernisierung der Türkei und die Stabilisierung des Nahen Ostens eher gelingen als ohne. Das hilft nicht nur der Türkei, sondern ebenso der EU. Dramatisch genug, dass es der Flüchtlingskrise der Gegenwart bedurfte, um den Europäern diese einfache Logik in Erinnerung zu rufen.

*Thomas Straubhaar, Warum Europa die Türkei unbedingt braucht, www.welt.de, 1.12.2015*

## M 12 ● Lasst es bleiben!

[...] Die vordemokratischen Allüren* Erdoğans sind nicht der Grund, aber ein guter Anlass für die EU, sich ehrlich zu machen. Wer Vor- und Nachteile abwägt, muss zum Schluss kommen: Die Türkei sollte nicht Mitglied der Europäischen Union werden.

Den Gegnern des Beitritts wird vorgeworfen, sie pflegten bloß ihren christlich-abendländischen Dünkel gegenüber einem Land, in dem überwiegend Muslime leben. Richtig ist zwar, dass die Religion in dieser Debatte keine Rolle spielen sollte. Dann kann der Islam allerdings auch kein Argument für die Aufnahme sein. Die Freunde eines Beitritts meinen jedoch, nur so könne die EU beweisen, dass sie kein reiner „Christen-Club" sein möchte.

Politisch verlangt die EU der Türkei ab, dass sie zwischen 80.000 und 100.000 Seiten westeuropäisch-abendländisch geprägter Rechtsakte übernehmen soll. Dabei geht es nicht nur um Demokratie, den Rechtsstaat oder Menschenrechte - den universell gültigen Teil des europäischen Erziehungsprojekts. Es geht auch um schier endlos viele Regeln, die den Alltag prägen und damit den gesellschaftlichen Comment. [...] Das verträgt sich nicht mit der Identität eines Landes, das sich als Brücke zwischen Europa und Asien versteht und beiden Sphären angehören will. Die Jahre unter Erdoğan und der AKP haben dieses Selbstbewusstsein massiv gestärkt.

Zudem wäre der Umbau der Türkei nach dem Bilde der EU nur eine einseitige Vorleistung ohne jede Garantie. Selbst wenn alle Verhandlungen geführt, sämtliche Auflagen erfüllt sind, wäre die Aufnahme eine Illusion. Die Parlamente der 28 EU-Staaten müssten zustimmen - auch das im griechischen Teil Zyperns. Von den Volksabstimmungen, die in einigen Ländern im Fall von Erweiterungen anstehen, gar nicht zu reden.

Natürlich darf die Angst vor xenophoben Stimmenfängern nicht den Kurs bestimmen. Aber ebenso wenig hilft es zu leugnen, wie stark die Türkei die EU verändern würde. Das Land wäre das bevölkerungsreichste Mitglied. Was das bei Fehlverhalten und Regelverstößen bedeuten kann, ist bekannt, seit Deutschland und Frankreich kraft ihrer Größe den Euro-Stabilitätspakt aushebelten, als er ihnen unbequem wurde. Zudem würde das türkische Stimmgewicht in den EU-Gremien kleinere Mitgliedstaaten noch weiter marginalisieren und Deutschlands Veto-Macht gefährden, über die es in der Praxis fast immer verfügt. Wegen der wirtschaftlichen Rückständigkeit großer Landesteile hätte die Türkei Anspruch auf mehr Milliarden an Beihilfe als jedes andere Mitglied. Aus vielen Netto-Empfängern bei der solidarischen Umverteilung in der EU würden dadurch Netto-Zahler.

Und schon jetzt wird beklagt, dass ihre Uneinigkeit die EU davon abhält, eine angemessene Rolle in der Welt zu spielen. Ein Beitritt der Türkei würde das nicht besser machen. Die EU hat schon zu viele Länder aufgenommen, ohne ihre Institutionen und Verfahren anzupassen.

*Nikolaus Blome, www.spiegel.de, 25.4.2014*

\* *Kritik an der Amtsführung Erdoğans als Präsident entzündet sich vor allem an dessen Umgang mit Kritikern; z.B. wurden in seiner Amtszeit deutlich mehr Verfahren wegen strafbarer Beleidigung des Staatspräsidenten angestrengt.*

Nikolaus Blome ist stellvertretender Chefredakteur der *Bild-Zeitung* und verantwortlich für das Politik- und Wirtschaftsressort.

### Aufgaben

1. Stellen Sie aus M 11 und M 12 die Argumente gegenüber, mit denen sich die Zustimmung bzw. Ablehnung eines EU-Beitritts der Türkei begründen lassen.
2. Diskutieren Sie, welchen Argumenten und Betrachtungsebenen größeres Gewicht beigemessen werden sollte.

H zu Aufgabe 1
Gliedern Sie dabei Pro- und Kontra-Argumente nach Betrachtungsebenen: Politik, Wirtschaft, Kultur ...

## 8.2 Zwischen Superstaat und Desintegration

### 8.2.1 Szenarien und Konzepte

**M 1** ● **Zukunftsperspektiven zwischen Superstaat und Desintegration**

**Szenarienübersicht**

INTEGRATIONSTIEFE

INTEGRATIONSREICHWEITE

Im Szenario Supermacht Europa wird das große Europa seinem objektiven Weltmachtpotenzial gerecht. Die Europäische Union nutzt ihre materiellen und institutionellen Ressourcen in vollem Umfang. Wirtschaftliche Leistungsfähigkeit, Bevölkerungszahl, militärisches Potenzial und das europäische Wertesystem bieten ihr eine beachtliche Handlungsbasis.

**Supermacht Europa**

Im Offenen Gravitationsraum verfolgt eine der Gemeinschaftsmethode verpflichtete Avantgarde das Ziel einer kontinuierlichen Integrationsvertiefung. Das Zentrum des Gravitationsraums bildet dabei die Gruppe der Länder, die sich an den meisten Integrationsprojekten beteiligen.

**Offener Gravitationsraum**

Im Szenario Methode Monnet setzt sich die künftige Entwicklung der Europäischen Union nach dem Muster der vergangenen Jahrzehnte fort.

**Methode Monnet**

**Geschlossenes Kerneuropa**

**Titanic**

Im Geschlossenen Kerneuropa besteht unter den Mitgliedstaaten kein Konsens hinsichtlich der künftigen Entwicklung der Europäischen Union. Eine Gruppe von Mitgliedstaaten entschließt sich zu einer Zusammenarbeit außerhalb des vertraglichen Rahmens.

Das Titanic-Szenario beschreibt eine substanzielle Gefährdung bis hin zur Auflösung der europäischen Integration.

Legende:
INTEGRATIONSREICHWEITE = Anzahl der beteiligten Staaten
INTEGRATIONSTIEFE = Anzahl der vergemeinschafteten Politikfelder

*Franco Algieri, Janis Andreas Emmanouilidis, Roman Maruhn, CAP Working Paper, München 5/2003*

## M 2 ● Integrationskonzepte – Wege zum Ziel?

| Unterschiedliche Entwicklungsstrategien | | | |
|---|---|---|---|
| Ziele: Wohin? | „Vereinigte Staaten von Europa" *Bundesstaat* | „Europa der Vaterländer" „Europa der Nationen" *Staatenbund* | Politische Union („form follows function", Zielbestimmung ist abhängig von der Entwicklung) *Staatenverbund* |
| Motive: Warum? | Sicherung von Frieden und Demokratie in Europa erfordert Einschränkungen des nationalstaatlichen Machtanspruchs; Leitbild: die amerikanischen „Federalist Papers" | Sicherung von Frieden und Demokratie in Europa durch Machterhalt und Souveränität der Nationalstaaten; Leitbild: „Balance of Power" | Sicherung von Frieden, Demokratie und Wohlstand in Europa durch fortschreitende Vergemeinschaftung von Politikbereichen |
| Prozess: Wie? | Schrittweise Föderalisierung durch zunehmenden Verzicht der Staaten auf Souveränität und Unterordnung unter gemeinsame europäische Verfassung. Supranationale politische Organe entscheiden in zentralen Politikbereichen nach dem Mehrheitsprinzip. Aufrechterhaltung der Vielfalt (Subsidiarprinzip) bei gleichzeitiger Sicherung der europäischen Einheit. | Nationalstaaten handeln für den Integrationsprozess relevante Entscheidungen aus, nachdem nationale Entscheidungsprozesse und Interessenbildung erfolgt sind. Es handelt sich also um zwischenstaatliche Kooperation ohne direkte Übertragung von Hoheitsrechten auf supranationale Institutionen. | Zusammenarbeit von Staaten in spezifischen Politikbereichen. Dadurch entsteht ein kompliziertes Netzwerk institutioneller Kooperation. Supranationale Institutionen gewinnen durch von (bürokratischen) Eliten bewusst zugewiesenen Aufgaben immer mehr an Bedeutung, d. h. der einmal angestoßene Integrationsprozess zieht immer weitere Integrationsmaßnahmen nach sich; durch sogenannte. „Spill-over"-Effekte (Mitnahmeeffekte) und zunehmende Interdependenzen müssen immer mehr Politikbereiche supranational entschieden werden (Sachzwänge). Ein Beispiel dafür ist die wirtschaftliche Integration von der Freihandelszone zur gemeinsamen Währung. |
| Konzepte | Föderalismus | Intergouvernementalismus | Funktionalismus |

*Hartwig Riedel, Europa im 21. Jahrhundert, Bamberg 2003, S. 172*

## M 3 ● Gemeinsame Krisenbewältigung als Gründungsmythos?

*Das Projekt Europa ist zum Schreckgespenst geworden. Aber die Krise bietet die Chance für einen neuen Gründungsmythos*

Ach, Europa!, möchte man wieder seufzen. Staatsverschuldung, Euro-Krise, nationalistische Populismen – die Union befindet sich in schweren Zeiten. Im Wochentakt poppen neue Schlagworte hoch, um den Kontinent zusammenzuhalten: Eurobonds, Wirtschaftsregierung, Fiskalunion. [...] Längst geht es um etwas Größeres: die Idee Europas.

Aber was ist das eigentlich – die Idee eines geeinten Europas? Sie speiste sich anfangs vor allem aus einer Anti-Kriegs-Vision. Die Römischen Verträge von 1957 institutionalisierten eine Gemeinschaft, die der Gewalt abschwor und sich zu dauerhaftem

*Gemälde von Jörg Frank, 1995*

Frieden verpflichtete. Doch was die Gründungsväter unter dem Eindruck der Erfahrungen im Zweiten Weltkrieg vereinbarten, ist zur Selbstverständlichkeit geworden. Auch der Binnenmarkt, der zweite Kerngehalt der Union, ist in Zeiten der Globalisierung zu einer Grundvoraussetzung geworden, die keinerlei Pathos oder Empathie erweckt. Europa begeistert nicht. [...]

Trotz des Einflusses ist die Europäische Union nicht hinreichend legitimiert. Sie hat sich in einem Exekutivföderalismus verheddert, der von nationalen Regierungen dominiert wird. Das Europäische Parlament, das als Korrektiv in Frage käme, wurde zwar im Rahmen des Lissabon-Vertrags aufgewertet. Doch es ist noch immer kein Vollparlament. Seine Mitspracherechte sind, verglichen mit denen nationaler Abgeordnetenhäuser, gering. Viel schwerer wiegt jedoch, dass das EU-Parlament in seiner Arbeit von den Bürgern kaum wahrgenommen wird.

Wenn die Institutionen so blass und fern scheinen, wenn sich die EU als ein abstraktes Gebilde darstellt – gibt es [...] eine kulturelle Klammer, die die Völker von Griechenland bis Großbritannien zusammenhält?

Wir haben schon fast vergessen, dass die EU den Bürgern viele Freiheiten eröffnet hat. Niederlassungsfreiheit, Kapitalverkehrsfreiheit, Dienstleistungsfreiheit, Arbeitnehmerfreizügigkeit, Reisefreiheit – die Schlagbäume sind für immer gefallen. Und doch: Grenzöffnung geht einher mit Entgrenzung. Wer auf Wanderschaft geht, muss auch verlassen. Das fällt vielen schwer. Die Entterritorialisierung der EU entwurzelt – und macht viele heimatlos. In den Köpfen der Menschen verfestigt sich die Vorstellung eines diffusen Raums, der viel Kälte erzeugt. Man fühlt sich beklommen – und bedroht. Der Binnenmarkt hat sich zum Schreckgespenst der Bürger gewandelt. Sie setzen ihn gleich mit Lohndruck, Konkurrenzkampf, Arbeitslosigkeit, sozialem Abstieg.

Das Projekt Europa steht vor einer Wegscheide. Entweder es verharrt in seinem derzeitigen Zustand und bleibt ein Klub von Nationalstaaten. Oder es entwickelt sich zu einer bundesstaatlich verfassten Union, auf die weitere Hoheitsrechte übertragen werden. Dafür braucht es aber eine Legitimation. Die kann nicht allein auf Verträgen beruhen. Je mehr Verträge verabschiedet werden, desto windschiefer wird das europäische Haus.

Ein Narrativ muss her, fordern die Beobachter, eine Erzählform wie der „American Dream". Europa fehlt ein solcher Gründungsmythos – es ist ein Projekt der Eliten. Auch wenn der Kontinent auf eine lange Geschichte zurückblicken kann – die Historie ist immerzu nationalstaatlich gefiltert. Seien es die napoleonischen Kriege oder die Türkenbelagerung Wiens – jede Nation blickt auf die Ereignisse mit anderen Augen. Diese unterschiedlichen Perspektiven vertragen sich nicht mit der Vision der Vereinigten Staaten von Europa.

Was ist dann das verbindende Element? „Europas Seele ist die Toleranz", sagte Angela Merkel bei einer Rede 2007 vor dem Europäischen Parlament anlässlich der deutschen Ratspräsidentschaft. Doch der Versuch, eine geistige Grundlage der Gemeinschaft zu generieren, bleibt konturarm. Das Respektieren der Andersartigkeit ist ein zu schwaches Motiv. Toleranz heißt oft Indifferenz. Der Mehrheit der Deutschen scheint das Schicksal der Griechen herzlich egal zu sein. Und man denke nur an die Flüchtlingsproblematik oder die gegenseitigen Schuldzuweisungen bei Exportüberschüssen, um zu erkennen, was Toleranz gilt. Die Losung „In Vielfalt geeint" ist realitätsfremd – es setzt die Einigung gewissermaßen schon voraus.

Vielleicht ist es die Kompromissfähigkeit und das Krisenmanagement, aus denen ein tragfähiges Europa konstruiert werden kann. Nicolas Sarkozy hat zu Recht darauf hingewiesen, dass die EU mit ihren 27 Staaten handlungsfähiger sei als die USA mit einer Zentralregierung. Wo sich Republikaner und Demokraten in zähen Sitzungen beharken und blockieren, demonstriert Europa in der Schuldenkrise Einigkeit. Das darf man getrost als Erfolg werten. Zumal sich die einzelnen Nationalstaaten aus vielen Akteuren und Veto-Spielern zusammensetzen. Als Konsens- und Konkordanzsystem hat sich die EU bewährt.

Nur: Wie soll daraus eine Kultur erwachsen? Kann man einen Politikmodus zu einem kulturellen Paradigma erheben? Europa wachse nicht durch „Schaffung von Institutionen und gesetzlichen Regelungen" zusammen, sagt der Soziologe Oskar Negt, sondern durch „kulturelle Lernprozesse". Solch ein Lernprozess könnte in der Überwindung der Krise liegen. Die Erfahrung mit dem Scheitern könnte sich zu einer gemeinsamen Geschichte verdichten. Ein Narrativ von Erinnerungen und Gedächtnistrümmern, die anekdotisch und emotional erfahrbar werden. Die Krise als Momentum der Solidarität. In Zeiten wirtschaftlicher Not kann sich eine kollektive Identität herausbilden. Womöglich sagen wir in 20 Jahren: „Seht her, damals, als der Euro vor dem Aus stand, haben wir die Krise gemeinsam bewältigt."

*Adrian Lobe, Der Freitag, 8.12.2011*

## Aufgaben

1. Untersuchen Sie, welche Chancen und Risiken sich für die Mitgliedstaaten der EU und ihre Bürger mit den Zukunftsszenarien (M 1) verbinden.
2. Ordnen Sie
   - die in M 3 vertretenen Zielvorstellungen in die Zukunftsszenarien (M 1) ein.
   - die in M 3 angeregten Maßnahmen in die Integrationskonzepte (M 2) ein.
3. Entwerfen Sie eine „Europa 2040"-Strategie, in der Sie Zielvorstellung und Maßnahmen zur Verfolgung dieser Ziele beschreiben.

F Stellen Sie die aktuelle Situation der EU bildlich dar.

### Brexit

Neologismus aus den Wörtern Britannien und Exit (Ausgang), bezeichnet einen möglichen Austritt Großbritanniens aus der EU

### Referendum

Abstimmung der wahlberechtigten Bürger

### Brexit-Referendum

EU-kritische Strömungen, v.a. die UKIP-Partei, gewannen in Meinungsumfragen zunehmend an Zustimmung, unter diesem politischen Druck kündigte Premierminister Cameron im Januar 2013 ein Referendum über den Verbleib Großbritanniens in der EU an. Das Referendum ist theoretisch nicht bindend, das Ergebnis der Abstimmung aber mit einem hohen Maß an politischer Legitimität ausgestattet.

### Haltung zur EU in GB

Ganz allgemein gesprochen, ruft die EU bei Ihnen ein sehr positives, ziemlich positives, weder positives noch negatives, ziemlich negatives oder sehr negatives Bild hervor? (% der Antworten mit „sehr positiv" oder „ziemlich positiv")

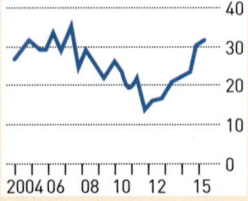

*www.economist.com, 24.2.2016*

## 8.2.2 Brexit – eine EU ohne Großbritannien?

**M 4** ● Ergebnisse des Referendums in Großbritannien im Juni 2016

a) Ergebnis nach Regionen

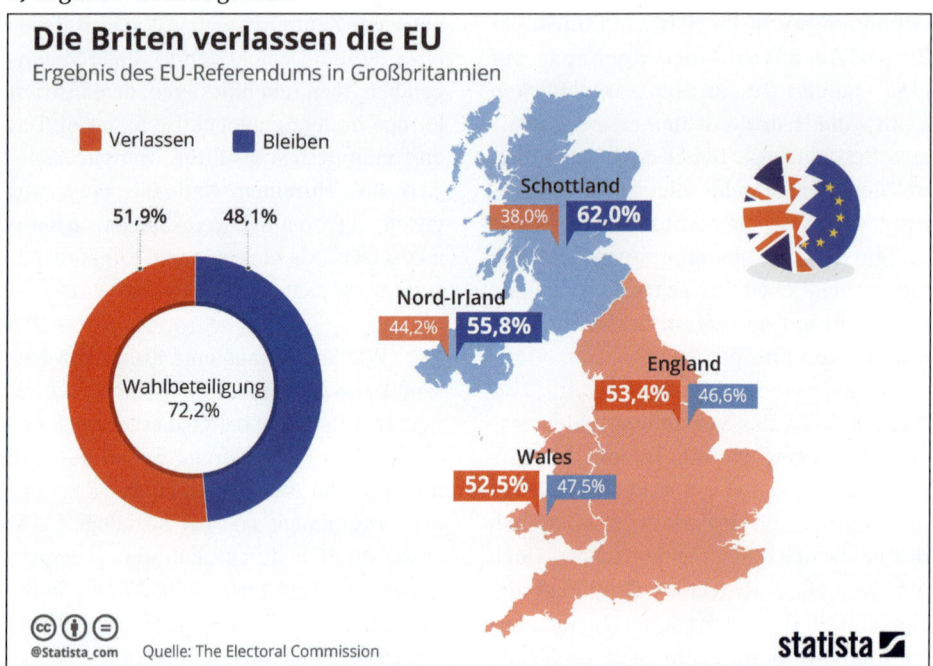

b) Ergebnis nach Altersgruppen

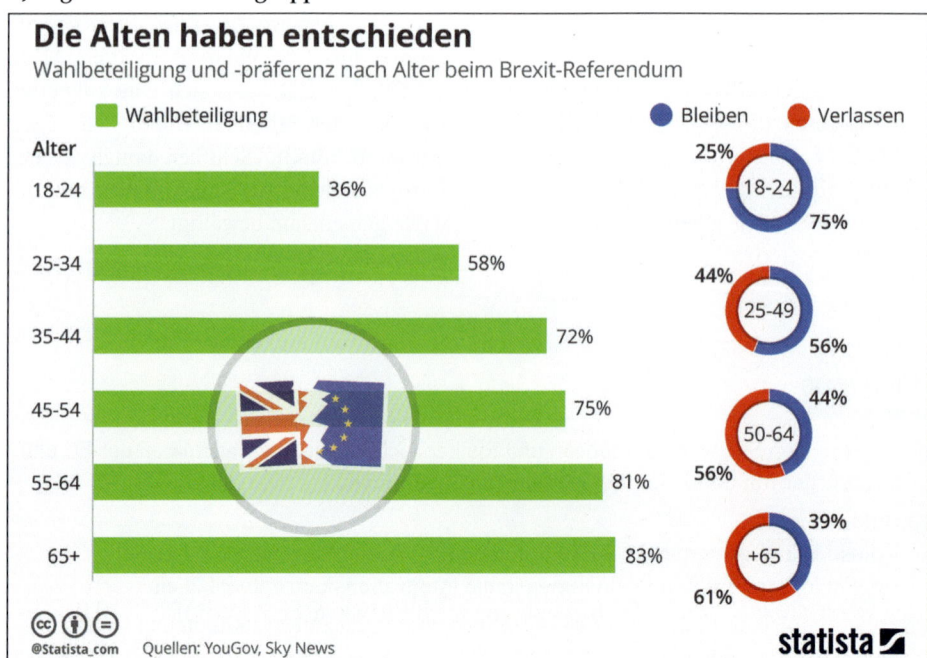

## M 5 Die EU aus britischer Perspektive

Die Briten und Europa – das war immer schon eine schwierige Beziehung. Erst im Jahr 1973 und damit mehr als anderthalb Jahrzehnte nach der Gründung der damaligen Europäischen Wirtschaftsgemeinschaft ist Großbritannien dem Staatenbund beigetreten. Das Verhältnis ist aus Sicht der Briten immer eine nüchterne Geschäftsbeziehung geblieben: Die EU, das ist für viele auf der Insel in erster Linie eine Freihandelszone, die wirtschaftliche Vorteile bringt. Alles andere wurde über die Jahrzehnte mit mehr oder weniger Gegrummel in Kauf genommen. Keinem anderen Mitglied hat die EU so viele Ausnahmen und Sonderregeln eingeräumt wie Großbritannien.

Doch mittlerweile ist die Vernunftehe vergiftet, und es ist vor allem ein Thema, das die EU zum Feindbild vieler Briten gemacht hat: die Einwanderer, die insbesondere seit der Osterweiterung der EU vor elf Jahren in großer Zahl ins Land geströmt sind. In den zwölf Monaten bis Juni 2016 ist die Zahl der Einwanderer netto um ein Drittel auf den Rekordwert von 336.000 Neuankömmlingen gestiegen. Darunter waren, anders als etwa in Deutschland, nur wenige Flüchtlinge, dafür aber viele Bürger anderer EU-Staaten. Im Vergleich zur Jahrtausendwende hat sich der Einwandererstrom damit verdoppelt. Es ist ein Klima der Fremdenfeindlichkeit entstanden: Millionen Briten fürchten, dass die Neuankömmlinge ihnen die Jobs, die Krankenhausbetten und ihren Kindern die Schulplätze wegnehmen.

*Marcus Theurer, www.faz.net, 6.1.2016*

### Sonderregelungen für GB

- Euro: GB hält an der eigenen Währung fest, um größere wirtschafts- und finanzpolitische Souveränität zu behalten.
- Schengen-Raum: GB nimmt nicht an der Abschaffung bzw. Beschränkung der stationären Grenzkontrollen an den Binnengrenzen teil.
- „Briten-Rabatt": Seit 1984 erhält GB Teile seiner Netto-Zahlungen an den EU-Haushalt erstattet, weil es wenig von den Agrarsubventionen profitiert.

## M 6 Wirtschaftswachstum in Großbritannien – mit und ohne EU

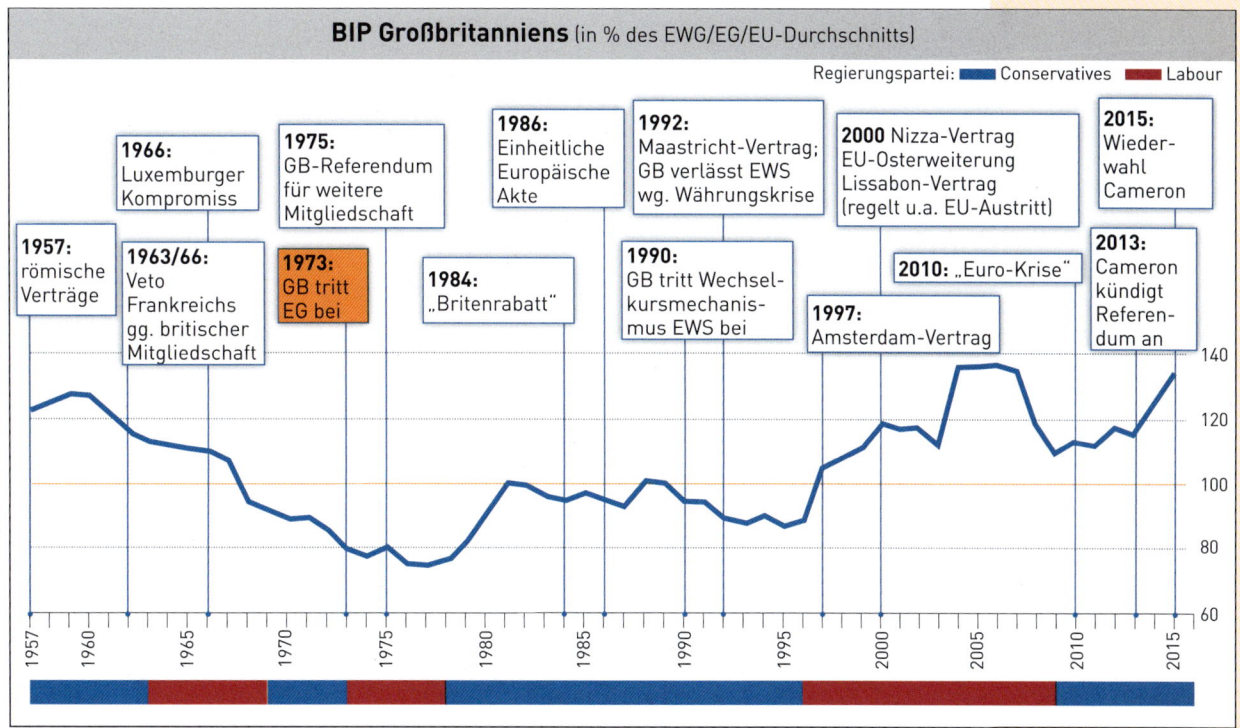

*www.economist.com, 24.2.2016; Zahlen: OECD, Eurostat, IWF*

Zur EU-Geschichte, vgl. Zeitleiste in Kapitel 2.2.1

## M 7 • Argumente der Brexit-Debatte

### Gegen einen Brexit

**Handel**

Durch die EU-Mitgliedschaft können britische Unternehmen leicht und kostengünstig Waren in EU-Länder exportieren. Die EU-Befürworter betonen, dass die EU Großbritanniens größter Abnehmer von Exportgütern ist. Die Summe, die europäische Firmen in Großbritannien investieren würden, betrage durchschnittlich 35,8 Milliarden Euro pro Jahr. Dank der wirtschaftlichen Bedeutung der EU kann Großbritannien auch leicht Freihandelsabkommen mit Ländern außerhalb der EU schließen.

**Arbeit**

Die britische Industriellenvereinigung (CBI) schätzt, dass 3 Millionen Stellen in Großbritannien vom Handel mit der EU abhängen. Ein Brexit würde die britische Wirtschaft in die Rezession stürzen. Das BIP könnte dem „Center for economic performance" (CEP) der London School of Economics zufolge um bis zu 9,5 % sinken. Die britischen Landwirte würden zudem EU-Subventionen in Milliardenhöhe verlieren.

**Sicherheit**

Ist Großbritannien kein EU-Mitglied mehr, dann würde auch sein militärischer Einfluss sinken. Der europäische Haftbefehl, der die Auslieferung von Straftätern innerhalb der EU vereinfacht, hätte zum Beispiel in Großbritannien keine Gültigkeit mehr.

**Mobilität**

Die Briten bräuchten VISA und Aufenthaltsgenehmigungen, um in andere EU-Länder reisen oder dort arbeiten zu dürfen. Grenzkontrollen auch zwischen Nord- und Südirland würden wieder eingeführt.

**Politik**

Großbritannien hätte außerhalb der EU weniger Einfluss auf internationale Entscheidungen und würde etwa sein Veto-Recht in Brüssel verlieren. Der Austritt könnte auch das Unabhängigkeitsbestreben Schottlands stärken, wenn dieses in der EU bleiben will.

### Für einen Brexit

**Handel**

Großbritannien könnte leichter Handelsabkommen mit nicht EU-Mitgliedstaaten schließen. Zudem beklagen EU-Gegner, dass kleine und mittelständische Unternehmen bei einem Verbleib in der EU kaum vom europäischen Binnenmarkt profitieren würden, ihre Wettbewerbsfähigkeit jedoch unter den Regulierungen der EU leide.

**Abgaben**

Verlässt Großbritannien die EU, müsste es keine Abgaben mehr an Brüssel zahlen. Damit würde das Land Austrittsbefürwortern zufolge mehrere Milliarden Pfund jährlich sparen. Diese könnten in Krankenhäuser, Schulen, Straßenbau etc. investiert werden.

**Mobilität**

Großbritannien könnte bei einem EU-Austritt Grenzkontrollen einführen. Die UKIP-Partei schlägt dabei eine Einwanderungspolitik nach australischem Modell vor, bei der Einwanderer je nach ihrer Qualifikation ein Visum erhalten.

**Internationaler Einfluss**

Die UKIP-Partei argumentiert, dass ein Brexit Großbritanniens internationalen Einfluss stärken und nicht schwächen würde. Ein Beispiel: Bei einem Brexit wäre Großbritannien in der Welthandelsorganisation WTO mit einem eigenen Sitz vertreten und nicht als Teil der EU.

**Innenpolitik**

Großbritannien wäre bei einem Austritt unabhängig von EU-Regulierungen und könnte zum Beispiel die Höchstgrenzen der Arbeitsstunden pro Woche festlegen.

*http://info.arte.tv, 12.10.2015*

**F** Gedanken-Experiment: Stellen Sie für Deutschland zusammen, welchen Nutzen das Land aus der EU-Mitgliedschaft zieht und welche Kosten (im weiteren Sinne) damit verbunden sind.

### Aufgaben

1. Untersuchen Sie den Zusammenhang zwischen der Bewertung der EU/EG in britischen Meinungsumfragen (Randspalte, S. 180) und der politischen und wirtschaftlichen Entwicklung (M 5, M 6).

2. a) Erschließen Sie die Interessen und Wertmaßstäbe, die den Argumenten der Brexit-Debatte zugrunde liegen.
   b) Ordnen Sie die Argumente der Brexit-Debatte nach Betrachtungsebenen (M 7).

3. Diskutieren Sie aus britischer Perspektive, inwieweit der im Referendum befürwortete Austritt in eigenem Interesse ist (M 4–M 7).

## M 8 ● So könnte ein möglicher Brexit ablaufen

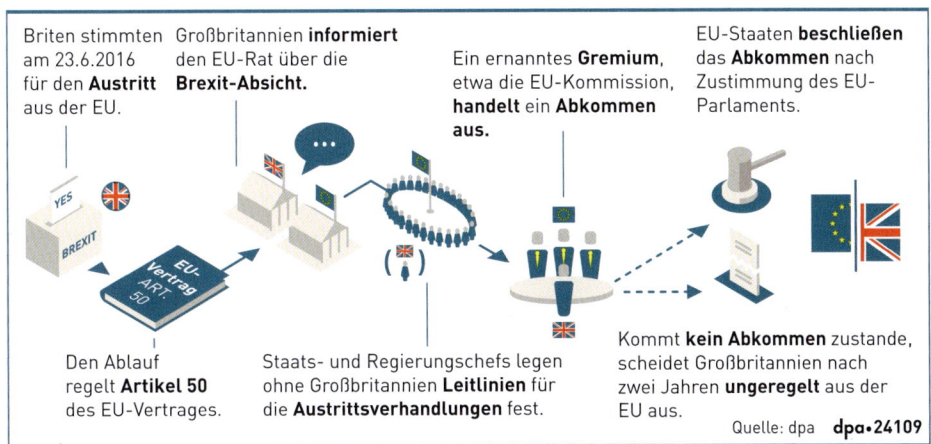

## Die EU verlöre durch einen Brexit...

**Wirtschaftskraft**
Britischer Anteil am BIP-Volumen der EU 2015

18%

**Bevölkerung**
Britischer Anteil an der EU-Bevölkerung 2015

13%

**Wissenschaft**
Britischer Anteil an Nobelpreisträgern aus EU-Staaten*

29%

\* Forschungsland der Wissenschaftler

## M 9 ● Welche Folgen hat der Brexit? Szenarien

a) ökonomische Perspektiven

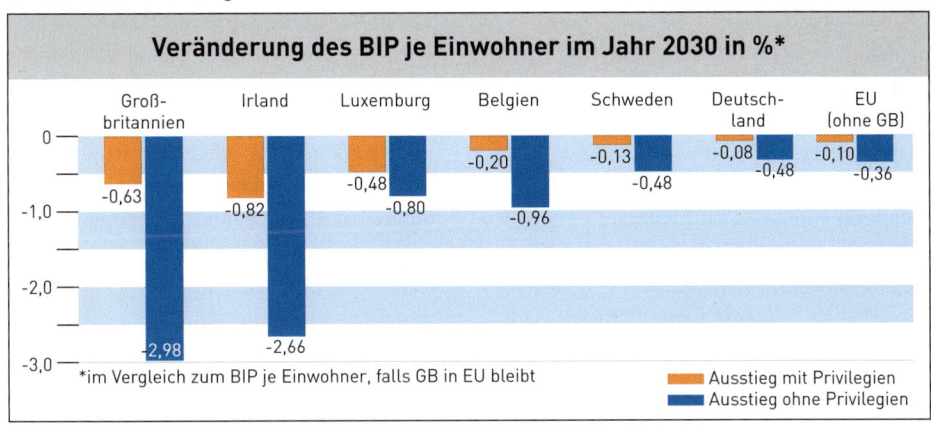

*www.tagesschau.de, 20.2.2016*

b) mögliche politische Folgen in EU-Ländern

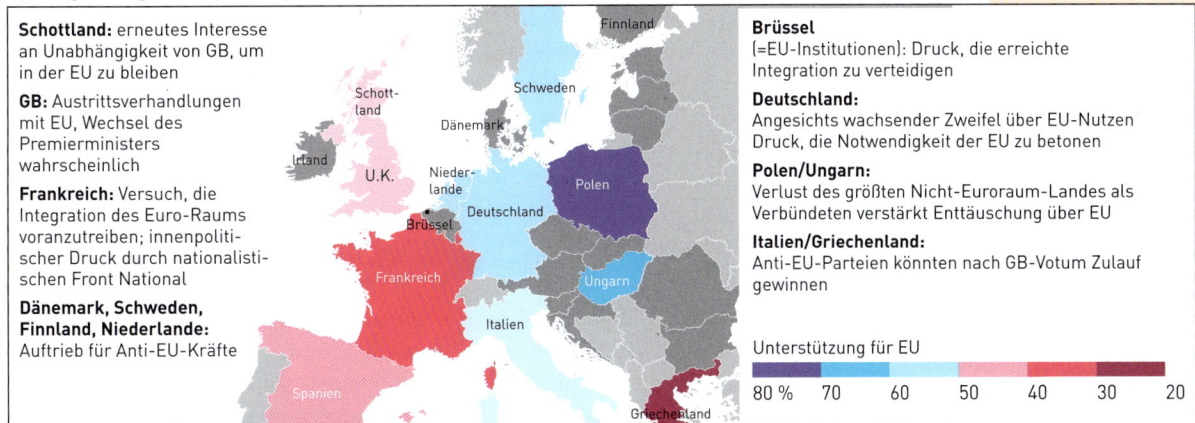

*Daten: Bloomberg reporting, 13.6.2016, Übersetzung: Gunnar Meyer*

### M 10 • Muss die EU den Brexit fürchten?

Was genau passiert, wenn die Briten im Juni [2016] für den Brexit stimmen, ist unklar. Nach Art. 50 EU- Vertrag kann jeder Mitgliedstaat den Austritt aus der EU er-
5 klären. Dieser tritt jedoch nicht sofort in Kraft, sondern erst nach einer Frist von zwei Jahren. In dieser Zeit soll zwischen dem Mitgliedstaat und der EU ein Austrittsabkommen ausgehandelt werden, welches
10 auch den „Rahmen für die künftigen Beziehungen dieses Staates zur Union" beinhaltet – also beispielsweise seine weitere Beteiligung am Europäischen Wirtschaftsraum oder am Bildungsprogramm Erasmus Plus.
15 Erst wenn dieses Austrittsabkommen steht, wird klar sein, wie weit „draußen" Großbritannien künftig ist. [...]

*Großbritannien wird im Binnenmarkt bleiben wollen*

20 In Bezug auf die Wirtschaftspolitik dürfte das einigermaßen klar sein: Großbritannien würde hier sicherlich ein möglichst umfassendes Freihandelsabkommen anstreben, um eng in den Europäischen Bin-
25 nenmarkt integriert zu bleiben. [...] Im Ergebnis könnte Großbritannien damit in einer ähnlichen Position sein wie Norwegen oder die Schweiz heute: Um am europäischen Binnenmarkt teilnehmen zu
30 dürfen, müssen diese Länder die entsprechenden EU-Rechtsakte umsetzen, ohne jedoch am Gesetzgebungsprozess selbst beteiligt zu sein. Für die betreffenden Staaten ist das kein besonders attraktives Mo-
35 dell, weshalb vor einigen Monaten auch der frühere norwegische Außenminister Espen Barth Eide (Ap/SPE) die Briten vor einem EU-Austritt gewarnt hat. Der EU selbst hingegen würde es kaum weh tun,
40 wenn Großbritannien auf diese Weise auf sein Mitspracherecht verzichtet.

Dennoch ist der Brexit aus wirtschaftlicher Sicht ein Risiko für die EU: Mindestens bis der Austrittsvertrag ausgehandelt ist, wäre
45 er mit einer hohen Unsicherheit verbunden, die Anleger von Investitionen abschrecken könnte. Darunter würde zwar vor allem Großbritannien selbst leiden, insbesondere falls die großen Banken aus der Londoner City beginnen, ihre Sitze in einen sicheren 50 Hafen auf dem Kontinent zu verlegen. Aber natürlich sind Großbritannien und die EU wirtschaftlich eng vernetzt, und eine britische Wirtschaftskrise würde auch im Rest der EU das Wachstum schwächen. 55

*Kaum Auswirkungen auf die Innen- und Außenpolitik*

In anderen Politikbereichen dürften die Auswirkungen eines britischen Austritts noch weniger dramatisch ausfallen. In Fra- 60 gen der Innen- und Justizpolitik etwa verfügt das Vereinigte Königreich schon jetzt über weitreichende Ausnahmeklauseln: Es ist nicht Mitglied des Schengen-Raums und nimmt auch an der übrigen EU-Ge- 65 setzgebung in diesem Bereich nur sehr begrenzt teil. Selbst die EU-Grundrechtecharta findet in Großbritannien schon heute keine Anwendung.

In der Außenpolitik wiederum ist Großbri- 70 tannien zwar ein Schwergewicht mit einem großen und effizienten diplomatischen Dienst, einer schlagkräftigen Armee und einem ständigen Sitz im UN- Sicherheitsrat. Trotzdem würde ein Brexit auch hier 75 keine allzu gravierenden Veränderungen bringen: Bekanntlich handelt die EU in der Außenpolitik nur nach einstimmigen Entscheidungen aller Mitgliedsregierungen und meistens auf Grundlage einer freiwilli- 80 gen „Koalition der Willigen", die auch für Nicht-Mitglieder offensteht. [...]

*Ein Verlust für die politische Kultur der EU?*

Ein anderes Argument, weshalb die EU einen britischen Austritt fürchten sollte, be- 85 trifft die politische Kultur. Wie die Neue Zürcher Zeitung vor einigen Wochen schrieb, hat „der britische Einfluss [...] die EU liberaler, wettbewerbsorientierter, weniger zentralistisch und transatlantischer 90 gemacht"; für den deutschen Finanzminister Wolfgang Schäuble (CDU/EVP) wäre die EU ohne Großbritannien „weniger effizient und weniger liberal". [...]

*Droht ein Domino-Effekt?*
Bleibt noch ein letztes Argument, den Brexit zu fürchten: Könnte er zum Auslöser für einen Domino-Effekt werden, der auch in anderen Ländern zu Austrittsdebatten führt und Europaskeptiker begünstigt? Der tschechische Premierminister Bohuslav Sobotka (ČSSD/SPE) warnte jedenfalls vor einigen Wochen bereits vor einer möglichen „Czexit"-Debatte" – und wenn wir schon dabei sind, warum nicht auch noch ein „Frexit", „Swexit", „Spexit" oder „Dexit"?

Indessen unterstellt diese Vorstellung einer drohenden Austrittswelle, dass Großbritannien mit seinem nationalen Alleingang erfolgreich ist und in anderen Ländern als Vorbild wahrgenommen wird [...] Kurzfristig mögen Europaskeptiker europaweit von einem Brexit-Votum profitieren; langfristig würde es wohl eher dazu beitragen, ihre Forderungen und Versprechen empirisch zu widerlegen.

*Kann ein Brexit für die EU von Vorteil sein?*
[...] [Dem Europablogger] Jon Worth zufolge versteht Großbritannien die EU zudem stärker als andere nationale Regierungen als Nullsummenspiel zwischen den Mitgliedstaaten, bei dem es immer Sieger und Verlierer geben muss – und parlamentarische Demokratie als etwas, was nur auf nationaler Ebene möglich ist, nicht im überstaatlichen europäischen Rahmen. Fortschritte auf dem Weg zu einer europäischen Demokratie, in der nicht nationale Interessen, sondern konkurrierende Visionen des europäischen Gemeinwohls die Politik bestimmen, seien deshalb ohne Großbritannien leichter zu erzielen.

Wäre Europa also wirklich besser dran, wenn Großbritannien austritt? Auch an den Argumenten der pro-europäischen Brexit-Befürworter lässt sich zweifeln. Denn auch wenn der britische Europadiskurs sich durch einen besonders vehementen Nationalismus auszeichnet, ist die britische Regierung oft genug nur die lauteste, nicht aber die einzige Gegnerin wichtiger neuer Integrationsschritte.

Um nur ein Beispiel zu nennen: Wenn es um einen größeren EU-Haushalt oder eine eigene europäische Steuerkompetenz geht, stand die deutsche Bundesregierung in den letzten Jahren stets fest an der Seite Großbritanniens. Ob ein Brexit wirklich neue Integrationskräfte freisetzen könnte, ist deshalb fraglich. Ebenso gut könnte es sein, dass dadurch nur die übrigen Blockierer einen Vorwand verlieren – und künftig ihre Vorbehalte selbst äußern, statt das den Briten zu überlassen. [...]

Manuel Müller, www.foederalist.eu, 31.3.2016

## M 11 ● Wächst sich das raus?

Karikatur: Klaus Stuttmann, 2016

### Aufgaben

1. Stellen Sie die angenommenen Folgen eines Brexits für die EU getrennt nach ökonomischen und politischen Folgen zusammen (M 8-M 10).
2. Nehmen Sie Stellung zur Aussage der Karikatur (M 11).
3. Diskutieren Sie, wie die EU auf den im Referendum befürworteten Austritt Großbritanniens reagieren sollte.

# 8 Quo vadis, Europa? Herausforderungen und Perspektiven des europäischen Projekts

**ORIENTIERUNGSWISSEN**

**Erweiterung und Vertiefung**

Die geografische Erweiterung der EU und die inhaltliche Vertiefung der Zusammenarbeit stehen in einem **Spannungsverhältnis**, weil zunehmende wirtschaftliche und politische Heterogenität weitere Integration erschwert, die **Entwicklung ist offen**.

**Kriterien für einen EU-Beitritt**
Kap. 8.1
M 2

Die „**Kopenhagener Kriterien**" wurden 1993 in Vorbereitung der Osterweiterung formuliert. Sie stellen klare Anforderungen an Beitrittskandidaten und sollen eine Gefährdung der EU durch den Beitritt labiler Staaten verhindern:
- **politisches Kriterium** (Demokratie, Rechtsstaatlichkeit, Menschenrechte)
- **wirtschaftliches Kriterium** (Marktwirtschaft, Konkurrenzfähigkeit)
- **acquis-Kriterium** (Übernahme des gesamten EU-Rechts)

Für Verhandlungen mit der Türkei wurden das Beitrittsverfahren modifiziert und weitere Bedingungen formuliert.

**Diskussion um die Türkei**
Kap. 8.1
M 5, M 7

Nach vielen Jahren des Austausches wurden 2005 **Beitrittsverhandlungen** mit der **Türkei** aufgenommen. Seitdem wurden in Bezug auf das politische Kriterium zunächst Fortschritte erzielt (u.a. weitestgehend freie und faire Wahlen und zahlreiche Rechtsreformen), in jüngerer Zeit kritisiert die EU aber Rückschritte bei der Durchsetzung von demokratischen Grundrechten, der Meinungs- und Versammlungsfreiheit und beim Kampf gegen die Korruption.

**Identitätsdiskussion**

Die Diskussion um einen Beitritt der Türkei betrifft auch das **Selbstverständnis der EU**. Die **Funktionsfähigkeit** der bisherigen Institutionen und Regelungen scheint bei einer weiteren Ausdehnung von der steigenden Zahl der Akteure und der zunehmenden Heterogenität der Lebensverhältnisse gefährdet. Als mögliche konstituierende Bestandteile einer europäischen Identität wird u. a. auf das Christentum und prägende Etappen der Kulturgeschichte (römisches Recht, Reformation, Aufklärung) verwiesen. Im Beitritt eines überwiegend islamischen Landes, das diese Traditionen nicht teile, sehen Kritiker eine Gefährdung der „Europäischen Identität".

**Zielvorstellungen und Szenarien**
Kap. 8.2
M 1, M 2

Wie weit die Integration in der EU reichen soll, wird weiterhin **kontrovers diskutiert**. Zur Debatte steht weiterhin das Ziel einer Föderation (mit stärkerer Souveränität der EU-Organe), aber auch das Beibehalten des aktuellen Integrationsstands oder eine Reduzierung der EU-Zuständigkeit zugunsten der Nationalstaaten sind denkbar. In wichtigen Politikfeldern werden die Ergebnisse der bisherigen **EU-Integration in Frage gestellt**: Angesichts der „Euro-Krise" werden die vereinbarten Mechanismen der EWWU hinterfragt; der Zustrom von Flüchtlingen nach Europa hat zu Auseinandersetzungen über das vereinbarte „Dublin-Verfahren" zur Aufnahme von Flüchtlingen und zur zeitweiligen Aussetzungen der Schengen-Regeln an Binnengrenzen geführt. Der Erfolg nationalistischer und EU-kritischer Parteien in mehreren Mitgliedstaaten lässt einen Ausstieg von Staaten aus einzelnen Gemeinschaftsprojekten oder der gesamten EU möglich erscheinen. Nachdem die britische Bevölkerung 2016 in einem **Referendum für den Austritt** aus der EU votiert hat, ist offen, mit welchem Ziel und welchen Mitteln die EU künftig gestaltet werden soll.

## Ob Brexit oder nicht – der EU droht der Zerfall

Das ungefähr war die Stimmung in den Tagen vor der Brexit-Abstimmung [...]: eine existenzielle, aber diffuse Verunsicherung angesichts der Zukunft der EU und Europas. Es geschieht gerade etwas, das es der europäischen Idee nach eigentlich nicht geben kann: Desintegration im Integrationsprojekt.

Wer unzufrieden mit dem Kurs der EU ist, kann ihn allein nicht ändern. Seine Stimme zählt kaum. Aber auf nationaler Ebene können Unzufriedene durchaus Einfluss nehmen auf die Regierung, sie abwählen, sodass am Ende EU-kritische nationale Regierungen in Brüssel bremsen, wie es mit Ungarn der Fall ist. [Der niederländische Politikwissenschaftler] Vollaard [...] bezeichnet so etwas als „teilweise Austritte innerhalb der EU". Es geht um Staaten oder Gesellschaften, die nicht mehr richtig mitmachen; die lästige EU-Richtlinien nicht umsetzen, unliebsame Partnerländer am liebsten rauswerfen wollen, ihre Beiträge nicht mehr zahlen. Man könnte das auch inneren Zerfall nennen. Er hat in der EU längst begonnen. Das zeigt sich zum Beispiel an der Flüchtlingspolitik: Mehrmals haben sich die Regierungschefs in Brüssel darauf geeinigt, Flüchtlinge umzusiedeln; erst aus Italien und Griechenland, dann aus der Türkei. Das Kontingent dafür, 160.000 Plätze insgesamt, hat die EU mehrmals verkündet, aber nie bereitgestellt. Die nationalen Regierungen fangen einfach nicht an. So wird die EU zur Ankündigungsunion. [...]

Wer miteinander handelt, bekriegt sich nicht. Das war das große Friedensversprechen der Union. Nun aber haben der Ukraine-Krieg und die Flüchtlingskrise gezeigt: Interdependenz erhöht auch die Kosten, wenn anderswo etwas schiefgeht. Eine Erkenntnis, die auch aus der Bankenkrise bekannt ist. Heute schlagen sich zentraleuropäische Länder mit den in Griechenland gestrandeten Migranten herum und Großbritannien muss Sanktionen gegen Russland mittragen, obwohl es sich von der Krim-Annexion nicht betroffen fühlt. Dass Kooperation auch schädlich sein kann, ist für Europa ein unerhörter, ja gefährlicher Gedanke. Umso offener sollte man ihn aussprechen. Es könnte ein wichtiger Schritt sein, die Verlierer Europas ernst zu nehmen und nicht länger so zu tun, als gäbe es sie nicht. [...] [E]s gehören auch jene dazu, für die die Auflösung homogener nationaler Identität ein Verlust ist. Ein Verlust, auf den die EU bisher kaum eine andere Antwort gibt als: Stellt euch nicht so an. [...] Vollaard plädiert für absichtliche Unbestimmtheit. Auf die EU übertragen hieße das: Wer will, dass sich die EU und ihre Mitglieder in jeder Sekunde an die postulierten Grundsätze halten, wird nicht durch diese Krise kommen. Ein Überleben der europäischen Institutionen, wie geschrumpft und geschädigt auch immer, hätte den Vorteil, dass es etwas gäbe, womit man weitermachen könnte. Man hätte einen Ort für Verhandlungen und Kooperation. [...] Man könnte es auch mit Rainer Maria Rilke sagen: „Wer spricht vom Siegen? Überstehen ist alles!"

*Lenz Jacobsen, www.zeit.de, 23.6.2016*

### Aufgaben

1. Arbeiten Sie Jacobsens Einschätzung der Interdependenz von Staaten in der EU heraus.
2. Ordnen Sie diese Position in das Spektrum der Ihnen bekannten Integrationskonzepte ein.
3. Diskutieren Sie Chancen und Risiken der empfohlenen „absichtlichen Unbestimmtheit" (Z. 61 f.).

# Register

## A
Abwertung 94, 102
acquis communautaire 168, 173
Adenauer, Konrad 22
Agenda-Setting 51
Arbeitslosenquote 33, 172
Arbeitsmarkt 33
Asyl 119, 126, 130
Asylbewerber 121
Außenhandelspolitik 152
Austerität 98

## B
Balkan-Fluchtroute 119
Beitrittskriterien 168
Beitrittsverhandlungen 186
Beschluss 40
Binnenflüchtlinge 121
Binnenmarkt 10, 28, 61, **70**f., 76, 102, 164
Bootsflüchtlinge 116
Brexit 29, **180**, 182ff., 187
Britenrabatt 181
Bundesstaat 28, **177**
Bürger 14f., 50, 62, 64
Bürgerbeteiligung 62, 66

## C
Charta der Grundrechte der Europäischen Union 24
Churchill, Winston 20
$CO_2$-Emissionen 40, 42

## D
Deflation 102
Demokratie 67
Demokratiedefizit 67
Depression 102
Desintegration 176
Deutschland 8, 14, **21**f., 43
Dienstleistungsverkehr, freier 70, **76**
Dubliner Übereinkommen 119, 124, 130, 186
Duldung 119

## E
Effizienz 100
Einheitliche Europäische Akte (EEA) 28
Einigungsprozess 26
Einstimmigkeit 58
Energiepolitik 150
Energiesicherheit 146
Energieversorgung 146ff., 150
Entscheidungsverfahren 65
Entwicklungshilfe 165
EU-Haushalt 82
Euro 28, 70, 94, **102**ff., 110, 112
Eurobarometer 14f.
Euro-Krise 111
Europäische Atomgemeinschaft (EURATOM) 26
Europäische Bürgerinitiative (EBI) 17, **62**, 64, 66
Europäische Gemeinschaft (EG) 26, 34
Europäische Gemeinschaft für Kohle und Stahl (EGKS) 26, 34
Europäische Kommission 40, 48, **51**, 64
Europäische Sicherheitsstrategie (ESS) **134**, 149
Europäische Union 28
Europäische Verfassung 34
Europäische Verteidigungsgemeinschaft (EVG) 26
Europäische Wirtschaftsgemeinschaft (EWG) 22, **26**, 70
Europäische Zentralbank 93, 96, 104, 108, **109**ff., 114
Europäischer Gerichtshof 50, **59**, 61
Europäischer Rat 50, 58, 66
Europäischer Rechnungshof 50
Europäischer Stabilitätsmechanismus (ESM) **96**, 97
Europäisches Parlament 41, 48, 50, 52, **54**, 65
Europäisches Währungssystem (EWS) 27, 70
Europawahlen **54**, 56, 67
Euroskepsis 35
Exekutive **50**f., 57, 65

## F
Finanzkrise 93
Finanzrahmen 83
Fiskalpolitik 112f.
Fiskalunion 112
Flüchtlinge **120**, 169
Flüchtlingsabkommen 126
Flüchtlingspolitik 58, **118**, **122**, 124, 131

| | |
|---|---|
| Föderalismus | 177 |
| Fraktionen | **55**, 65 |
| Frankreich | **21**, 43, 157 |
| Freihandel | 76, **154**, 164f. |
| Freihandelszone | 23 |
| Freiheit | 31 |
| Freizügigkeit | 60 |
| Funktionalismus | 177 |

## G

| | |
|---|---|
| de Gaulle, Charles | 26 |
| Geldpolitik | 109f. |
| Geldwertstabilität | 114 |
| Gemeinsame Außen- und Sicherheitspolitik (GASP) | 12, 28, **134**, 142, 149 |
| Gemeinschaftsorgan | 51 |
| Gemeinschaftswährung | 94, **102**, 114 |
| Gerechtigkeit | 31 |
| Gesetzgebung | 41, 57 |
| Greenpeace | 45 |
| Grenze | 116, **118** |
| Grenzkontrolle | 6, 9, 70, 122, 182 |
| Grenzschließung | **118**, 122, 124 |
| Grenzsicherung | 125 |
| Grexit | 94 |
| Griechenland | **93**, 97, 111f. |
| Großbritannien | 43, 158, **180**f. |
| Gründungsinteressen | 20 |
| Gründungsmythos | 177 |

## H

| | |
|---|---|
| Handelsbeschränkung | 154 |
| Handelspolitik | 142, 164 |
| Hoher Vertreter der Union für Außen- und Sicherheitspolitik | 50f., 58, 142f., 149 |
| Hot Spots | **126**, 130 |

## I

| | |
|---|---|
| Identität, europäische | 23 |
| Inflation | 111 |
| Inflationsrate | 104 |
| Informeller Trilog | 41 |
| Informelles Regieren | 41 |
| Initiativmonopol | 51 |
| Initiativrecht | 47, 65 |
| Integration | 14, 22, 26, 86, 102, 122, 176, **177**, 186 |
| Integrationsprozess | 35 |
| Intergouvernementalismus | 28, **57**, 177 |
| Internationaler Währungsfonds (IWF) | 96 |

## J

| | |
|---|---|
| Judikative | 59, 61 |
| Jugendarbeitslosigkeit | **78**f., 86, 88, 172 |
| Juncker, Jean-Claude | 52 |

## K

| | |
|---|---|
| Kalter Krieg | 139 |
| Kapitalverkehr, freier | 70, **76** |
| Karl der Große | 6 |
| Kategorie | 100 |
| Klimaschutz | 38 |
| Kohäsion | 86 |
| Kohäsionspolitik | 82f. |
| Kommissar | **51**, 53, 65 |
| Kommissionspräsident | 51, **52** |
| Konvergenzkriterien | 104 |
| Konvergenzregionen | 83 |
| Kopenhagener Kriterien | **168**ff., 186 |
| Krim | **139**, 149 |
| Kriminalität | 32 |
| Kriterien | 100 |
| Kultur | 23 |

## L

| | |
|---|---|
| Legislative (Gesetzgebung) | 50 |
| Legitimation | 66 |
| Legitimität | 100 |
| Leistungsbilanzunterschiede | 93 |
| Leitzins | 93, **110**f., 114 |
| Liberalisierung | 154, 156 |
| Lobbyismus | **44**, 46, 47 |
| Luxemburger Kompromiss | **26**, 35 |

## M

| | |
|---|---|
| Mehrheit, doppelte | 65 |
| Mehrheit, qualifizierte | 52, **58**, 104 |
| Migration | 125 |
| Migrationsgestaltung | **126**, 130 |
| Ministerrat | 41f., 49f., 57, **58**, 65f. |
| Monnet, Jean | **21**, 176 |
| Montanunion | **21**, 35 |

## N

| | |
|---|---|
| Neuverschuldung | 104 |
| Niederlassungsrecht | 70 |

## O

| | |
|---|---|
| Opposition | 67 |
| Ordentliches Gesetzgebungsverfahren | **41**, 65 |
| Osterweiterung | 29, **32**, 168 |

## P

| | |
|---|---|
| Parlamentsfunktion | 55 |
| Permissiver Konsens | 15f. |
| Personenverkehr, freier | 70, **76** |
| Politikzyklus | 39 |
| Preisniveaustabilität | **104**, **108**ff. |
| Privatisierung | 98 |
| Protektionismus | **102**, **154**, 164 |
| Push- und Pull-Faktoren | **121** |

## R

| | |
|---|---|
| Rat der EU, siehe: Ministerrat | |
| Rating-Agenturen | **93** |
| Reformauflagen | **97**f. |
| Regelungsbedarf | **38**, 47 |
| Regional- und Strukturpolitik | **82**, 86, 88 |
| Rentenreform | 98 |
| Rettungsschirm | **96** |
| Rezession | 98 |
| Richtlinie | 13, **40** |
| Römische Verträge | **26**, 34, 177 |
| Russland | 138f., 149 |

## S

| | |
|---|---|
| Sachurteil | **31**, 100 |
| Sanktionen | 132, **138**, 140, 149 |
| Schengener Abkommen | 13, 28, 34, 70, **122**, 130 |
| Schuldenstand | 98 |
| Schuman-Plan | 21 |
| Solidarität | 24, **31**, 34, **81**, 100, 118, 124 |
| Souveränität | 28 |
| Sozialpolitik | 78, 84, 88 |
| Sozialstaat | **84**, 86 |
| Sperrminorität | **58** |
| Staatenbund | 28, **177** |
| Staatsanleihen | **104**, 111, 115 |
| Staatsbürgerschaft | 10 |
| Staatsschulden | 92 |
| Staatsschuldenkrise | 86, 92, **93**, 104, 114f. |
| Staatsverschuldung | 104 |
| Stabilitäts- und Wachstumspakt | 34, **104** |
| Struktur- und Regionalpolitik | 86 |
| Subsidiarität | 16 |
| Subsidiaritätsprinzip | 12, 35 |
| Superstaat | **176** |
| Supranationalität | 13, 16, 28, 57 |

## T

| | |
|---|---|
| Terrorismus | 135 |
| Transatlantisches Freihandelsabkommen TTIP | **154**ff., 159, 162, 164 |
| Transatlantisches Freihandelsabkommen, Kritik | 161 |
| Transferunion | **112**, 114 |
| Troika | **96**, 98 |
| Türkei | 6, 125, 168f., **170**, 172, 174f., 186 |

## U

| | |
|---|---|
| Ukraine-Konflikt | **136**f., **140**f., 143, 149 |
| Umweltschutz | 13 |
| Umweltverbände | 47 |
| Ungleichheiten | **68**, 78, **87**f. |
| Unionsbürger | 87 |
| Unionsbürgerschaft | **10**, 16, 24 |
| Urteilsbildung | **30**, 100 |

## V

| | |
|---|---|
| Verfassung, europäische | **29** |
| Verordnung | 13, **40** |
| Vertrag von Lissabon (2009) | **29**, 34, 52, 56, 58, 81, 142 |
| Vertrag von Maastricht (1992) | **28**, 104 |
| Vertrag von Nizza (2000) | **29** |
| Vier Freiheiten | 10, 16, **70** |

## W

| | |
|---|---|
| Wachstum | 84 |
| Währungspolitik | 13 |
| Währungsreserven | **109** |
| Währungsunion | **102**, 112 |
| Warenverkehr, freier | 70, 72, **76** |
| Wechselkurs | **102**, 104, 110 |
| Welthandelsorganisation (WTO) | **153** |
| Werte | 161 |
| Wertegemeinschaft | **25** |
| Werturteil | **31**, 100 |
| Wettbewerb | 77 |
| Wirtschafts- und Sozialausschuss | 50 |
| Wirtschafts- und Währungsunion (WWU) | 27, 34 |
| Wirtschaftspolitik | **108** |

## Z

| | |
|---|---|
| Zollunion | 70 |

## Bildnachweis

AFP Agence France-Presse GmbH, Berlin – S. 136;

Baaske Cartoons / Thomas Plaßmann, Müllheim – S. 18; / Jan Tomaschoff – S. 104; Bergmoser + Höller Verlag, Aachen – S. 12, 41, 59, 70, 109; Bildagentur Mauritius / Edmund Nägele, Mittenwald – S. 6; Bundeszentrale für politische Bildung, Bonn – S. 9, 54;

Ryan Callanan, London – S. 96; Paolo Calleri, Ulm – S. 108; Campact e.V. / cc-by-nc 3.0 – S. 63

Der Spiegel, Hamburg – S. 89; dpa Infografik, Frankfurt – S. 78, 96, 97, 119, 120, 141, 155 (2), 183; / Globus – S. 68, 103, 105, 148; dpa Picture Alliance, Frankfurt / Artcolor / Wolfgang Korall – S. 60; / Christian Charisius – S. 85; / Arne Dedert – S. 44; / Maurizio Gambarini – S. 79; / Aleksey Nikolskyi – S. 138; / PA Wire / Gareth Fuller – S. 11; / Swen Pförtner – S. 120; / rtn / Patrick Becher – S. 175; / Str – S. 116; / Landov Xinhua – S. 6; / Zentralbild / Matthias Tödt – S. 6;

Fotolia / fredredhat – S. 12; / Inga Nielsen – S. 48; / vieraugen – S. 89; Jörg Frank, Köln – S. 178;

Getty Images, München / AFP / Louisa Gouliamaki – S. 86; / Anadolu Agency – Cover, 6, 116; / Elvis Barukcic – S. 116; / Sean Gallup – S. 45, 123; / Hannes Magerstaedt – S. 153; / RJ Sangosti – S. 152; / STR – S. 126; Martin Greive / Die Welt, Berlin – S. 162;

Horst Haitzinger, München – S. 18, 27; Heidelberger Institut für internationale Konfliktforschung, Heidelberg – S. 134;

iStockphoto / Bosca78 – S. 51;

Jürgen Janson, Landau – S. 132;

Mattiello_toonpool.com – S. 125;

Klaus Pielert, Haus der Geschichte, Bonn – S. 26;

Oliver Schopf, Wien – S. 131; Statista GmbH, Köln – S. 180 (2); Professor Thomas Straubhaar / Universität Hamburg – S. 174; Klaus Stuttmann, Berlin – S. 140, 166, 168, 185;

Thinkstock / iStockphoto – Cover; / iStockphoto / adrianhancu – Cover; / iStockphoto / studioportosabbia – S. 95; Jürgen Tomicek, Werl-Westönnen – S. 92;

Ullstein-Bild, Berlin / Nowosti – S. 20; / Roger Viollet – S. 21;

Jan Weber, Göttingen – S. 6, 8; www.wikimedia.org – S. 6, 135; / Bundesarchiv, B145 Bild-F078072-0004 / Katherine Young / cc-by-sa 3.0 – S. 22; / Factio popularis Europea / cc-by-2.0 – S. 52; / Heinrich-Böll-Stiftung, Berlin / cc-by-sa 2.0 – S. 143; / Arne List / cc-by-sa 2.0 – S. 161; / TRUONG-NGOC / cc-by-sa 3.0 – S. 112; / Union Europea EU Perù / cc-by-sa 2.0 – S. 142; / World Economic Forum / cc-by-sa 2.0 – S. 108